Eric Clapton

Christopher Sandford

Eric Clapton

Aus dem Englischen
von Ingeborg Schober

vgs

Die Deutsche Bibliothek – CIP-Einheitsaufnahme

Sandford, Christopher:
Eric Clapton / Christopher Sandford. Aus dem Engl. von
Ingeborg Schober. – 1. Aufl. – Köln : vgs, 1996
Einheitssacht.: Clapton, edge of darkness <dt.>
ISBN 3-8025-2372-5

Titel der englischen Originalausgabe: CLAPTON, Edge Of Darkness
Erstausgabe 1994 by Victor Gollancz

1. Auflage 1996

Lektorat: Michael Neuhaus
Redaktion: Karin Schramm
Umschlaggestaltung: Papen Werbeagentur, Köln
Umschlagfoto: Intertopics
Satz: ICS Communikations-Service GmbH, Bergisch Gladbach
Druck und Verarbeitung: Kösel, Kempten
Printed in Germany
ISBN 3-8025-2372-5

Inhalt

1

Ein vorläufiges Ende ...

So etwas konnte es nur 1968 geben: Viertausend Menschen in Rüschenhemden und Chelsea Boots, in Op-Art-Klamotten, Schlaghosen und T-Shirts mit Aufdrucken wie »McCarthy«, »Amnesty International« oder »I'm Backing Britain«, an den Hemden unzählige Buttons und Badges wie Werbebänder dicht aneinandergereiht, saßen versunken im weiten Rund der Royal Albert Hall und lauschten Rockmusikern, die Auszüge aus der *West Side Story* spielten.

Nachdem die Band die Bühne verlassen hatte, trat ein bärtiger Mann mit angehender Glatze vor das Publikum. Der Conférencier John Peel stand in einem blauen Hemd vor dem roten Bühnenhintergrund und murmelte etwas von einer angeblichen technischen Verzögerung: »Und jetzt . . . zum allerletzten Mal – The Cream.« Der Lärm der Menge kam einer Detonation gleich; die Musik explodierte aus den Lautsprechern; eine Gestalt in schwarzen Jeans, rotem Unterhemd und Cowboystiefeln betrat von rechts die Bühne und kündigte »White Room« an. Es folgte eine perkussive Attacke aus Baß, Schlagzeug und Rhythmusgitarre, wobei die profane Akkordstruktur des Songs nur durch ein Solo gerettet wurde, das in seiner Theatralik alles Dagewesene übertraf. Das nächste Stück, »Politician«, kam so hölzern daher, als wollte es jeden Augenblick zusammenbrechen. Eric Clapton schlurfte über die Bühne, zuckte gelangweilt mit den Schultern, wandte dem Publikum den Rücken zu und spielte zwei Passagen von solch unglaublicher Banalität, daß es dem Mann, der den Song mitkomponiert hatte, hinter der Bühne Schwierigkeiten bereitete, ihn wiederzuerkennen.

Aber es sollte noch schlimmer kommen. »I'm So Glad« und »Sitting On Top Of The World« zeigten eindrucksvoll, was aus Cream geworden war – ein Bastard, eine Blues-Rock-Formation aus miteinander konkurrierenden Virtuosen mit Jazz-Ambitionen. Der ursprüngliche Witz ihrer Songs verlor sich in zwanghaften Improvisationen. So spielten während der zweiten Nummer alle drei Musiker ihre Soli gleichzeitig. Der Song endete mit einem Krachen des malträtierten Schlagzeugs, während der Bassist, eine elfenhafte Gestalt mit dem Ausdruck eines leibhaftigen Kobolds, die Hände vors Gesicht schlug.

Zu diesem Zeitpunkt, nach der ersten Hälfte des Auftritts, war klar, daß es sich hierbei, mit Ausnahme von »White Room«, um ein Konzert handelte, bei dem das Konzept von Cream zu mindestens dreißig Prozent nicht aufging. Dennoch zeigte sich das Rockpublikum scheinbar grenzenlos nachsichtig. Erst später sollte es die wahren Gründe für den mißlungenen Abend erfahren. Außer Langeweile und Erschöpfung (es war der zweihundertste Auftritt der Band) gab ein Bandmitglied einen weiteren Grund an: »Wir alle hörten Dinge in unseren Köpfen – in meinem Fall komplette Orchesterarrangements –, die wir auf der Bühne nicht realisieren konnten.« Woran auch immer es gelegen haben mochte, Cream kompensierten ihre Probleme, indem sie mit einer solchen Lautstärke spielten, daß die Wände wackelten.

Als nächstes Stück folgte »Crossroads«. Claptons Gitarrenspiel glitt leichtfüßig über den Beat hinweg, ein angenehmes, harmloses, wenngleich körperlich spürbares Rascheln – als würde man durch Herbstlaub schlendern. Nach zweieinhalb Minuten setzte sein Solo ein: Ein hoher und durchdringender Sound rankte sich exzentrisch und schier endlos um die Baßlinie herum, in einem Tempo, das kein anderer weißer Gitarrist zuvor erreicht hatte. John Peel kommentierte später: »Wer Eric Clapton bislang für ein menschliches Wesen hielt, sollte sich *das* anhören.« Das Ende des Songs versank in einer Szenerie aus Chaos und Delirium; die Fans gerieten völlig aus dem Häuschen, und die Ordner hatten alle Hände voll zu tun. Sogar der Schlagzeuger war inzwischen aufgewacht. Claptons hagere, blasse Gestalt hingegen stand völlig teilnahmslos da. Er biß sich auf die Lippen, der einzige Nüchterne unter lauter Betrunkenen. Er stellte Ginger Baker vor und kündigte »Toad« an, eine ausufernde, von einem berstenden Gitarrensound unterstützte Kontrabaß-Schlagzeug-Odyssee, während der sich die Halle merklich zu leeren begann. Die Saallichter gingen an, die Band winkte, verschwand, kam wieder – Clapton als letzter – und erfüllte Zuschauerwünsche. Nach der zweiten Zugabe sprang ein dicker, dunkelhaariger Mann in einem schwarzen Pullover auf die Bühne und ließ mit einer schwungvollen Armbewegung Konfetti auf den Gitarristen niederregnen. Es war das einzige Mal an diesem Abend, daß Clapton lächelte. »Ich war verblüfft«, sagte er später. »Ich hatte nicht erwartet, daß sich noch irgend jemand an uns erinnern würde . . . Für mich war das wirklich ein schöner Abend. Ich war sehr aufgeregt.«

Doch später, während einer Party im Haus seines Managers in Stanmore, gestand er: »Persönlich hab ich mich zu Tode gelangweilt.«

Ein Vierteljahrhundert später. Statt Buttons und Badges werden Aids-Schleifen und elegante Garderobe getragen. In ihre Mäntel gehüllt, schlurfen die Fans fröstelnd durch Eis und Nebel, während die Februarnacht schnell hereinbricht. Über das harte Pflaster des Kensington Gore rücken Reisebusse an, auf denen Aufschriften wie »EC BLUES«, »ROTHERHAM R&B« und – interessanterweise – »LOST« zu lesen sind. In der Menge erblickt man Männer und Frauen um die Vierzig, die sich augenscheinlich über das Wiedersehen freuen. Mit einem Gefühl der Zusammengehörigkeit begrüßen sie die schmächtige, blasse Gestalt, die ohne Ankündigung mit federnden Schritten die Bühne betritt.

Auf den ersten Blick wirkt Clapton auf wundersame Weise unverändert. Dieselben zusammengekniffenen Augen, derselbe Mund, dasselbe Kinn, das jetzt ein spärlicher grauer Bart ziert. Die Brille und das rigoros gestutzte Haar geben ihm das Aussehen eines freundlichen Chemieprofessors. Vierzig Minuten lang erteilt Eric Clapton, ganz wie ein Doktor der Philosophie, Unterricht in Sachen Blues. Auf einem rotgepolsterten Stuhl sitzend und nur von einem Pianisten begleitet, interpretiert er auf seiner Akustikgitarre Robert Johnson und Memphis Slim, Freddie King und Leroy Carr, kaum dreieinhalb Meter von der Stelle entfernt, an der er vor einer halben Ewigkeit »Crossroads« zu Gehör brachte. Wenn Clapton heute spielt, dann macht er das mit sanften, wiegenden Bewegungen, sein wippender Fuß begleitet den Rhythmus. Mit monotoner, ironischer Stimme kündigt er jeden Song an. Dabei wird man das Gefühl nicht los, als könnte er den ganzen Abend mit Parodien auf den Blues bestreiten, und eine beklemmende Stunde lang will es scheinen, als wäre genau das seine Absicht.

Als die Band hinzukommt, wendet sich das Blatt – Schlagzeuger, Gitarrist, Mundharmonikaspieler und vor allem ein Bassist, der bereits mit Otis Redding und Wilson Pickett gespielt hat, komplettieren das Ensemble. Nach einer bestenfalls ausgelassenen Version von »Blues, Leave Me Alone« singt Clapton »Key To The Highway« und ruft seinem Publikum damit in Erinnerung, daß er, ungeachtet seines Ansehens als Gitarrist, den Erfolg als Solokünstler vor allem seiner Stimme verdankt. Wie ein Kind, das seine Aufregung nicht zurückhalten kann, tritt er von einem Fuß auf den anderen. Weit nach vorn gebeugt, den Mund dicht am Mikrofon, wirkt er während des Refrains wie ein Mann, der gegen starken Wind ankämpft. Auf das Stück folgt höflicher Beifall.

Die folgenden Songs bedürfen einer besonderen Ansage: »Meet Me In The Bottom«, »Goin' Away Baby« und – »weil er gerade gestorben ist« – Albert Kings »Born Under A Bad Sign«. Nach zwei Stunden belangloser, wenngleich kompetent vorgetragener Coverversionen werden diese Nummern nicht eben goutiert. Der erste Ruf nach »Layla« wird laut (»Nächstes Jahr«, versetzt Clapton bissig). Weder die grellen purpurroten und blauen Lichter noch die ständigen Aufforderungen, »sich zu amüsieren«, scheinen die Menge zufriedenzustellen. Dennoch wird im Publikum, insbesondere bei den melodischeren Passagen, vereinzelt beifällig mit Juwelen gerasselt. Einige Frauen, die es bis an den Rand der Bühne geschafft haben, halten noch immer krampfhaft ihre Handtaschen fest. Nach einem weiteren Song beugt sich Eric Clapton, der an diesem Abend Anzug und braune Schuhe trägt, zu ihnen herab. »Ich liebe diese Musik«, knurrt er betrübt, beinahe zähnefletschend. Allmählich zeigt sich, daß Claptons Liebe zum Blues, in dem unterschwellig immer ein Gefühl von Ungeduld, Frustration und Ironie mitschwingt, irritierend kompromißlos zum Vorschein kommt und sich mit dem Wunsch der Konzertbesucher nach unverbindlichem Amüsement nicht vereinbaren läßt. Clapton nimmt ein Glas von seinem Requisitentisch, trinkt es aus, zündet sich eine Zigarette an, und während er dramatisch verkündet: »Was jetzt kommt, sagt alles über mich«, drängen bereits die ersten Paare durch die schmuddeligen roten Sitzreihen nach draußen. Er spielt eine Version von »Nobody Knows You (When You're Down And Out)«, ein Song von solch hoffnungslosem Inhalt, voller Sentimentalität und überfließendem Selbstmitleid, daß man unweigerlich zu der Überzeugung gelangt, Eric Clapton hadere nach wie vor mit einem unversöhnlichen und unerbittlichen Schicksal.

Am darauffolgenden Tag nimmt er in Anwesenheit von fünfzehntausend Besuchern in Los Angeles sechs Grammies entgegen.

2

Erste Schritte

Eric Clapton wurde am 30. März 1945 als Sohn eines Soldaten geboren. Nach bewegten und problembeladenen Jahren der Kindheit entwickelte er sich schließlich zu einem Pionier auf dem Gebiet der modernen Popmusik, wobei er sich nach eigenem Bekunden stets von seinem »Gefühl und nicht vom Verstand« leiten ließ. Er warb lange Zeit um eine Frau, für die er seine besten Songs schrieb, heiratete sie dann und ließ sich wieder von ihr scheiden, wurde das Opfer von Alkohol und Drogen, schaffte schließlich den Entzug. Zudem schien sein Talent mit wachsendem Ruhm zu verkümmern. Doch seine Fans, die ihn für absolut aufrichtig hielten, blieben ihm auch dann noch treu, als er selbst längst erkannt hatte, daß diese Aufrichtigkeit zumindest teilweise der Vergangenheit angehörte. Der Schlüssel zu seinem Leben, so erzählte er einmal in einem Interview, sei in der Beziehung zu seiner Mutter zu sehen.

Eric Claptons Anhänger dürften mühelos Parallelen zu dem Leben Paul Verlaines ziehen können. Verlaine, ein Dichter, der schon früh zum »Genie« erklärt wurde und im Alter von dreißig Jahren eine zweite Phase der Kreativität erlebte, entpuppte sich letztendlich als bloßer Reimeschmied, als Konformist, der lediglich den Schein von Nonkonformität zu erwecken wußte. Als er mit einundfünfzig Jahren in den Armen einer Prostituierten starb, hatten die Kritiker Verlaine längst vergessen. Trotzdem wurde er weiterhin von all denen verehrt, für die er die Tradition der Romantik verkörperte. Sein Werk war ein Destillat aus bereits bekannter und überkommener Dichtkunst; zwar genoß er eine klassische Ausbildung, verinnerlichte diese aber nicht wirklich. Seine wohl größte Stärke lag darin, als ein Denkmal längst vergangener Ideale fungieren zu können.

Wenn von zeitgenössischen Musikern die Rede ist, fällt nicht unbedingt der Name Art Hickman. Und doch war er der eigentliche Erfinder des Swing. Hickman und sein Pianist Ferde Grofe begannen in den 20er Jahren Arrangements für Holz- und Blechbläsergruppen zu schreiben, eine Tradition, die später neben anderen auch Bix Beiderbecke und Duke Ellington fortgeführt haben. Von 1927 bis 1931 gehörte Ellington zu den Hausmusikern des Cotton Club in New York. Seine Art, gewisse Klangfarben einzusetzen, die Verbindung von reinem Jazz mit Swing-Rhythmen und, nicht zu vergessen, seine Vorliebe für amüsante Texte erhoben diesen Stil zu einer Kunstform. Die Big-Band-Ära hatte begonnen. Für ein ganzes Jahrzehnt verfiel die Jugend zweier Kontinente dem Zauber der Musik von Benny Goodman, Charlie Barnet, Artie Shaw und Jimmy und Tommy Dorsey.

Zu den Musikern, die sich dem puristischen Jazz verschrieben hatten, gehörte ein junger kanadischer Kavallerist aus Montreal, Edward Walter Fryer, der sowohl mit seinem Gesang als auch mit seiner Art, Klavier zu spielen, dem Stil von Ferde Grofe verpflichtet war. Fryer, zudem ein talentierter Zeichner, kam 1942 mit dem 14. Kanadischen Husarenregiment nach England. Neal Hunter, ein Kamerad, beschreibt ihn als einen »eigentlich unkomplizierten, aber empfindsamen Typ, der die meiste Zeit einen abwesenden Eindruck machte. Ich erinnere mich, daß Ed den ganzen Tag las. Das unterschied ihn von den anderen. Dies und die Tatsache, daß er diesen hohen, klimpernden Klavierstil spielte.«

Was Hunter hier gehört hatte, war nichts anderes als Boogie-Woogie, ein Genre, das damals häufig abwertend als »Negermusik« bezeichnet wurde. Dieser Pianostil – Bluesmusik mit sich wiederholenden Baßfiguren in der linken Hand, während die rechte Hand Bluesimprovisationen spielt – war vom Swing abgeleitet. Der dem ersten Anschein nach einfach zu spielende Boogie-Woogie, dessen Charme auf seiner Eingängigkeit beruht, wurde zu einem stilistischen Vorläufer des Skiffle. Die Meinungen darüber, ob Fryer das war, was man gemeinhin unter einem »guten« Pianisten versteht, sind geteilt. Eines allerdings steht fest: Er spielte voller Enthusiasmus, und in seinem Leben gab es nichts außer seiner Musik, seinen Büchern und seinen Zeichnungen. Als Soldat indes war er eher untauglich.

1944, während seiner Stationierung in den Militärbasen von Bushy Park, Teddington und anderen in der Gegend von Guildford gelegenen Feldlagern, lernte Fryer ein einheimisches junges Mädchen kennen und verliebte sich in sie. Sie hieß Patricia Clapton und wurde am 7. Januar 1929 in London geboren; ihr Vater Reginald, ein Anwaltsgehilfe, starb

1933. Danach heiratete ihre Mutter Rose einen Stukkateur und Maurer mit einem Namen, der ihrem sehr ähnelte – Jack Clapp. Die gesamte Familie, Jack, Rose, Pat und ihr älterer Bruder Adrian, zog in die Hausnummer 1, The Green, in Ripley, einer Gemeinde zwischen Guildford und Woking, über die der verstorbene Paul Getty, der sich ganz in der Nähe niedergelassen hatte, einmal bemerkte: »Man könnte sich das hier durchaus als Hollywood-Kulisse für ein typisches englisches Dorf vorstellen.« Das Gebäude selbst, ein roter Backsteinbau mit vier Zimmern und einer außerhalb des Hauses gelegenen Toilette sowie einem winzigen Garten, der von einem morschen Lattenzaun umgeben war, genügte nur bescheidenen Ansprüchen. Es war eines von vier höher gelegenen Landhäuschen, die an offenes Heideland und die Newark Lane grenzten. 1944 ging Pat von der örtlichen höheren Schule ab. Sie war zu einer bezaubernden jungen Frau herangereift – blaß, mit dunklem Haar und vollen Lippen –, die häufig im »Ship« und bei Tanzveranstaltungen zu finden war. Bei einer solchen Gelegenheit lernte sie Edward Fryer kennen.

Die Bestürzung, mit der Jack und Rose Clapp wenig später die Nachricht von der Schwangerschaft ihrer fünfzehnjährigen Tochter aufnahmen, läßt sich kaum beschreiben. Dem ersten Schreck folgte der Schock darüber, daß Fryer bereits verheiratet war. Auch war Pats Einstellung zu ihrer künftigen Mutterschaft, gelinde gesagt, zwiespältig. Als die Gerüchte über ihren Zustand die Runde machten, wurde Pat von den anderen Jugendlichen, die mit ihrer Meinung nicht hinter dem Berg hielten, auf offener Straße beschimpft und bespuckt. An den Wänden des Wohnhauses der Familie Clapp tauchten Schmierereien auf, die Pats Moral in Frage stellten. Eine noch heute in der nahe gelegenen Rose Lane lebende Anwohnerin bestätigt, daß diese ganze Geschichte »ohne Frage *das* Stadtgespräch« war. »Viele waren fürchterlich grausam. Hinterher ist man immer klüger. Damals war sie für uns nur ein Mädchen, das aus der Rolle fiel; sie hatte genau das getan, wovor unsere Mütter uns immer gewarnt hatten.«

Der Winter 1944/45 war trostlos. Während sich die Kriegslage ständig veränderte, verschlechterte sich das Verhältnis zwischen Pat, ihrem Bruder (der sich in diesem Jahr den Royal Signals angeschlossen hatte) und den Eltern. Fast täglich kam es in der Familie zu Streitereien wegen des Babies. Nachdem Fryer seine Absicht erklärt hatte, nach Montreal zurückzukehren, wo er am 4. September aus der Armee entlassen wurde, war es kaum denkbar, in derart beengten Verhältnissen und bei ständiger Geldknappheit ein Kind aufzuziehen. In den frühen Morgenstunden des 30. März 1945 wurde das Kind von Rose schließlich geboren, mit tatkräftiger Hilfe der örtlichen Hebamme. Pat, gerade mal sechzehn Jahre alt, lag hinter Verdunklungsvorhängen auf dem Boden des vorderen Zimmers von The Green. Ihr Sohn wurde am 6. April ins Geburtenregister eingetragen und auf den Namen Eric Patrick getauft. Obwohl die Nachbarn der Clapps sich noch an »gewisse Diskussionen über den Vornamen« erinnern, nannten ihn alle von Anfang an Clapton (ein Wort, das sich aus dem altenglischen Begriff »clop« beziehungsweise »rock« ableitet und das einen massigen, schwergebauten Menschen oder entschlossenen Charakter bezeichnet).

Eric Clapton teilte sein Geburtsdatum mit Verlaine, Goya und van Gogh. Im Sternzeichen des Widders geboren (die Astrologie sollte ihn später noch beschäftigen), stand zu erwarten, daß er sich als abenteuerlustig, impulsiv, energisch, selbstbewußt und egozentrisch erweisen würde. Sein Aszendent Skorpion hingegen ließ einen Hang zu Verschlossenheit und Zurückgezogenheit erahnen. Nach Aussage eines Musikers, mit dem er später zusammenarbeitete, »ist er stark von Mars im Fisch beherrscht, weshalb er wahrscheinlich wesentlich labiler und gefühlsbetonter ist, als es zunächst scheinen mag«.

Am Tag von Eric Claptons Geburt befand sich der Krieg in seiner Endphase: Die Frontstadt Emmerich an der holländisch-deutschen Grenze wurde von den kanadischen Truppen eingenommen. Die britischen Panzerdivisionen näherten sich Münster und besetzten Westfalen. Ein offizieller Bericht des Hauptquartiers der Alliierten meldete, daß die Schlacht um Deutschland »mit überwältigender Geschwindigkeit vonstatten gehe und daher die Stellungen der in das feindliche Gebiet eindringenden Panzerverbände oft nur der Luftaufklärung der Alliierten bekannt seien«. Am 30. März nahm die 7. US-Armee Heidelberg ein. Die Russen marschierten in Österreich ein und besetzten Danzig. In der Tschechoslowakei wurde eine neue Regierung gebildet.

An der Heimatfront kehrten wieder normale Lebensverhältnisse ein, in Ripley allerdings nur zögerlich. Im *Surrey Comet* vom März 1945 wurde für Judy Garland in *Meet Me In St. Louis* (»Treffen wir uns in St. Louis«) geworben; Lord John Sangers *Colossal Easter Attraction* feierte nach fünfjähriger Pause ein Comeback; die Royal Canadian Ordnance Dance Band, mit der Edward Fryer regelmäßig aufgetreten war, spielte Foxtrott im Lion Hotel. Als die amerikanische Luftwaffe von Bushy Park aus startete, um Bremen und Hamburg anzugreifen, schien bereits allen der Sieg – endlich – zum Greifen nah zu sein.

Der Preis des Krieges war hoch. Matthew Wood, der nur einige Tage früher als Clapton in Woking geboren wurde und später mit ihm zur

Schule ging, spricht von den gemeinsamen Erfahrungen der Generation, die in den späten 40er und frühen 50er Jahren aufwuchs: permanente Nahrungsmittelknappheit, die billige zweckdienliche Kleidung sowie das Gefühl, daß das Land infolge des Marshallplans und anderer Hilfsprogramme über seine Verhältnisse lebe. »Clapton und ich haben nur sechs Wochen eigentliche Kriegszeit miterlebt«, sagt Wood. »Doch die Folgen wirkten zehn Jahre lang nach. In Großbritannien war diese Zeit ganz besonders schlimm: Rationierungen, Kürzungen, Stromausfälle, Streiks. Die ganze Zeit über schien es zu regnen. Kein Wunder, daß wir in den 60er Jahren alle verrückt spielten.«

Patricia Clapton blieb zwei Jahre lang bei ihrem Sohn. Eine Zeitlang ging sie mit dem sechs Jahre älteren Sid Perrin, einem extrovertierten Sportler und Geschichtenerzähler; Seite an Seite schoben sie den Kinderwagen durch das heimatliche Ripley. Obwohl alle damit rechneten, daß sie Perrin heiraten würde (dreißig Jahre später lebten sie dann tatsächlich zusammen), gab Pat 1947 ihre Verlobung mit Frank McDonald, abermals ein kanadischer Soldat, bekannt. Erneut wurden im Dorf Mißfallensbekundungen laut. Die Backsteinmauer der an das Haus der Clapps angrenzenden Methodistenkirche wurde mit der Aufforderung beschmiert: HAU AB, PC, DU HURE. Eines Nachts strich ein unbekannter Spaziergänger, der wohl derselben Meinung war, die beiden letzten Worte durch. »Die Einheimischen sind hart mit mir umgesprungen«, erzählte Pat später einem Journalisten, »aber so waren nun mal die Zeiten, die den Ausdruck ›ein Kind der Liebe‹ noch nicht kannten.«

Nachdem seine Mutter Ripley verlassen hatte, wurde Eric Clapton von den Großeltern aufgezogen. Obwohl Jack und Rose Clapp das Kind offiziell nie adoptierten, behielten sie bis 1963 (als sie, wenn auch widerstrebend, den Vertrag mitunterzeichneten, der Clapton den Einstieg bei den Yardbirds ermöglichte) de facto die Vormundschaft. Er lebte noch bis 1965, als er bereits Profimusiker war, bei ihnen. Um verstehen zu können, wie Clapton aufwuchs, muß man die Wertvorstellungen seiner Großeltern kennen. Jack Clapp, ein schüchterner, schweigsamer Mann, der hemdsärmelig im Wohnzimmer vor seinen »Thousand On A Raft« (Bohnen auf Toast) saß, brachte seine Tugenden knapp auf den Punkt: Realitätssinn, Ausdauer und Bescheidenheit. Er war, wie Matthew Wood meint, »der Prototyp des ehrlichen englischen Arbeiters. Müßte man Jack mit einem Wort beschreiben, dann wäre es ›anständig‹. Er hatte ein sicheres, instinktives Gespür für das, was richtig war.«

Rose Clapp war bereits mit siebenundzwanzig Jahren Witwe geworden. In ihrer pragmatischen und ruhigen Art war sie im großen und ganzen eine freundliche Frau, die sich gerne unterhielt und ihre Bestimmung darin sah, für die Familie dazusein. Als ihr Enkel geboren wurde, war sie neununddreißig. Freudig kehrte sie zu der ihr vertrauten täglichen Routine zurück, bestehend aus Wickeln und Baden, aus Kindertränen, Füttern und Spaziergängen, und fühlte sich bis 1950 als »Mum«. Sie richtete die Taufe für den Jungen in St. Mary Magdalen aus, fuhr ihn jeden Nachmittag im Kinderwagen ihrer Tochter auf der Hauptstraße von Ripley spazieren (noch immer wurde hinter ihrem Rücken getuschelt, wenn auch nicht mehr so häufig wie früher), kaufte ihm seinen schwarzen Labrador Prince und sorgte dafür, daß er im Januar 1950 in die Church Of England First School aufgenommen wurde.

Das an St. Mary Magdalen angrenzende Schulgebäude war ein heruntergekommener und von Flechten und Moos überwucherter roter Backsteinbau, durch dessen holzgezimmerten Kamin das Regenwasser ungehindert eindringen konnte. Im Innern des Gebäudes herrschte eine Düsternis, die sich auch auf die Schüler übertrug. Einer von ihnen erinnert sich noch an den »deprimierenden, unbeheizten Ort, an dem ein planloser Unterricht stattfand und zur Mittagszeit Woolton-Pastete aufgetischt wurde«. Zwei Monate vor seinem fünften Geburtstag schloß sich Eric Clapton den sechzig Kindern an, die jeden Morgen in ihrer Uniform – graue Shorts, graue Socken, blaues Hemd und Pullover – antraten, um in Englisch, Mathematik, Geographie, Kunst und Religion unterrichtet zu werden. Schon in der ersten Woche wurde sein Talent zum Zeichnen und Schreiben erkannt; im Rechnen dagegen war er, laut Wood, ein »hoffnungsloser Fall«. Ungeachtet seiner sonstigen Begabungen war er von nahezu krankhafter Schüchternheit.

An einem der ersten Tage dieses neuen Jahrzehnts klärte Rose Clapp ihren Enkel über seine wahre Herkunft auf. Es schien ihr an der Zeit, wie sie später erklärte, daß er »begreifen mußte, warum nicht seine Eltern, sondern ich oder mein Ehemann in Vormundschaft gewisse Papiere unterschrieben«. Außerdem übten, wie ein ehemaliger Schulkamerad betont, Claptons Altersgenossen Druck auf ihn aus. Ein anderer ehemaliger Mitschüler erinnert sich noch genau an das »Gerede über Eric auf dem Schulhof, weil er ›anders‹ war. So hat man das damals genannt. Das Wort Bastard fiel nicht, aber ich kann mir vorstellen, daß es manche Eltern doch gebrauchten. Damals nahmen die Leute in diesen Dingen selten ein Blatt vor den Mund.«

Clapton besuchte diese Schule von 1950 bis 1956. Anschließend wechselte er auf die St. Bede's Secondary Modern, eine Kombination aus Haupt- und Realschule, im nahe gelegenen Send. Mit zehn Jahren zeigte er nach Aussage seiner Mitschüler bereits typische Charaktereigenschaften: Er war still, launisch, höflich (vor älteren Dorfbewohnern zog er seine Schulkappe), verschlossen und zurückhaltend. Während er sich in Gesellschaft von Menschen meist schweigsam verhielt, entwickelte er besonders enge Beziehungen zu Tieren: zu seinem Labrador, zu Schnekken und zu einem Pony, das auf der Dorfwiese graste. Auf seinen Zeichnungen waren nur leblose Gegenstände zu sehen. Selbst als Mitglied der First-Ripley-Pfadfindergruppe hielt er sich im allgemeinen zurück. Auf die Frage, was er werden wolle, antwortete er damals: »Arzt – damit ich etwas dagegen unternehmen kann, daß die Leute im Himmel verschwinden.« Bei anderer Gelegenheit fiel die Antwort wesentlich kürzer aus: »Künstler«.

In St. Bede's wurde Clapton einem Lehrplan unterworfen, der folgende Ziele anstrebte: Festigung der christlichen Glaubensgrundsätze für alle Bereiche des Lebens, Förderung der generellen Freude an der Fähigkeit zu lernen, Kultivierung der Freude an Büchern und Lektüre, Entwicklung der Fähigkeit zur Problemlösung, Erziehung zur Verantwortung für das eigene Verhalten.

Obwohl es nicht auf den ersten Blick auffällt, gibt es doch Anzeichen dafür, daß wenigstens eines der genannten Lernziele Claptons Jugend prägte: Er hatte eine klare Vorstellung von Verantwortung. Bis zu seinem elften Lebensjahr war er ängstlich, ja sogar ungewöhnlich brav. Claptons einziger uns bekannter Freund aus dieser Zeit, ein einheimischer Junge gleichen Alters namens Guy Pullen, beschreibt ihn als »zurückhaltendes Kind, ein echter Einzelgänger, der sich stets absonderte. Er war durchaus nicht der normale Junge vom Lande.« Wegen irgendwelcher Schulhoffehden lehnte es Eric Clapton ab, Guy Pullen zu seinem elften Geburtstag einzuladen. Ein anderer Junge erinnert sich, daß »Rick (wie Eric damals genannt wurde) vor sich hinbrütend im vorderen Zimmer seines Elternhauses saß und die Geschenke freudlos entgegennahm. Er war wirklich ein Eigenbrötler.« Auch weigerte er sich entschieden, an irgendwelchen sportlichen Aktivitäten teilzunehmen – mit Ausnahme der Boxkämpfe, die im Garten hinter Guy Pullens Haus stattfanden.

Die Situation wurde noch schwieriger, als Claptons Mutter 1956 aus Kanada zu Besuch kam und den sechsjährigen Sohn mitbrachte, den sie mit Frank McDonald hatte. Auf Eric wirkte sich die Begegnung dramatisch aus. Bislang war er einfach nur launisch gewesen, doch jetzt wurde er regelrecht mürrisch. Mit Rücksicht auf Guy Pullen und die anderen Jugendlichen wurde Pat als »Ricks Schwester« vorgestellt – was den anderen Eltern schwerlich gefallen haben dürfte. Clapton wurde sich dadurch wieder lebhaft seiner Rolle als Sonderling bewußt. Die Situation beeinflußte sein Verhalten in der Schule beträchtlich. Später erzählte er dem Journalisten Philip Norman: »Von da an hieß es, ich sei launisch und eklig, würde mir keine Mühe geben. Wir mußten die ganze Zeit so tun, als wäre sie meine Schwester. In der Schule hing ich immer nur mit all den Schwächlingen rum. Ich wurde ständig geschlagen, auf den Kopf oder mit dem Lineal auf die Finger.«

Die Wende kam zu einer besonders schwierigen Zeit. In den 50er Jahren mußten britische Schulkinder sich der ›Eleven-Plus‹ (eine im Alter von elf Jahren abzulegende Prüfung, die über die schulische Weiterbildung entscheidet) unterziehen, einer Prüfung, an der etwa dreiviertel aller Schüler scheiterten. Das weiterführende Schulsystem der Secondary Moderns, ursprünglich als praktische Alternative für solche Schüler gedacht, von denen man annahm, daß sie den Anforderungen des Gymnasiums nicht gewachsen sein würden, geriet in den Ruf, eine Verwahranstalt für Kinder zu sein, die aller Voraussicht nach mehr oder weniger unqualifiziert die Schule im Alter von fünfzehn Jahren verlassen würden. 1956, kurz nachdem Pat und ihr Sohn wieder nach Kanada zurückgekehrt waren, fiel Eric Clapton bei der Eleven-Plus durch und kam am 4. September desselben Jahres an die St. Bede's School. Später wechselte er auf die Hollyfield School, die in einem düsteren, viktorianischen Herrenhaus untergebracht war, wo man sich in erster Linie auf den Kunstunterricht konzentrierte. Mit dreizehn Jahren war aus dem umgänglichen und eigentlich schüchternen Jungen ein dürrer, aggressiver Halbwüchsiger mit zusammengekniffenen Augen und runtergezogenen Mundwinkeln geworden, der unablässig herumnörgelte und sich bei jeder Kleinigkeit unheimlich aufregte.

Mehr und mehr widmete er sich einsamen Hobbies – Zeichnen, Angeln, Fahrradfahren. Er gab das Boxen auf und entwickelte eine anhaltende Abneigung gegen jegliche Form körperlicher Gewalt. Zu Hause leisteten ihm sein Hund, die Schnecken und Wellensittiche Gesellschaft. Schweigend und versunken nahm er im Wohnzimmer, das von penetranten Gemüsedünsten durchdrungen war, seine Mahlzeiten ein (Bohnen auf Toast und – sein Lieblingsgericht – Mockturtlesuppe, eine unechte Schildkrötensuppe, die aus Kalbskopf hergestellt wird). Unter seinen Mitschülern war es zur Gewohnheit geworden, ihn als »Spinner« zu bezeichnen.

Hollyfield war eine Einrichtung zur gemeinschaftlichen Erziehung von siebenhundert Schülern zwischen elfeinhalb und achtzehn Jahren. Das eher bescheidene Bildungsangebot wurde durch die Möglichkeit ausgeglichen, dort Kunst studieren zu können. Dem Schulprospekt von 1958 zufolge vermittelt dieses Fach »angesichts der Entwicklung der Schüler zu einer ›ganzheitlichen Persönlichkeit‹ entscheidende pädagogische Werte«. »Das war wirklich toll«, meint der Ex-Hollyfield-Schüler Richard Drew. »Obwohl wir, verglichen mit Absolventen des Gymnasiums oder des Realgymnasiums, Versager waren, erwartete man auf kreativem Gebiet Leistungen von uns. So gesehen war das Ganze ziemlich revolutionär. Hier bekamen wir die Chance, uns selbst zu verwirklichen. Jeder, der nur das geringste Interesse für Zeichnen, Malen oder Design zeigte, wurde gefördert.« In dem bereits zitierten Schulprospekt wurde zudem darauf hingewiesen, daß die Ausbildung der künstlerischen Fähigkeiten »eine ausgezeichnete Übung für alle darstellt, die anschließend die Kunsthochschule oder das College besuchen wollen, um sich auf Design zu spezialisieren oder eine Laufbahn als Lehrer einzuschlagen«, was für eine nicht unbeträchtliche Anzahl der Schulabgänger von Hollyfield auch tatsächlich zutraf.

Claptons erstes Schulquartal verlief ereignislos. Sein Klassenlehrer Peter Strachan erinnert sich, daß er »eigensinnig, übellaunig und wortkarg« war, sich aber im Unterricht immer eifrig bemühte. Mitte des Jahres 1958 wurde Peter Strachan von der Erziehungskommission in Surrey ein Bericht über Clapton vorgelegt, in dem die Schilderung der häuslichen Verhältnisse keine Zweifel an seiner Herkunft ließ. »Wir wußten, daß er ein uneheliches Kind war, daß er es schwer hatte und voller Komplexe steckte. Alle Lehrer haben diese Akte gelesen. Fast alle seine Freunde hatten das Gerede mitbekommen, und selbst wenn sie nichts wußten, hat Clapton bestimmt angenommen, daß sie im Bilde waren. Er war schrecklich empfindlich.« Claptons Mitschüler Philip Solly bestätigt: »Wir wußten davon, und er wußte, daß wir es wußten.«

Clapton litt sehr darunter, daß es für ihn keine Möglichkeit gab, sich akademisch weiterzubilden. Statt dessen konzentrierte er sich auf das Zeichnen und Malen und entwickelte einen eigenwilligen, um nicht zu sagen schrägen Humor. »Er liebte es, anderen Streiche zu spielen«, berichtet Solly, »Stinkbomben, explodierende Zigarren – er war ein Pausenclown mit einem Hang zur Boshaftigkeit. Manchmal trieb er es so schlimm, daß es schon an Grausamkeit grenzte«, was sich psychologisch leicht als Kompensation der Entbehrungen seiner Jugend deuten ließ. 1958 entdeckte Clapton, wie unzählige andere englische Jugendliche auch, die *Goon Show*. Sein Verhalten begann manische Züge anzunehmen, im Stechschritt marschierte er über den Schulhof und trommelte dazu auf einem Kochtopf. Sein »verrücktes Verhalten« wurde geradezu sprichwörtlich. Mit dreizehn gehörte er zu jener Handvoll von Schülern, die ständig Gefahr liefen, von den Schlägertypen schikaniert zu werden, entweder weil sie einfach nur kleiner waren als diese oder weil sie sich nicht durch sportliche Glanzleistungen und Schlagfertigkeit hervortaten. »Ich war der Typ, dem man Steine hinterherwarf, weil ich so mager war und keinen Sport treiben konnte. Ich war der ewige 44-Kilo-Schwächling. Deshalb trieb ich mich immer mit drei oder vier anderen Jungs herum, denen es genauso ging. Außenseiter eben. Und alle nannten uns immer nur ›die Bekloppten‹.«

Das alles machte Eric Clapton besonders empfänglich für den Rock 'n' Roll und die musikalische Revolution, die er auslöste. Obwohl sich dieser Begriff in England erst 1955 mit dem Film *Blackboard Jungle* (»Die Saat der Gewalt«) einbürgerte, gab es bereits drei Jahre zuvor eine erste Welle der Begeisterung für die neue Musik aus den USA. Little Richard, Buddy Holly und Jerry Lee Lewis wurden zu den neuen Vorbildern. Eric Clapton war wie elektrisiert, anders kann man es nicht nennen. Mit seinem zwölftaktigen Aufbau und seinen aufmüpfigen Texten war der Rock 'n' Roll ein leicht verständliches Ausdrucksmittel, das der Sehnsucht einer Generation entgegenkam, anders zu sein als die anderen. Hierzu erklärt Philip Solly: »Für jeden auch nur einigermaßen frustrierten Jugendlichen, also für die meisten von uns, war diese Musik wie ein Geschenk des Himmels. Plötzlich sahen wir einen Ausweg.« Er bestätigt, daß Clapton und »die Bekloppten« in der Schule zu den ersten Bekehrten zählten, die mit einem bestimmten Slang herumexperimentierten, gewisse Manierismen annahmen und nach Hause eilten, um *Oh Boy* und *Drumbeat* im Fernsehen zu sehen oder um die Radiosendung *Uncle Mac's Hour* nicht zu verpassen.

In dieser Radiosendung, in der manchmal auch ein Sonny-Terry-Bop oder Memphis-Slim-Boogie gespielt wurde, hörte Eric Clapton erstmals den Blues. 1959 wurde Elvis Presley in die Armee eingezogen, um Jerry Lee Lewis und Little Richard war es ruhig geworden, Chuck Berry saß im Gefängnis, Buddy Holly war tot. Man hatte plötzlich den Eindruck, daß – so drückte es Keith Richards aus, der damals ebenfalls ein Teenager war – »die Luft aus dem Rock 'n' Roll raus war«. Ebenso wie Richards machte sich Eric Clapton daran, die Wurzeln dieser Musik zu ergründen, und legte dabei erneut den Eifer eines Bekehrten an den Tag. Die Hauptanziehungskraft des Blues, den man ursprünglich mit Sklaverei und Arbeiterkolonnen in Verbindung bringt, besteht in seiner Sprache: Er erzählt von Angst, Gefühllosigkeit und Qual, von Schmerz und von Vorurteilen – und vor allem von Sex. Seine Texte sind voller Zynismus, im günstigsten Fall ironisch, schlimmstenfalls von abstoßender Larmoyanz. Blues spricht die Wehmütigen, die Sorgenvollen, die Verschlossenen an – somit auch Eric Clapton.

»Während meiner Jugend hatte ich fast ständig das Gefühl, mit dem Rücken zur Wand zu stehen. Der einzige Ausweg für mich bestand darin, diese Zeit mit Würde, Stolz und Mut durchzustehen. Die Möglichkeit dazu gab mir eine bestimmte Art von Musik, besonders der Blues, weil er schon immer etwas ganz Besonderes war. Da war ein Mann, der mit seiner Gitarre gegen den Rest der Welt kämpfte. Es gab keine Gefährten, keine Band oder Gruppe. Wenn man's genau betrachtet, ging es um einen Burschen, der völlig allein dastand und gar keine andere Wahl hatte, keine andere Chance, als einfach nur zu singen und zu spielen, um sich von seinem Schmerz zu befreien. Genauso fühlte ich mich damals.«

Eric Clapton kam nie von dem Gedanken los, anders als die anderen zu sein, ein einsamer Mann gegen den Rest der Welt, der sein eigenes Schicksal unablässig mit dem der unterdrückten Schwarzen verglich. Auch Edward Fryer hatte den Blues gespielt. Eric Clapton war seinem Vater zwar nie begegnet (er kannte ihn nur von einem Foto), konnte sich aber in vielem, was er über ihn wußte und an ihm bewunderte, wiederfinden.

Immer wieder hörte er vor allem die Musik von Robert Johnson (dessen Eigenart, die Gitarre als ein Leadinstrument einzusetzen, Clapton faszinierte), W. C. Handy, Bill Broonzy, Sun House, Blind Lemon Jefferson, Blind Willie Johnson, Blind Boy Fuller, Sonny Terry (wie Fuller ein erblindeter Musiker), Roosevelt Sykes, Brownie McGhee; außerdem den elektrisch verstärkten Blues der Großstadt von Musikern wie Leroy Carr, Memphis Slim, Otis Spann, Otis Rush, Jimmy Reed, Willie Dixon, Albert King, B. B. King, Freddie King, Howlin' Wolf und Muddy Waters.

Schließlich blieb Rose und Jack Clapp im Sommer 1958 nichts anderes mehr übrig, als ihrem Enkel die erste Gitarre zu kaufen. Es war eine vierzehn Pfund teure (damals etwa hundertfünfzig Mark) Spanish-Hoya-Akustikgitarre. Clapton nahm sie mit nach Hollyfield, und gegen Ende des Herbstsemesters drangen »schauderhafte Geräusche« aus seinem Zimmer, das direkt unterhalb des Raumes lag, in dem die Lehrer sich zur Teepause versammelten. Daraufhin legte Peter Strachan ihm nahe, er sollte »doch in Gottes Namen lernen, richtig zu spielen«. Ein anderer Lehrer, Goronwy Gealy, erinnert sich, daß Clapton »seine Gitarre ständig mit sich herumschleppte, mit leicht verdrossenem Gesichtsausdruck, als wollte er alle davor warnen, sie anzurühren«. Diese Beschreibung ist allerdings in Anbetracht der Beziehung, die Clapton zu seinem Instrument entwickelte, eher noch untertrieben. Peter Strachan, Goronwy Gealy und andere Lehrer und Schüler der Hollyfield School sowie diejenigen, die ihn, wie Guy Pullen, noch aus Ripley kannten, bestätigen einvernehmlich, daß sich Claptons Horizont ab seinem vierzehnten Lebensjahr zunehmend erweiterte. Andere Kinder hatten ihre Sportausrüstung oder ihre Klamotten – er hatte seine Gitarre. Sie war für ihn wie eine Erweiterung seines Nervensystems. Schon nach zwölf Monaten konnte er Willie Dixon und Bill Broonzy stilsicher und Muddy Waters fehlerfrei spielen. Anfang 1959 saß Clapton oft bis Mitternacht allein im vorderen Wohnzimmer des großelterlichen Hauses und ahmte den charakteristischen dröhnenden Sound von Muddy Waters »Honey Bee« nach: »›Test, Test‹. Ich höre das noch heute«, so Rose. »›Rick, gehst du ins Bett? Dein Vater muß früh zur Arbeit.‹« »Teufelsmusik«, war Jacks mürrischer Kommentar.

Eric Clapton hat nie einen regulären Musikunterricht genossen. Seine Ausbildung beschränkte sich auf bloße Nachahmung; erste Orientierungspunkte waren Waters, die Kings und Buddy Guy, ein Gitarrist aus Chicago, der ebendort 1958 im Blue Flame Club die »Battle Of The Blues« gewann. Nach Aussage von Richard Drew, der dabei war, als Clapton zum erstenmal »All Your Love« von Guy and Magic Sam spielte, war für Eric eine gute Technik »nur eine Frage des Übens, Übens und immer wieder Übens. Ganz offensichtlich hatte er Talent, aber er war kein Wunderkind. Ein ganzes Jahr lang sah man ihn bei jeder Gelegenheit spielen, im Bus, in der Schulklasse, unter Treppen – überall. Dadurch«, so setzt er hinzu, »sonderte sich Eric ziemlich ab, aber das war wohl auch seine Absicht.«

Mehr und mehr wurde Eric Clapton klar, wie wenig ihn mit den anderen verband. Als Guy Pullen sich mit Ray Coleman über diese Zeit unterhielt, bekräftigte er: »Grundsätzlich gesehen war er ein Einzelgänger ... Er trug die engsten Jeans, die längsten Haare, hatte das mißmutigste Gesicht von allen. Verlassen saß er auf der Dorfwiese und spielte nur für sich alleine Gitarre ... Er war der totale Außenseiter.« Während er früher einfach nur ein verdrießliches Gesicht machte oder mit einem finsteren Seitenblick drohte, wenn er provoziert wurde, zeigte Clapton nunmehr unverhohlen seine Feindseligkeit. Seine Scherze, bei denen mitunter auch sein BSA-Luftgewehr zum Einsatz kam, wurden immer bösartiger und rabiater. »Nach seinem vierzehnten Geburtstag«, erinnert sich Philip Solly, »war er die reinste Landplage, schmutzig, böse, aggressiv – er scherte sich einen Dreck um die anderen.« Claptons Hauptinteresse galt – so berichtet Solly weiter – »der Musik und der Kunst; darüber hinaus hatte er ein ausgesprochenes Faible für Krieg, für Blut und für alles, was mit Eingeweiden zu tun hatte. Genau in dieser Reihenfolge«. Diese Vorliebe drückte sich auch in einem Gedicht aus, daß in jenem Sommer in der Schülerzeitung der Hollyfield School abgedruckt wurde:

THE BATTLE CRY

»Forward into battle, men!«
The cry rings loud and clear,
And on the field a thousandfold
Are armed with sword and spear.
The foe approach with cunning eye,
The blood of men to seek,
But underneath the bright breastplate
A heart beats humble and meek.
The sword is drawn, the spirit roused,
The charge is swift and harsh.
Cold steel and iron clash one on one
And men die upon the marsh.

And now the fight is really on,
And death is everywhere,
But men who fight for glory's sake
Have neither fear nor care.

The dark black marsh is stained with red,
The men are growing few,
The blades strike home,
The spears are launched,
The arrows swift and true.

At last the fight is over,
The enemy have fled,
But many of the warriors
Lie on their black Death Bed.

In der schwierigen Zeit einsetzender Pubertät galt – neben seiner Leidenschaft für die Kunst – Claptons einziges Interesse dem Radfahren. In den Jahren 1959/60 gehörte er den Kingston Wheelers an und nahm gelegentlich an Wettkämpfen gegen die anderen Clubs aus Malden, Morden und Feltham teil. Meistens jedoch hechelte er mutterseelenallein die Portsmouth Road rauf und runter, mal langsamer, mal schneller, mied selbst bei dieser Beschäftigung jede Gesellschaft. In Hollyfield rückte er in die Kunstklasse auf, die ihre Unterrichtsräume abseits des Hauptgebäudes hatte, in einem an das Surbiton Hospital angrenzenden Bau, der nach seiner Hausnummer von allen einfach nur »35« genannt wurde. Der um ein Jahr ältere Richard Drew sieht Clapton noch genau vor sich, »wie er mit unbewegter Miene, in Jeans und einer kastanienbraunen Jacke den Berg hinaufradelte. Er war damals fünfzehn und hatte einen Bürstenschnitt, den er immer im Seitenspiegel seines Fahrrads auf Vordermann brachte.«

Zwei Jahre lang arbeitete Eric Clapton im oberen Studio des Hauses 35, einem Raum, der absichtsvoll im Stil einer Dachkammer gehalten war, voller Staffeleien und Leinwände, die ungeordnet vor den hohen Art-deco-Fenstern herumstanden. Er und sein Mitschüler Clive Blewichamp waren die schwarzen Schafe der Klasse. Während der Pause hockten sie Zigaretten rauchend unter dem Deckengewölbe des Dachgeschosses, sinnierten über ein Gemälde von van Gogh oder übten auf der Gitarre. Erst jetzt begann Eric Clapton sein Instrument wirklich ernsthaft zu schätzen. Philip Solly erinnert sich, daß Clapton 1960 eines Morgens »aus dem Schulbus stieg und fingerschnippend einen Song mit dem Titel ›Lord Eric‹ vor sich hinsummte, den er über sich selbst geschrieben hatte«. Etwas weiter hügelaufwärts befand sich Surbitons einzige, aber immerhin gut sortierte Musikalienhandlung. »Ein zauberhafter Laden«, schwärmt Solly, »mit Saxophonen und Geigen, die wie in einer altmodischen Apotheke in Glasvitrinen ausgestellt waren.« Selbstverständlich gab es dort auch Gitarren. Nach Richard Drews Einschätzung nahm Eric Clapton bestenfalls an zwölf der vorgesehenen siebenundzwanzig wöchentlichen Unterrichtsstunden teil: »Mindestens die Hälfte der Zeit machte er blau, trieb sich herum oder schrieb Songs – oder beides gleichzeitig.«

Trotzdem schaffte er sowohl die mittlere Reife als auch das Abitur. Philip Solly, der wie Clapton nur knapp bestanden hatte, entsinnt sich, daß Eric »absolut nichts lernen wollte und jeden verachtete, der es tat. Darüber konnte er sich unglaublich aufregen.« Andererseits, räumt Solly ein, waren Eric Claptons Begabungen, die sich nicht allein auf Zeichnen und Malen beschränkten, durchaus ausreichend, um die Standardanforderungen für die allgemeine Hochschulreife zu erfüllen. Im Sommer 1961 wurde Clapton am Kingston Art College angenommen.

Dort traf er im September ein. Er besaß zwar, wie er öfter betonte, »nicht die entsprechenden Zeugnisse, aber den Lehrern gefiel, was ich ihnen zeigte. Nach einem Beratungsgespräch bewilligten sie mir ein Probejahr auf der Kunstschule . . . Ich war damals sechzehn, fühlte mich als Bohemien, hörte meine Musik und hing viel herum.« Mit Rücksicht auf seine Großeltern hatte er sich in eine Klasse für Werbegraphik eingetragen. »Das war ein Fehler«, meint Richard Drew. »Während die Studenten der Schönen Künste meist Beatniks waren, erwartete man in der Graphikabteilung harte Arbeit. Eric Clapton war dafür völlig ungeeignet.«

Ausgestattet mit einer Green-Line-Buskarte, unternahm er immer weitere Ausflüge, erforschte Twickenham, Richmond, schließlich auch London. Zwischen 1961 und 1963 war Clapton Stammgast im Café 21, in anderen Kaffeehäusern und in diversen Pubs. Außerdem besuchte er regelmäßig die Musikalienhandlungen Ray's und Dobell's; in letzterer gab es unter anderem Importplatten von Robert Johnson, Bill Broonzy, Jimmy Reed und Muddy Waters zu kaufen. Er war zufrieden damit, seine Musik spielen und hören zu können; daher unternahm er auch keine größeren Anstrengungen, andere Freuden des Musikerdaseins auszukosten. Abgesehen von einem One-Night-Stand – seinem ersten – mit einer älteren Frau, war Claptons damaliges Liebesleben nicht der Rede wert. Obgleich er als Teenager gelegentlich mit einem Mädchen namens Sandra Ploughman ausging, war er, wie Guy Pullen meint, »nicht gerade ein Romeo«. Zwar beteiligte er sich sowohl in Hollyfield als auch in Kingston an Gesprächen über Sex, druckste dabei für gewöhnlich jedoch herum und machte rein theoretische Bemerkungen, ohne aber mit irgendwelchen konkreten Erfahrungen herauszurücken. Bisweilen zitierte er Ratschläge aus der Frauenkolumne des *Surrey Comet*, lenkte die Aufmerksamkeit von Richard Drew oder Clive Blewichamp auf die eine oder andere schlüpfrige Anekdote oder moralisierende Ermahnung, wobei er, ohne es zu bemerken, den Bezug zur Realität immer mehr verlor. Chris Dreja, ein weiterer Student der Kunstakademie von Kingston – später machte er mit Clapton zusammen Musik –, ist davon überzeugt, daß »Eric als Teenager überhaupt kein Sexualleben hatte. Das aggressive Macho-Gehabe, von dem er glaubte, daß es zum Blues gehöre, wirkte ja nicht gerade anziehend auf Frauen. Er wollte eben unbedingt anders sein.«

Jenny Dolan, ein Mädchen, das Eric Clapton vom College her kannte, fügt hinzu, daß sein »trauriger Kleiner-Junge-Blick« zwar gewisse Mutterinstinkte weckte, ansonsten aber nicht sonderlich reizvoll war. Er wurde von allen nur »Ewik« genannt, was soviel bedeutet wie »Igitt«.

Im Juni 1962 mußte Clapton die Schule verlassen. Obwohl die Arbeiten aus seinem ersten Jahr qualitativ zufriedenstellend waren, waren es einfach zu wenige, um das Klassenziel zu erreichen. Clapton war fassungslos. In einem Interview erklärte er später: »Meine Leistungen an der Kunstschule schienen mir im Vergleich zu denen anderer Studenten sehr vielversprechend zu sein. Die meisten in diesem Kurs waren eigentlich keine Künstler, eher Buchhalter. Doch ich war kreativ und voller Phantasie. Ich war schockiert.« Vergeblich bemühte er sich, das Schlimmste zu verhindern, indem er gewissenhaft versuchte, sein Pensum nachzuholen. Erstaunlicherweise fertigte er während seiner letzten Wochen am Kingston Art College mehr Bilder an als in den gesamten vergangenen acht Monaten. Der erwünschte Erfolg indes blieb aus.

Das Jahr an der Kunsthochschule hatte sich für Eric Clapton zwar nicht unbedingt gelohnt, aber es verstärkte immerhin bestimmte Charaktermerkmale – sein geringes Selbstvertrauen, seine Beziehungslosigkeit, das Gefühl, allein oder anders zu sein, schikaniert und hintergangen zu werden. Und natürlich konnte es nicht ausbleiben, daß auch seine Liebe zum Blues wuchs. In London lernte er eine weitere Riege von Musikern kennen: Junior Wells, J. B. Hutto, Hound Dog Taylor. Ihre Platten waren in Großbritannien nur bei Dobell's zu bekommen. Clapton erweiterte sein eigenes Repertoire, und Ende 1962 überredete er seine Großmutter, ihm eine elektrische Gitarre, eine Kay »Red Devil« zu kaufen, die relativ preisgünstige Imitation der in Amerika vertriebenen Gibson ES335. Jenny Dolan bekräftigt, daß Eric »seine Musik unglaublich ernst nahm . . . Er spielte andauernd, und immer mit diesem anklagenden Gesichtsausdruck.« Clapton besaß ein zweispuriges Grundig-Tonbandgerät, das er Abend für Abend dazu benutzte, um seine Spieltechnik auszufeilen. Sein Onkel Adrian, Rose Clapps Sohn, bestätigt: »Eric fluchte und tobte so lange herum, bis er den Sound jeder Platte, die er in die Finger bekam, exakt kopieren konnte. Am Ende besaß er etwa sieben oder acht Bänder, allesamt voll mit diesen Übungen, im Hintergrund das Gezwitscher der beiden Wellensittiche.«

Es war die Geburt eines vom Blues ausgehenden Stils, der – später noch beeinflußt von Rock und Jazz – zu Eric Claptons Markenzeichen werden sollte. Inzwischen war er ein ganz passabler Gitarrist geworden. Selbstbewußt machte er sich daran, den fließenden Klang von Robert Johnson und B. B. King nachzuempfinden und zu imitieren. Immer wieder veränderte er die Stimmung seiner Gitarre und experimentierte mit den Saiten. Als er mit siebzehn Jahren die Kunstakademie verließ, war er spieltechnisch bereits über jeden Zweifel erhaben. Was ihm dringend fehlte, war jedoch praktische Erfahrung.

Zunächst brauchte er unbedingt einen Job. Ende 1961 besserte er sein Taschengeld als Aushilfsbriefträger auf. Im Sommer darauf heuerte ihn seine Großvater als Hilfsarbeiter auf dem Bau an, und so fuhr er mit Jack nach Aldershot und Camberley, wo er während der Arbeit sein Radio bis zum Anschlag aufdrehte. Seine Green-Line-Buskarte behielt Clapton. An den Wochenenden kehrte er nach London zurück und erlebte im Marquee und in den Jazzclubs von Ealing das erste Aufkeimen einer britischen Rhythm'n'Blues-Szene. Laut Alexis Korner, der damals in dieser Gegend wohnte, war in dessen Band Blues Incorporated »jeder willkommen, der die Frechheit besaß, sich einfach hinzustellen und loszulegen«. Einer von denen, die diese Kühnheit aufwiesen, war Mick Jagger, damals Student der Volkswirtschaft – ein anderer war Eric Clapton. Dick Heckstall-Smith, ein Bandmitglied der Blues Incorporated, war Zeuge, wie »dieser blasse, traurig dreinblickende Junge zum erstenmal die Bühne betrat, nicht etwa mit einer Gitarre, sondern mit einem Handmikrofon. Er sang zwei Nummern und flüchtete. Es hat mich nicht gerade vom Hocker gehauen.«

Andererseits interpretierte Eric Clapton sowohl »Alberta« als auch den »San Francisco Bay Blues« ganz hervorragend; die letztgenannte Nummer spielte er bisweilen im Crown in Kingston oder sang sie ohne Begleitband im Richmond Green, einem Veranstaltungsort zwischen Ripley und London. Mit einer besonders gefühlvollen Version von »Nobody Knows You (When You're Down And Out)« verschaffte er sich erstmals einen gewissen Bekanntheitsgrad; diesen Song griff er während seiner späteren Karriere noch zweimal auf. Für Keith Richards, ebenfalls Stammgast in Ealing, schien »Clapton die theatralische Seite des Blues in vollen Zügen zu genießen«, aber auch das Gefühl von Sinnlosigkeit, von unausweichlichem Schicksal, von Lebensüberdruß.

Aus Claptons Zuneigung für den Blues war inzwischen eine tiefe Leidenschaft geworden. Er liebte den Blues, nahm seine Botschaft in sich auf, lebte für diese Musik. Auf der Gitarre klimpernd und vor sich hinsummend, schlenderte er durch das Herbstlaub (wie der »Bekloppte«, für den man ihn schon vor langer Zeit gehalten hatte). Nach der anfänglichen Begeisterung für die Arbeit auf dem Bau (»Ein großartiger Arbeiter«, meinte Rose, »wenn er Fliesen verlegte, zeigte sich sein Hang zum Perfektionismus«) bahnte sich in Claptons Leben eine Krise an. Ende 1962 dachte er ernsthaft darüber nach, in den Postdienst zurückzukehren oder sich allen Erfahrungen zum Trotz abermals der Werbegraphik zuzuwenden. Reginald Brill, seinerzeit Schuldirektor am Kingston Art College, war in diesem Jahr in den Ruhestand getreten und in Lavenham, am Rande von Constable Country, Herbergsvater der Stiftung Little Hall geworden, einem Wohnheim für ehemalige Kunststudenten aus Surrey. Er sah sich zwar Claptons Mappe an, hielt die Arbeiten auch für durchaus »vielversprechend«, ließ jedoch danach nichts mehr von sich hören. Daraufhin sah Clapton keine Veranlassung, weitere Zeichnungen vorzulegen.

Statt dessen kehrte er auf die Baustelle zurück – und nach Ealing, wo er Broonzy, Waters, Terry und McGhee spielte und sein Lieblingsthema »Ein Mann gegen den Rest der Welt« in immer neuen Variationen vortrug. Da Clapton wie ein Besessener übte, war er – so Alexis Korner – »mittlerweile so gut wie die meisten Profis und, um es vorsichtig auszudrücken, sich dessen voll bewußt«. Im Winter dieses Jahres lehnte er einen Job bei der aus Kingston stammenden Tanzband The Bluebeats ab; auch die exotische Band Thunder Odin's Big Secret konnte ihn nicht für sich gewinnen. Das Angebot allerdings, zusammen mit dem Jazzfanatiker Dave Brock als Akustikduo aufzutreten, nahm er bereitwillig an.

Etwa zur gleichen Zeit bewarb sich der einundzwanzigjährige Gitarrist Tom McGuinness bei einem Musikerquartett im Station Hotel in Richmond und wurde dort prompt abgewiesen. Tom McGuinness, der musikalisch ähnlich empfand wie Clapton, hatte den begrenzten Horizont der Band gleich erkannt: Das Repertoire reichte von seichtem Pop gerade eben noch bis zum Swing-Jazz. Nach seinem erfolglosen Vorspielen beklagte er sich bei seiner Freundin darüber, daß »außer ihm keiner etwas vom Blues versteht«. Diese Freundin hieß Jenny Dolan. Sie erwiderte ihm, daß sie zumindest einen mit dieser Fähigkeit kenne – und der sei kürzlich aus dem Kingston rausgeflogen. Kurzerhand arrangierte sie ein Treffen.

Tom McGuinness' erste Begegnung mit Eric Clapton fand am 2. Januar 1963 statt. Selbst ein hervorragender Musiker, erkannte er sofort, daß »Eric technisch überragend war« (dieser Meinung konnte sich Clapton uneingeschränkt anschließen), gleichwohl »nicht zu vergleichen mit der Legende, zu der er dann später gemacht wurde«. Tom McGuinness berichtet über Eric Clapton: »Die Vorstellung, er sei ein Purist gewesen, ist reiner Unsinn. Eric liebte den Blues, aber er verachtete deshalb noch lange nicht andere musikalische Richtungen. Damals sorgten gerade die Beatles für Furore, und ich weiß, daß er auf diese Band besonders eifersüchtig war. Er hatte auch eine Schwäche für Jerry Lee Lewis und Little Richard. Und ich habe gehört, wie er von Fats Domino schwärmte. Am Blues faszinierte ihn vor allem das Image. Er war ein unglaublich chaotischer Teenager. Er hat wahrhaftig geglaubt, er habe gegen den Rest der Welt anzutreten. Andererseits konnte er wirklich hervorragend Gitarre spielen.«

Zusammen mit einem Sänger, einem Schlagzeuger und einem Pianisten gründeten Eric Clapton und Tom McGuinness im Februar die Roosters (in Anlehnung an einen Song von Willie Dixon).

Die Band existierte sechs Monate und spielte Medleys aus Rock 'n'

Roll und Tanzhits, gelegentlich auch Blues. »Es war ein ziemlicher Mischmasch«, so Tom McGuinness. »Es gab in der Gruppe zwei Rebellen, einen Little-Richard-Fan, einen echten Bluespianisten – und Eric. Für jeden etwas.« Ben Palmer, der besagte Pianist, weist darauf hin, daß Clapton »eine außergewöhnliche Vorliebe besaß – er spielte gerne Soli. Damals war es etwas ganz Besonderes, den Mut zu haben, vor einem Publikum einfach draufloszuspielen. Eric hat das nie etwas ausgemacht . . . In solchen Momenten erinnerte nichts mehr an den scheuen Menschen, der er hinter der Bühne war.« Palmer erwähnt auch Claptons »bemerkenswertes Gefühl für Timing . . . Er schien genau zu spüren, wann er loslegen konnte und wann nicht. Irgendwie war das fast unheimlich.«

Das ist allerdings in Anbetracht Claptons intuitiver Auffassungsgabe für musikalische Dynamik, seines Verständnisses für Songstrukturen, leicht untertrieben. Er spielte sowohl Rhythmus- als auch Leadgitarre, vor allem solistisch. Sein Gitarrenspiel geriet gleichsam zu einem Oratorium, in dem er selbst alle Partien sang und spielte. Auch wenn Clapton damals noch nicht seine heutige Kunstfertigkeit besaß, war er doch, wie Ben Palmer zugibt, »mindestens zwanzig Prozent besser als wir anderen«, eher ein Semiprofi als ein Semiamateur. »Semiprofi« zu sein bedeutete Clapton viel, auch wenn diese Bezeichnung angesichts der geringen Gage von fünf Pfund pro Musiker und Abend nicht gerechtfertigt schien. Die Tingelei durch irgendwelche Musikschuppen in Guildford, New Malden und Windsor sowie die gelegentlichen Gigs in Leeds und Manchester brachten die Band nicht weiter. Zudem wurde Ben Palmer schon beim Anblick von nur dreißig Besuchern von lähmendem Lampenfieber befallen, und Clapton mußte immer noch jeden Abend zum Schlafen nach Hause fahren. Schließlich lösten sich die Roosters auf.

Im Scene am Piccadilly erfuhr Clapton, daß ein gewisser Brian Casser alias Casey Jones aus Liverpool einen Gitarristen suchte. Daraufhin traf er die erste von einigen eher unverständlichen Entscheidungen seiner musikalischen Laufbahn. Weder Brian Cassers Bühnenshow (die sich stark an Screamin' Lord Sutch und Arthur Brown anlehnte) noch sein Repertoire (Elvis-Hits und Balladen) dürften dem Bluesfan Clapton imponiert haben, dessen Introvertiertheit auf der Bühne so weit ging, daß er sich sogar »physisch verletzt« fühlte, wenn der Roosters-Sänger auch nur die Haare schüttelte. Nach Tom McGuinness' Bekunden »ließ Eric verlauten, daß Casser, der vielleicht schlechteste Sänger der Welt, die Absicht habe, sich uns anzuschließen . . . Ich glaube, was ihn daran reizte, war vor allem die Aussicht, als Profi genügend Geld zu verdienen, um seinen Maurerjob bei Jack an den Nagel hängen zu können.« So begann am 2. Oktober 1963 das wohl merkwürdigste Intermezzo in Eric Claptons bekanntermaßen wechselhafter Karriere. Vier Wochen lang standen er, McGuinness und zwei angeheuerte Musiker in entsprechendem Outfit auf der Bühne, während Casser in der Mitte auf einem Trampolin herumsprang oder Feuer schluckte. (Noch befremdlicher war allenfalls Claptons Zusage, die Cabaret-Sängerin Polly Perkins zu begleiten, die dreißig Jahre später als Star der Soap opera *Eldorado* wieder in Erscheinung trat). Die leidige Angelegenheit fand ein Ende, als Clapton eines Abends einfach nicht in London auftauchte und damit – wie so häufig in seinem Leben – einer offenen Auseinandersetzung aus dem Weg ging. »Das entsprach der Situation«, meint McGuinness. »Niemand in der Band fühlte sich verpflichtet, es ging ausschließlich darum, irgendwie weiter und nach oben zu kommen.« Clapton selbst drückte es später so aus: »Das waren wichtige Erfahrungen.« Er kehrte zurück nach Ripley und zu den Jam Sessions im Crown in Kingston, die dort jeden Freitagabend stattfanden.

Innerhalb dieses Jahres hatte Clapton sein Repertoire erweitert und perfektioniert, wesentliche Erfahrungen als Live-Musiker gesammelt und die Aufmerksamkeit von Alexis Korner und John Mayall auf sich gezogen; darüber hinaus entdeckte er – den kontrollierenden Blicken der Großeltern entzogen – seine Vorliebe für Bier, Schnaps und andere in Musikerkreisen übliche Rauschmittel. Es hieß, daß er Purple Hearts, herzförmige Amphetamintabletten, und Pillen gegen Menstruationsschmerzen schluckte. Außerdem rauchte er. Eric Clapton hatte zwar keine feste Freundin, war aber, so Palmer, »durchaus empfänglich für weibliche Reize«. Die Anzeichen für sein erwachendes Interesse am anderen Geschlecht häuften sich. Clapton lernte im Oktober 1963 Anne McDowell kennen, eine junge Frau aus Kingston. Vergeblich machte er ihr den Hof – sie fand ihn »ungehobelt, beinahe grob«. Nachts kehrte er nach wie vor nach Ripley zurück und trieb sich in den ›Ship And Half Moon‹-Pubs herum. Die Stammgäste dort erinnern sich, daß »er ein ernster junger Mann war, der, obschon erst achtzehn, sich nur in seiner eigenen Gesellschaft wohlfühlte«.

Claptons Debut als Profimusiker fiel in eine Zeit, in der der aus Amerika importierte Rhythm'n'Blues über den Skiffle und über die Musik von Cliff Richard und Adam Faith immer größere Verbreitung fand und zu einer eigenständigen Richtung der Popmusik wurde. Am 5. Oktober 1962 veröffentlichten die Beatles mit »Love Me Do« ihre erste Single. Im Februar 1963 folgte die erste England-Tournee des Quartetts aus Liverpool. Der Erfolg der Band war sensationell. Die Beatles waren weltweit ein Begriff, sie sprachen Millionen von Jugendlichen an. Und sie bewiesen, daß Musikmachen eine finanziell durchaus einträgliche Beschäftigung sein konnte. Eine der ersten Bands, die davon profitierten, war neben den Rolling Stones (die im April 1963 ihren ersten Plattenvertrag abschlossen) eine Gruppe, die sich The Detours nannte und Jimmy-Reed- und Howlin'-Wolf-Nummern spielte; später sollte daraus The Who werden. Auch Eric Clapton und die anderen Mitglieder der Roosters begriffen instinktiv, daß zum erstenmal seit dem Krieg eine klar definierbare Jugendkultur entstanden war, die mit ihrem Bedarf an Vorbildern die Musik zu einer ernstzunehmenden Einnahmequelle werden lassen konnte.

In diesen Jahren feierte die elektrische Gitarre ihren Siegeszug. Plötzlich stand sie in allen Läden. 1935 ursprünglich von der Firma Gibson entwickelt, war sie von dem Erfinder Leo Fender noch verbessert worden; seine Telecaster war das erste Instrument, das speziell für den Einsatz mit einem Verstärker konstruiert war. 1954 folgte die Stratocaster, eine Ausführung mit auffallend großem Korpus; schon bald wurde sie zum Markenzeichen von Buddy Holly und dem Shadows-Gitarristen Hank Marvin. Clapton, der sich anerkennend über Marvins Ende 1960 erschienenes Stück »Apache« geäußert haben soll, experimentierte mit beiden Modellen. Noch vor seinem neunzehnten Geburtstag kaufte er sich eine rote Telecaster, jene Gitarre, mit der er den musikalischen Durchbruch schaffte. Später, 1965, stieg er – darin Freddie King folgend – auf eine Gibson Les Paul um. Zwar wurde Clapton in erster Linie Musiker, weil er sich mit Leib und Seele dem Blues verschrieben hatte, dennoch hatte er auch den neuen Technologien einiges zu verdanken: 1963 besaß er zum erstenmal nicht nur die nötige Motivation, sondern es boten sich ihm gleichzeitig auch ungeahnte technische Möglichkeiten.

Clapton spielte weiterhin in Kingston, in Richmond Green und vor allem im nahe gelegenen Station Hotel, das durch die sonntäglichen Auftritte der Rolling Stones zu einiger Berühmtheit gelangt war. Hier war er im Herbst 1963 fast ständig anzutreffen; er gehörte quasi zum lebenden Inventar des Hotels, »wohnte dort genaugenommen«, wie er selbst eingesteht. Wenn er nicht im Station Hotel war, fand man ihn in dem Import-Plattenladen, der sich unterhalb des Richmond Hill befand. Ganz und gar selbstvergessen, wirkte er in seinem langen Mantel und dem lose herabhängenden braunen Schal auf eine – wie Brian Jones es ausdrückte – »groteske Art und Weise komisch«. Auch für Tom McGuinness schien sich Eric Clapton »so in die ganze Angelegenheit verrannt zu haben«, daß es ans Krankhafte grenzte. Trotz seiner selbstquälerischen Neigungen verbesserte er in dieser Zeit seine Spieltechnik, und er erweiterte seine

Kenntnisse über den Blues, vor allem im Hinblick auf Freddie King, dessen »I Love The Woman« er manchmal im Park von Ripley leise vor sich hinspielte. In seiner Heimatstadt wurde Clapton mehr und mehr für einen unverbesserlichen Irren gehalten. Guy Pullen erzählt, daß sie 1963 »hin und wieder im Haus seiner Großmutter Rose zusammensaßen: Er hatte seine erste elektrische Gitarre . . . und er hockte da und sang . . . da . . . di . . . di . . .di . . . und dann meinte er: ›War das gut?‹ Nun, woher sollte ich das wissen? Ich verstand damals noch nichts von Musik.«

Im Gegensatz zu Guy Pullen verstand Eric Clapton bereits eine Menge davon. Nach Ansicht von Ben Palmer war er »eine Art wandelndes Musiklexikon, als er die Roosters verließ . . . Ständig zitierte er Songtexte und die ausgefallensten Songtitel.« Während die anderen Bandmitglieder schließlich wieder ihren bürgerlichen Berufen nachgingen oder, wie Tom McGuinness, als Semiprofis arbeiteten, ließ Eric Clapton – zunächst in den nördlich gelegenen Clubs und dann auch zu Hause in Ripley – seine Absicht verlauten, auch weiterhin das Leben eines Profimusikers führen zu wollen. Die Ernsthaftigkeit seines Entschlusses brachte er im Herbst 1963 Tom McGuinness gegenüber unmißverständlich zum Ausdruck: »Ich werde nie vergessen, wie Eric sich in Liverpool zu mir umdrehte und in völlig überzeugtem Tonfall sagte: ›Jetzt sind wir Profis.‹ Das bedeutete ihm sehr viel.«

3

»Wer hat Eric beleidigt?«

1963 entdeckte England seine Liebe zum Blues. Eine Reihe von Musikern und Bands – Graham Bond, Spencer Davis, The Animals – versuchten, den traditionellen Südstaaten-Boogie, wie ihn Jimmy Reed oder Muddy Waters spielten, mit zeitgemäßeren Texten zu verbinden. Die Rolling Stones waren auf Erfolgskurs und wurden zum Vorbild für eine ganze Generation englischer Bands. So auch für das Metropolis Blues Quartet, das sich aus den Musikern Keith Relf (Vocals), Paul Samwell-Smith (Gitarre), Chris Dreja (Baß) und Jim McCarty (Drums) zusammensetzte. Die Formation hatte sich ein festes Engagement im Richmond Crawdaddy Club (eigentlich nur ein Hinterzimmer im Station Hotel) erspielen können. Der Gitarrist Tony Topham komplettierte die Band zum Quintett, das sich fortan als eine Hommage an Charlie Parker »The Yardbirds« nannte. Relf und McCarty gaben in der Truppe den Ton an. Sie waren, wie Dreja meint, »typische Musiker«, die unablässig probten und übten und dem Manager andauernd wegen Auftrittsmöglichkeiten in den Ohren lagen. »Alles hängt davon ab«, schrieb Relf, »ob es uns gelingt, diese Band zusammenzuhalten. *Jetzt.*«

Das Zusammengehörigkeitsgefühl der Band wurde einzig von Topham nicht geteilt. Mit seinen sechzehn Jahren war er noch unschlüssig, ob er nicht doch an die Kunstschule zurückkehren sollte – was er schließlich im Oktober 1963 auch tat. Kurz darauf schlug Relf McCarty vor, es doch einmal mit diesem »launischen Kerl« zu versuchen, der jede Woche im Crown in Kingston auftrat. Mag sein, daß Relf nicht nur Claptons musikalische Qualitäten im Auge hatte. Jim McCarty erzählt: »Keith hat ihn uns als eine Art James Dean verkauft. Er war davon überzeugt, daß die Frauen auf Eric fliegen würden.« Nach einer kurzen Probe im Great Western Pub unterbreiteten sie Clapton ihr Angebot, und er willigte ein. Im November setzten Rose und Jack Clapp, die nach wie vor die Vormundschaft über Eric hatten, in Relfs Wohnung ihre Unterschriften unter den somit offiziellen Vertrag.

Chris Dreja, ebenso wie Clapton ein ehemaliger Hollyfield-Schüler, kann sich noch lebhaft an das neue Bandmitglied der Yardbirds erinnern: »Eric war wie ein Chamäleon. Schon in der Schule änderte er sein Aussehen mindestens einmal im Monat – neue Frisur, andere Klamotten, mal nahm er zu, dann wieder ab. Er sah nie gleich aus . . . Er war unglaublich launisch; zuerst hat er dich gehaßt, dann geliebt, dann wieder gehaßt – ohne jeden ersichtlichen Grund. Und er war immer in Abwehrhaltung. Glücklicherweise besaß er die Fähigkeit, seine negativen Stimmungen positiv umzusetzen: Sein Weltschmerz war seine größte Antriebskraft.«

Und Jim McCarty berichtet: »Es hat ein Jahr gedauert, bis ich aus ihm schlau wurde. Eric war ein anmaßender, arroganter Kerl mit einem bösartigen Sinn für Humor. Er konnte unglaublich verletzend sein. Andererseits war er sehr engagiert, hing ständig bei Dobell's und in diesen Importläden rum. Offensichtlich nahm er die Musik viel ernster als wir.«

Dreja und McCarty sind einhellig der Ansicht, daß Claptons Unberechenbarkeit – sein Schwanken zwischen überdrehtem Humor und tiefer Depression – in hohem Maße auf die Umstände seiner Kindheit zurückzuführen war (was Clapton auch selbst bestätigte): »Der klassische Fall eines emotional verletzten Kindes«, meint Dreja, »seine Seelenqualen waren fast greifbar.« Clapton, der seinen Status als Profimusiker ohne jegliche fremde Hilfe erreicht hatte, sah nicht ein, warum andere es leichter haben sollten. Für ihn war die Musik immer auch eine Frage von »Leben oder Tod«; Dreja und Samwell-Smith dagegen gingen die Sache eher locker an, Grund genug für Clapton, ihnen musikalischen Dilettantismus vorzuwerfen. Vor allem regte er sich über Samwell-Smith auf, über dessen Home-Counties-Dialekt und kleinbürgerliche Familienverhältnisse, die er als den schlimmsten Verrat empfand, den man am Blues begehen konnte. Nach Claptons Überzeugung hatte das Leben eines Musikers aus Problemen und ständigem Kampf zu bestehen. Samwell-Smith gibt augenzwinkernd zu, daß er »oftmals einen Akkord absichtlich danebensetzte, um Eric auf die Palme zu bringen . . . Das war für ihn eine persönliche Beleidigung.« Trotz allem, so erinnert sich McCarty, legte Clapton großen Wert darauf, von ihm und Relf bestätigt zu bekommen, »daß er tatsächlich das verkannte Genie war, für das er sich hielt«.

Am 1. November 1963 betraten die Yardbirds zum erstenmal ein Plattenstudio und nahmen Coverversionen von Jimmy Reeds »Baby What's

Wrong«, John Lee Hookers »Boom Boom« und Billy Boy Arnolds »Honey In Your Hips« auf. Alle drei Songs gehörten auch zum Programm einer Aufnahmesession, die im Februar 1964 in den R. G. Jones Studios, Morden, stattfand.

Genau sechs Monate zuvor hatte ein umherziehender Geschäftemacher namens Andrew Loog Oldham die Rolling Stones an Decca verkaufen können; das Label hatte seinerzeit die Beatles abgelehnt, und man wollte den gleichen unverzeihlichen Fehler nicht ein zweites Mal begehen. Als jedoch Georgio Gomelsky, der Manager der Yardbirds, der im übrigen die Rolling Stones schon lange vor Oldham entdeckt hatte, sich nun ebenfalls an Decca wandte, wurde ihm eine Absage erteilt. Schließlich wurde die Gruppe von EMI (der Plattenfirma der Beatles) unter Vertrag genommen, und Anfang 1964 gaben die Yardbirds ihr Firmendebut mit der Single »I Wish You Would«.

Die insgesamt vier eingespielten Songs sowie die B-Seite der Single, »A Certain Girl«, lassen keinen Zweifel daran aufkommen, daß Claptons Gitarrenkünste sich bereits damals deutlich vom üblichen Durchschnitt abhoben. Er war wie besessen von seiner neuen Fender Telecaster, beherrschte das mit drei Fingern gespielte »Dreiklang-Tremolo« – von Muddy Waters in dem Song »Honey Bee« perfekt vorgeführt –, experimentierte mit einstimmigen Solotechniken herum und »fühlte sich«, wie Dreja es ausdrückt, »im Studio so wohl wie ein in die Freiheit entlassener Vogel«.

Claptons außergewöhnliches Gitarrenspiel ist natürlich in erster Linie seiner Begabung zuzuschreiben, seinem Gespür dafür, was in einem bestimmten Song funktionierte und was nicht. Aber vieles war zunächst auch reine Nachahmung. Claptons angebliche Spontaneität als Solist war, so glaubt Dreja, nicht zuletzt das Resultat unermüdlichen Übens. »Das ist etwas, was die Leute nicht sehen . . . Er ist ja nicht einfach vom Himmel gefallen und ließ seine Gitarre erklingen. Eric verbrachte Stunden, manchmal ganze Tage damit, sich bestimmte Platten anzuhören. Das war der *eigentliche* Unterschied zwischen Clapton und uns. Für ihn gab es neben der Musik nichts anderes.«

Das Publikum der Yardbirds hatte allerdings nicht diese Hintergrundinformationen. Ende 1963 begab sich die Band auf eine Tournee durch die Provinz und stand beinahe täglich auf der Bühne. Bei ihren vierzigminütigen Auftritten wurden von den Yardbirds nicht gerade weltbewegende Sensationen erwartet; meist waren sie Bestandteil eines Rahmenprogramms, das auch Varieté- und Cabaret-Nummern nicht ausschloß. Dabei beschränkte sich das Repertoire der Band größtenteils auf lustlos heruntergespielte Songs von Chuck Berry und Bo Diddley; auf Wunsch gab es auch die ein oder andere Beatles-Nummer zu hören. Wie ein Kritiker schrieb, hatte Clapton eine besondere Vorliebe für »ziemlich wüste und undiszipliniert ausschweifende Power-Akkorde«, wobei er den ausgestreckten rechten Arm wie den Flügel einer Windmühle kreisen ließ, eine Pose, die er Pete Townshend und Keith Richards abgeschaut hatte. »Live«, so Dreja, »waren wir eine Pop-Band – und der Kunde war König. Dafür sorgte schon Giorgio.«

Zu Gomelskys Entlastung muß erwähnt werden, daß er in jenem Herbst ein American Blues Festival organisierte, für das er überraschenderweise auch Muddy Waters gewinnen konnte. Mit von der Partie war auch ein dreiundsechzig Jahre alter Radaubruder namens Ford, besser bekannt unter dem Namen Sonny Boy Williamson. Williamson verbrachte den ganzen Winter in England. Es muß etwa Ende November gewesen sein – nach McCarty ungefähr zur Zeit des Attentats auf Kennedy –, als Gomelsky ihm seine vielversprechenden, wenn auch noch unbekannten Yardbirds vorstellte. Es folgten einige gemeinsame Konzerte, unter anderem am 7. und 8. Dezember 1963 in Richmond. Der zweite dieser beiden Auftritte wurde mitgeschnitten und schließlich 1965 als Live-LP veröffentlicht.

Auch wenn Clapton mit *Sonny Boy Williamson And The Yardbirds* nicht sein verkanntes Genie unter Beweis stellen konnte, so war es für ihn immerhin eine willkommene Gelegenheit, den Blues zu spielen. Sein Solo auf »Take It Easy Baby« traf souverän den Ton des Originals. Auf einem Sampler, bei dem die ursprüngliche Reihenfolge der Stücke völlig über den Haufen geworfen war, konnte man außerdem Coverversionen der beliebtesten King-Biscuit-Time-Stücke aus den 40er Jahren hören. In »Smokestack Lightnin'« (der Song war zwar in Richmond mitgeschnitten worden, aber auf dem *Sonny Boy Williamson And The Yardbirds*-Album nicht erschienen) lieferten sich Clapton und Relf eines jener ausgedehnten improvisierten Stegreif-Duelle, deren Ausführung Clapton später mit Cream perfektionierte. »Sie waren die beiden eigentlichen Stars der Band«, gibt Dreja unumwunden zu. »Eric brauchte immer jemanden, der ihn anspornte, und bei den Yardbirds war das Keith.«

Clapton und Relf waren nicht nur die Stars der Band, sie waren auch diejenigen, die sich musikalisch am besten auf Sonny Boy Williamson einstellen konnten. »Die anderen«, so Clapton, »hatten keine Ahnung, wie sie ihn begleiten sollten. Es war katastrophal. Er sagte: Wir werden jetzt ›Don't Start Me Talkin'‹ oder ›Fattening Frogs For Snakes‹ spielen, und natürlich hatten einige in der Band noch nie etwas von diesen Songs gehört.« Mit Relf und, bis zu einem gewissen Grad, mit McCarty kam Clapton vergleichsweise gut klar; beide hatten einen ziemlich »urwüchsigen« Sinn für Humor und lachten sich jedesmal halb tot, wenn Sonny Boy Williamson betrunken auf der Bühne erschien oder torkelnd in das Schlagzeug fiel. Sonny Boy, so erinnert sich Clapton, ließ sich völlig gehen. Egal, wie er sich aufführte, ob er zu spät kam, grob wurde, sich ungehobelt und selbstgefällig benahm – alles wurde damit entschuldigt, daß er »einiges durchgemacht« habe. Endlich hatte Clapton, der sich mit dem Blues auch einer bestimmten Weltanschauung verschrieben hatte, einen Archetypus aus Fleisch und Blut vor sich, mit dem er sich identifizieren konnte, einen Mann, der Robert Johnson kannte und mit Sunnyland Slim durch die Lande gezogen war. Für die anderen war Sonny Boy Williams nicht viel mehr als ein ziemlich abgedrehter Typ.

Claptons Liebe zum Blues wurde von Tag zu Tag größer. Nach wie vor war er Stammkunde bei Dobell's und trieb sich fast täglich in den Importläden herum. Immer noch verbrachte er jeden Nachmittag mit Üben, entweder allein oder zusammen mit Relf. Zu den Proben erschien er in einer amerikanischen Collegejacke oder einem Bowling-Shirt, das er in der Shaftesbury Avenue gekauft hatte. Manchmal sah man ihn auch in einem dieser ausgebeulten Konfirmandenanzüge, wie Sonny Boy Williamson sie bevorzugte. Wie Relf es vorausgesehen hatte, übte seine trotzige und manchmal etwas unbeholfen wirkende Art eine enorme Anziehungskraft auf die weiblichen Fans aus. Anfang 1964 wurde Clapton an manchen Tagen nicht nur mit einem oder zwei, sondern gleich mit einem halben Dutzend Mädchen gesichtet. »Doch da war nie etwas Ernstes«, so McCarty, »seit es die Pille gab, mußte man manche Mädchen nicht erst lange ›überreden‹. Man konnte sich vor lauter Angeboten gar nicht mehr retten.« Gleichzeitig wurde Clapton immer launischer.

Samwell-Smith war sich schnell darüber im klaren, daß man bei Clapton noch lange nicht auch privat gern gesehen war, nur weil man gerade mit ihm zusammenarbeitete. Clapton traf im Laufe seiner Karriere zwar immer wieder auf Musiker, denen er eine gewisse Achtung entgegenbrachte – manche, die für ihn ein bestimmtes Ideal verkörperten, verehrte er sogar –, aber die wenigsten wurden zu wirklichen Freunden. 1964 hörte man ihn immer häufiger über Samwell-Smith herziehen, dem er jeglichen musikalischen Anspruch absprach. »Ich habe ihn von Anfang an nicht gemocht«, gestand er Ray Coleman. »Er war der totale Spießer. Außerdem kam er aus dem Vorort Twickenham und wohnte noch bei Mum und Dad – alles war so ›normal‹, so ›ordentlich‹. Er war ein richtig artiges Kerlchen! Mir ging es vor allem darum, mich irgendwie weiterzuentwikkeln. Ich war lieber mit Leuten zusammen, die aufsässig waren, aus zerrütteten Verhältnissen kamen und völlig neurotisch waren ... Also bitte, Paul stand auf die Shadows! Das sagt doch wohl alles.« (Clapton, erklärtermaßen ein Fan des Shadow-Titels »Apache«, lebte immer noch bei seinen Großeltern im ländlichen Ripley, im Vergleich zu Twickenham nicht eben eine Hochburg der Boheme.) Samwell-Smith, McCarty und Dreja bestätigen einmütig, daß Clapton überhaupt keinen Spaß verstand, wenn es um sein Image ging. Seine Liebe zum Blues wurde nur noch durch sein Streben nach Anerkennung übertroffen.

Trotz allem verhielt Clapton sich angesichts manch widriger Umstände ausgesprochen tapfer und behelligte kaum jemanden mit seinen persönlichen Problemen. Als er neunzehn wurde, schien er sich mit dem »Makel« seiner Herkunft abgefunden zu haben. Er war nicht gerade stolz darauf, hatte aber gelernt, damit zu leben. Nach ihren Auftritten in London fuhr Relf die Bandmitglieder mit dem Kleinbus seines Vaters nach Hause. Die Fahrt führte auch nach Ripley, sehr zum Ärger der anderen, die wegen der langen Strecke murrten. McCarty erinnert sich, daß sie eines Abends von Jack und Rose zum Tee eingeladen wurden, obwohl die beiden angesichts der »vier langhaarigen Rowdies in ihrem Wohnzimmer« ihre Besorgnis nicht ganz verbergen konnten. Clapton fand es in keinster Weise peinlich oder gar beschämend, in solch »kleinbürgerlichen« Verhältnissen zu wohnen. Seine Vorliebe für widersprüchliches Verhalten, für ein Leben in verschiedenen Welten, wurde in späteren Jahren beinahe zu einer Art Markenzeichen. Das ganze Frühjahr über pendelte Clapton zwischen den rauchgeschwängerten Hallen von Soho und dem idyllischen Ripley hin und her; manchmal machte er zum Abendessen Zwischenstation bei den Drejas, die von dem »überhöflichen Jungen vom Lande« äußerst beeindruckt waren.

Am 13. März 1963 wurde im Marquee in London abermals ein Konzert der Yardbirds mitgeschnitten. Für McGuiness war die LP *Five Live Yardbirds*, die daraus hervorging, »ein unglaublicher Fortschritt«, verglichen mit dem nur ein Jahr zurückliegenden musikalischen Standard der Roosters. Sowohl mit »Respectable« als auch mit dem Chuck-Berry-Titel »Too Much Monkey Business« bewiesen die Yardbirds ein erstaunliches Feingefühl für die Originalstücke. »Louise« war eine liebevolle Parodie. Besonders bemerkenswert war »Good Morning Little Schoolgirl«, eine eigentlich banale Nummer, bei der Clapton aber einen verblüffend unkonventionellen Break spielte. »In diesem Augenblick«, erinnert sich Dreja, »bewies Eric uns und sich selbst, daß er *wirklich* anders war.« *Five Live*

Yardbirds wurde im Dezember 1964 veröffentlicht, allerdings mit eher mäßigem Erfolg. »Schoolgirl« erschien im Oktober als Single und erreichte nur Platz 44 der Charts, trotz einer von Gomelsky und seinem Kollegen Hamish Grimes gestarteten Werbekampagne, für die man unter anderem eine Schar Teenies in blauen Röckchen die Ham High Street hinunterjagte, vorneweg die angesichts derartiger Hysterie flüchtenden Yardbirds. Auf die Behauptung Gomelskys, die Yardbirds würden noch vor 1965 »die neuen Rolling Stones« sein, konterte die *Times* mit der lapidaren Feststellung: »Es waren die Rolling Stones, die ›Satisfaction‹ geschrieben haben, nicht die Yardbirds.« Auf der B-Seite der Single war »I Ain't Got You« zu hören, eine Nummer, die nur wegen des eigenwilligen Gitarrensolos interessant war, das Clapton wie aus heiterem Himmel über den Song hereinbrechen ließ. »Nur wegen Eric wurden die Yardbirds von einigen mit den Stones verglichen«, so der Kritiker Don Short.

Dieser Vergleich geisterte auch durch die Leserbriefseiten der Presse. In einer Hitliste des *Record Mirror* vom April 1964 wurden die Yardbirds hinter den Stones und Manfred Mann als drittbeste Band Englands aufgeführt. Ein Leserbrief, der im Mai desselben Jahres im *Melody Maker* abgedruckt wurde, begann mit den Worten: »Höret das Evangelium. Die Yardbirds sind zu uns gekommen. In den Charts gibt es keinen Platz für die Stones *und* die Yardbirds. Das Ende der Rolling Stones ist nah.« Tatsache war allerdings, daß die Yardbirds schon allein unter kommerziellen Gesichtspunkten ihren Konkurrenten um mindestens ein Jahr hinterherhinkten. Während sich das Album *The Rolling Stones* einundfünzig Wochen in den Charts halten konnte, mußten die Yardbirds sich damit begnügen, gelegentlich auf der Straße Autogramme an Schulmädchen zu verteilen.

Gomelsky war sehr daran gelegen, die Parallelen zwischen beiden Bands herauszustellen. Wie die Stones hatten sich auch die Yardbirds vom Station Hotel über das Marquee zum Flamingo hochgearbeitet; auch sie nahmen ihre Platten in den Olympic Studios auf, bezogen sich auf den amerikanischen Blues und standen in dem Ruf einer nicht eben freundlichen Band. Im Januar 1964 listete Gomelsky in einem Brief die herausragendsten Eigenschaften seiner Schützlinge auf: »Sie sind gemein, launisch und haben jede Menge Ideen – ihr Leben ist der Blues.« Trotzdem ging es mit den Yardbirds nicht recht voran. Ihre Singles floppten, und sie kamen nie über Auftritte in Clubs oder Kinos hinaus.

Der wirklich große Durchbruch blieb ihnen versagt. Das lag sicherlich nicht zuletzt daran, daß der Blues der Yardbirds ausgesprochen schwerfällig daherkam. Im Gegensatz zu den Stones fehlte ihnen die Intuition für diese Musik und erst recht deren Enthusiasmus. Ein weiteres Problem war Clapton selbst. Über mangelndes musikalisches Engagement konnte man sich bei ihm gewiß nicht beklagen, aber leider interessierte er sich überhaupt nicht fürs Geschäft. Es war ihm ausgesprochen peinlich, daß Gomelsky die Yardbirds zu einem Pop-Phänomen hochstilisieren wollte. Zu den Fotosessions erschien er für gewöhnlich in reichlich merkwürdigen Klamotten; während die anderen Anzüge und Krawatten trugen, tauchte Clapton in einem Collegepullover oder einer Austin-Jacke auf. Bei Interviews war er meist ausgesprochen bissig: »Wie wir uns selbst beschreiben würden?« – so Clapton im *Melody Maker* – »Wenn *Sie* nichts dagegen haben, dann sind wir vermutlich eine Art Rhythm'n'Blues-Band.« Ein Bandmitglied erinnert sich an ein Treffen in Gomelskys Büro, bei dem Clapton auf die Nachricht, daß die Yardbirds bei ihrem letzten Konzert sehr gut angekommen seien, mit bitterer Enttäuschung reagierte, sich »todunglücklich« in eine Ecke verzog und »sogar einige Tränen vergoß«. Clapton hatte nun einmal das Leiden zu seiner Lebensmaxime erklärt, und das geringste Vergnügen erschien ihm als Verrat.

Die Misere ihres Gitarristen ließ den Rest der Yardbirds relativ kalt. Chris Dreja: »Bei uns galt zwar das Prinzip ›Einer für alle und alle für einen‹, aber Eric wollte damit, vornehm ausgedrückt, nichts zu tun haben. Er hat von Anfang an keinen Zweifel daran gelassen, daß er im Grunde nicht viel von uns hielt.« Im Laufe des Frühjahrs und Frühsommers 1964 zog Clapton sich immer mehr zurück. Bei Sessions tauchte er nur noch sporadisch auf.

Inzwischen genoß Clapton dank seiner musikalischen Leistungen auf »I Wish You Would« und einiger Auftritte im Marquee ein gewisses Ansehen. Chris Farlowe, der damals mit den Thunderbirds Plattenaufnahmen machte, beschreibt ihn als »einen sehr stillen, etwas seltsam gekleideten Typen, der auf der Bühne meist nur hölzern dastand und nicht selten mit dem Rücken zum Publikum spielte. So etwas hatte es vorher noch nicht gegeben.« Laut Georgie Fame, der sich mit seiner LP *Fame At Last* damals auf dem Höhepunkt seines Erfolges befand, hatte es sich in jenen Tagen »allmählich herumgesprochen«, daß Clapton in vielerlei Hinsicht außergewöhnlich war: Er galt als ursprünglich, einzigartig und souverän. Während andere Gitarristen »einfach nur Chuck Berry nachäfften« oder »tausend Noten pro Sekunde spielten«, zeigte Clapton Gefühl und besaß Ausstrahlung. Vor allem aber hatte er die seltene Fähigkeit, sich beim Spielen auch zurücknehmen zu können: »Er schien genau zu wissen«, so Dick Heckstall-Smith, »wann er auf der Leadgitarre die Führung übernehmen mußte und wann nicht . . . Alle großen Musiker haben diese Gabe.

Sie wissen genau, daß die Pausen genauso wichtig sind wie die Noten, die sie spielen.« Dreja und McCarty sind – wie auch immer sie zu Eric gestanden haben mögen – derselben Meinung: »Clapton befand sich auf dem besten Wege, ein echter Virtuose zu werden.« Er selbst wußte das natürlich auch.

Trotz aller Einschränkungen konnte Clapton bei seinen allabendlichen Auftritten wichtige Erfahrungen sammeln. Bei den Konzerten der Band herrschte ein rauhes Klima. Der Sound war barbarisch, und die Band drehte die Anlage bis zur Schmerzgrenze auf; kreischende Mädchen und Schlägereien unter den Fans waren an der Tagesordnung. Das komplette Programm der Yardbirds bestand aus den Songs »Boom Boom«, »I'm A Man«, »I Ain't Got You«, »A Certain Girl«, »Slow Walk«, »You Can't Judge A Book By The Cover«, »Who Do You Love«, »Louise«, »Here 'Tis'«, »Pretty Girl«, »Respectable«, »Too Much Monkey Business« und »Good Morning Little Schoolgirl« – fünfzig Minuten ungezügelter purer Energie. Doch der Gitarrist stand in Jeans und einem bis zum Kragen zugeknöpften Hemd unbeweglich am rechten Bühnenrand. Dieses Erscheinungsbild machte Clapton zum Star der Show, alle Blicke waren auf ihn gerichtet. Nach einem Jahr als Profimusiker war er bereits ein Routinier. Der Gedanke daran, daß die Qualität der Band hauptsächlich von ihm abhing, führte dazu, daß Clapton – wie er einmal gestand – sich selbst unter ständigen Leistungsdruck setzte. Wenn Dreja versagte oder Samwell-Smith, war das schlimmstenfalls für sie selbst oder die Band enttäuschend; wenn dagegen Clapton den Erwartungen nicht gerecht wurde, verdarb er damit Hunderten von Zuhörern den Abend. In nur sechs Monaten war aus dem blassen, mürrischen Teenager mit den herabgezogenen Mundwinkeln und den verkniffenen Augen ein Idol geworden. Obwohl Clapton von dieser Entwicklung nicht sonderlich begeistert war, »stürzte sie ihn«, so McCarty, »auch nicht gerade in Verzweiflung«. Statt dessen wies er die Yardbirds ständig auf die zahlreiche Fanpost hin, die er erhielt, und ließ kaum eine Gelegenheit aus, seinen Status als »Ausnahmemusiker« und »populärster Gitarrist der Szene« hervorzuheben.

Dem Management der Yardbirds konnte Claptons Popularität natürlich nur recht sein, und man gab sich alle erdenkliche Mühe, sie noch mehr zu verstärken und ihn noch mehr in den Vordergrund zu rücken. Anfang 1964 prägte Gomelsky für Clapton den Spitznamen »Slowhand«, ein Beiname, den er nie wieder loswurde. (Clapton erklärte später, wie es zu diesem Namen kam: »Es war ein ironisches Wortspiel. Giorgio nannte mich, da er der Meinung war, ich würde unglaublich schnell spielen, ›Slowhand‹.«) Doch Gomelskys Wortschöpfung stand weit hinter dem Erfindungsreichtum zurück, den Hamish Grimes an den Tag legte. Grimes, der bei den Konzerten der Band den Conférencier spielte, ließ sich immer wieder neue Schlagworte einfallen, um der Band, vor allem aber Clapton, den nötigen Respekt beim Publikum zu verschaffen. Manager und Presseagent waren von den gewinnversprechenden Qualitäten ihres Stars begeistert: Er war, wie Dreja zusammenfaßt, »gemein, übellaunig, talentiert und vor allen Dingen *mysteriös*. Giorgio und Hamish hatten das sofort kapiert.« Vor weniger als einem Jahr hatte Clapton sich den Yardbirds angeschlossen, und jetzt war ausgerechnet er, der sich am wenigsten um Publicity scherte, zum Aushängeschild der Band geworden.

Kurz vor seinem zwanzigsten Geburtstag zog Clapton bei den Großeltern aus. Im Herbst 1964 teilte er sich mit Relf, gelegentlich auch mit Dreja, eine Wohnung nahe der South Circular Road in Kew. Die Bezeichnung »Wohnung« war eigentlich übertrieben, denn es handelte sich lediglich um zwei kleine Zimmer mit Etagenküche und Gemeinschaftsbad. In diesem Winter stand Dreja, der sich mit Claptons wechselhaften Stimmungen abgefunden hatte, wieder einmal in dessen Gunst. Drei Monate lang waren die beiden unzertrennlich, teilten sich zum Schlafen sogar das kleine Hinterzimmer. »Auch das war wieder typisch«, bemerkt Dreja. »Wochenlang redete er nicht mit dir, und dann plötzlich fiel er ins andere Extrem. Eric hatte immer irgendeinen ›besten Freund‹, dann allerdings so bedingungslos, daß es beinahe schon zuviel wurde. Es war dann fast wie bei einer Liebesbeziehung.«

Womit wir beim Thema Frauen angelangt wären. Während Claptons Talente in der Musik seine Ambitionen bei weitem übertrafen, war es auf diesem Gebiet genau umgekehrt. Anfang 1964, während einer England-Tournee mit den Ronettes, gestand Clapton einer Frau namens Ronnie Spector seine unsterbliche Liebe (die allerdings, wie Dreja vermutet, nicht erwidert wurde). Freunden gegenüber machte er anzügliche Bemerkungen über gewisse Schauspielerinnen. Außerdem hatte er, wie ein ehemaliger Bekannter der Yardbirds verrät, einen Hang zu Soft-Pornographie, zu »diesen Schmuddelphotos – für heutige Begriffe eher harmlos –, auf denen Schulmädchen in Unterhöschen zu sehen waren«. Natürlich sammelte Clapton – wie er später dem *Rolling Stone* gestand – auch praktische Erfahrungen: »Während meiner Zeit bei den Yardbirds habe ich ständig Affären gehabt. Alles war so neu und so aufregend. Man ist kaum aus der Schule, schließt sich einer Band an, und plötzlich ist man umgeben von Tausenden von Mädchen. Gestern noch warst du ein Pickelgesicht, von dem keine etwas wissen wollte. Und dann, über Nacht, so etwas – du stehst auf der Bühne, und ganze Heerscharen von Teenagern schreien sich die Seele aus dem Leib. Das war ein Gefühl von Macht!« Janella Gibbs, die in jungen Jahren mit Clapton eng befreundet war, erzählt: »Er hat mich immer nur als diejenige gesehen, bei der er nicht landen konnte und die ihm in seiner Sammlung noch fehlte. Ich wäre gern mit ihm ausgegangen, aber mich haben diese vielen anderen Mädchen gestört. Schon damals konnte er sich vor lauter Angeboten kaum retten.«

Tieferen Gefühlen oder engeren Bindungen ging Clapton allerdings gerne aus dem Weg. Seine Beziehungen waren alle ausgesprochen flüchtig. McCarty erinnert sich, »daß Eric innerhalb von vierundzwanzig Stunden einer ganzen Reihe von Frauen ewige Treue schwor«, dann aber, sobald sie angebissen hatten, relativ schnell das Interesse verlor. Zu seinen außergewöhnlichen Affären gehörte eine Beziehung zu einer Französin, die sich in England aufhielt, um ihre Sprachkenntnisse aufzubessern, und die dazu neigte, mit unverhohlener Freimütigkeit die Geschlechtsorgane beim Namen zu nennen. Clapton »machte es unglaublich an«, so Relf, »wenn sie ihre Muschi wie einen Jahrhundertwein anpries«. Doch selbst Clapton war völlig außer sich, als diese Frau während eines alkoholfreudigen Gesprächs über den Sinn des Lebens plötzlich lauthals verkündete, daß sie jetzt unbedingt einen »Penis« brauche. Schließlich klärte Relf sie auf, daß man derartige Dinge in England mit »glücklich machen« umschreibe.

Dreja wurde unfreiwillig Zeuge – er lag nur ein Bett weiter –, als Clapton eines Nachts in Kew eine seiner Eroberungen anschleppte. Um drei Uhr morgens, so berichtet Dreja, »hörte ich plötzlich, wie Eric lauter kariertes Zeug daherredete, diesen ganzen Unsinn wie ›Das Leben ist kurz‹ und ›Wir sollten es genießen, solange es noch geht‹, ein unglaubliches Geschwafel. Dabei war es überhaupt nicht nötig, das Mädchen erst zu überreden. Sie lag bereits in seinem Bett.«

Die Tatsache, daß ein scheuer, ziemlich introvertierter Mensch von wenig einnehmendem Äußeren sich bei Frauen annähernd unbegrenzter Beliebtheit erfreute, mag ungewöhnlich erscheinen, aber Clapton war nicht der einzige, dem es so ging. Alle Musiker der Yardbirds profitierten von dem Phänomen, daß es – wie McCarty es formuliert – eine bestimmte »Sorte Mädchen gab, die zu allem bereit war«. Doch im Unterschied zu den anderen hatte Clapton beinahe panische Angst vor einer festen Bindung. Schon damals war eines der auffallendsten Merkmale seiner Persönlichkeit, daß er auf der einen Seite das dringende Bedürfnis zu haben schien, sich einer Tradition, einer Kultur zu verpflichten, andererseits jedoch jeder inneren Verbundenheit gegenüber Menschen aus dem Wege ging, indem er niemanden wirklich an sich heranließ.

Nicht weniger charakteristisch für Clapton war seine Vorliebe für Slapstick. Sein Faible für aufgezogene Spielzeugmäuse, fliegende Sahnetorten und umgekippte Wassereimer hat er nie ganz abgelegt. Wenn sie in Relfs Bus unterwegs waren, schien Clapton manchmal wie aus einem Koma zu erwachen und ließ Comic-Monologe vom Stapel, wie sie für die Fernsehserie *Goons* typisch waren. Seine Spezialität waren Dialekte. Außerdem hatte er eine besondere Gabe, wie Dreja erzählt, »die Macken anderer Leute auf die Schippe zu nehmen«. Bei seinen Parodien verbreitete er jedoch alles andere als gute Laune. »Eigentlich«, so Dreja, »ging es ihm nur darum, andere zu verletzen. Wenn Eric einem eine Torte ins Gesicht klatschte, dann hieß das: ›Verpiß dich!‹«

Die bevorzugten Opfer seiner Späße waren Samwell-Smith und Dreja. Fast täglich kam es zu Differenzen über das Image und die finanziellen Ambitionen der Yardbirds. Ende 1964 gingen die Ressentiments schließlich so weit, daß Clapton die Namen seiner Kollegen nicht einmal mehr aussprechen konnte, ohne gleich in die Luft zu gehen. Immer häufiger wurde Samwell-Smith, das »kleinkarierte Landei«, zum Ziel seiner Verbalattacken. Die eigentliche Ironie lag darin, daß Clapton selbst zeitweise in der Provinz lebte und aus ihr stammte. Dies kommentierte Chris Welch, der im Herbst 1964 für den *Melody Maker* ein Interview mit Clapton führte, so: »Alle Welt hielt Eric für geheimnisvoll und reserviert; in Wirklichkeit war er einfach nur schüchtern und sprach mit einem ausgeprägten Home-Counties-Akzent.« Andere wiesen darauf hin, daß Claptons Liebe zum Blues – der nicht selten voller Anspielungen auf das lasterhafte Leben im Sumpf der Großstadt war – sich nur schwerlich mit seinen regelmäßigen Aufenthalten im wohlbehüteten Heim seiner Großeltern vereinbaren ließ. Nicht wenige waren davon überzeugt, daß er Samwell-Smith und Dreja gegenüber seine wahren Gefühle zu verbergen suchte, indem er alles niedermachte, was er eigentlich bewunderte, und seinen Selbstekel auf andere projizierte.

1964 bezog jedes Mitglied der Yardbirds ein wöchentliches Gehalt von zwanzig Pfund. Clapton hatte eine ausgesprochen lässige Einstellung hinsichtlich finanzieller Verpflichtungen. Immer wieder gab er sein ganzes Geld für Platten und Klamotten aus. Ohne mit der Wimper zu zucken, blätterte er bei Austin's in der Shaftesbury Avenue für ein Madras-Jackett oder eine amerikanische Jeans sein gesamtes Wochengehalt hin. Während Clapton auf diese Weise versuchte, an seinem Image zu basteln, verschärften sich die Spannungen mit Dreja und Relf, die beide eher bodenständige Gemüter waren, für die die laufenden Kosten der Wohnung in Kew oberste Priorität besaßen. Dreja kann sich erinnern, daß ständig

»irgendwelche Rechnungen ins Haus flatterten«. Unter Claptons leichtfertigem Umgang mit Geld hatte nicht nur sein engster Freundeskreis zu leiden. So kam es auch zwischen Eric und dem Musiker Pete Hogman, Sänger bei Jimmy Powell And The Five Dimensions, zu einer Auseinandersetzung, bei der es um Finanzen ging. »Am Schluß zog ich Eric seine eigene Telecaster über den Schädel«, erinnert sich Hogman.

Normalerweise wurde das Instrument jedoch auf die ihm angemessene Weise eingesetzt, und dies brachte Clapton auch ein weitaus größeres Publikum. In den Konzertkritiken wurde er besonders herausgestellt und in der Presse als der unumstrittene Meister des puristischen Blues gefeiert. In Musikerkreisen bewunderte man sein solides Können und seine innovativen Spieltechniken, wie beispielsweise das Feedback. Pete Townshend erzählte 1968 dem *Rolling Stone*: »Als ich zur Schule ging, lebte ich mit diesem Typen (Richard Barnes) zusammen, der ständig zu Eric Claptons Auftritten ging. Und wenn er zurückkam, war er immer ganz begeistert: ›Hör mal, das mußt du auch machen! Eine tolle Sache! Clapton spielt auf der Gitarre stundenlang *ba-ba-ba-bam*, alle drehen völlig durch, und dabei gehen die Lichter an und aus. Das geht total ab!‹ Also spielte ich auch *ba-ba-ba-bam*, versuchte es so nachzuspielen, wie Barnes es mir vorgemacht hatte. Wenn ich mir Clapton selbst angesehen hätte, wären die Einflüsse möglicherweise zu direkt und zu eindeutig gewesen.« Brian Jones ließ in einem privaten Gespräch verlauten: »Erics Einfluß – die Art, wie er den Blues und Jazzsoli in die Popmusik einbezog – war phänomenal.« Und in New York äußerte ein Sessionmusiker, der mit den Isley Brothers gearbeitet hatte und Jimmy (sic) Hendrix hieß, daß dieser »Typ aus England« Talent besäße.

Am 18. September 1964 brachen die Yardbirds zu einer zweimonatigen Package-Tournee auf, zusammen mit Billy J. Kramer und Cliff Bennett And The Nashville Teens (Benett tat sich später, nachdem sich die Nashville Teens als wenig zugkräftig erwiesen hatten, mit Jerry Lee Lewis zusammen). Clapton absolvierte an vierzig Abenden ebenso viele Shows, zwängte sich täglich in Relfs Transitbus oder war auf der Nachtfähre zu Auftritten in Dublin und Cork unterwegs. Dabei wurden die ohnehin reichlich strapazierten Beziehungen innerhalb der Band bis an die Grenzen ihrer Belastbarkeit getrieben. In Grantham kam es wegen einer Probe (für die sich vornehmlich Clapton stark gemacht hatte) zu heftigen Auseinandersetzungen, in Bedford gab es einen weiteren Disput wegen Geld. Im Herbst machten die ersten Gerüchte die Runde, daß Clapton die Band verlassen wolle. Im Oktober wurde ohne nennenswerten Erfolg die Single »Schoolgirl« veröffentlicht. Da Gomelsky sich unverändert optimistisch gab, nahmen alle an, daß er nicht die geringste Ahnung davon habe, wie unzufrieden einige Bandmitglieder in Wirklichkeit seien. Doch wer von seiner verborgenen Betriebsamkeit wußte, der erkannte rasch, daß dem nicht so war. Insgeheim sah Gomelsky der Zukunft der Band mit größter Sorge entgegen. Vom kommerziellen Erfolg der Rolling Stones überaus beeindruckt, bestand er mit einem Mal darauf, daß sich die Band auf der Bühne »rotziger« geben solle (hierzu mußte man Clapton nun wirklich nicht sonderlich überreden) und die gesamte musikalische Leitung Samwell-Smith zu übertragen sei. »Eric wurde immer deprimierter«, so McCarty. »Während wir anderen herumalberten, zog er sich zurück und brütete vor sich hin. Es schien, als wisse er irgend etwas, was wir nicht wußten.«

Die Yardbirds trieben mit ihrem straff gespielten Pop das Publikum zur Raserei; sie selbst standen völlig unbeweglich auf der Bühne, verzogen keine Miene und beendeten jede Nummer mit einer spöttischen tiefen Verbeugung. Gomelskys Begeisterung für die Stones war schier grenzenlos; eine ähnliche Bewunderung brachte er nur noch für die Beatles auf. Im Winter dieses Jahres trat er mit Brian Epstein in Verhandlungen, und es gelang ihm, die Yardbirds in der Weihnachtsshow der Beatles unterzubringen. Doch Gomelskys Freude über diesen Coup sollte nur von kurzer Dauer sein. Genau zu dem Zeitpunkt, als der kommerzielle Durchbruch der Band endlich in greifbare Nähe gerückt zu sein schien, teilte Clapton seinem Manager mit, er müsse einen Monat pausieren – aus »familiären Gründen«, wie er versicherte.

Unmittelbar nach einem überaus erfolgreichen Auftritt der Yardbirds im Hammersmith Odeon reiste Clapton mit seinen Großeltern nach Deutschland. Dort traf er auch seine Mutter wieder, die mit ihrem Ehemann Frank McDonald in einer Kaserne außerhalb von Dortmund wohnte. In einem Interview schilderte Pat später ihre Gefühle: »Er sah mich an, ich sah ihn an, jeder wußte, wen er vor sich hatte, aber es war für uns beide zu schmerzlich.« Terry Leslie, ein Unteroffizier, der ebenfalls in der Kaserne wohnte, erinnert sich an einen »sichtlich unglücklichen« Neunzehnjährigen, dessen gequälter Gesichtsausdruck an den »eines potentiellen Selbstmörders« denken ließ. Claptons Stimmungsbarometer sank auf den Nullpunkt, als Frank McDonald ihm einen Bürstenschnitt verpassen ließ, um ihm Einlaß in die Offiziersmesse zu verschaffen. Die Yardbirds waren völlig perplex, als ihr Starmusiker, der nach der neuesten Mode sein Haar lang und zottelig getragen hatte, wie ein Militärrekrut nach Kew zurückkehrte. Es ist nicht schwer, den Zustand nachzuvollziehen, in dem Clapton sich befand: Er war nicht nur von seiner Mutter zurückgewiesen worden, das Wiedersehen hatte ihn auch in dem Gefühl bestärkt, ständig von aller Welt schikaniert zu werden. »Er war total von der Rolle«, meint Chris Dreja. »Dieser Haarschnitt war eine einzige Demütigung. Doch Eric machte aus der Not eine Tugend. Noch Monate danach trug er die Haare kurz – als Zeichen seines Andersseins.«

In den ersten Wochen des Jahres 1965 ging die Band abermals auf Tour, diesmal mit Gene Vincent, The Kinks und The Small Faces. In Richmond machten sie Bekanntschaft mit einem zwanzigjährigen Gitarristen, der den Blues voller Inspiration spielte, leider jedoch nur an guten Tagen. Diese Wechselhaftigkeit entsprach jedoch auch der Persönlichkeit des Musikers. Als Dreja Jeff Beck kennenlernte, kamen ihm als erstes die Worte »eigensinnig« und »genial« in den Sinn. Von nun an setzten die Yardbirds, insbesondere Relf, alle Hebel in Bewegung, um Jeff Beck für die Band zu gewinnen. Damals, so McCarty, »spürten wir alle, daß Veränderungen in der Luft lagen. Die Situation mit Eric war einfach unerträglich geworden.«

Die Lage spitzte sich zu, als Gomelsky während einer Session im IBC-Studio, deren Atmosphäre McCarty als »angespannt« bezeichnete, der Band den Song präsentierte, den er als deren dritte Single auserkoren hatte, eine, wie er sich ausdrückte, »tolle Nummer«, geschrieben von einem jungen Schnulzensänger namens Graham Gouldman, der sich ebenfalls im IBC-Studio eingefunden hatte, um persönlich das Bongo- und Cembalo-Arrangement zu demonstrieren. (Gouldman gründete später die Hot Legs und schließlich 10 cc, über die sich Clapton immer nur abwertend äußerte.) Nach einigem Hin und Her wurde der Song schließlich aufgenommen. Als Clapton das Ergebnis zum erstenmal hörte, war er entsetzt. »For Your Love«, so der Titel des Stücks, war nicht nur das absolute Gegenteil des Blues, sondern darüber hinaus waren die Yardbirds kaum und Clapton schlechterdings überhaupt nicht zu hören – das Arrangement des Songs sah keine Leadgitarre vor. Sein Gegenvorschlag, Otis Reddings »Your One And Only Man« einzuspielen, wurde abgelehnt. Die B-Seite der Single, »Got To Hurry«, war eine Instrumentalnummer, für die obskurerweise ein gewisser »Rasputin« (Gomelskys Spitzname) verantwortlich zeichnete, obwohl eigentlich Clapton sie komponiert hatte. »For Your Love« wurde im März 1965 veröffentlicht und kletterte auf Platz drei der Hitparade. Die Yardbirds waren in Hochstimmung und Gomelsky völlig aus dem Häuschen. Clapton indes kochte vor Wut. Nicht ohne Grund beschwerte er sich öffentlich, es sei völlig untragbar, daß man ihn zur Mitwirkung an der Produktion einer Hitsingle gezwungen habe, auf der er nicht einmal Gitarre spielen durfte. Dabei brachte »For Your Love« den Yardbirds nicht einmal den erhofften finanziellen Gewinn, denn sie mußten weiterhin von dem Gehalt leben, das Gomelsky ihnen allwöchentlich auszahlte. »Aufgrund des Erfolges hatten wir plötzlich nur noch Verpflichtungen, Tourneen ohne Ende, Auftritte, Interviews – keine Spur von den üblichen Privilegien«, so Dreja. »Ich weiß noch, wie Eric uns vorhielt: ›Wir haben unsere Seele verkauft – und wofür?‹« Auch die im Winter veröffentlichte LP *Five Live Yardbirds*, die ausnahmslos gute Kritiken bekam, erwies sich für die Band als wenig rentabel. Im Februar wurde die Wohnung in Kew aufgelöst, und Clapton kehrte nach Ripley zurück.

Am 3. März 1965 spielten die Yardbirds im Corn Exchange in Bristol. An diesem Abend kam es hinter der Bühne zu einem Streit zwischen den Bandmitgliedern und ihrem Manager. Gomelsky hatte ein Memo austeilen lassen, in dem er die peinliche Einhaltung von Anweisungen forderte, die zum gemeinsamen Erfolg führen sollten: »Zeit ist Geld«, schrieb er. »Wer zu spät zu den Proben kommt, wird gefeuert . . . Pünktlichkeit im Studio ist unerläßlich . . . Sollten noch Fragen bestehen, wendet euch an Paul Samwell-Smith oder meldet euch umgehend in meinem Büro.« Clapton war empört, daß man ihn einen Monat vor seinem zwanzigsten Geburtstag wie »ein kleines Kind« behandelte, aber noch viel mehr ärgerte es ihn, daß Samwell-Smith so weitreichende Autorität eingeräumt wurde. Die Folge war eine ständige Machtprobe zwischen Clapton und Gomelsky. Clapton selbst erzählte Coleman: »Ich ging in Giorgios Büro und sagte: ›Mir gefällt das nicht, ich werde gehen.‹ Doch Giorgio zeigte sich völlig ungerührt und antwortete nur: ›Gut. Okay, nun, wir sind eigentlich nicht sonderlich überrascht.‹« Schließlich rief Clapton Gomelsky direkt vom Studio aus an und teilte ihm, wie Samwell-Smith berichtet, »feierlich und unwiderruflich seinen Ausstieg mit«. Üblicherweise wurden derartige Entscheidungen mit dem Terminus »musikalische Differenzen« umschrieben. Der *Melody Maker* berichtete:

> *CLAPTON VERLÄSST BAND – »YARDBIRDS ZU KOMMERZIELL«*
>
> *Eric Clapton, Leadgitarrist der Yardbirds, hat die Gruppe mit der Begründung verlassen: »Sie wird zu kommerziell.« Er wird durch Jeff Beck ersetzt. Der Bandleader Keith Relf erklärte dem Melody Maker: »Wir bedauern Erics Entscheidung sehr, weil wir Freunde sind. Aber er kam mit der geschäftlichen Seite einfach nicht klar. Eric hat etwas gegen die Kommerzialisierung des Blues. Außerdem hat es ihm wohl kaum gefallen, wie wir weißen Ignoranten den Blues spielten.«*

Auch wenn Keith Relf die letzte Bemerkung durchaus ironisch verstanden wissen wollte, lag er damit gar nicht so falsch. Denn was Clapton bei den Yardbirds wirklich etwas frustriert hatte, war deren Abneigung, wenn nicht gar völlige Unfähigkeit, den Blues so »unverfälscht« zu spielen, wie er es sich wünschte. Claptons Liebe zu dieser Musik gründete sich auf romantische Vorstellungen, in denen, wie er selbst einmal erzählte, die amerikanischen Schwarzen, die trotz aller erlittener Unterdrückung ihren »heldenhaften« Stolz nie aufgegeben hatten, eine große Rolle spielten. Ihr Schicksal erinnerte ihn an seine eigene traumatische Jugend als Außenseiter. Doch seine uneingeschränkte Leidenschaft für den Blues hatte ihren Preis, schloß enge zwischenmenschliche Bindungen nahezu aus. Clapton gelang es nicht, Eigenschaften wie Diplomatie oder Kompromißbereitschaft zu entwickeln. Es muß für ihn äußerst bitter gewesen sein, mit Kollegen zusammenarbeiten zu müssen, denen die Gier nach »dem schnellen Erfolg«, wie er glaubte, den Blick auf künstlerische Ambitionen verstellt hatte.

Clapton zog sich in einen Vorort von Oxford zurück. Seit er vor achtzehn Monaten die Roosters verlassen hatte, führte er einen ständigen Briefwechsel mit seinem früheren Pianisten Ben Palmer, der sich schließlich, vor seinem unüberwindlichen Lampenfieber kapitulierend, in Nordwales als Holzschnitzer und Bildhauer niedergelassen hatte. 1965 lebte Palmer in einem Atelier in Parktown, Oxford. Seine beachtliche Plattensammlung, von der er sich nie hatte trennen können, enthielt einige Raritäten, die selbst Claptons hohen Ansprüchen gerecht wurden. Mitte März wohnten die beiden zusammen, taten das, was Clapton am meisten lag – üben und sich Platten anhören –, und ernährten sich, wie Palmer erzählt, »hauptsächlich von Bohnen und algerischem Rotwein«. So unspektakulär also sah Claptons Alltag in diesen Tagen aus. Im nachhinein hielt sich hinsichtlich dieses Abschnitts seines Lebens hartnäckig das Märchen, Clapton habe, um ein Meister des Blues zu werden, »seine Seele verkauft« oder sich zumindest auf einen ähnlich teuflischen Pakt eingelassen, wie es Robert Johnson der Legende nach getan haben soll. »Völliger Unsinn«, meint Palmer, »Eric machte nur deshalb so unglaubliche Fortschritte als Musiker, weil er von morgens bis abends nichts anderes tat als üben.«

Inzwischen stand Jeff Beck seit achtzehn Monaten im Dienste der Yardbirds. Die Band hatte 1966 mit »Shapes Of Things« und »Over Under Sideways Down« zwei Hits in Amerika landen können, war in Antonionis *Blow-up* aufgetreten, hatte zwischenzeitlich Jimmy Page als Produzenten angeheuert und löste sich schließlich 1968 auf. Zusammen mit Graham Bond, den Pretty Things und den Kinks gehörten sie zur zweiten Riege des britischen Rhythm'n'Blues, und ihrem Eintrag in die wichtigsten Nachschlagewerke ist immer auch die Fußnote beigefügt, daß sie »Eric Clapton entdeckt haben«. 1965 unternahmen sie einen halbherzigen Versuch, den Kontakt zu ihrem ehemaligen Gitarristen wiederaufzunehmen: »Eine Weile«, so Chris Dreja, »sah es so aus, als spiele Eric mit dem Gedanken, sich uns wieder anzuschließen. Er und Giorgio sprachen immer noch miteinander, obschon es dabei in erster Linie um Geldangelegenheiten ging. Gelegentlich hat er auch die anderen angerufen.« Trotz seiner Behauptung, Clapton nichts nachzutragen, sprach Dreja selbst nie wieder mit ihm. Im September 1983 besuchten McCarty und Samwell-Smith ein Wohltätigkeitskonzert, das Clapton in der Albert Hall gab. McCarty berichtet: »Eric kam hinter der Bühne auf uns zu und fing sofort einen Streit mit Paul an, bei dem er ihm allen Ernstes immer noch Vorhaltungen wegen dieser leidigen ›Zeit ist Geld‹-Memos machte, und das nach achtzehn Jahren – unglaublich!« Als Clapton irgendwann später in den 80er Jahren McCarty auf einer Party traf, zog er es vor, ihn einfach zu ignorieren.

Noch bezeichnender für Claptons Unversöhnlichkeit war allerdings die Tatsache, daß er, als Relf im Mai 1976 starb, es nicht einmal für nötig hielt, an der Beerdigung teilzunehmen (obwohl er sich damals in England aufhielt). »Typisch Eric«, so Drejas Kommentar. »Hatte er einmal einen Schlußstrich gezogen, dann gab es für ihn kein Zurück.« Wann immer Clapton in einem Prozeß innerer Erneuerung seine Verhältnisse neu ordnete, schrieb er gleichzeitig auch seine Vergangenheit um. Frühere Arrangements verloren ihre Gültigkeit und einstmals vertraute Freunde wurden kurzerhand ad acta gelegt. Seit seiner Zeit bei den Yardbirds hat er immer nur für begrenzte Zeit mit bestimmten Musikern zusammengearbeitet. Clapton ließ sich nur auf Beziehungen ein, die er jederzeit beenden konnte, war beherrscht von dem Gedanken, die Kontrolle nicht aus den Händen zu geben und jede Abhängigkeit zu vermeiden. »Er konnte einen mit seiner Unbeständigkeit wirklich an den Rand des Wahnsinns treiben«, beklagt sich Dreja. »Es hat in seinem Leben immer einen sogenannten ›einzig wahren Freund‹ gegeben, an dem er hing wie eine Klette; allerdings konnte es passieren, daß er diesen von heute auf morgen wechselte. Es war ein Verlust für mich, aber ich war mir immer darüber im klaren, daß eine Freundschaft mit Clapton nur vorübergehender Natur sein konnte und er mich irgendwann fallenlassen würde.«

Dreja war nicht der einzige, der Claptons Vorstellungen von Freundschaft zum Opfer fiel. Als Clapton im April 1965 bei Ben Palmer wohnte, »tyrannisierte« er seinen Freund, indem er stundenlang auf ihn einredete, sie sollten unbedingt eine gemeinsame Band gründen – nur um sich dann wieder für einige Tage nach Ripley abzusetzen. Claptons finanzielle Lage sah nach wie vor nicht eben rosig aus. Andauernd forderte er von Gomelsky irgendwelche Außenstände ein, doch die waren, wenn er sie überhaupt bekam, kaum der Rede wert. Nicht selten versuchte er sich mit spontanen Auftritten über Wasser zu halten. Als Clapton 1985 über diese Zeit sprach, erinnerte er sich an »ein Mädchen aus Oxford. Sie war sehr nett zu mir und bot mir etwas Geld an. Ich war restlos abgebrannt, also habe ich es genommen. Ich war wirklich ein Schuft.« Ungefähr zu dieser Zeit muß es auch gewesen sein, daß er im White-Horse-Pub in der Broad Street eine Frau kennenlernte, der er von seinen »großen Zweifeln« erzählte, jemals wieder als Profi ins Musikgeschäft zurückkehren zu können. Ein anderer Zeuge bestätigt, daß »Eric sich in einer Identitätskrise befand. Er machte die gesamte Pop-Szene nieder und ließ sich darüber aus, wie sie von der Presse trivialisiert wurde.« Gleichwohl gab er der Zeitschrift *Rave* ein Interview; irgendwo zwischen den »Chart Chicks« und den Rezensionen von Kenny Ball, die damals ganz dem Titel des Blattes entsprachen, konnte man Claptons Bekenntnis lesen: »Ich könnte mich nicht mehr im Spiegel anschauen, wenn ich mir musikalisch untreu werden würde.« Dies war die aufrichtige Überzeugung eines einundzwanzigjährigen Musikers, dessen ganzes Herz dem Blues gehörte.

Bis zu diesem Zeitpunkt war die Karriere von John Mayall eher frustrierend verlaufen, hatte mehr oder weniger nur im Verborgenen stattgefunden. Mayall hatte als Teenager seine Liebe zur Musik entdeckt, dann seinen Wehrdienst abgeleistet und anschließend einer Gruppe namens Powerhouse Four vorgestanden, die sich als Tourneeband vorzugsweise amerikanischer Bluesmusiker verdingte. Er war aus seinem Geburtsort Cheshire nach Blackheath umgezogen, um bei einer Werbeagentur zu arbeiten; abends tingelte er als Semiprofi durch die örtliche Clubszene. Mayall stand, wie ein Musikerkollege bestätigt, in dem Ruf eines »totalen Exzentrikers . . . John stürmte mit nacktem Oberkörper auf die Bühne, wie ein Mick Jagger für Arme. Wenn er seine Stimme erhob, glaubte man seinen Ohren nicht zu trauen – es klang, als würde deine Großmutter den Blues singen. Doch John besaß Enthusiasmus.«

Am 11. April klopfte Mayall bei Clapton an, der – »zweifellos beeindruckt« von dem Bandnamen, wie Mayall glaubt – tatsächlich bereit war, sich den Bluesbreakers anzuschließen.

Man vereinbarte ein Arrangement, das Clapton ein wöchentliches Gehalt von zwanzig Pfund inklusive Kost und Logis sicherte. Mayall machte sich mit seiner Frau, einer Lehrerin, und seinen vier Kindern nach Ripley auf, um Clapton dazu zu bewegen, nun endgültig sein »Elternhaus« zu verlassen, in das er nach seiner Zeit in Oxford zurückgekehrt war. »Es war grauenhaft«, so Pamela Mayall. »Eric ließ sich nur widerwillig überreden. Obwohl er schon einmal von dort ausgezogen war, war es nun das erste Mal, daß er seine ganzen Sachen mitnahm. Auf der Türschwelle kam es zu einer herzzerreißenden Szene mit Rose.«

Clapton bezog ein kleines, leerstehendes Zimmer im Haus der Mayalls in Lee Green, Blackheath. Verständlicherweise fiel es ihm zunächst schwer, sich dem Familienleben anzupassen. Immerhin war er bekanntermaßen ein notorischer Einzelgänger, der ein besonderes Talent dafür besaß, Leute vor den Kopf zu stoßen. Die erste Woche verbrachte Clapton fast ausschließlich in seinem Dachzimmer, und nur von Zeit zu Zeit ließ er sich auf dem Treppenabsatz oder an der Tür blicken. Bei den gemeinsamen Abendessen warf er John Mayall und seiner Frau zaghafte Seitenblicke zu. Ende April machten sie einen Ausflug in den Londoner Zoo. Und dort, so Pamela, »taute er langsam auf« – eine reichlich untertriebene Formulierung, denn was da vor sich ging, grenzte schon an eine regelrechte Verwandlung. »Es hat ihn förmlich umgehauen«, meint sie. »Er war begeistert von diesem Zoo, vor allem von den Schimpansen . . . Nach unserem ersten Besuch wollte er immer wieder dorthin. Ich war verblüfft. Er, ein aufstrebendes Pop-Idol, führte sich auf wie ein Kind. Es war liebenswert, aber merkwürdig.«

Schließlich lernte Clapton den Rest der Bluesbreakers kennen, die Musiker Hughie Flint und John McVie. Beide hatten »Got To Hurry« gehört – ein Titel, den auch Mayall bewunderte – und waren beeindruckt. Ähnlich wie schon bei den Yardbirds verhielt sich die Band Clapton gegenüber zunächst abwartend. Auf Flint wirkte er »sehr still, auffallend reserviert und ausgesprochen introvertiert. Vielleicht waren es die Nerven, vielleicht war es auch etwas anderes.« Doch sie sollten sehr bald seine launische Seite kennenlernen. »Meistens steckten Eric und John zusammen«, so erinnert sich Flint. »Nur selten kümmerte er sich um McVie oder um mich, und dann auch nur, um John eins auszuwischen.« Bei Claptons zunehmenden und schließlich andauernden Nörgeleien (auch hier eine deutliche Parallele zu seinem Verhalten bei den Yardbirds) ging es vor allem um Geld und um die technischen Unzulänglichkeiten des Sängers. Noch während er mit Mayall unter einem Dach lebte, begann er, so gesteht Clapton rückblickend, »gegen ihn zu intrigieren und hinter vorgehaltener Hand zu verbreiten, John sei alles andere als ein guter Sänger und außerdem viel zu extravagant. Egal, um was es ging, ich hatte an *allem* etwas auszusetzen.«

Vor allem jedoch ließ er seiner aufgestauten Wut über die Yardbirds freien Lauf. Flint war nicht der einzige, dem die Art, wie Clapton über seine frühere Band herzog, »irgendwie krankhaft« vorkam. Auch Mayall fand, daß er sich wie jemand verhielt, der »seine Ex-Geliebte schlechtmacht . . . Als wolle er sagen: ›Ihr seid die erste und einzige Band. Was früher war, zählt nicht mehr.‹« In seinen Gesprächen mit Flint ging Clapton sogar so weit, die Yardbirds als »vollkommene Idioten« zu bezeichnen, »die nur daran dachten, wie sie am schnellsten Pop-Stars werden könnten«. Während der ersten sechs Wochen bei den Bluesbreakers versicherte Clapton beharrlich, daß es ihm ausschließlich um den »unverfälschten Blues« gehe, betonte die innere Verwandtschaft, die er zu dieser Musik spüre, und schwärmte voller Bewunderung von *The Best Of Muddy Waters*.

Claptons Glück schien mit dem Unglück anderer zu wachsen, zufriedene Gesichter stimmten ihn eher nachdenklich. Blues dagegen vermittelt ein Gefühl von echter Seelenqual – von Armut, Wahnsinn, Hoffnungslosigkeit –, ohne daß man sie erst selbst erleiden muß. Damit kam der Blues Claptons Neigung entgegen, sich in seine eingebildeten Nöte so sehr hineinzusteigern, daß er schließlich davon überzeugt war, sie tatsächlich erlebt zu haben.

Obwohl offiziell nie darüber entschieden wurde, avancierte Clapton mit der Zeit zum eigentlichen Bandleader der Bluesbreakers. Hughie Flint berichtet: »Eric hat sich für die Bluesbreakers geradezu fanatisch engagiert, aber nicht weniger für sich selbst.« Clapton selbst äußerte sich zu seiner damaligen Rolle bei den Bluesbreakers so: »Ich hatte einfach das Gefühl, daß wir groß rauskommen würden – und das habe ich zu meinem Vorteil genutzt. John hat das hingenommen, weil ich ihn hinsichtlich der Auswahl der Songs, die wir spielten, unter Druck setzte.« Im Frühjahr und Frühsommer wandten sich die Bluesbreakers den Otis-Redding-, Buddy-Guy- und Freddie-King-Nummern zu, die Clapton in Mayalls Dachkammer aufgestöbert hatte, als er dessen Plattensammlung durchwühlte. Im Juni nahmen sie drei Songs auf. Mit dem »Telephone Blues«, der im Oktober als B-Seite einer Single veröffentlicht wurde, konnte sich sogar Claptons Großmutter anfreunden. Ralph Gleason meinte zu diesem Titel: »Falls es sich hier um eine Parodie handeln sollte, dann um eine ungewöhnlich liebevolle.« Ein anderer Kritiker vermutete, daß Clapton seine Popularität größtenteils den »jungen Plattenkäufern« zu verdanken habe, die »auf der Suche nach Selbstverwirklichung« seien. Mit seiner Intensität, seiner Ausdruckskraft und seinem offensichtlichen Gespür für die Zeichen der Zeit schuf Clapton ein neues Bewußtsein für die Dinge, die das Leben lebenswert machen. Auch wenn einige der Meinung waren, daß Clapton nicht für den Blues geboren sei, mußten sie ihm immerhin zugestehen, daß er ihn mit dem Eifer des Bekehrten und voller missionarischer Leidenschaft spielte.

Mayall, der zwar keine kommerziellen Ambitionen hatte, sich aber nach einem Anerkennungserfolg sehnte, geriet in eine zunehmende Abhängigkeit von seinem Gitarristen. Clapton beeinflußte nicht nur das Repertoire der Bluesbreakers, er bestimmte auch mehr und mehr die stilistische Richtung. Mit Nummern wie »Telephone Blues« und »I'm Your Witchdoctor« gab er jener Art von Blues-Rock eine Form, die heute zum Klischee verkommen ist, »die aber damals«, so Flint, »niemand, wirklich *niemand* spielte«. »Der Mann ist eine Sensation«, schrieb der *Melody Maker* begeistert. »Eric Clapton ist der beste Bluesgitarrist Englands.« Auf manchen Konzertplakaten stand sein Name vor dem der Band. »Das verschaffte ihm zwangsläufig«, so Mayall, »eine gewisse Unantastbarkeit«, die im Interesse der Band von allen akzeptiert wurde. »Es war wie mit Manchester United und George Best – bis zu einem gewissen Grad wurde das Team um den Starspieler herum neu aufgestellt.«

Clapton verstand und beherrschte den Blues zwar meisterhaft, doch ein nicht zu überhörendes Element seiner Musik bestand, so Gleason (Clapton sollte diesen Eindruck später bestätigen), aus der bloßen Parodie einer bereits vorhandenen Kunstform. Trotzdem konnte Clapton während seiner Zeit bei den Bluesbreakers und auch in späteren Jahren einige bemerkenswerte Erfolge verbuchen. Manche seiner Songs waren wirklich kreativ und voller Phantasie, andere wiederum aufdringlich und gewöhnlich. Aber immer hatte er ein klares Gespür für das, was der Markt verlangte. Um einem überwiegend weißen und weitestgehend großstädtischen Publikum einen Stil nahezubringen, der zuvor als »Negermusik« abqualifiziert worden war, bediente sich Clapton clevererweise desselben Rezepts, das bereits auf die unterschiedlichste Weise die Byrds, Paul Butterfield und Buffalo Springfield, ganz zu schweigen von den Beatles und Stones, mit Erfolg angewandt hatten.

Man sagte Clapton nach, er interessiere sich mehr für die Schlechtigkeit der Menschen, statt an ihre Anständigkeit zu appellieren. Nie konnte er sich von dem Gefühl befreien, zu einem Leben voller Leid und ungewöhnlicher Bestrafungen verdammt zu sein. Die Überzeugung, von seiner Mutter verraten worden zu sein, war für Clapton ein weiterer Grund, sich dem Blues zuzuwenden: Auf der Bühne oder im Studio konnte er seiner Enttäuschung und tiefen Trauer genau wie Robert Johnson oder Muddy Waters Ausdruck verleihen, dem Publikum die – allerdings eher materiellen – Nöte dieser Künstler vermitteln. Das Geld, das er dafür bekam, war ein angenehmer Nebeneffekt, ebenso wie die Frauen, die ihm zu Füßen lagen. Clapton war unverfroren, aber nicht selbstsicher. Von Haus aus dünnhäutig, war er schnell eingeschnappt und nahm, wie er später selbst zugab, »alles viel zu ernst«. Er wirkte völlig verloren, und sein nach Anerkennung suchender Blick verstärkte nur noch diesen Eindruck.

Im Mai 1965 traf Clapton erstmals auf einen Musiker, der ihn an Aufsässigkeit noch übertraf. Nach zwei Auftritten in der Albert Hall tauchte Bob Dylan im Levy's Recording Studio im Londoner West End auf. Er kam gerade noch rechtzeitig, um in eine Session einzusteigen, bei der »If You Gotta Go Go Now« aufgenommen wurde, und sein musikalischer Beitrag bestand eigentlich nur aus einem reichlich unpassenden Gerülpse. Das war der nicht gerade vielversprechende Beginn einer Freundschaft, die inzwischen schon in ihr viertes Jahrzehnt geht. An diesem Abend jedoch sagte Clapton zu Flint, daß Dylan seiner Meinung nach in der Popmusik »keine Zukunft« habe.

Clapton, so erinnert sich Flint, hing das »Drumherum«, das das Bandleben mit sich brachte, »bereits aus dem Hals heraus«. Ihm gingen die Tourneen, das Herumreisen, die ständige Rücksicht auf die Wünsche des Publikums gehörig auf die Nerven. Schon nach wenigen Wochen beschwerte er sich über die musikalische Richtung, die Mayalls Bluesbreakers nahmen. In diesem Sommer zog Clapton in Blackheath aus und hielt sich mal in Ripley, mal in der Wohnung eines Schriftstellers in Redcliffe Gardens auf. Bisweilen quartierte er sich auch in einer Wohngemeinschaft ein, die über einem Warenhaus, Long Acre 74, Covent Garden, hauste und zu deren ständigen Mitgliedern neben Ben Palmer auch ein Puppenspieler namens Ted Milton und der Schauspieler John Hurt gehörten. Kay Munday, der gelegentlich dort zu Gast war, beschreibt die Zustände als »chaotisch . . . Eine Art Saal, in dem ständig ein halbes Dutzend Betrunkene herumlümmelten . . . Clapton verschlief den halben Tag. Am liebsten schoß er sich mit billigem Rotwein ab. Dann stand er auf und spielte Gitarre, kauerte über seinem Instrument und murmelte vor sich hin. Sein ganzes Leben bestand aus Trinken, Schlafen und Musik. Ich habe ihn niemals etwas essen sehen.«

Clapton fand zusehends Gefallen an dem Leben als Bohemien; Mayall dagegen – und darin unterschied er sich von den meisten Bluesmusikern – hatte sein Leben bis ins kleinste Detail strengstens durchorganisiert. Während ihrer Tourneen reisten die drei Begleitmusiker und ihr Bandleader separat. Wenn sich aufgrund äußerer Umstände eine gemeinsame Fahrt mit dem Bus oder Kleinbus nicht vermeiden ließ, bestand Mayall darauf, daß man ihn in Ruhe ließ. Außerdem hatte er ein eigenes System, bestehend aus Geldbußen und anderen Sanktionen, entwickelt, um zu verhindern, daß eines der Bandmitglieder zu spät kam. Mayall war Abstinenzler und zögerte keine Minute, betrunkene Musiker einfach am Straßenrand abzusetzen. Jeden Freitag händigte er Clapton, Flint und McVie einen Umschlag mit zwanzig Pfund aus, abzüglich jener Beträge, die er als Bußgelder einbehielt. Mußten sie in Hotels übernachten, sah man Mayall frühabends mit seinen Bluesplatten und seiner Porno-Sammlung – beides verlieh er nur an Clapton – in seinem Zimmer verschwinden.

Als Mayall eine Art »Kleiderordnung« erließ, platzte Clapton der Kragen, und es kam zwischen den beiden zu einer heftigen Auseinandersetzung. Flint erinnert sich noch heute gut an diesen »dramatischen Augenblick«: Endlich bekamen er und McVie Rückendeckung, endlich wehrte sich ein Musiker gegen Mayalls Tyranneien und zeigte diesem, wo es lang ging. Zu einer ernsthaften Krise kam es allerdings nicht, denn Clapton hatte es sich plötzlich wieder anders überlegt, fand es auf einmal »cool«, ein weißes Leinenjackett und eine Krawatte zu tragen. Damit gerieten McVie und Flint ins Hintertreffen. Letzterer glaubt, »daß es für Eric ohnehin nur ein Spielchen war; wenn er sich tatsächlich einmal solidarisch zeigte, dann nur, um einem anschließend wieder in den Rücken zu fallen . . . Einmal war er für Mayall, dann gegen ihn, dann wieder für ihn. Man wußte nie, woran man bei Eric war.« Auf einer Party im SODS Club, bei der auch Brian Jones – inklusive seines Bodyguards Tom Keylock – zu den Gästen zählte, soll Clapton herumgetönt haben, daß Mayall »ganz große Klasse« sei, ganz im Gegensatz zu seinen beiden Kollegen, die technisch gesehen minderbemittelt seien. Einen Monat später nahm Clapton während eines Essens, zu dem Immediate Records eingeladen hatten, seinen alten Zickzackkurs wieder auf. Mayall, so beschwerte er sich lauthals, sei eine echte Zumutung. Und bei der Fotosession, die am selben Abend stattfand, lächelten alle außer Clapton, der eine einstudierte Pose einnahm und auf seine Füße schielte.

»Das Hauptproblem«, meint Flint, »war die Musik. Erics Launen resultierten aus einer gewissen Frustration. Wir konnten den Blues nicht so authentisch spielen wie die alten Meister, und aus diesem Grund konnte er es auch nicht.« Sowohl Mayall als auch McVie geben zu, daß die Stärke der Gruppe eher in der Musikalität als den technischen Fertigkeiten lag. Sie waren der Ansicht, daß sie mit ihren geschmackvollen, ausgereiften, bisweilen sogar schon übertrieben werkgetreuen Coverversionen den Orginaltiteln mehr Bedeutung verliehen, als sie eigentlich verdienten. Als sich Clapton darüber klar wurde, daß die Band nur daran interessiert war, bestimmte Originalsongs einfach noch liebevoller zu bearbeiten, war er entsetzt. Er wurde launischer, war enttäuscht und langweilte sich zu Tode. Seine anfängliche Begeisterung für die Band wich dem Gefühl, daß die Bluesbreakers, wenn überhaupt, das Niveau der Yardbirds nur um ein geringes übertrafen. Diese Erkenntnis stürzte ihn in ein Wechselbad der Gefühle, er schwankte zwischen Depressionen und manischen Exzessen. Nach einem Konzert in Uxbridge soll er angeblich gesagt haben, daß »selbst (Howlin') Wolf von diesem Auftritt begeistert gewesen wäre«. Am darauffolgenden Abend teilte er Flint mit, daß sie die »beschissenste Bluesband der Welt« seien. Clapton konnte niemals ein vorbehaltloses Lob aussprechen, ohne mindestens ebensoviel Kritik folgen zu lassen.

Geplagt von abgrundtiefer Apathie, gab Clapton sich dem Alkohol hin; zwischendurch hatte er immer mal wieder »normale« Phasen, die manchmal eine ganze Woche anhielten, aber Mitte des Sommers verlor er gänzlich das Interesse an der Band. Langeweile, Frustration, vielleicht auch der Einfluß von Ted Milton und John Hurt spielten eine Rolle. Doch was wirklich den Ausschlag gab, war die ernüchternde Erkenntnis, daß die Bluesbreakers musikalisch immer Durchschnitt bleiben würden. »Sobald er das erkannt hatte«, meint Flint, »war ihm alles gleichgültig.« Neben dem hingebungsvollen Bluespuristen Clapton gab es auch noch den Clapton, der auf schon fast infantile Weise unerträglich muffelig sein konnte und wie alle Egoisten nur an seinem eigenen Erfolg interessiert war. So mußte die Gruppe in Welwyn Garden City als Trio auftreten, weil ihr Gitarrist einfach nicht erschienen war. Im Marquee trat Clapton zwar auf, schlief aber auf der Bühne ein. Bei anderer Gelegenheit zog er McVie zur Seite und stellte gelangweilt fest: »Das hier ist eine einzige Rumwichserei.« Wenn seine Familie und Freunde ihn fragten, ob er glücklich sei, antwortete er ausweichend: »Ich fühle mich wie in einer Freak-Show.«

Kurz darauf begann die wohl aberwitzigste Reise, die Clapton jemals unternommen hat. Ende August 1965, als Flint gerade damit beschäftigt war, am Bühneneingang des Twisted Wheel in Manchester sein Schlagzeug einzupacken, sah er, wie sich der Bandgitarrist im Halbdunkel der erloschenen Bühnenlichter herumdrückte. Nachdem sie sich »im Flüsterton unterhalten hatten«, stellte sich heraus, daß Clapton bei den Bluesbreakers aussteigen wollte, um »eine Band in Australien zu gründen«. Er machte Flint das Angebot, bei ihm einzusteigen. Aber er sollte unter keinen Umständen Mayall etwas davon sagen.

Nachdem er den ersten Schock überwunden hatte, erkundigte sich Flint, ein praktisch denkender Mensch Mitte Zwanzig, nach der Bezahlung. Als Antwort auf diese »hoffnungslos spießige« Frage erntete er von Clapton nur einen vernichtenden Blick. Nach genaueren Details hinsichtlich der geplanten Reiseroute befragt, »zuckte Eric nur mit den Schultern und meinte, daß die Pläne noch offen seien. So drückte er sich aus. Ich hielt es für eine verrückte Idee und sagte ihm das auch. Eric lächelte verträumt vor sich hin, als sei für ihn die ganze Sache damit erledigt. Zwei Tage später kam Mayall an und verkündete: ›Clapton ist weg.‹«

Claptons ursprünglicher Plan, entstanden während eines riesigen Besäufnisses in Redcliffe Gardens, bei dem einige reichlich verstiegene Utopien entwickelt wurden, sah vor, einen Doppeldeckerbus zu mieten, damit durch Asien zu reisen und unterwegs immer dann, wenn er Lust dazu verspürte, aufzutreten, um sich schließlich bis nach Australien durchzuschlagen, wo er »fischen, bumsen und Cricket spielen« wollte. So jedenfalls hatte er es sich vorgestellt. Unglaublich, daß keiner seiner Mitbewohner Einwände erhob. Im Gegenteil, sie unterstützten seine Pläne. Die einzige Konzession, die Clapton einging, war, daß er aus praktischen Gründen die Idee, die Reise mit dem Bus zu unternehmen (Erkundigungen beim Busdepot in Victoria hatte er bereits eingeholt), fallenließ. Er kaufte einen gebrauchten Ford Fairlane, der eigens zu diesem Anlaß rot lackiert und nach seinen Anweisungen mit einigen Zusatzausstattungen versehen wurde. Als nächstes folgte eine heftige Diskussion mit dem Buchhalter der Bluesbreakers über Geld. Schließlich griff Mayall persönlich ein und drohte, »Clapton zu verklagen«, da immerhin er es gewesen sei, der den Vertrag mit der Band gebrochen habe. Über Nacht wurde aus dem eigensinnigen, verschlossenen Gitarristen ein Vagabund und Aussteiger. Eric Clapton war bereit, auf Tour zu gehen.

Claptons Glück, wenn nicht gar seine Existenz als Musiker, hing fast ausschließlich von Menschen ab, auf denen er nach Lust und Laune herumhacken konnte. Samwell-Smith, Dreja und bis zu einem gewissen Grade auch Flint und Mayall hatten alle die zynische Schärfe seiner Zunge zu spüren bekommen. Kay Munday bestätigt, daß »er der launischste Scheißkerl war, den man sich vorstellen konnte, ausnahmslos und jederzeit. Wenn Eric dich nicht mochte, konntest du es vergessen.« Nach seinem Bruch mit den Bluesbreakers gehörten zu Claptons neuen Mitstreitern Ben Palmer, ein Sänger namens John Baily, der Bassist Bob Ray, der Saxophonist Bernie Greenwood und am Schlagzeug der Bruder von Ted Milton. Einer von ihnen erzählt über diese Reise: »Eigentlich sollte es ein lockerer Trip, eine Art Overland-Express-Reise werden. Doch es war eine Katastrophe . . . Eric war nervös, und der ständige Alkohol- und Drogenkonsum warf alle völlig aus der Bahn. Wir waren eine ziemlich groteske Ansammlung von Dichtern, Musikern und Rumhängern, die sich irgendwo in Europa gegenseitig beschimpften und die Hucke vollaberten. Beim Oktoberfest in München kam es beinahe zu einer ernsthaften Schlägerei. Keiner hatte Geld für ein Hotel, und nach einer Woche herrschte im Auto ein Gestank, gegen den vergammelter Käse geradezu angenehm riecht.«

The Glands, so nannten sie sich, erreichten schließlich in der dritten Septemberwoche Athen. Alle Hoffnungen auf eine glorreiche künftige Karriere verließen die Band, als sie den offenbar selbsternannten Veranstalter vor Ort sahen: Er trug das Hemd eines Plantagen-Arbeiters, Schuhe mit hohen Absätzen, in der Hand hielt er ein Offiziersstöckchen, und seine Haare waren voller Pomade. Er erklärte sich bereit, die Glands auf der Basis eines Tagessatzes anzuheuern: 5000 Drachmen pro Auftritt, außerdem Kost und Logis. Gespielt werden sollte ein Repertoire aus etlichen Top-Twenty-Hits, dazu eine Prise Elvis und Chuck Berry und als Finale – auf ganz besonderen Wunsch des Veranstalters – etwas South Pacific.

Während Mayall in London damit beschäftigt war, eine Reihe von Gitarristen auszuprobieren, die den Blues spielen wollten, stand Clapton drei Wochen lang in einer winzigen Taverne herum, spielte Kinks-Hits aus dem Stegreif und ließ sich von Touristen auspfeifen, die nach »Young At Heart« verlangten. »Es war der reinste Horror«, so Palmer. »Wir merkten schnell, daß wir einen großen Fehler gemacht hatten. Da standen wir nun, sechs Bluesfanatiker, und spielten wie eine griechische Kneipenband . . . Schließlich gelang es Eric und mir, ein paar Buddy-Holly- und Little-Richard-Nummern unterzubringen. Doch selbst die gingen unter wie eine bleierne Ente.« Für ein anderes Bandmitglied war es die »schlimmste Farce, die man sich nur denken kann. Schon nach einer Woche hing Eric am Telefon und wollte von Mayall wissen, ob er seinen Job zurückhaben könne.«

Als eine zweite Band in der Taverne auftauchte, deren Bandleader bei einem Autounfall ums Leben gekommen war und bei der Clapton daher als Gitarrist einspringen mußte, war das Ende vorprogrammiert. Völlig entnervt von dieser unfreiwilligen Zusammenarbeit, versank Clapton in Depressionen. Zusätzlich verschärft wurde die Situation durch das Verhalten des Veranstalters, einem lauten, reizbaren Kerl, der offensichtlich nicht nur ein rein geschäftliches Interesse an Clapton hatte. »Er hat ständig versucht, Eric anzubaggern«, so ein Zeuge. »Ich sehe es noch genau vor mir, wie er den Arm um Erics Schultern legte und ihn zu einem Drink einlud. Alles geriet außer Kontrolle. Was einmal als ein wunderbarer Traum begonnen hatte, wurde zu einem nicht enden wollenden Alptraum. Es war wie in einem Fellini-Film.«

Schließlich beschlossen die Glands, sich aufzulösen. Später meinte Clapton dazu: »Der Clubbesitzer hatte sich in mich verguckt und wollte mich nicht gehen lassen . . . Mir blieb also nichts anderes übrig, als Hals über Kopf abzuhauen; meinen Verstärker ließ ich einfach im Club zurück . . . Ich bin wie ein Wahnsinniger zum Bahnhof gerannt, wo ich gerade noch den Orient Express erwischte und heimfuhr.« In Wirklichkeit war alles viel komplizierter: Baily und Greenwood wurden des Landes verwiesen, die Anlage der Band mußte heimlich zum Bahnhof geschafft werden, und Clapton selbst konnte seine Gitarre nur mit der Begründung, er müsse unbedingt »Saiten kaufen«, den Händen des Veranstalters entreißen. Palmer und er konnten gerade noch auf den Zug aufspringen, der sie nach Hause bringen sollte, während Baily und Greenwood es vorzogen, sich vorübergehend nach Australien abzusetzen.

Mayall reagierte auf Claptons Rückkehr mit bemerkenswerter Gelassenheit. Nach Aussage Flints »erhielt John eines Abends im Studio einen Anruf. Es war Clapton. Anschließend verkündete John seelenruhig: ›Clapton ist zurück.‹ Als wäre es die normalste Sache der Welt. Einmal war er da, dann wieder verschwunden, und dann stand er plötzlich wieder auf der Matte. Keiner schien sonderlich überrascht.« Mayalls Reaktion auf die Rückkehr seines Gitarristen war nicht ganz selbstlos. In den zwei Monaten während Claptons Abwesenheit hatten die Bluesbreakers ein halbes Dutzend Ersatzmusiker verschlissen. Zudem war McVie von Mayall gefeuert worden, »nachdem er«, wie Flint es formulierte, »einmal zuviel sturzbesoffen ankam«. Statt seiner wurde Jack Bruce engagiert, ehemals Mitglied der Graham Bond Band, die sich ebenfalls in einer Krise befand. »Von Anfang an«, so Bruce, »gab es zwischen mir und Eric eine ganz besondere Verbindung. Wir hatten einfach die gleiche Wellenlänge. Positive Energie, würde ich sagen.«

Nachdem die Bluesbreakers nun wieder komplett waren, meldeten sie sich in der Szene zurück – gerade rechtzeitig zur Veröffentlichung ihrer Single »I'm Your Witchdoctor«. Der *Melody Maker* sprach von einer

»mitreißenden Up-Tempo-Nummer mit einigen tollen Unisono-Parts in den Vocals, dazu Eric Claptons Bluesgitarre – alles in allem ein Song, der es verdient hätte, ein Hit zu werden«. Für kurze Zeit tauchte der Titel in den unteren Regionen der Top 100 auf. Die Plattenkritik wurde allerdings dem Anteil, den Claptons Gitarrenspiel bei »Witchdoctor« einnahm, seiner technischen Glanzleistung, mit der er die Töne mit jedem Chorus länger hinauszog, nicht gerecht. Ende des Jahres avancierte der Song zum absoluten Highlight im Repertoire der Bluesbreakers, das außerdem aus den Stücken »Crossroads«, »Have You Heard«, »Parchman Farm«, »Stormy Monday«, »Ramblin' On My Mind«, »Little Girl«, »Telephone Blues«, »Hoochie Coochie Man«, »Steppin' Out« und »What'd I Say« bestand – eine Stunde komprimierten Blues, während der Clapton keine Miene verzog und schweigend mit seiner Gibson Les Paul dastand, während Mayall verzückt den Oberkörper hin- und herwarf und das Piano traktierte.

Nach Aussage Flints war es eine von Claptons größten Sorgen, er könne »dem Kommerz Vorschub leisten«, und er versuchte dem entgegenzuwirken, indem er sich bemühte, einen möglichst gelangweilten oder gereizten Eindruck zu machen. Wenn er auf der Bühne stand, wirkte er wie ein Wesen von einem anderen Stern. Er schloß häufig die Augen oder drehte sich mit dem Rücken zum Publikum, um ein paar Zigaretten zu rauchen. Damit widersprach er nicht nur den gängigen Vorstellungen von einem Rockgitarristen mit all den dazugehörigen Posen, er führte sie geradezu ad absurdum. Während Gitarristen wie Pete Townshend, Alvin Lee oder Keith Richards das Publikum anheizten, den starken Mann markierten oder ihre Instrumente zerschlugen, stand Clapton einfach nur da oder zeigte bestenfalls ein sphinxhaftes Lächeln. Damit unterschied er sich nicht nur von Musikern wie Jeff Beck und Jimmy Page, ganz zu schweigen von Chuck Berry und Albert Collins, sondern er gab auch der Musik seiner eigenen Idole eine völlig neue Präsentationsform. Denn B. B. King oder Buddy Guy waren alles andere als zurückhaltend. Albert Collins beispielsweise spielte mit einem über dreißig Meter langen Gitarrenkabel, mit dem er bei Live-Auftritten ins Publikum, an die Bar und sogar nach draußen zum Parkplatz spazieren konnte. Möglicherweise entsprach nur Robert Johnson Claptons Ideal: ein grüblerischer, asketischer Mensch, kein Mann vieler Worte, den Clapton immer wieder als großes Vorbild nannte. Doch auch hier neigte Clapton offensichtlich zu einer gewissen Übertreibung, denn es ist bekannt, daß selbst Johnson bei den wenigen Live-Konzerten, die er gab, seine Musik zumindest mit heftigen Kopfbewegungen begleitete. Als in diesem November ein Mitglied der

Bluesbreakers Clapton nahelegte, auf der Bühne »mehr aus sich herauszugehen«, schlug der Gitarrist mit dem Instrumenten-Koffer auf ihn ein, bis er sich mit einem Sprung auf die Straße rettete.

Noch in diesem Herbst begaben sich die Bluesbreakers in die Wessex Studios in Soho, um gemeinsam mit dem Produzenten Mike Vernon die Songs »Lonely Years« und »Bernard Jenkins« aufzunehmen. Die Unmittelbarkeit und die urwüchsige Kraft dieser Aufnahmen – alle Instrumente wurden in einem einzigen Take aufgenommen – verschafften Clapton große Anerkennung. Er galt nicht nur als der beste Bluesgitarrist Englands, *er* war es auch, der den britischen Rock mit dem Blues verschmolz. Clapton war der einzige Musiker, der, trotz aller Vorbehalte, in so unterschiedlichen Bands wie den Yardbirds und Bluesbreakers spielen konnte, ohne dabei seine Glaubwürdigkeit zu verlieren. »Das machte ihn unangreifbar«, so Flint, »niemand sonst, nicht einmal Mayall, hatte sich so intensiv mit dem Blues auseinandergesetzt wie Eric. Sein ganzes Leben bestand nur aus Spielen und Üben . . . Man konnte ihn mit einem begnadeten Tennisspieler vergleichen, der alle Schläge aus dem Ärmel schüttelt, weil er einfach eine Ewigkeit damit zugebracht hat, sich die Grundlagen beizubringen.« Nachdem der ehemalige Boxer und Kneipenpianist Jack Dupree Clapton im Winter zu gemeinsamen Plattenaufnahmen gebeten hatte, war Dupree von dessen Fähigkeiten als Gitarrist »völlig hin und weg« und verpaßte ihm kurzerhand den Titel »König des Blues«.

Während Clapton nach seinem Intermezzo in Griechenland nun erneut mit den Bluesbreakers auf Achse war, wuchs sein Ruhm als Gitarrist unaufhaltsam. Keith Richards und Brian Jones zollten ihm neidlos ihre aufrichtige Bewunderung. Die Beatles wollten ihn kennenlernen. Deren pubertäres Teenager-Publikum konnte Clapton zwar nicht gewinnen, aber in gewissen Hippie-, Kunststudenten- und Beatnik-Kreisen wurde er zu einer absoluten Kultfigur.

1966 war das Jahr, in dem die ersten Auswirkungen des Baby-Booms spürbar wurden. Tausende von Jugendlichen, die zwischen 1946 und 1947 geboren worden waren, entdeckten mit den Beatles die Popmusik, eine Entwicklung, von der zwangsläufig auch Bands wie die Stones, die Kinks, die Who und selbst solche Exoten wie John Mayalls Bluesbreakers profitieren mußten. Profimusiker wie Alexis Korner und Chris Farlowe, die bislang froh gewesen waren, wenn ihnen überhaupt jemand zuhörte, wurden von Konzertagenturen persönlich angerufen und für Fotosessions nach Chelsea eingeladen. Selbst solche unbedeutenden Bands wie Vic

Flick And The Applejacks bekamen einen Plattenvertrag. Ganz England geriet in einen Begeisterungstaumel, der sich bis zur Hysterie steigerte. Überall verdonnerten Manager ihre Musiker – nicht selten ehemalige Varieté-Künstler – zu Live-Auftritten, die häufig ans Groteske grenzten. Was Andrew Oldham »die theatralische Seite des Pop« nannte, wurde restlos ausgeschlachtet. Doch Clapton war von einer anderen Art, galt nun auch bei den Kritikern als etwas Besonderes. Englands Fachpresse beeindruckte vor allem die Tatsache, daß man ihn auch im Ausland als Musiker ernst nahm. Er wurde zu einem kulturellen Exportartikel, zu einer Symbolfigur.

Eines Abends in diesem Winter stand eine Londoner Sekretärin namens Sally Prescott mit ihrem Freund am Bühneneingang des Marquee. Als die Bluesbreakers das Gebäude verließen, waren die beiden von Claptons Erscheinung tief beeindruckt: »Zuerst tauchten die anderen Bandmitglieder auf, dann folgte Eric mit einem finsteren Gesicht. Ich wandte mich um und flüsterte: ›Hier kommt Gott höchstpersönlich.‹ Er wirkte einfach so streng. Clapton muß das wohl gehört haben, denn er warf mir einen vernichtenden Blick zu, als er an uns vorüberging. Mein Freund meinte: ›Der Name paßt zu ihm. Er sieht wirklich wie der Allmächtige persönlich aus.‹«

Der *Melody Maker* und andere Musikmagazine griffen den Beinamen auf und machten ihn schließlich populär. Der Slogan »Clapton ist Gott« erschien bald an den Wänden fast jeder Londoner U-Bahnstation. Claptons Reaktion reichte von gleichgültiger Zurkenntnisnahme (»Es wurde plötzlich zur Mode – viele schnappten diesen Spruch zufällig auf und übernahmen ihn einfach – die Fans sprühten ›Clapton ist Gott‹ an jede Wand, ohne zu wissen, was sie eigentlich damit meinten. Ziemlich lächerlich und ziemlich seltsam.«) über Genugtuung (»Natürlich fühlte ich mich dadurch unglaublich geschmeichelt.«) bis hin zur Resignation (»Was soll man schon dagegen machen?«). Im privaten Kreis allerdings betonte er immer wieder, daß er sich, wenn schon nicht für Gott, so doch immerhin für »den besten Gitarristen der Welt« hielt.

Inzwischen hatten Claptons Altersgenossen das Kingston Art College abgeschlossen und begannen Ende 1965 ihre berufliche Karriere, entweder als Bankangestellte oder als mehr oder weniger unbedeutende Graphiker in kleineren Werbeagenturen.

»Man kann sich nur zu gut vorstellen, was das für ihn bedeutete«, meint Flint. »Plötzlich hieß es überall ›Eric Clapton and The Bluesbreakers‹ oder ›Eric Clapton und seine Band‹. Er war in aller Munde, besonders nach seinem Trip nach Griechenland. McVie war ziemlich sauer darüber, daß für Eric andere Spielregeln galten als für den Rest der Band.« (McVie schloß sich den Bluesbreakers wieder an, als Jack Bruce ein Angebot von Manfred Mann annahm.)

Clapton wollte sich unbedingt von der Masse abheben. Sehr viel später stilisierte er diese Art von Isolation tatsächlich zu einer Art Kunstform hoch. Er nahm die mögliche Konsequenz, plötzlich ganz allein dazustehen, gerne in Kauf. 1966 konnte er darin noch keinen Nachteil erkennen. Clapton genoß die ungeteilte Aufmerksamkeit und Anerkennung, die ihm zuteil wurde. Später dachte er darüber allerdings ganz anders. Es muß für ihn ziemlich frustrierend gewesen sein, daß er als Erwachsener ständig an seiner Vergangenheit gemessen wurde. »Ich wurde irgendwie verbittert und hypersensibel«, gestand er Ray Coleman. Trotzdem hatte Clapton auch mit dreißig und vierzig Jahren nichts dagegen, wenn Kritiker ihn wieder als Gott bezeichneten. Im Gegenteil, er unterstützte sie dabei. Damit brachte er sich selbst und andere jedoch nicht selten in eine verzwickte Lage. Alles Leugnen war zwecklos – seine späteren Stücke hatten längst nicht dieselbe Frische und Qualität wie seinerzeit die Songs der Bluesbreakers; die Qualitäten dieser Band – Ungeschliffenheit, Naivität, Enthusiasmus – waren ihm längst abhanden gekommen. Diesen Umstand gestand sich Clapton nur widerstrebend ein, weil dies bedeutete, daß sein späterer Ruhm nicht das Ergebnis seiner Musik, sondern reine Nostalgie war.

Die Zusammenarbeit mit den Bluesbreakers brachte eine ganze Reihe von Vorteilen für Clapton mit sich. So kam er zum Beispiel viel herum und bereiste Länder wie Frankreich, Deutschland, Belgien, Holland und die Schweiz. Ein Bandmitglied erinnert sich, daß »Eric unterwegs so manche Privatorgie feierte. Die Mädchen warteten hinter der Bühne auf ihn, standen sprichwörtlich Schlange. An der Tür hieß es dann: ›Du, du, und du da hinten.‹ Ich habe ihn niemals ohne mindestens zwei Frauen im Schlepptau gesehen.«

Anfang April des Jahres 1966 fanden sich die Bluesbreakers in Decca's Studio Two in West Hampstead ein und nahmen das Basismaterial für eine Platte auf, die später als »das erste echte britische Rockalbum« bezeichnet wurde. *Blues Breakers With Eric Clapton* kam am 22. Juli 1966 auf den Markt. Die LP schaffte zwar nicht den Sprung in die Billboard Top 100 in den USA, konnte sich aber volle siebzehn Wochen in den englischen Charts halten, wo sie immerhin Platz 6 erreichte. Für Hughie Flint jedoch war die Arbeit an diesem Album eine der deprimierendsten Erfahrungen seines Lebens.

Die Schwierigkeiten begannen in dem Moment, als Clapton Mike Vernon und dem Tontechniker Gus Dudgeon unterbreitete, er habe die Absicht, genau so zu spielen, wie es ihm gefalle. Damit meinte er laut, schnell und fernab aller in Studios üblichen Etikette. Natürlich kam es zum Streit, bei dem Flint und der vor sich hinnörgelnde McVie ihre Unterstützung für Dudgeon bekundeten und den Gitarristen inständig baten, wenigstens nicht so laut zu spielen. Daraufhin zählte Clapton die zahlreichen Soundeffekte auf – Feedback, Verzerrung, Sustain (Verlängerung eines angeschlagenen Tons) –, die eben nur durch entsprechende Lautstärke zu erreichen seien. Doch Flint ist davon überzeugt, daß der eigentliche Grund für Claptons Dickköpfigkeit weitaus banalerer Natur war: »Er wollte einfach so laut sein, daß er uns andere übertönte.« Schließlich zog Mayall den Tontechniker beiseite und wies ihn an, »zu tun, was immer ›Gott‹ will«. Dudgeon nahm Clapton mit maximaler Lautstärke und direkt über Verstärker auf, was zur Folge hatte, daß Schlagzeug und Baß mehr oder weniger untergingen.

Mit diesem Album gelang es Clapton, auch die letzten Zweifel, die in der Öffentlichkeit vielleicht noch an seinen überragenden Fähigkeiten als Musiker herrschen mochten, mit einem Schlag zu zerstreuen. Sein Stil dominierte das Album. Die Einflüsse der Bluesbreakers waren nicht zu überhören – Buddy Guy, Freddie King, Robert Johnson –, aber der aggressive Gitarrensound und die energiegeladenen Soli zeigten unverkennbar die Handschrift Claptons. Er hatte die Telecaster gegen eine Gibson Les Paul eingetauscht, deren voller, baßlastiger Klang sich gänzlich von dem blassen Sound der Yardbirds und der Roosters unterschied. Innerhalb von drei Jahren hatte Clapton »überwältigende Fortschritte« gemacht, so erinnert sich Ben Palmer. Ähnlich äußert sich auch Tom McGuinness: »1963 glaubte ich noch, mit Eric mithalten zu können, 1966 jedoch nicht mehr. Allein die Vielseitigkeit des Albums *Blues Breakers* war mehr als überzeugend.« Gefühlvolle Bluesnummern wie »Have You Heard« standen neben kraftvollen Rocksongs wie »Key To Love« oder »Steppin' Out«. Auf »Double Crossin' Time« (eine Anspielung auf Jack Bruce, der sich Manfred Mann angeschlossen hatte) spielte Clapton einfach und raffiniert zugleich, eine Beschreibung, die im wesentlichen auf das ganze Album zutrifft. Die Kritiken fielen damals jedoch eher verhalten aus. (Erst Jahre später wurde das Album wiederentdeckt und zum Klassiker erklärt.) Immerhin schrieb die *Times* einen langen Artikel, in dem sie zu dem Schluß kam, daß Clapton, inzwischen offensichtlich reifer geworden, auf behutsame Weise versuche, seine Musik einem größeren Publikum nahezubringen. *Blues Breakers* wurde weltweit zur Bibel aller

Möchtegern-Gitarristen. Dazu bemerkt Jeff Griffin, ein berufserfahrener BBC-Produzent: »Ein neuer Gitarrenheld war geboren.«

Der starke Sound, die kompromißlosen Texte und das surrealistische Cover des Albums machten *Blues Breakers* – neben *Aftermath*, *Pet Sounds*, *Blonde On Blonde* und *Revolver* – zu einer der fünf wichtigsten LPs dieses Sommers, die gemeinsam eine neue Ära des Rock einläuteten und ahnen ließen, welche Richtung die Rockmusik in Zukunft nehmen würde. Eine ausgefeilte Studiotechnik wurde für viele Bands wichtiger als die endlosen Package-Tourneen und die mehr oder weniger sporadisch veröffentlichten Singles.

Blues Breakers machte Clapton zu einem Star. Hatte er bislang nur bei Kunststudenten und Graffiti-Sprayern, die seinen Namen auf Hausmauern verewigten, die gebührende Anerkennung gefunden, so stand er im Juli 1966 in dem Ruf eines Musikers, dessen kreatives Potential, wenn es auch nicht dem Vergleich mit Lennon/McCartney oder Jagger/Richards standhielt, auf jeden Fall dem eines George Harrison oder eines Brian Jones ebenbürtig war. In den Plattenbesprechungen wurde seine Leistung besonders hervorgehoben, und immer häufiger baten Journalisten ihn um Interviews. Selbst Mayall, der nicht gerade dafür bekannt war, seine Kollegen zu promoten, erklärte sich damit einverstanden, daß Claptons Name in den LP-Titel aufgenommen wurde. Mayalls Großzügigkeit ging allerdings nicht so weit, daß er Clapton mehr als die übliche Studio-Gage bezahlte. Doch trotz seines beachtlichen Erfolgs war Clapton allem Anschein nach dennoch nicht zufrieden mit dem, was er bisher erreicht hatte. CLAPTON: EIN EINSAMER MANN UND DIE MACHT SEINER GITARRE – so lautete eine der typischen Schlagzeilen in diesem Frühjahr. Ein daran anschließendes Kurzportrait zeigte mehr als deutlich, daß Clapton am Ende seiner ohnehin nie sonderlich großen Geduld angelangt war:

Mit wachsender Begeisterung zieht er über die englischen Musiker her und möchte das Land so bald wie möglich verlassen. »Ich glaube nicht, daß ich hier eine Zukunft habe. Meine Musik hat nichts mit England zu tun – sie stammt aus Chicago. Ich verkörpere das, was gegenwärtig in Chicago passiert ... Ich glaube, daß die Engländer sich zu sehr auf den Rock 'n' Roll und Tommy Steele beziehen. Diesen Mist, der derzeit in England produziert wird, finde ich zum Kotzen. Ich wäre einer der ersten, die Leute wie Chris Farlowe in die Wüste schicken würden.« Clapton sieht seine musikalische Heimat in Amerika: »Ich beschäftige mich mit der Realität. Mit nichts anderem als der Realität, und je häßlicher sie ist, desto besser. Die Plattenverkäufer und Musikkonsumenten in England interessiert das nicht; deshalb muß ich einfach von hier weg.«

Diese Äußerungen stießen auf einiges Unverständnis, zumal Claptons Bemerkung, er müsse »einfach von hier weg«, die Tatsache völlig zu ignorieren schien, daß er zu den meistbewunderten Musikern Englands zählte. Darüber hinaus war sein Statement eine Ohrfeige für fast alle Musiker, mit denen er bislang zusammengearbeitet hatte. Was auch immer die Gründe für seine Unzufriedenheit gewesen sein mögen – etwa die Spannungen zwischen ihm, McVie und Flint, die Probleme mit Mayall, das beständige Gefühl, nicht wirklich anerkannt zu sein –, fest steht jedenfalls, daß er sich zu Höherem berufen fühlte. Clapton machte kein großes Geheimnis daraus, daß er überaus frustriert war, an einen Sänger gebunden zu sein, den er eigentlich nicht ernst nehmen konnte und der seiner Meinung nach kaum mehr als eine Eintagsfliege war. In seinen Augen gaben die Bluesbreakers bestenfalls eine Art »mittelprächtigen Wanderzirkus« ab, wie er Pete Brown, einem jungen Dichter und Songtexter, den er in diesem Frühjahr kennengelernt hatte, anvertraute.

Brown war auch eingeladen zu der Party, die zu Claptons einundzwanzigstem Geburtstag stattfand. Als er an diesem Abend Mayalls Haus betrat, fiel sein Blick auf den Rücken einer »haarigen, fast affenartigen Gestalt«, die teilnahmslos auf einem Stuhl saß und die Tageszeitung las. Dann drehte sie sich langsam um. Die »affenartige« Gestalt entpuppte sich als der Gitarrengott höchstpersönlich, der sich zur Feier des Tages in ein Gorillakostüm gezwängt hatte. Es wurde, wie sich Brown erinnert, eine »ziemlich ausschweifende« Party, in deren weiterem Verlauf Clapton mit einer zierlichen, blutjungen Sängerin namens Marie anbändelte, besser bekannt als Lulu. Später am Abend sah man sie und Clapton gemeinsam die Treppe herunterkommen – offensichtlich hatten die beiden erst vor wenigen Minuten eines der vier Schlafzimmer oder das Badezimmer im ersten Stock verlassen. Clapton, der inzwischen aus seinem Gorillakostüm geschlüpft war, begann eine Unterhaltung mit Brown, Mayall und dessen Frau Pamela, die sich erinnert, daß es »ein sehr amüsanter Abend war. Eric war ziemlich aufgekratzt. Bisweilen war er von geradezu euphorischer Ausgelassenheit, tanzte umher wie ein Kind, nur um im nächsten Augenblick zu Tode betrübt in Schweigen zu versinken.« Dann wieder hielt er einen langen Monolog über die für den nächsten Tag angesetzten Parlamentswahlen. Wie sich herausstellte, entsprach seine Prophezeiung, daß die Labour Party siegen würde, durchaus der politischen Realität.

Bei einer privaten Jam Session in der darauffolgenden Woche spielte

Ginger Baker, der Schlagzeuger der Graham Bond Organization, zusammen mit den Bluesbreakers. Claptons technische Souveränität sowie seine Fähigkeit, sich im richtigen Augenblick auch zurückhalten zu können, hinterließen bei ihm einen mehr als positiven Eindruck. Clapton ging es ähnlich. Sie nahmen sich vor, in Kontakt zu bleiben. Im April wurde diese Absicht konkret. Eric Clapton, Ginger Baker und Jack Bruce trafen sich zu ersten gemeinsamen Gesprächen.

Wenige Wochen später wurde der Sänger Paul Jones von Joe Boyd, einem Produzenten bei Elektra Records, gebeten, ihm bei der Auswahl englischer Musiker für eine Blues-Anthologie mit dem Titel *What's Shakin'* behilflich zu sein. (Mit diesem Album tauchte Claptons Name erstmals auch in amerikanischen Plattenläden auf.) Jones wiederum wandte sich an Jack Bruce. Nachdem unter anderem Namen wie Steve Winwood und Peter York gefallen waren, erwähnte Jones beiläufig Clapton und Baker. Es wurde still. Bruce wurde bleich: »Was weißt du darüber?« wollte er wissen. »Das mit der Band ist eigentlich ein Geheimnis.« »Welche Band?« »Meine natürlich – die mit Eric und Ginger.« Bruces Stimme klang gereizt, als habe Jones ihm die dümmste Frage der Welt gestellt. »Du gründest eine Band?« hakte Jones nach. »Na, das weißt du ja ganz offensichtlich schon.«

Jones widersprach. An einem der darauffolgenden Wochenenden begab sich die Band in das Studio der Beatles in der Abbey Road, um die Nummern »Steppin' Out«, »I Want To Know You« und »Crossroads« aufzunehmen. Clapton kam bereits mit schlechter Laune dort an. Als Jones sein Gesicht sah, wußte er, daß er den Gitarristen nicht in Höchstform erleben würde, ganz egal, wie sehr er sich um ihn bemühen und ihm schmeicheln würde. Was Clapton auf »Steppin' Out« ablieferte, war reine Parodie, und auch »Crossroads« konnte in dieser frühen Version nicht recht überzeugen. Nur Jones Komposition »I Want To Know« schien den ganzen Aufwand zu rechtfertigen. Der Song erschien später auf dem Sampler *History Of Eric Clapton*.

Clapton stand in dem Ruf eines unnahbaren und stets angriffsbereiten Sonderlings. Er schien den häufig verletzenden, zynischen Humor, mit dem er sich – nicht selten auf Kosten seiner Freunde – produzierte, völlig normal und eigentlich nur logisch zu finden. Ein Musiker, der Clapton im Abbey Road Studio erlebte, hatte den Eindruck, daß »es ihm einfach höllischen Spaß machte, den Leuten das Gefühl zu vermitteln, sie hätten ihn durch irgend etwas gekränkt. Die meistgestellte Frage im Studio lautete: ›Wer hat Eric beleidigt?‹ Natürlich hatte das niemand getan. Das Ganze war nur ein Spielchen auf Kosten anderer.«

Wenn im Abbey Road Studio Begriffe wie »Gott« und »der größte lebende Gitarrist« fielen, war Clapton der letzte, der dagegen protestiert hätte. Sein Auftreten glich dem eines zwar erwiesenermaßen talentierten, aber ausgesprochen launischen Kindes, dessen großartige Leistungen einzig dem Zweck dienten, die Bewunderung der anderen auf sich zu ziehen. Alle, einschließlich seine Musikerkollegen, behandelten ihn mit Ehrfurcht. Jeder, der bei den Aufnahmesessions mitwirken durfte, ging mit dem Gefühl nach Hause, mit einem Phänomen zusammengearbeitet zu haben. Noch Jahre später schwärmten viele davon, wie »brillant« er gewesen sei. »Es ist unglaublich«, so Paul Jones, »obwohl Eric selten da war, können sich alle nur noch an ihn erinnern.«

Doch Clapton konnte mitunter auch ausgesprochen entgegenkommend, freundlich und bescheiden sein. Diesen Eindruck hatte jedenfalls Chris Rea, damals Gitarrist einer örtlichen Tanzband names The Torque, die bei einem Konzert der Bluesbreakers in der Rutlish Grammar School als Vorgruppe spielte. Rea schleppte gerade seine Anlage hinter die Bühne, als ihm jemand auf die Schulter klopfte. Es war Clapton. »Da stand er nun vor mir«, so Rea, »und redete über Gitarren, über Technik und darüber, wie sehr er meine Art zu spielen bewundere. Es stellte sich heraus, daß er sein Plektrum verloren hatte. Ich gab ihm meins.« Rea war von Claptons technischem Know-how fasziniert. Eine derartige Begeisterung für alles, was mit dem Instrument zu tun hatte, war bei damaligen englischen Popmusikern eher die Ausnahme; lieber befaßte man sich in diesen Kreisen, wie Rea zugab, mit »Frauen, Pillen oder einem Wochenende in Brighton«. Zwanzig Minuten lang redete Clapton nur über Verstärker und das Stimmen der Instrumente, über Feedback und Sustain. »Inzwischen«, so Rea, »war der Conférencier schon so gut wie auf der Bühne, um die Bluesbreakers anzukündigen ... Clapton machte eine entschuldigende Geste, das jähe Ende unseres Gesprächs ganz offensichtlich bedauernd, und schlurfte in Richtung Bühne. Wie auch immer es gemeint war, ich empfand es als ein riesiges Kompliment.« (Ein ehemaliges Bandmitglied der Bluesbreakers vermutet allerdings, daß es Eric nur um das Plektrum ging.)

Claptons nettere Seite konnte jedoch nicht über sein ausgeprägtes Ego hinwegtäuschen, ebensowenig wie über sein großes Geschick, die Presse – so der Journalist Don Short – »um den Finger zu wickeln. Zuerst erzählte er einem genau das, was man hören wollte, und dann wollte er deine Meinung dazu wissen. Das war natürlich sehr schmeichelhaft.« Clapton wußte sehr wohl, daß er sich hinter einer Maske versteckte, die er je nach Lust und Laune wieder ablegen konnte. Er spielte seine Rolle als leidendes Genie mit solch überzeugender Intensität und Konsequenz, daß es fast schon an hohe Schauspielkunst grenzte. In einem Brief an einen Musikerkollegen schrieb er: »Mein Martyrium ist längst noch nicht beendet.«

Die merkwürdige Mischung aus Egozentrik und Unsicherheit war einer der Gründe dafür, daß Clapton mehr und mehr die Auseinandersetzung suchte; das bekam vor allem Mayall zu spüren. Flint meint rückblickend, daß im Frühjahr 1966 ein »regelrechter Kriegszustand herrschte; Eric und John lagen sich ständig in den Haaren, sowohl privat als auch in der Öffentlichkeit, eine unheilige Allianz, die bisweilen an Bösartigkeit grenzte«. Pete Brown erinnert sich »an Erics ständiges Genörgel über die Art und Weise, wie Mayall sich auf der Bühne präsentierte. Auch Flint und McVie schienen nicht mehr viel Lust zu haben.« Außerdem dämmerte es Clapton allmählich, daß er sehr wohl auch ohne Mayall Erfolg haben könnte, und Bruce und Baker bestärkten ihn in diesem Gedanken. Clapton dazu: »Zuerst dachte ich: Das kann doch nicht so schwer sein! Was der kann, kann ich auch. Und als Mayall mich dann noch auf seinem Album einen Song singen ließ, hatte ich die Idee, auch sonst selber zu singen . . . Verdammt, dachte ich, warum mache ich nicht einfach meinen eigenen Laden auf?« Im Anschluß an ein Konzert in Guildford fuhr Clapton nach Ripley und erzählte im Ship begeistert von einem »Blues-Trio«, das er zu gründen beabsichtigte. Auf die unvermeidliche Frage: »Und wer gehört dazu?« antwortete er augenzwinkernd: »Ich, ich und nochmals ich.«

Tatsächlich gestaltete sich die Besetzung der Band jedoch wesentlich langwieriger und komplizierter, als Clapton es sich vorgestellt hatte. Steve Winwood, der auf der Kandidatenliste ganz oben stand, lehnte zugunsten einer Zusammenarbeit mit Spencer Davis dankend ab. Ein anderer Sänger, mit dem sich Clapton und Jones im Ad Lib Club trafen, kam gar nicht mehr dazu, den beiden eine abschlägige Antwort zu erteilen – er schlief vorher einfach ein. Graham Bond war im Gespräch, und eine Zeitlang spielte Jones mit dem Gedanken, selbst einzusteigen. Sogar Pete Hogman, dessen einzige Verbindung zu Clapton darin bestand, daß er ihm erst vor kurzem eins mit der Gitarre übergezogen hatte, wurde gefragt – und dann ebenso schnell wieder fallengelassen.

Clapton ging kein großes Risiko ein, wenn er solch halbherzige Angebote machte, denn er konnte sich ziemlich sicher sein, daß die ganze Angelegenheit ohnehin von niemandem sonderlich ernst genommen werden würde – mit Ausnahme vielleicht von Steve Winwood. Die ständigen Verzögerungen und Ausflüchte ließen unweigerlich den Eindruck entstehen, es gehe ihm weniger um die Gründung einer Band als vielmehr darum, die Presse in Atem zu halten. Pete Hogman erläutert: »Man mochte von Clapton als Musiker halten, was man wollte, aber die Vorstellung, er würde eine eigene Band gründen, war einfach unglaublich ... Alle Welt hielt ihn für Johns engsten Freund« – eine Ansicht, die im übrigen auch Mayall selbst teilte. »Eric hatte nie irgendwelche Ambitionen gezeigt«, so Mayall später. »Natürlich war mir nicht verborgen geblieben, daß er mit Jack und Ginger ganz gut zurechtkam, aber niemand konnte sich die beiden zusammen in einer Band vorstellen. Sie haßten sich.«

Das war sogar noch reichlich untertrieben, denn Bruce und Baker konnten sich so wenig ausstehen, daß sie gelegentlich auch vor Gewalttätigkeiten nicht zurückschreckten. Dick Heckstall-Smith erinnert sich an »chaotische Konzerte mit Graham (Bond), bei denen Ginger seine Schlagzeugstöcke als tückische Wurfobjekte mißbrauchte, die er Jack mit erstaunlicher Zielsicherheit an den Kopf warf ... Wir hatten alle Hände voll zu tun, die beiden wieder auseinanderzubringen. Niemals habe ich in meinen vierzig Jahren als Musiker etwas Derartiges erlebt.« Als Baker im April 1966 Clapton gegenüber andeutete, es sei vielleicht keine schlechte Idee, gemeinsam eine Band zu gründen, war Jack Bruce mit ziemlicher Sicherheit der letzte, an den er dabei für eine Zusammenarbeit dachte. Doch schließlich setzte Clapton sich durch: »Jack und ich hatten bereits bei Mayall zusammengespielt, und wir waren sehr gut miteinander klargekommen ... Er war genau der richtige Mann für die Band, die mir vorschwebte.« Baker blieb skeptisch, erklärte sich aber damit einverstanden, sich erst einmal anzuhören, was Bruce dazu zu sagen habe. Also machte er sich auf, ihm einen Besuch abzustatten: »Ich klopfte an die Tür. Jack war überrascht ... Er bat mich auf eine Tasse Tee herein. Ich erklärte ihm, um was es ging, und fragte ihn dann: ›Wie sieht's aus? Willst du bei uns mitmachen?‹ Er wollte – und damit war die Sache abgemacht.« Tags darauf traf sich das angehende Trio in Bakers Haus in Birchen Grove, Neasden.

Was sie nun noch brauchten, war ein gutes Management. Zur Diskussion standen zunächst Rik Gunnell, der Manager der Bluesbreakers, sowie Giorgio Gomelsky. Doch schließlich fiel die Wahl auf den dreißigjährigen Australier Robert Stigwood, der bis vor kurzem noch für Graham Bond gearbeitet hatte und eigentlich eher in der Film- und Theaterbranche als im Rockbusineß zu Hause war. Stigwood legte jedem der drei Musiker einen persönlichen Vertrag vor. Als sie zu der Zeile kamen, in der der Name des Künstlers eingesetzt werden sollte, »antwortete Clapton«, so erzählt Bruce, »wie aus der Pistole geschossen: ›Wir sind erste Sahne, Cream – Cream, so heißt die Band.‹«

Rückblickend räumte Clapton 1988 über diese Phase seines Lebens ein: »Ich war gerade mal einundzwanzig . . . Sicher, in erster Linie bin ich immer Bluesmusiker gewesen. Aber ich war auch neugierig, steckte voller Tatendrang und hatte den Kopf voller verrückter Ideen; die Arbeit mit den Bluesbreakers dagegen kam mir mehr und mehr wie eine Sackgasse vor.« In einem Interview mit Steve Turner vom *Rolling Stone* verkündete er ohne Umschweife: »Ich wollte ein Star sein.«

Dessenungeachtet wirkten die anfänglichen Ambitionen von Cream eher bescheiden. Das musikalische Konzept ließ sich laut Pete Brown mit wenigen Worten zusammenfassen: »Eric sollte geradlinigen Chicago-Blues spielen, während Ginger und Jack für den nötigen Rhythmus sorgten.« Außerdem einigte man sich darauf, die Auftritte der Band auf kleinere Clubs zu beschränken. Sowohl Bruce als auch Baker hatten einen deutlichen Hang zum Jazz-Rock, wodurch, so Bruce, »die Musik von Cream einen leicht exotischen Touch bekam«. Exotisch wirkte auch Claptons Vorliebe für Primaten, die er dadurch zum Ausdruck brachte, daß er einen ausgestopften Gorilla auf die Bühne stellte, dessen Fell allerdings in einem mehr als fragwürdigen Zustand war.

Mayall hatte von all dem keine Ahnung. Er staunte nicht schlecht, als er am 11. Juni 1966 den *Melody Maker* aufschlug und folgende Meldung las: ERIC, JACK UND GINGER TUN SICH ZUSAMMEN. Die Geburt einer sensationellen neuen »Supergruppe« – Eric Clapton, Jack Bruce und Ginger Baker gründen Cream. Dadurch verlieren drei Topbands ihre Starinstrumentalisten: Manfred Mann wird in Zukunft auf den Bassisten, Mundharmonikaspieler, Pianisten und Sänger Jack Bruce verzichten müssen; die Graham Bond Organization muß fortan ohne den unglaublichen Schlagzeuger Ginger Baker auskommen; und John Mayall verliert den brillanten Bluesgitarristen Eric Clapton.

»John rastete völlig aus, als er das las«, sagt Flint. »Er zitierte Eric zu sich und machte ihm unmißverständlich klar, was er von Cream hielt. Dann schmiß er ihn aus der Band raus – was soll's, Eric wäre ja sowieso gegangen.«

Clapton kehrte nach Ripley zurück, und die Bluesbreakers engagierten den Gitarristen Peter Green, der zuvor mit Peter Bardens und Rod Stewart gearbeitet hatte. Green und McVie verließen die Band 1967, um Fleetwood Mac zu gründen. Kurz darauf ging auch Flint; er und Claptons Ex-Kollege Tom McGuinness gründeten ein Country-Rock-Duo, mit dem sie Anfang der 70er zu kurzem Ruhm gelangten. Später riefen die beiden zusammen mit dem Sänger Paul Jones die Blues Band ins Leben. Heute arbeitet Flint als eine Art Mädchen für alles an einem College in Oxford und ist, wie er versichert, vollauf damit zufrieden, »Taschen zu schleppen und dann und wann mal ein Album zu signieren«. Er traf Clapton zum letztenmal im Februar 1986: »Eric war freundlich, aber reserviert. Ich hatte den Eindruck, daß es ihm unangenehm war, an seine Vergangenheit erinnert zu werden.« Für Mayall war Clapton eine herbe Enttäuschung: »Eric war die Unbeständigkeit in Person, heute so und morgen so. Zu der Zeit, als er sich der Band anschloß, standen wir uns sehr nahe. Doch auf einmal war das alles Schnee von gestern, und er ließ mich einfach sitzen.« Jahre später söhnte Mayall sich mit seinem ehemaligen Gitarristen wieder aus, »obwohl Eric«, so Flint, »uns eiskalt hängengelassen hatte. Für ihn waren wir nur eine Durchgangsstation auf dem Weg nach oben.«

4

Cream

Es war schon ungewöhnlich, daß ausgerechnet ein Schotte, ein Ire und ein Engländer sich zusammentaten, um Cream zu gründen. Jack Bruce, ein introvertierter, wenngleich wortgewandter Mensch, dessen ewig mürrischer Gesichtsausdruck bisweilen an den eines störrischen und aufsässigen Kindes erinnerte, spielte den Baß; Ginger Baker, ein exzessiver Gäle, amtlich registrierter Heroinabhängiger und Alkoholiker, der dank seines technischen Könnens zu einem der angesehensten Schlagzeuger Englands avanciert war, bediente die Drums; Eric Clapton spielte, wie er selbst meinte, »die Rolle des ganz normalen Briten mit Gitarre«. Nicht wenige prophezeiten der Zusammenarbeit dreier so grundverschiedener Charaktere ein rasches Ende. Andererseits war es vielleicht gerade dieser inneren Dynamik zu verdanken, daß Cream zu einem ausgesprochenen Glücksfall in der Geschichte der britischen Rockmusik wurde.

Creams größte Stärke – für einige auch ihre größte Schwäche – lag in der Vielseitigkeit der einzelnen Bandmitglieder. Jeder der drei konnte auf eine bewegte musikalische Vergangenheit zurückblicken. Das galt insbesondere für Jack Bruce, der bereits alles mögliche ausprobiert hatte, vom Modern Jazz und Free Jazz über Rhythm'n'Blues bis hin zu geradlinigem Pop. Als er ein Jahr später über die Ambitionen der Band sprach, legte er großen Nachdruck darauf, daß die Band keineswegs aus lauter Puristen bestehe: »Ich wollte kommerziellen Erfolg; ich hatte vorher bereits in einer erfolgreichen Band gespielt und wußte, worauf es ankam.« Schon damals war er von den dreien der Professionellste, komponierte und übte ohne Unterlaß, widmete sich der Musik mit einer Ernsthaftigkeit, die man bis dato eigentlich nur bei Clapton erwartet hatte.

Baker entsprach am ehesten dem üblichen Klischee eines Rockstars. Er war wild, ausschweifend und pendelte ständig zwischen Delirium und

Verzweiflung. Kein Wunder also, daß Bruce automatisch zur Zielscheibe seines Spottes wurde. Baker mochte traditionellen und modernen Jazz, Blues und Rock. Bereits 1963 hatte er einen innovativen, fließenden Schlagzeugstil entwickelt, der weniger auf technischer Präzision als vielmehr auf rhythmischem Feeling basierte; der Name Ginger Baker stand für tanzbaren R & B. Unzählige Drummer, darunter Keith Moon, John Hiseman und Mitch Mitchell, haben sich an Baker orientiert. Pete Brown erinnert sich: »Dem Schlagzeuger Ginger konnte niemand das Wasser reichen . . . mit dem Menschen wollten jedoch nur wenige etwas zu tun haben. Was zwischen ihm und Jack ablief, war einfach unglaublich. Andauernd lagen sie sich wegen irgendwelcher Kleinigkeiten in den Haaren.«

Im Juni 1966 gingen die Proben in Bakers Haus und in der nahe gelegenen Scout Hall in Willesden weiter. Innerhalb von einem Monat erarbeitete die Band ein Standardrepertoire, das aus den Stücken »Crossroads«, »Spoonful«, »I'm So Glad«, »I Feel Free«, »Traintime« und »Toad« bestand. Besonders die beiden letztgenannten Stücke boten Bruce und Baker reichlich Gelegenheit, sich selbst und ihre instrumentalen Fertigkeiten ins rechte Licht zu rücken. Clapton wirkte dagegen ausgesprochen zurückhaltend. In Willesden stand er beinahe verloren am Bühnenrand und hielt sich an seiner Les Paul fest; außer einem knisternden Lautsprecher und einem einsamen, altersschwachen Verstärker deutete nichts auf das akustische Highlight hin, das nun folgen sollte. Einer der ständigen Begleiter der Band war Ben Palmer: »Als ich die Meldung über die Gründung von Cream im *Melody Maker* gelesen hatte, rief ich Eric an und sagte ihm: ›Denk an mich, wenn ihr einen Fahrer braucht.‹ Und schon wenige Tage später wurde ich Robert Stigwood vorgestellt, der mich kurzerhand zum Roadmanager machte. So lief das eben damals . . . Anfangs waren Cream ein wüstes Durcheinander – kein Geld, kein Programm und keine Ahnung, was sie eigentlich darstellen wollten . . . Jack und Ginger kamen täglich mit neuen abenteuerlichen Ideen, waren mal begeistert, mal völlig abgenervt, während Eric mit einem Glimmstengel im Mundwinkel einfach nur abwartend dastand und dann und wann gedankenverloren vor sich hinmurmelte. Er war immer noch auf seinem Dada-Trip und wollte mit einem transparenten Hut auftreten, in dem ein Frosch sitzen sollte. Eric Clapton! Schließlich gab er dann einem ausgestopfen Affen den Vorzug.«

Robert Stigwood, der bereit war, eine erstaunlich hohe Summe in Cream zu investieren, wandte sich an Chris Welch vom *Melody Maker* – Welch hatte Cream ebenfalls in Willesden gehört –, um ihn mit zitternder

Stimme zu fragen, ob er diese Band nicht »irgendwie irre« fände. »Ja, schon, aber gib ihnen noch etwas Zeit«, lautete dessen Antwort.

Am 29. Juli 1966 gaben Cream ihr Debut im Twisted Wheel in Manchester. Auf Claptons Drängen hin hatte Stigwood einen gebrauchten schwarzen Austin Princess erworben, mit dem die Band zu ihren Konzerten chauffiert werden sollte. Als Palmer nach der langen Fahrt am Bühneneingang etwas frische Luft schnappen wollte, hörte er plötzlich die vertraute Stimme Claptons. »Würde es dir was ausmachen, die Anlage aufzubauen?« »Anlage?« »Ja, die Verstärker und so weiter. Dauert sicher nicht lange.« »Wie lange?« »Zwanzig Minuten vielleicht.«

Als Palmer nach zwei Stunden elender Schlepperei endlich fertig war, kam Clapton zurück, seufzte, nickte Bruce und Baker zu und ging auf die Bühne. Die Band stellte ihre sechs Songs vor, kassierte einen mittelmäßigen Applaus und spielte anschließend das gesamte Programm ein zweites Mal. Ähnlich unvorbereitet präsentierte sich die Band am darauffolgenden Abend beim Jazz- und Blues-Festival in Windsor. Das Publikum reagierte entsprechend verhalten. Die meisten Stücke, inklusive »Toad«, wurden allenfalls geduldet und waren weit davon entfernt, so etwas wie echte Begeisterung hervorzurufen. Die Band walzte »Traintime« zur doppelten Länge der ursprünglichen Fassung aus, wodurch die Nummer viel von ihrer eigentlichen Spannung verlor. »Unerträgliche Schwelgerei«, schimpfte ein Kritiker, offensichtlich die Tatsache ignorierend, daß die Band zu derartig langatmigen Wiederholungen gezwungen war, wollte sie auf die erforderlichen sechzig Minuten Programm kommen. Clapton gab später zu: »Uns gingen plötzlich die Stücke aus, und wir mußten wohl oder übel improvisieren. Also stürzten wir uns auf das zwölftaktige Blues-Schema, und das wurde schließlich zu unserem Markenzeichen. Bis zu einem gewissen Grad konnte ich mich damit durchaus anfreunden, aber eigentlich hatte ich mir die ganze Sache anders vorgestellt.« Palmer, der das Konzert hinter der Bühne verfolgte, bestätigt, daß »der Band dieses freie, jazzige Element im Grunde genommen aufgezwungen wurde. Ihr Repertoire war begrenzt, also mußten sie improvisieren. So einfach war das.« Nach einem fünfzehnminütigen Schlagzeugsolo von Baker verließen Cream die Bühne – mit versteinerten Mienen, aber um 400 Pfund reicher.

Die 10 000 Besucher, die im verregneten Windsor ausgeharrt hatten, konnten die Geburt eines Crossovers miterleben, das man später als »Jazz-Rock« oder »Blues-Pop« bezeichnete; für Stigwood war es schlicht und ergreifend »kommerzieller Jazz«. Wie schon die Yardbirds setzten auch Cream auf Lautstärke, waren auch sie angetreten, den britischen Rock, wenn sie ihn schon nicht erfinden konnten, zumindest völlig neu zu definieren. Die geradlinigen und auf einfachen Riffs basierenden Songstrukturen ließen Raum für ausschweifende Improvisationen, so daß ihre Nummern immer wieder neu, immer wieder anders und doch immer wieder unverwechselbar nach Cream klangen. Angesichts ihres technischen Könnens, ihrer publikumswirksamen Bühnenpräsentation und Stigwoods aggressiver Promotion hätte die Band nach Ansicht ihres Managers eigentlich über Nacht zum Erfolg werden müssen; statt dessen passierte jedoch neun Monate lang überhaupt nichts.

Einer der Gründe war zweifellos die ständige Diskussion um die eigentlichen Ambitionen der Band. Im Sommer und Herbst 1966 traten Cream in Theatern, Clubs oder bei kleineren Open-Air-Festivals auf; Stigwoods Ehrgeiz, der Band »größere Gigs« zu verschaffen, stieß bei Clapton, der einer intimen Clubatmosphäre den Vorzug gab, auf wenig Zustimmung. Laut Palmer konnte man die Anfänge der Band allenfalls als chaotisch bezeichnen. Nachts bretterte er mit den drei Musikern die Great North Road entlang, wobei der Austin Princess schlingerte wie ein Schiff bei schwerem Seegang (was nur noch schlimmer wurde, nachdem Baker an der Lenkung herumgepfuscht hatte). In Liverpool, Sutton und Stockport spielten Cream vor annähernd leeren Häusern, und bei einem Auftritt im Londoner Marquee konnte man die Besucher zählen. Ganz offensichtlich waren Cream in den Augen des Publikums alles andere als eine »sensationelle Supergruppe«. In Leeds mußte Clapton sich am Bühneneingang erst ausweisen, bevor man ihm Einlaß gewährte – »Da könnte ja jeder kommen!« verteidigte sich der Pförtner. Beim zweiten Auftritt der Band in London wurde Clapton gar als Jeff Beck angekündigt. Der Produzent Mike Vernon, der sich Ende des Jahres mit den Bluesbreakers traf, um deren zweite LP in Angriff zu nehmen, war »völlig platt«, als er von Claptons endgültigem Ausstieg erfuhr. Ein Journalist, der Cream in jenem Herbst begleitete, berichtet: »Es war eine unglaublich unsichere Angelegenheit; sie bewegten sich ständig am Rande des Abgrunds. Immer wieder verbündeten sich zwei Musiker gegen einen: mal bedeutete das Eric und Ginger gegen Jack, mal Bruce und Clapton gegen Baker. Als ich Eric darauf ansprach, meinte er nur: ›Dadurch halte ich sie auf Trab.‹«

Zwischen zwei Auftritten in Brighton und Portsmouth begab sich das Trio in das Chalk Farm Studio, um seine Debutsingle einzuspielen. Später in dieser Nacht wurde Pete Brown vom Klingeln seines Telefons unsanft aus dem Schlaf gerissen: »Es war Bruce. Er erzählte irgendwas von einem Blues, den er komponiert hatte, und ob ich nicht ein paar Textzeilen dazu schreiben könne.« Brown konnte, und das Ergebnis war »Wrapping Paper«. Brown selbst nennt die Single eine »grauenvolle Produktion«, und Clapton bezeichnet sie als letztes Überbleibsel einer »völlig abgedrehten Dada-Neigung« der Band. Der Song wurde am 7. Oktober veröffentlicht und erreichte Platz 34 der Charts. Jeder, der »Wrapping Paper« hörte, erkannte sofort, daß hier semipsychedelische Elemente eingeflossen waren, die deutlich in Richtung Jefferson Airplane und Lovin' Spoonful gingen.

Nur wenige Wochen später nahm die Band ihr erstes Album auf. *Fresh Cream* wurde im Dezember veröffentlicht und illustrierte auf eindrucksvolle Weise die unterschiedlichen musikalischen Vorlieben der einzelnen Bandmitglieder. Routiniert gespielter Rock wetteiferte mit radikal umarrangierten Blues-Standards. Die urwüchsige Energie, die das Album *Blues Breakers* geprägt hatte, war einem vollen Gitarrensound gewichen, der mit dröhnenden Rhythmen unterlegt war. Mit seinen Feedback-Effekten auf »Sweet Wine« bewies Clapton, daß Lennon und Hendrix nicht die einzigen waren, die mit dieser Technik umzugehen wußten. Unter anderem war auf der LP eine Version von »Traintime« zu hören – Anlaß genug für Clapton, sich persönlich dafür einzusetzen, daß der gesundheitlich angeschlagene Komponist dieses Songs, Skip James, dafür Tantiemen erhielt.

Fresh Cream konnte sich zwar in den unteren Rängen der britischen und amerikanischen Charts plazieren, doch eines stand wohl außer Frage: für besondere Furore würde die LP weder diesseits noch jenseits des Atlantik sorgen. Browns Abwesenheit (er mußte sich einem Drogen- und Alkoholentzug unterziehen) und Stigwoods reichlich begrenzte Fähigkeiten als Produzent waren dem Album ebenso abträglich gewesen wie Bakers beharrliche Versuche, auf Biegen und Brechen seine eigenen Stücke unterzubringen. (»Gingers Argument lautete, daß es sich um eine Gemeinschaftsarbeit handele und es daher selbstverständlich sei, daß auch zwei oder drei seiner Songs auf dem Album erscheinen müßten«, erklärte Clapton gegenüber Ray Coleman. »Schließlich taten wir ihm den Gefallen, doch das Klima wurde dadurch nicht gerade besser.«) Mit »I Feel Free«, ihrer zweiten Single, landeten Cream ihren ersten Top-Twenty-Hit, was ihnen immerhin einen Auftritt in *Top Of The Pops* einbrachte, zu dem sie – es wirkte eher albern – in Sträflingskleidung erschienen.

Ende 1966 lernte Clapton das Fotomodell Charlotte Martin kennen und verliebte sich in sie. Schon einen Monat später bezogen sie gemeinsam eine Dachwohnung in der Pheasantry Street, Chelsea, die sich rasch in eine Art Kommune verwandelte. Neben dem jungen Paar wohnten dort

Pete Brown, der Illustrator Martin Sharp, der Journalist Anthony Haden-Guest – der später in dem Film *The Bonfire Of The Vanities* (»Fegefeuer der Eitelkeiten«) karikiert wurde – und eine Frau namens Germaine Greer. Wie bereits am Covent Garden herrschte auch hier eine lockere, tolerante Atmosphäre, obwohl Clapton ständig auf seine Vorrechte als Haushaltsvorstand hinwies. Oft kam er, nachdem er ein paar Akkorde von »Spoonful« oder »Four Until Late« heruntergeklimpert hatte, in die Küche, um eine Flasche Wein zu trinken und seine Freundin daran zu erinnern, daß er noch nicht zu Abend gegessen habe oder eines seiner Hemden noch gebügelt werden müsse. »Alles in allem ging es dort angenehm streßfrei zu«, meint Haden-Guest, »es sei denn, Eric regte sich plötzlich mal wieder über irgend etwas auf. Dann war die Hölle los.« Pete Brown erzählt: »Meistens hing Eric lächelnd in irgendeiner Ecke herum, trank seinen Wein und lauschte verzückt den Klängen indischer Musik . . . Mindestens einmal in der Woche jedoch warf er alle raus und machte Charlotte eine Szene, weil sie sich seiner Meinung nach nicht genug um den Haushalt kümmerte. Er konnte bisweilen ausgesprochen frauenfeindlich sein.«

Nebenher fand Clapton noch Zeit und Muße, seiner alten Leidenschaft für modische Veränderungen, für Verkleidungen und Maskierungen zu frönen. Schon 1966 ließ er sich eine Dauerwelle machen und tauchte mit einem Afro à la Hendrix auf, legte sich eine ganze Sammlung von Ringen und Armbändern zu, trug atemberaubend enge Hosen zu Hemden, an denen Medaillons funkelten und klimperten. Außerdem ließ er seine Gibson Les Paul/SG (ein schmalgeschnittenes Modell, das er im Januar erstanden hatte) von den holländischen Designern Simon und Marijke, beide Protegés der Beatles, mit psychedelischen Motiven bemalen. Als Clapton nach einem Auftritt im *Saturday Club* von einem Journalisten auf einen Drink eingeladen wurde, erwiderte er: »Alkohol ist out, Mann« – ein bemerkenswerter Sinneswandel für jemanden, der vor kurzem noch mit Begeisterung jede Menge Bier und billigen algerischen Rotwein konsumiert hatte. (Claptons Abstinenz, wenn es eine solche tatsächlich jemals wirklich gegeben haben sollte, war nur von kurzer Dauer. Sechs Wochen später, auf einem Flug nach Amerika, beobachtete derselbe Journalist, wie er »mindestes fünf 2 cl-Fläschchen Remy Martin in sich hineinkippte«.)

Im September 1966 kam Jimi Hendrix nach England. Hendrix, der, kaum dreiundzwanzig, bereits mit Little Richard, den Isley Brothers und Wilson Pickett gearbeitet hatte, gelang in London ein durchschlagender Erfolg. Binnen einer Woche konnte er Leute wie John Lennon, Paul

McCartney und Jeff Beck als seine Fans gewinnen, und selbst Mick Jagger war »von Ehrfurcht ergriffen«. Am 30. September lernten Jack Bruce und Ginger Baker Hendrix' Manager Chas Chandler kennen; sie luden ihn und seinen Star zu einem Cream-Konzert am darauffolgenden Abend im Londoner Polytechnic ein. Als Clapton auf ein Stichwort hin »den Typ aus Seattle« ankündigte, flackerten die Lichter auf, und Hendrix betrat unter tosendem Beifall die Bühne. »Ich werde Erics Gesicht niemals vergessen«, so Chandler. »Er trat einfach zur Seite, stand da und beobachtete das Ganze.« John Platt (der später eine Biographie über die Yardbirds schrieb) war ebenfalls dabei: »Hendrix spielte eine Version von ›Killing Floor‹, und Clapton stand staunend daneben. Dabei machte er ein Gesicht, als wollte er sagen: ›Verdammt nochmal, wie macht er das bloß?‹ Als Hendrix anschließend die Ovationen des begeisterten Publikums entgegennahm, hatte Clapton seinen Arm um Jimis Schultern gelegt, während Bruce und Baker sich im Hintergrund herumdrückten.«

Von diesem Augenblick an änderte sich alles für Clapton. Obwohl er ein talentierter Instrumentalist war und ein außergewöhnliches Bluesfeeling besaß, hatte er bislang kaum mehr als liebevolle Nachahmung betrieben. Er hatte nur geringe Anstrengungen unternommen, die Möglichkeiten seines Instruments neu zu definieren. Hendrix dagegen war innovativ und originell. Er setzte Fuzz Boxes und Wah-Wah ein, kannte sich mit Verzerrern und Sustain aus und kombinierte den eher lyrischen Ansatz von Claptons Spielweise mit dem aggressiven Stil Pete Townshends. Als sich Clapton und Townshend im November zufällig in einem Theater über den Weg liefen, war Hendrix ihr einziges Gesprächsthema. Beide waren einigermaßen beunruhigt, denn sie wußten, daß Hendrix durchaus das Zeug dazu hatte, die von ihnen entwickelten Techniken zu einer Einheit zu führen und dabei Stilelemente des Rock, Pop, Blues, Soul und Jazz zu integrieren, die man bislang für unvereinbar gehalten hatte. Claptons Verdienste um den Blues dagegen bestanden lediglich in einer clever gemachten Aufbereitung bereits existierender Elemente. Er wies keinerlei ›neue Qualitäten‹ auf, wie sie Hendrix und die alten Meister des Blues im Überfluß besaßen. Hendrix' Gespür für Dynamik und Struktur, für die Verzahnung von Rhythmus- und Leadgitarre erlaubte es ihm, auf wunderbare Weise völlig frei und ohne Rücksicht in einer möglichst »puristischen« Ausdrucksweise zu agieren. Und darin lag die Ironie. Während Clapton und alle anderen weißen Bluesmusiker auf die Ernsthaftigkeit dieses Genres pochten, machten sich ihre Vorbilder genau darüber lustig, karikierten die Imitation und setzten, wie in Hendrix' Fall, auf offener Bühne ihre Gitarren in Brand.

Dies alles ging an Clapton nicht spurlos vorüber. Nachdem er Hendrix am 11. Januar 1967 im Bag O'Nails live erlebt hatte (an diesem Abend waren auch Pete Townshend, John Lennon, Paul McCartney, Mick Jagger und Musiker anderer bedeutender Bands wie den Hollies, Small Faces und Animals anwesend), hielt Clapton einen langen, begeisterten Monolog darüber, welche Möglichkeiten es gebe, sein eigenes Repertoire auszubauen. Später erzählte er dem *Rolling Stone*: »Das Konzert hat mir wirklich die Augen geöffnet. Damals machte mir die Tatsache, daß wir keine hundertprozentigen Bluesnummern zustande brachten, schwer zu schaffen. Doch als ich Jimi hörte, da dachte ich nur: Wow! Das ist es! . . . Plötzlich wurde mir klar, daß ich mich auch anderen Stilrichtungen öffnen mußte.«

Allem Anschein nach war es nicht allein Hendrix' Musik, die Clapton beeindruckt hatte. Er begann sich mit immer mehr Topas-Ringen und klirrenden Halsketten zu »schmücken«, und seine Live-Auftritte wurden von Mal zu Mal exaltierter. Im Winter dieses Jahres wurde ihm bewußt, was nach ihm noch viele andere Rockmusiker erkannten: Das durchschnittliche Rockpublikum sieht über vieles hinweg, solange man einen Hit vorzuweisen hat und ihn ansprechend zu verpacken weiß. Bei einem Treffen am 13. Januar waren sich alle drei Bandmitglieder einig, daß von nun an die Präsentation – Licht, Lautstärke, schreiend bunte Gitarren und Bühnenoutfit – mindestens ebenso wichtig sein würde wie die Musik selbst. »Und damit begann dieser ganze Pop-Firlefanz«, so Brown. »Bei unserem nächsten Treffen trug Clapton drei Halsketten und einen Kimono.«

Durch das Aufeinandertreffen von Clapton und Hendrix bekam die nie ganz verstummte »Schwarz gegen Weiß«-, »Amerika gegen England«-Diskussion neue Nahrung. CLAPTON IST HENDRIX MEILENWEIT VORAUS, lautete eine der typischen Schlagzeilen im *Melody Maker*; HENDRIX SPIELT CREAM AN DIE WAND oder ERIC: JETZT IST ALLES VORBEI, las man dagegen in anderen Blättern. Doch in ihrem krampfhaften Bemühen, beide Musiker gegeneinander auszuspielen, vergaß die Presse eine entscheidende Kleinigkeit: Abgesehen davon, daß beide Gitarre spielten, hatten Clapton und Hendrix wenig gemeinsam. Clapton, der auf eine trotz aller Probleme wohlbehütete Kindheit zurückblicken konnte, fühlte sich dem Blues aus einer mehr oder weniger romantischen Schwärmerei heraus verbunden; für Hendrix dagegen waren Diskriminierung und soziale Ungerechtigkeit höchst reale Erfahrungen. Hendrix, der sich schon früh mit Soulmusik auseinandergesetzt hatte, legte großen Wert auf rhythmisches Spiel; für Clapton dagegen war die Gitarre in erster Linie ein Instrument, mit dem man virtuose Soli spielen konnte. Clapton wollte unbedingt den »Ein Mann gegen den Rest der

Welt«-Mythos hochhalten; Hendrix hingegen gab unumwunden zu, daß er nur eines wollte: »Geld und Frauen – und davon reichlich.«

In den 70er Jahren schockierte Clapton seine Freunde, Bekannten und auch sein Publikum mit einer ganzen Reihe politisch rechtslastiger Statements. Er wetterte gegen Frauen, Gewerkschaften, Sozialisten und – so geschehen 1976 während eines Konzerts in Birmingham – gegen Ausländer, was ihm zwangsläufig den Vorwurf einbrachte, er sei ein Rassist. Doch in diesem Punkt gehen die Meinungen auseinander. Ben Palmer meint: »Es gibt in ganz England niemanden mit weniger Vorurteilen als Eric.« Dagegen glaubt der Journalist C. L. R. James: »Seine Äußerungen in Birmingham waren durchaus ernst gemeint, aus ihnen sprach die reine Boshaftigkeit.« Dies alles warf natürlich auch ein ungünstiges Licht auf sein Verhältnis zu schwarzen Musikern. Er selbst betonte jedoch immer wieder, wie sehr er gerade die Schwarzen bewundere und verehre.

Ähnlich umstritten war auch Claptons Spielweise. Ein Großteil der Soli, mit denen er seine Fans, die die Originale nicht kannten, gewann, waren lediglich eine Kombination aus B. B. King und Freddie King. Andererseits war Clapton aber auch der einzige weiße Musiker, der mit den fließenden Phrasierungen der beiden Kings mithalten konnte. Bereits Anfang 1967 hatte Clapton eine eigene Sustain-Technik ausgetüftelt (eine weitere klangliche Annäherung an den Stil B. B. Kings), mittels derer er einen, wie er selbst ihn nannte, »femininen Sound« erzielte, erstmals zu Gehör gebracht in einem eindrucksvollen, wenngleich sparsamen Solo auf »I Feel Free«. Durch den Einsatz seiner Les Paul SG, die von Haus aus über einen typischen »Bluesklang« verfügt, konnte Clapton seinen vollen, baßlastigen Sound weiterentwickeln, wobei er leichte, flexible Saiten bevorzugte, da diese seinen ungezügelten solistischen Ambitionen den geringsten Widerstand boten. Doch selbst sein flüssiges Spiel und sein leichter Anschlag waren trotz unbestreitbaren Talents reine Imitation. Clapton kommentierte dies 1985 folgendermaßen: »Am besten gefallen mir immer noch die Sachen, die ich kopiert habe. Wenn ich zum Beispiel ein Solo aufbaue, dann beginne ich mit einem Gitarrenlauf von Freddie King und lande schließlich irgendwann bei B. B. King – meist völlig unbewußt. Ich bewege mich irgendwo zwischen beiden, und so gesehen ist es dann doch mein eigenes Ding.«

In Anbetracht der Tatsache, daß ein Großteil des Repertoires von Cream relativ simple Strukturen aufwies, blieb Clapton im Grunde gar nichts anderes übrig, als sich auf eine virtuose Solo-Technik zu verlegen. Songs von mindestens zwanzig oder dreißig Minuten Länge, wie sie Cream spielten, ließen darüber hinaus den einzelnen Musikern genügend Raum für individuelle Gestaltung. Dazu meint Jack Bruce: »Es ging eigentlich darum, daß wir uns gegenseitig hochpeitschten, ohne diese Spannung hätten manche Songs gar nicht funktioniert.« Man konnte sich des Eindrucks nicht erwehren, daß Claptons Virtuosität nicht selten aus reiner Notwendigkeit heraus geboren wurde.

Während sich Bruce und Baker hundertprozentig für die Gruppe einsetzten, zeigten sich bei Clapton schon bald die üblichen Anzeichen von Unzufriedenheit. Nach dem Debut der Band in Windsor fand bei Stigwood eine Party statt, zu der auch Chris Welch vom *Melody Maker* eingeladen war: »Jack und Ginger waren überglücklich, aber Eric saß in einer Ecke des Raums auf dem Boden herum und wirkte einfach nur unglaublich traurig. Stigwood bat mich, zu ihm zu gehen und mit ihm zu reden; er wollte wissen, was mit Eric los sei. Nun, ich tat ihm den Gefallen, und es stellte sich heraus, daß Eric von Anfang an nicht gefallen hatte, was Cream machten.« Stigwood selbst erinnert sich an »heiße Diskussionen«, die er in den ersten Monaten der Existenz der Band mit Clapton führte. Brown spricht es deutlicher aus: »Eric wäre absolut glücklich damit gewesen, wenn er in einem Club vor sechs Leuten hätte spielen können. Er hatte eine Scheißangst davor, berühmt zu werden, vor allem weil er sich dann unweigerlich der öffentlichen Kritik hätte stellen müssen. Eric hatte einfach kein dickes Fell. Auf der anderen Seite genoß er natürlich die Annehmlichkeiten, die der ganze Rummel um Cream mit sich brachte. Klar, er wollte den Erfolg, vielleicht mehr als jeder andere; gleichzeitig jedoch verachtete er all jene, die ihm durch ihre Aufmerksamkeit dazu verhalfen.«

Bruce und Baker tolerierten die Macken ihres Kollegen, für sie war er schlimmstenfalls ein etwas kauziger Eigenbrötler, der seine Gefühle nicht zeigen konnte und zu Egoismus neigte. Während Bassist und Schlagzeuger sich über irgendeinen Song oder die Lautstärke auf der Bühne stritten, brütete Clapton meist vor sich hin und blätterte in einer Ausgabe von *Beano*. Bisweilen stellte er einfach einen Eimer Wasser auf die angelehnte Tür seiner Garderobe und wartete geduldig ab, wer von den beiden diesmal den Raum als erster betreten würde.

Durchaus stürmisch ging es in dieser Zeit in Claptons Privatleben zu. Als Charlotte Martin ihre Zuneigung vorübergehend einem anderen Musiker schenkte, kam es zu reichlich turbulenten Szenen. Clapton rächte sich, indem er eines Abends ein wasserstoffblondes Fotomodell nach

Pheasantry mitbrachte. Anthony Haden-Guest berichtet von gelegentlichen »leichten bis mittelschweren Exzessen«. John Dunbar, der Ehemann von Marianne Faithfull, schwört, daß man »Eric zusammen mit Mick (Jagger) im Bett erwischt« habe. Außerdem gab es da noch einen jungen spanischen Kellner (an den sich alle nur noch als Raoul erinnern), mit dem er manchmal gesehen wurde. Für Ben Palmers Ehefrau Jo war Clapton der typische Macho: »Er hat Frauen einfach nicht für voll genommen. Am liebsten waren ihm diese fettärschigen Weiber, die ständig hinter der Bühne herumlungerten.« Sogar seine spätere Ehefrau bezeichnete ihn als ausgesprochenen Chauvi.

Ein Feature im *Melody Maker* vom 15. Oktober 1966 begann mit den Worten: Die Tür öffnete sich, und herein trat Eric Clapton, hauptberuflich Gitarrengott, in weißen, bauschigen Schlaghosen und einem grellen purpurfarbenen Hemd, über den Schultern eine Militärjacke. »Hallo, Mann«, grüßte er lässig ... Dann dozierte Clapton, dessen Liebe zu Amerika ebenso wankelmütig war wie seine Freundschaft (»Ich möchte schon gern mal hin, aber eigentlich nur, um mich dort ein wenig umzusehen«), trübsinnig über die Aussichten, die sich Cream in England boten: »Ich glaube nicht, daß das englische Publikum uns jemals wirklich verstehen wird. Die Leute werden immer versuchen, uns in irgendeine Schublade zu stecken, immer eine vorgefertigte Meinung von uns haben, ständig darauf pochen, wie wir mal waren und so weiter. Die einzige Möglichkeit, dem entgegenzuwirken, besteht darin, sie mit den unterschiedlichsten Facetten unserer Musik zu konfrontieren.«

Genau das taten Cream. Ihre nächste Single, »Strange Brew«, auf der sie den traditionellen Gitarrenstil des Blues um progressive Soundeffekte bereicherten, war eine gelungene Mischung aus alten (Albert Kings »Crosscut Saw« und »Lawdy Mama«) und neuen (Hendrix) Klängen zu hören. Zudem hatte Clapton das Wah-Wah für sich entdeckt, ein Fußpedal, mit dem sich außergewöhnliche Klangeffekte erzeugen lassen. »Strange Brew« und die B-Seite »Tales Of Brave Ulysses« festigten mit ihren leicht exotischen Texten und ihrer kompromißlosen Abmischung den Ruf der Band als Lieferanten von hervorragendem, wenn auch stark vereinfachtem Blues-Rock, den sie souverän zu spielen und ansprechend zu präsentieren wußten. Dabei waren ihre Texte immer so mehrdeutig, daß sich alle Fans mit der Botschaft identifizieren konnten.

Clapton genoß die angenehmen Seiten des Erfolgs in vollen Zügen. Anfang 1966 war die Robert Stigwood Organization in ein Büro in der

New Cavendish Street, Marylebone, gezogen, wo sich laut Brown »eine Art Hofstaat bildete, mittendrin Robert, der gleichzeitig in drei Telefone schrie, Memos austeilte und ganz nebenbei noch ein Bewerbungsgespräch mit einem neuen Chauffeur führte«. (Daneben gab es noch ein Verwaltungsbüro in der 67 Brook Street, Mayfair. Für ihre Auftritte und Plattenaufnahmen außerhalb Großbritanniens hatten Cream einen Vertrag mit Stigwood's Constellation Overseas Limited abgeschlossen.) Stigwood gründete sein eigenes Plattenlabel mit dem Namen Reaction. Dort wurden auch LPs von Hendrix, den Who und den Bee Gees veröffentlicht. Wenn es um seine Schützlinge ging, konnte Stigwood ein überaus hartnäckiger Verhandlungspartner sein. Bald schon zählten Cream neben den Beatles und den Stones zu den bestbezahlten Bands Englands. Hatten sie anfangs noch für 400 Pfund am Abend gespielt, belief sich ihre Gage ein halbes Jahr später bereits auf das Dreifache. Im Frühjahr 1967 deutete alles darauf hin, daß sie den Durchbruch geschafft hatten. Wenn Clapton in den zahlreichen Restaurants und Boutiquen, die für prominente Kundschaft immer einen roten Teppich parat hatten, etwas haben wollte, dann mußte er nur unterschreiben. Speisen, Getränke und andere, weitaus exotischere Dinge bekam er frei Haus geliefert. Anschaffungen wie eine neue Gitarre bezahlte er quasi aus der Portokasse. Am 20. Oktober 1967 gründete Stigwood im Namen seiner Klienten die Marshbrook Limited, deren ursprünglicher Sinn und Zweck es war, die Auftrittsgagen und Tantiemen der Band zu verwalten; achtundneunzig Prozent der Anteile liefen auf Claptons Namen. »Robert«, so Pete Brown, »war, was Erics Finanzen anbelangte, *sehr* fürsorglich. Er hat alles Erdenkliche für ihn getan. Sein Einfallsreichtum im Hinblick auf Geldanlagen war unglaublich.«

Im Februar 1967 residierte Murray »The K« Kauffman, eben jener Diskjockey, der die Beatles und Stones in Amerika publik gemacht hatte, in einem Büro der New Yorker Radiostation WINS. Wie schon in den vergangenen Jahren war Kauffman, ein begeisterungsfähiger Hitzkopf, den man immer nur in leichten Leinenanzügen und niemals ohne seinen Strohhut sah, auch in diesem Februar damit beschäftigt, die Namensliste für seine obligatorische Oster-Show im RKO-Theatre zusammenzustellen: Simon & Garfunkel, Wilson Pickett, Smokey Robinson, Mitch Ryder und – auf dessen ausdrücklichen Wunsch – die Who. Die Teilnahme letzterer war indes an einige Bedingungen geknüpft: Stigwood, der sowohl die Who als auch Cream unter Vertrag hatte, bestand darauf, daß beide Bands auftreten sollten, und zwar für eine Pauschale von 7500 Dollar, aufgeteilt im Verhältnis 70 zu 30 zugunsten der Who. Am 23. Februar wurde eine

Vereinbarung getroffen, nach der Cream zehn Tage lang täglich fünf Auftritte zu absolvieren hatten, nur unterbrochen von den regelmäßigen Darbietungen der Liliputaner, Jongleure und Freaks, die den Varietéteil der Show bestreiten sollten. Als Clapton davon erfuhr, war er, wie sich Brown erinnert, völlig begeistert, weil er nun endlich in Amerika auftreten sollte, dem Land der unbegrenzten Möglichkeiten. Sofort ließ er sich eine neue Dauerwelle verpassen und sprach einen ganzen Monat lang nur noch mit einer Art Südstaaten-Akzent.

Am 22. März 1967 landeten Cream in New York und begaben sich auf direktem Wege in das Drake Hotel in der 56. Straße, Ost. Dort benahmen sie sich wie Kinder, die man auf einen Spielzeugladen losläßt, bestellten beim Zimmerservice Getränke in rauhen Mengen, zertrümmerten in Claptons Zimmer den Fernsehapparat, rasten durch die Hotelflure und versteckten sich, wie seinerzeit die Monkees, in Wäschekörben. Im Anschluß an eine Kostümprobe am 24. im RKO-Theatre knöpfte sich Kauffman Mitch Ryders Manager, Frank Barsalona, vor: »Was für eine Scheiße hast du mir da aufgehalst?« »Du meinst Mitch? Du wolltest ihn doch unbedingt haben, hast mich doch beinahe auf Knien angefleht.« »Unsinn, es geht nicht um Mitch. Ich meine diese Horde wildgewordener Affen.« »Von wem redest du eigentlich?« »Du weißt genau, wen ich meine«, polterte Kauffman los. »Diese gottverdammte Scheißband! Diese Cream!«

Obwohl dies alles andere als ein vielversprechender Auftakt war, spielten Cream während der Show ordnungsgemäß und wie vereinbart fünfzehn Minuten lang »I'm So Glad« und »I Feel Free«, standen wie festgenagelt auf dem schäbigen grünen Filzteppich und beschränkten ihren üblichen Bewegungsdrang darauf, wie betäubt hin- und herzuschwanken. »Es war die totale Freakshow«, so Palmer. »Morgens kamen die zwölfjährigen Kids, nachmittags überhaupt niemand und abends bekiffte Hippies.« Kauffman stand hinter der Bühne und schrie ständig: »Bewegt euch! Bewegt endlich eure Ärsche!« Offensichtlich, so Clapton, »verwechselte er Cream mit James Brown«. Clapton ließ im Gegenzug keine Gelegenheit aus, den ständig hetzenden Kauffman zur Weißglut zu bringen, besonders nachdem er herausgefunden hatte, daß dieser eine Perücke trug. Er ließ seiner alten Vorliebe für Streiche aller Art freien Lauf und verwandelte die Garderobe in ein wahres Schlachtfeld. Eier und Mehltüten wurden in seinen Händen zu effektvollen Wurfgeschossen, Duscharmaturen zu improvisierten Bewässerungsanlagen. Mit wachsender Begeisterung warf er Rauchbomben auf die Bühne – natürlich nur, wenn andere Bands spielten –, bis Wilson Pickett ihn beiseite nahm und ihm klarmachte, wie »unprofessionell« ein derartiges Verhalten sei. Wenig später ließ Clapton einen Chinakracher hochgehen.

Doch die wirklich wichtigen Ereignisse dieser Woche spielten sich nicht auf der Bühne, sondern in Greenwich Village ab. Frühmorgens fiel Clapton im Café A Go-Go oder im Gerde's ein, um mit Al Kooper, Frank Zappa, Bob Dylan oder Andy Warhol zu plauschen. Wie viele andere Engländer vor ihm hatte auch Clapton das Gefühl, man wisse ihn hier wirklich zu schätzen, akzeptiere und bewundere ihn aufrichtig. Hatten seine Auftritte im *Beat Club* und in *Ready Steady Go!* ihm in England den Ruf eines völlig abgedrehten Freaks eingebracht, so hielt man ihn in New York allenfalls für ein wenig verschroben. »Ich würde gerne hier leben«, schwärmte er. »Alle sind hier so unglaublich hip . . . Sogar mein Taxifahrer hat mit mir über James Brown geredet. Kannst du dir vorstellen, daß so etwas in London möglich wäre?«

Claptons Begeisterung für New York war sicherlich nicht allein darauf zurückzuführen, daß er sich hier musikalisch anerkannt und verstanden fühlte. Einen wesentlichen Beitrag zu seinem allgemeinen Wohlbefinden leisteten zweifellos die unvermeidlichen Groupies. Im Drake Hotel gaben sich die Mädchen buchstäblich die Klinke in die Hand. Elaine Akalovsky, ein Teenager aus Brooklyn, stand an der Ecke 58th Street/Third Avenue, in nächster Nähe des Theaters, als Clapton »lächelnd am Bühneneingang auftauchte«. Nachdem sie sich eine Weile über belanglose Dinge unterhalten hatten, gab Clapton ihr auf die feine englische Art zu verstehen, daß er an diesem Abend allein im Hotel sei. »Doch als ich dann tatsächlich auftauchte, schien er ausgesprochen überrascht, wußte erst gar nicht so recht, was los war. Ein Mädchen kommt morgens um zwei in sein Hotelzimmer, erzählt ihm, sie trage keinen Slip, und er scheint keine Ahnung zu haben, was ich von ihm will . . . Naja, schließlich hat er's dann doch kapiert.« Später bezeichnete Clapton die Groupies von New York als »echt scharf . . . Du findest beide Extreme, schrecklich heruntergekommene Flittchen und ausgesprochen hübsche Mädchen, die ein wenig Abwechslung in ihr gutbürgerliches Leben bringen wollen.« Nach einem flüchtigen Abenteuer mit einer von ihnen mußte er sich eiligst einer ärztlichen Behandlung unterziehen.

Hinzu kamen die Drogen. Zufällig fand am letzten Tag von Kauffmans Oster-Show auch das erste Human Be-In im Central Park statt, bei dem der Sommer '67 symbolisch zum »Sommer der Liebe« erklärt wurde. Oberstes Ziel war es, der öden, langweiligen, nüchternen Wirklichkeit etwas Neues, etwas Besseres entgegenzusetzen; dazu gehörten die Protestmärsche gegen Vietnam ebenso wie das Experimentieren mit bewußtseinserweiternden Drogen. Clapton besorgte sich am Sheridan Square, so ein Augenzeuge, »eine Unmenge an Drogen – Gras, Amylnitrat, LSD –, die allesamt als natürliche Alternativen zu den Martinis und Zigarren der Spießerwelt angepriesen wurden«. Es wurde für Clapton ein äußerst ruhiges Osterwochenende, falls er überhaupt etwas davon mitbekam.

Dies war der Hintergrund, vor dem die zweifellos bemerkenswerteste Platte entstand, die Clapton bis auf den heutigen Tag gemacht hat. »Das Komische an der Sache ist«, so Bruce, »daß die LP überhaupt nicht geplant war. Vier Tage vor Ablauf unserer Visa tauchte Ahmet (Ertegün, Präsident von Atlantic Records) im Hotel auf und bot uns an, in seinem Studio Aufnahmen zu machen. Das ließen wir uns natürlich nicht zweimal sagen. Nach zwei Takes wünschten wir allen eine gute Nacht und gingen. Manche Musiker laufen unter Zeitdruck zu wahrer Höchstform auf.« Ganz offensichtlich fiel auch Clapton in diese Kategorie. Zudem wurde er von Ertegün – zumindest anfänglich – bevorzugt behandelt, was allerdings, wie ein Roady der Band zu berichten weiß, »Jacks und Gingers Gesichter zunehmend finsterer werden ließ«. Ertegün machte Cream mit Tom Dowd und Felix Pappalardi bekannt – der eine ein ausgezeichneter Toningenieur, der andere Produzent –, die den Songs den letzten Schliff geben sollten. Ben Palmer berichtet: »Einmal ganz abgesehen von ihrer Musikalität, bekamen Cream jede nur erdenkliche Hilfe. Eine Menge Leute haben an dieser LP mitgearbeitet. Eigentlich haben Felix, Tom und Pete Brown dem Album erst wirklich Form gegeben. Man könnte mit einiger Berechtigung fragen, warum nicht ihre Namen auf der Frontseite des Covers stehen.«

Disraeli Gears wurde im November 1967 veröffentlicht, im gleichen Jahr also, in dem auch *Sergeant Pepper* für Furore sorgte. Während die Beatles jedoch auf melodischen und harmonischen Pop setzten, schienen sich Cream das krasse Gegenteil in den Kopf gesetzt zu haben. Bruce machte nicht eben den Eindruck eines an schönen Melodien interessierten Sängers, wenn er mit dem zerknitterten Notenpapier in der Hand Pete Browns Textzeilen ins Mikrofon spuckte, und Bakers Beitrag bestand unter anderem darin, daß er – Ausdruck seines Protests – Bier ins Mischpult kippte; Clapton selbst zeichnete sich indes durch zunehmende Verwirrtheit aus, eine Folge seines Drogenkonsums. Alles in allem schienen die drei Musiker ihr Handwerk nicht zum Vergnügen auszuüben, sondern allein deshalb, weil es sie davon abhielt, aus dem nächstbesten Fenster zu springen.

Das Album begann mit »Strange Brew«, gefolgt von »Sunshine Of

Your Love«, einem Song, der mit dafür verantwortlich ist, daß tiefklingende, kraftvolle Gitarrenriffs zu einem Hauptmerkmal des Heavy Rock wurden. »Sunshine Of Your Love« war in Bruces Haus in Bracknell Gardens, Hamstead, entstanden, als, so Brown, »Jack sich etwa gegen sechs Uhr morgens – wir waren alle ziemlich angetrunken und müde – seinen Kontrabaß schnappte und dieses berühmte Riff spielte. Eric begann zu klimpern, experimentierte mit dem Thema herum, und plötzlich wurde daraus ein Song.«

Eric kann sich wirklich glücklich schätzen«, gab Bruce später neidlos zu. »Er hat einen echten Riecher dafür, was kommerziell vielversprechend ist . . . Das ist eine ganz besondere Gabe, die mir völlig abgeht. Wenn ich einen Song schreibe, und das war auch bei ›Sunshine Of Your Love‹ so, denke ich überhaupt nicht darüber nach, ob er kommerziell irgendwelche Chancen haben könnte.« Ergänzend fügte er hinzu: »Wir mußten uns diesen Song nicht erst lange erarbeiten, er flog uns sozusagen einfach zu.«

Hier ist Bruce allerdings nicht ganz aufrichtig. Das charakteristische Zweitakte-Motiv von »Sunshine Of Your Love« war, mit Claptons eigenen Worten, »nichts anderes als eine Hommage an Jimi«, der sich später jedoch, als sein Ruf gefestigt war, über das Stück lustig machte. Der Titel wurde im September 1968 als Single veröffentlicht und war der erste Hit, den Cream gleichzeitig in England und Amerika hatten. Die Einnahmen verhalfen Clapton zu einem Haus auf dem Lande, Brown konnte davon ein Leben lang seine Miete finanzieren und Jack Bruce immerhin die Briefköpfe seines exklusiven Briefpapiers bezahlen. Noch heute, siebenundzwanzig Jahre nach der Produktion der Single, läßt »Sunshine Of Your Love« beträchtliche Summen auf das Konto der PRS (das britische Pendant zur GEMA, der »Gesellschaft für musikalische Aufführungsrechte«) fließen. Nach einer vorsichtigen Schätzung hat jeder der Beteiligten etwa 200 000 Pfund Tantiemen eingenommen.

Ein weiterer herausragender Song des Albums war »Tales Of Brave Ulysses«, den Clapton zusammen mit seinem Wohnungsgenossen Martin Sharp komponiert hatte, eine nostalgische Reminiszenz an die fast schon vergessene Tournee der Glands durch Griechenland. Das Wah-Wah-Pedal, von dem Clapton in diesem Stück ausgiebig Gebrauch machte, hatte er bei Manny's, einem Gitarrenhändler in New York, entdeckt und noch am selben Tag das erstemal im Studio eingesetzt.

Im Vergleich zu dem nur sechs Monate zuvor entstandenen *Fresh Cream* war *Disraeli Gears* ein gewaltiger Fortschritt. Die Musik von Hendrix und der Beginn von Psychedelic (von den Kinks mit ihrem »You Really Got Me« bereits 1964 vorweggenommen) waren an Cream nicht spurlos vorübergegangen und hatten, so Clapton, zu »großen Veränderungen« geführt. Gleiches galt für die ständigen Experimente mit Drogen: »Wir nahmen jede Menge Acid, schluckten jede Menge Trips ... Das blieb natürlich nicht ohne Einfluß auf unsere Musik.« Doch das eigentliche Vermächtnis des Albums besteht in der elektrisch verstärkten Fusion von Gitarre und Baß, die zur Grundlage des späteren Hard Rock à la Led Zeppelin und Deep Purple wurde und von der auch Bands wie Black Sabbath und Vanilla Fudge profitierten. Die ungewöhnliche Aufmachung des Album-Covers, entworfen von Martin Sharp, und der mehrdeutige Titel der LP übten vor allem auf all jene eine nachhaltige Faszination aus, die der Rockmusik unbedingt eine gewisse, bis dato nicht notwendig vorhandene »Bedeutung« beimessen wollten. Egal, ob man *Disraeli Gears* nun als akustisches Dokument der 60er oder einfach nur als ein Beispiel für überragenden und zeitlosen Blues-Rock ansieht – in jedem Fall ist es ein Meisterwerk.

Kaum zurück in London, gaben Cream in einer Fernsehshow eine furiose Version von »Strange Brew« zum besten. Clapton spielte mit zusammengepreßten Lippen und einem Gesichtsausdruck, als würde er von schlimmen Zahnschmerzen geplagt. (Ein gar nicht so abwegiger Gedanke: Später schrieb George Harrison über die Zahnprobleme seines Freundes den Song »Savoy Truffle«.) Im Frühling und Sommer widmete sich Clapton vorrangig seiner nicht ganz unkomplizierten Beziehung mit Charlotte Martin. In der Tat war, so Brown, »das Verhältnis zwischen den beiden mehr als angespannt«, was Clapton allerdings nicht daran hinderte, mit einer blonden Studentin names Delia Sims ins Bett zu steigen, die er nach einem Konzert am 27. Mai beim Pembroke College Ball in Oxford aufgegabelt hatte.

Claptons Ansichten über Amerika waren durch seine persönlichen Erfahrungen nur noch widersprüchlicher geworden. Seine Begeisterung für die »echt scharfen« New Yorker Groupies und die musikinteressierten Taxifahrer dieser Stadt hielt ihn nicht davon ab, gegenüber dem *Melody Maker* abfällige Bemerkungen zu machen: »Die amerikanische Mittelklasse ist ein solcher Sumpf, das kannst du dir gar nicht vorstellen. Die Leute sind dort so fürchterlich bequem; ihr Leben besteht offenbar nur aus Autos und Fernsehapparaten – völlig pervers.« Doch gleichzeitig hingen er und Bruce Robert Stigwood ständig in den Ohren, so bald wie möglich eine weitere Amerika-Tournee zu arrangieren.

Die gewaltigen gesellschaftlichen Veränderungen, die sich im »Sommer der Liebe« – dessen Proklamation Clapton persönlich miterlebt hatte –

in der Gesellschaft vollzogen, verfolgte er mehr oder weniger zurückhaltend. Zwar spielte er im Juni in dem weltweit ausgestrahlten TV-Special *Our World* zusammen mit den Beatles vor schätzungsweise 400 Millionen Zuschauern »All You Need Is Love«; er traf sich mit Dylan, der ihm den Text zu einem unveröffentlichten Song mit dem Titel »Standing Around Shoeing A Horse« überließ (den Clapton dann prompt verlor). Doch im Gegensatz zu Dylan oder den Beatles hielt er sich hinsichtlich seiner Ansichten über die Gesellschaft sehr bedeckt. Er sympathisierte mit einem Essay von Joan Didion aus dem Jahr 1967, *Slouching Towards Bethlehem*, in dem es hieß, daß »die meisten Jugendlichen sich ziellos von Stadt zu Stadt treiben ließen, ohne Kenntnisse um die Regeln, die die Gesellschaft zusammenhalten, und ohne Aussicht, diese jemals vermittelt zu bekommen«. Gegenüber Baker erklärte Clapton einmal: »Niemals werde ich mich vor irgendeinen Karren spannen lassen.« Auch Brown wurde das Gefühl nicht los, es mit einem »im Grunde seines Herzens äußerst vorsichtigen und ziemlich konservativen« Menschen zu tun zu haben. In New York äußerte Clapton offen seinen Unmut über die anwachsende Gewaltbereitschaft unter Jugendlichen, über die prinzipielle Ablehnung von Autoritäten, den Verfall familiärer Werte und das Fehlen jeglicher Disziplin.

Als Clapton im August dieses Jahres das Flugzeug nach Kalifornien bestieg, gab er sich ausgesprochen britisch. Über einem Oxfordhemd aus blauer Seide trug er den Schal seines favorisierten Fußballclubs, West Bromwich Albion, und an der Jacke prangte ein Sticker des gleichen Vereins. Der Fahrer, der ihn in Los Angeles vom Flughafen abholte, fand ihn »viel zurückhaltender als erwartet. Er sprach in knappen Sätzen, ein bißchen wie Cary Grant. Ein ziemlich durchschnittlicher Typ. Ganz und gar nicht so, wie man sich einen Rockstar vorstellt.«

Doch zwei Tage später, in San Francisco, lieferte Clapton den Beweis, daß er durchaus das Zeug zu einem »Rockstar« hatte, der sich international zu behaupten weiß. Wie bereits im Sommer zuvor, in Windsor, ging Cream auch an diesem Abend im Fillmore West vorzeitig das Repertoire aus. Auf ein hektisches Zeichen von Baker ließ Clapton ein langes, frei improvisiertes Solo vom Stapel, mit schwerem Wah-Wah und kreischendem Feedback, wild, intensiv, vor allem aber laut – laut genug jedenfalls, um eine Beleuchtungsbrücke aus der Verankerung platzen zu lassen. Der Saal kochte. Dann folgte nochmals »Crossroads«. Der furiose Schluß der Nummer ging unter im Toben der Menge; einen würdigeren Abschluß des Konzerts hätte sich wohl nicht einmal Clapton selbst träumen lassen. In den darauffolgenden Tagen war die Band das Stadtgespräch. Das Timing schien perfekt: Die mit Halluzinogenen jeder Art experimentierende Jugend schien auf Heavy Rock als akustische Unterstützung nur gewartet zu haben. Cream waren das »musikalische Pendant« zu einem Drogentrip; abgesehen von Grateful Dead arbeitete kaum eine der lokalen Bands mit einer vergleichbaren Kombination aus ohrenbetäubender Lautstärke, gezielt eingesetzten Lichteffekten und kryptisch-surrealistischen Texten, allesamt unerläßliche Ingredienzien, um den echten Geist des Psychedelic zu transportieren. Clapton war nach seiner Ankunft in San Francisco erstaunt, einen derartigen Mangel an Talenten vorzufinden. »Es herrschte ein echtes Defizit«, erklärte er später einem Journalisten. »Ich hatte nicht den Eindruck, daß auch nur ein einziger Musiker sich jemals die richtigen Platten angehört hatte ... Wir waren praktisch konkurrenzlos und konnten in aller Ruhe absahnen.«

Unterstützt wurden Cream dabei von dem örtlichen Veranstalter Bill Graham, einem ehemaligen Boxer, Korea-Veteranen und Taxifahrer. 1966 hatte er eine stillgelegte Rollschuhbahn erworben und dort das Fillmore West eröffnet. Vor Cream waren hier unter anderem bereits Jefferson Airplane, Grateful Dead, The Band, The Byrds, Bob Dylan und B. B. King aufgetreten. Als Graham, gleichermaßen Bohemien und kühler Rechner, Clapton dazu ermutigte, auf der Bühne zwei-, fünf-, ja sogar fünfzehnminütige Soli zu spielen, bestand dessen Reaktion aus ungläubigem Zweifel. Bill Graham erinnert sich: »Wenn es nach mir gegangen wäre, hätte Eric den ganzen Abend spielen können ... Ich wußte genau, was die Leute hören wollten: laute Musik. Und ebenso wußte ich genau, was mich an Cream interessierte: das Geld.«

Clapton, mit diesen Aussichten mehr als zufrieden, schrieb noch am selben Abend auf dem Geschäftspapier des Fillmore einen Brief. Amerika, so glaubte er jetzt, sei genau der Ort »wo sie es schaffen könnten«, das »entsprechende Durchhaltevermögen und den nötigen Einsatz« der anderen Bandmitglieder vorausgesetzt; es kam allerdings zwischen Bruce und Baker immer häufiger zu Spannungen.

Die Tatsache, daß Clapton in dem Augenblick, als Cream ihre entscheidenden Triumphe feierten, über ihren Untergang orakelte, läßt seinen unverbesserlichen Pessimismus erkennen. Was die Zukunftsaussichten der Band betraf, legte er einen erstaunlichen Zynismus an den Tag. Der Erfog von *Disreali Gears* war zu großen Teilen der Mitarbeit Pappalardis und Dowds zu verdanken; überdies profitierte das Trio davon, daß sowohl die Beatles als auch die Stones 1966 in den Staaten ihre »Abschiedskonzerte« gegeben hatten. Clapton war sich dessen völlig bewußt. Ihm war klar, daß die Cream nicht mehr als eine Alternative waren, eine Art Übergangs-

Eines der seltenen persönlichen Treffen zwischen Clapton und Jimi Hendrix, hier in London (*Rex*)

Das Rainbow-Konzert am 13. Januar 1973. Für ein Comeback war es noch ein Jahr zu früh. (*Rex*)

Claptons Auftritt in dem Film *Tommy* (*Syndication International*)

»Eric Cleptomaniac« im Sommer 1974 auf Amerika-Tournee (*Redferns*)

Die stets wachsamen Manager Claptons: Robert Stigwood (*Syndication International*) und Roger Forrester (*D. Rees*)

On stage, 1977: Clapton wirkte auf seine Fans überraschend relaxt und zurückhaltend; wovon sie nichts ahnten, war sein Alkoholpegel. (*Rex*)

(oben links): Eric Clapton mit Pattie Boyd (*Press Association*) – *(oben rechts)* Beim Tribute-Konzert für Carl Perkins waren Clapton und George Harrison wieder ein Herz und eine Seele. (*Rex*) – *(unten)* Hurtwood Edge

Clapton verläßt im März 1979 Heathrow zum letzten Mal als Junggeselle. Den Reportern erklärt er: »Ich bin es leid, mich mit Kneipenbekanntschaften herumzutreiben. Es wird langsam Zeit, Nägel mit Köpfen zu machen.« (*Syndication International*)

phase darstellten zwischen dem Pop der frühen 60er und dem Rock künftiger Jahre. In einem Brief aus San Francisco malte er die Zukunft von Cream in äußerst düsteren Farben. Die Studioarbeit war eine Qual, der Tourneeplan unerträglich. Täglich gingen Bruce und Baker sich »gegenseitig an die Gurgel«. Claptons Meinung nach würde die Karriere der Band im günstigsten Fall noch ein paar Monate andauern.

Claptons Befürchtungen waren nicht ganz unbegründet. Bruce und Baker hatten fast stündlich neue Auseinandersetzungen. In San Francisco mußte man die beiden hinter der Bühne beinahe mit Gewalt davon abhalten, sich zu prügeln. Im Hotel kam es zu einem Eklat, als Baker, so ein Zeuge, »versuchte, Jack die Düse eines Feuerlöschers in den Arsch zu rammen«. Während eines Interviews, das Russell Tyler mit ihm im Huntington Hotel führte, sprach Clapton von seinem »sehnsüchtigen Wunsch nach ein wenig Ruhe und Abgeschiedenheit«. Diese ewigen Konzerte seien eine einzige Qual und die ganze sogenannte progressive Musikszene ein Abklatsch wahrer Größen wie zum Beispiel B. B. King. Als Tyler ging, ließ er einen deprimierten und völlig entmutigten Clapton zurück, einen Menschen voller Ängste und Komplexe, der krampfhaft versuchte, mit Sonnenbrille und Filzhut seine Fassade aufrechtzuerhalten.

Cream blieben ganze zwei Monate in Amerika. Clapton hatte gegen die Vorteile, die das Leben als Star mit sich brachte, nichts einzuwenden. Hier ein Scheck von Stigwood, dort eine goldene Uhr von Graham. Das Trio erstand einen feuerroten Chevrolet, mit dem sie das Death Valley unsicher machten und auf wehrlose Kakteen schossen. Für Clapton waren diese langen Fahrten ein Hauch von Freiheit, ein Stück Amerika. Pete Brown erinnert sich: »Eric war fasziniert von dieser unbekümmerten Art zu reisen. Es gehörte für ihn zur Tradition des Blues. Mit 90 km/h in einem Cabrio durch die Wüste zu düsen und Goons-Sketche zu improvisieren – da war er ganz in seinem Element, der beste Kumpel der Welt. Doch wehe, wenn irgendetwas schieflief, dann war es nicht mehr auszuhalten.«

Claptons Launenhaftigkeit übertrug sich auf die gesamte Band. Am einen Abend spielten Cream voller Inspiration und Leidenschaft, am anderen waren sie bestenfalls drei miteinander konkurrierende Virtuosen. Im Village Theatre in New York hörte Clapton mitten im Song auf zu spielen, stand unbeweglich am Bühnenrand, während die Rhythmusgruppe das Stück zu Ende brachte. Offensichtlich hatte er schon sehr früh erkannt, daß die Fans dieser Band so ziemlich alles abkauften. »Das Publikum«, erzählte er Steve Turner, »raste selbst dann, wenn wir absolut beschissen spielten. Ich fühlte mich wie ein Hochstapler, wie ein Betrüger. Wir kassierten ihr Geld, und was sie dafür bekamen, war völlige Scheiße. Auf dieser Basis konnte und wollte ich nicht weiterarbeiten.« In Boston zog Clapton auf offener Bühne über die Band her; das Publikum, das seine Tiraden offensichtlich für einen Teil der Show hielt, tobte vor Begeisterung.

Im September begaben sich Cream in die Atlantic Studios, um dort in erstaunlich kurzer Zeit das Material zu ihrem dritten Album, *Wheels Of Fire*, einzuspielen. Wieder waren es Tom Dowd und Felix Pappalardi, die dem Album die letztgültige Form verliehen. Zudem »gab im Studio Jack den Ton an – Erics Ressort war mehr die Bühne . . . Es gibt Musiker, die die Ideen liefern, und solche, die sie ausführen. Bruce gehörte zur ersten Kategorie; Clapton, trotz all seiner Brillanz, zur zweiten«, berichtet Pete Brown.

Am letzten Abend, den Cream in Amerika verbrachten, verließ Clapton das Studio allein. Es war ein Uhr morgens, als der Börsenmakler Martin Forbes auf dem Weg zu seiner Wohnung in der West 71st Street die Eight Avenue hinunterschlenderte. Am südlichen Ausläufer des Central Park bemerkte er einen Mann, der in einem weißen Hemd und ohne Mantel rauchend auf einer Parkbank saß, auf dem Schoß eine kleine Brieftasche oder Mappe. Einen Augenblick lang überlegte Forbes, ob er ihn nicht besser ignorieren sollte. Doch der Mann, der da im matten Schein der Straßenbeleuchtung saß, machte eher einen bedrückten als gefährlichen Eindruck. Als Forbes an ihm vorüberging, sah er, daß der Mann weinte. Nichts an ihm deutete darauf hin, daß er sich in einem hysterischen Zustand befand (oder, wie Martin Forbes meinte, »auf Drogenprobleme oder den üblichen Beziehungsknatsch«). Da saß einfach nur ein Mann, der sein Leben Revue passieren ließ und dabei feststellen mußte, daß er irgend etwas vermißte. Dieser Mann war Eric Clapton.

Als Clapton für seinen Rückflug nach London eincheckte, kam es am Kennedy Airport zu tumultartigen Szenen. Die Sicherheitsbeamten versuchten verzweifelt, die Massen von Fans in Schach zu halten, während Cream Autogramme schrieben. Ein Mädchen mit Pferdeschwanz, dem es gelungen war, die Absperrungen zu durchbrechen, rannte auf Clapton zu, schnappte sich seine Sonnenbrille und seine Halskette und war mit seiner Beute ebenso schnell wieder verschwunden, wie es aufgetaucht war. Innerhalb von nur sechs Wochen war aus dem einstigen Insidertip ein Star geworden, ein gefeierter Vertreter des traditionellen Südstaaten-Blues, der es zudem verstand, auch ein Teenager-Publikum zu begeistern. Nach ihrem Erfolg in San Francisco machten Cream eine merkliche Veränderung durch. Ihre Musik wurde zugänglicher, ihr Live-Act weniger langatmig, und sie kürzten ihre Songs auf die ursprüngliche Länge. Die Veröffentlichung eines Songs wie »Strange Brew« ließ vermuten, daß sie nun auch für Radiosender attraktiv sein wollten. Stigwood hatte von jeher kein großes Geheimnis aus seinen kommerziellen Ambitionen gemacht. Doch inzwischen hatte auch Clapton begriffen, daß für ihn eine reale Chance bestand, tatsächlich zu einem internationalen Popstar zu avancieren. Er ließ sich sogar dazu hinreißen, seine Bühnenauftritte mit allerlei schmückendem Beiwerk zu versehen. Clapton fetzte über die Bühne, animierte das Publikum und schreckte selbst vor effekthascherischen Tanzeinlagen nicht zurück. Auch wenn er insgeheim Zweifel hegte, nach außen hin spielte er seine neue Rolle ausgesprochen überzeugend.

Er hatte sich total verändert, war kaum wiederzuerkennen. Zumindest war das der Eindruck, den Dick Heckstall-Smith hatte, als er Clapton im Spätherbst desselben Jahres hinter der Bühne des Saville Theatre in London begegnete. Heckstall-Smith, den seine Ex-Kollegen Bruce und Baker zum Konzert eingeladen hatten, »stand auf dem Flur vor der Garderobe, als Jack mit Eric herauskam. Die beiden hatten sich enorm verändert. Clapton trug einen seidenen Kimono, Perlenketten und Make-Up. Ich streckte ihm meine Hand entgegen, aber er ignorierte mich. Jack rang sich wenigstens ein Hallo ab.«

Nach dem Auftritt der Bonzo Dog Doo Dah Band spielten Cream einen Set von insgesamt sieben Songs. Der Höhepunkt schien gekommen, als Clapton seine Gitarre an einer von der Decke herabhängenden Kette befestigte und ihr einen kräftigen Stoß gab, so daß sie, über die gesamte Bühnenbreite pendelnd, schrille Feedback-Effekt erzeugte. Nach dieser »immensen Anstrengung« legte sich Clapton erst einmal für einige Minuten lang auf den Boden. »Eric zog alle Register«, so Pete Brown. »Einmal war er der große Rockstar, im nächsten Moment der launische Poet. Damit wurde er für die Leute unglaublich interessant, und das war wohl auch genau das, was er wollte.«

Unter den Zuhörern im Saville Theatre befanden sich auch George Harrison und dessen Frau Pattie Boyd. Auf der Party, die nach dem Konzert stattfand, war Clapton, wie sich Boyd erinnert, »fürchterlich zugeknöpft. Er redete mit niemandem und hielt sich von allen fern. Ihn umgab eine Aura des Besonderen, etwas Undefinierbares, was ihn von allen anderen unterschied.«

Den darauffolgenden Winter nutzte Clapton, um seine ungewohnt extrovertierte Bühnenshow bei zahlreichen Konzerten in England und auf dem Kontinent noch weiter auszubauen. Doch die Begeisterung, mit der er neuerdings Gitarren durch die Gegend warf, Feedback-Effekte und pyrotechnische Tricks einsetzte, bewies nur, wie stark er von Hendrix beeinflußt war. Als ein skandinavischer Kritiker schrieb, er komme rüber »wie ein gitarrespielender Mick Jagger«, strafte Clapton den Rezensenten Lügen, indem er ein komplettes Konzert mit dem Rücken zum Publikum stehend absolvierte. Derselbe Kritiker warf ihm vor, daß er mit Cream einzig und allein den Zweck verfolge, Eigenwerbung zu betreiben, auf Kosten von Bruce, dem »eigentlichen Kopf« der Band.

Jeden Abend gab es Streitereien innerhalb der Band. Zum Teil war die Krise eine Folge blanker Erschöpfung, hervorgerufen durch die kräftezehrenden Tourneen und die allabendliche Wiederholung des immer gleichen Programms, in dem schließlich selbst die Improvisationen zur Routine gerieten. Wesentlich fataler waren jedoch die persönlichen Animositäten zwischen den Bandmitgliedern. Baker, ein eher jähzorniger Mensch, war fest davon überzeugt, daß eigentlich ihm die Rolle des Bandleaders und genialen Songwriters zustand. Und auch Bruce, technisch gesehen der erfahrenste Musiker der Band, fühlte sich unterbewertet; die Tatsache, daß in der Öffentlichkeit immer nur von »Eric und seinen beiden Begleitmusikern« die Rede war, machte ihn unglaublich wütend. Ende 1967 war die Situation schließlich soweit eskaliert, daß die drei nicht nur auf separate Hotelzimmer bestanden, sondern sogar in verschiedenen Hotels untergebracht werden wollten. In Dänemark verließ Bruce nach einem belanglosen Geplänkel in der Garderobe den Veranstaltungsort und nahm sich ein Taxi zum Flughafen. Palmer konnte ihn gerade noch erwischen, kurz bevor er in die Maschine einstieg. Baker revanchierte sich, indem er bei einem der darauffolgenden Konzerte einfach von der Bühne ging; Bruce und Clapton mußten als Duo weiterspielen. Immer häufiger mußte Clapton den Vermittler spielen. »Ich kam mir vor wie eine Art Pufferzone«, gestand er Ray Coleman. »Ich versuchte ihren Kleinkrieg einfach zu ignorieren. Hätte ich auch noch mitgemischt, wäre es wahrscheinlich zur absoluten Katastrophe gekommen; also machte ich gute Miene zum bösen Spiel.« Ben Palmer kann das nur bestätigen: »Im allgemeinen hielt Eric sich aus allem heraus. Wenn Ginger seine Schlagzeugstöcke in Richtung Jack schleuderte, beeilte er sich, daß er aus der Schußrichtung kam und spielte einfach weiter. Nach dem Auftritt gingen sie ihrer eigenen Wege. Genau genommen sahen sie sich eigentlich nur noch auf der Bühne.«

Claptons Leben spielte sich hauptsächlich in der Pheasantry und in einschlägigen Clubs wie dem Ad Lib, Bag O'Nails und Speakeasy ab. Seit Anfang 1968 verkehrte er zudem häufig in Keith Richards' Haus in der

Cheyne Walk, Chelsea. Tom Keylock, ein Freund Richards', erinnert sich an Clapton als einen »ziemlich schweigsamen Typ, der gewaltigen Respekt vor Mick und Keith hatte . . . Damals standen sie kurz davor, sich von Brian (Jones) zu trennen, und als Ersatz für ihn hatten sie Eric im Hinterkopf. Und ihm fiel nichts Besseres ein, als Mick zu sagen, daß er es sich überlegen würde.«

Mindestens einmal im Monat fuhr Clapton nach Ripley. Dort hatte man sich längst an den Anblick des Rockstars gewöhnt, der mal im Rüschenhemd, mal in einem afghanischen Kaftan im Ship auftauchte, um Zigarettenpapier oder eine Flasche Wein zu kaufen. Für alte Bekannte hatte er meist nur ein erkennendes, unverbindliches Kopfnicken aus der Ferne übrig. Um seine alte Schule machte er einen großen Bogen. Gegenüber anderen Institutionen zeigte er sich dagegen ausgesprochen großzügig; so spendete er unter anderem eine beträchtliche Summe an das ländliche Krankenhaus St. Mary Magdalen – anerkennenswerterweise äußerst diskret. »Obwohl Eric«, wie ein früherer Arbeitskollege sich erinnert, »immer über Geldnöte gejammert hat, war er bei Geschenken nicht kleinlich.«

Disraeli Gears wurde im November veröffentlicht und erreichte Platz 5 der englischen und Platz 4 der amerikanischen Charts. Die Einnahmen aus Plattenverkäufen plus Tantiemen und Konzertgagen brachten Clapton 1967 etwa 30 000 Pfund ein – das fünfzehnfache des durchschnittlichen Jahreseinkommens eines mittleren Büroangestellten. Bei seinem eher lokkeren Verhältnis zum Geld – vorausgesetzt er hatte welches – wunderte es niemanden, daß er mit Banknoten nur so um sich warf, auf diese Weise demonstrierend, wie wenig er sich für die »geschäftliche« Seite des Musikbusiness interessierte. Die Tätigung seiner finanziellen Investitionen überließ er vertrauensvoll Stigwood, ein, wie sich herausstellen sollte, weiser Entschluß, denn 1968 war Clapton bereits ein wohlhabender Mann, der sich um seine Zukunft zumindest in finanzieller Hinsicht keine allzu großen Sorgen mehr zu machen brauchte.

Zwischen Februar und Juni tourten Cream abermals durch Amerika, für eine Gesamtgage von insgesamt 500 000 Dollar. Wie schon beim ersten Mal begannen sie ihre Reise auch diesmal in San Francisco, der Heimat der Grateful Dead, wo man Clapton wie einen alten Bekannten empfing. Voller Begeisterung stürzte er sich in die Szene, deckte sich mit LSD, Marihuana, Meskalin und Speed ein. »Eric war damals hochgradig suchtgefährdet«, meint Bobby Peterson, ein ortsansässiger Songwriter, der gelegentlich für Cream arbeitete. »Egal, was wir uns reinzogen, Eric mußte immer noch eins draufsetzen.«

Bei ihren Auftaktkonzerten im Fillmore verließen sich Cream – wie schon im Sommer zuvor – auf ausufernde Soli und exzessive Improvisationen. Sie spielten in zwei Stunden lediglich fünf Stücke, drei davon stellten jeweils eines der drei Bandmitglieder in den Mittelpunkt. Bei »Crossroads« war es an Clapton, sich der Gunst des Publikums würdig zu erweisen. Dabei schien er an manchen Abenden die gängigen Vorstellungen von Verstärkerbelastbarkeit und Spielgeschwindigkeit ad absurdum führen zu wollen. Mühelos schraubte er seine schrillen, durchdringenen Soli bis an die Grenzen des für menschliche Ohren Erträglichen, wobei er selbst einen völlig gelangweilten Eindruck machte. An anderen Abenden wiederum schwankte sein Spiel zwischen umwerfender Originalität und banalem Klischee – nicht selten innerhalb eines einzigen Songs oder Solos. Eine Kritik im *San Francisco Chronicle* brachte es auf den Punkt: »Entweder sind Cream absolut überragend oder sie sind abgrundtief schlecht . . . Die Wechsel von einem Extrem ins andere geschehen derartig schnell, daß man kaum noch mitkommt.«

Doch die musikalische Unausgewogenheit der Band spiegelte nur die Stimmung wider, die auch hinter der Bühne herrschte. Clapton drohte bei jeder sich bietenden Gelegenheit damit, die Band zu verlassen. Es machte ihm große Freude, die Leute auf diese Weise unter Druck zu setzen. Als er Stigwood in London anrief, um ihn um Geld zu bitten, ließ er gleichzeitig durchblicken, daß er genausogut auch aussteigen könne. Bruce und Baker behandelte er nicht viel besser. Die Folge waren endlose Debatten, in denen diese klarstellten, daß er bei seinem steigenden Drogenkonsum eigentlich froh sein müsse, daß er *sie* begleiten dürfe, nicht etwa umgekehrt. Am 29. März wurde Clapton in einem Haus im Topanga Canyon wegen illegalem Besitz von Marihuana verhaftet. Die Nacht verbrachte er in einem Gefängnis in Hollywood. Zu den »Gästen« des Hauses zählten an diesem Abend unter anderem auch Jim Messina, Richie Furay und Neil Young, alle drei Mitglieder von Buffalo Springfield. Am nächsten Morgen wurden alle vier entlassen, ohne daß Anklage erhoben worden wäre.

Das Verhältnis zwischen Bruce und Baker blieb unverändert katastrophal. Sie haßten sich einfach. Das einzige, was die beiden verband, war ihr Argwohn gegen ihren Gitarristen. Ansonsten stritten sie pausenlos herum, teilweise einfach nur, um ihren Frust herauszulassen. In Los Angeles flog in der Garderobe ein Stuhl durch die Luft, in Houston gingen sie wegen Geld aufeinander los. »Schließlich«, erinnert sich Baker, »verkündete Eric, daß er von uns die Schnauze gestrichen voll habe; ich erklärte ihm, daß das durchaus auf Gegenseitigkeit beruhe . . . Das war das Ende.«

Als Clapton kurz darauf ein Interview gab, lieferte er einen erneuten Beweis seiner Wankelmütigkeit, indem er die ganze Angelegenheit herunterspielte: »Alles nur Gerüchte. Ich fühle mich in dieser Band eigentlich sehr wohl. Zugegeben, wir hatten gewisse Schwierigkeiten miteinander... Immerhin sind wir zweieinhalb Monate unterwegs gewesen und haben jeden Abend auf der Bühne gestanden; da bleiben Probleme dieser Art natürlich nicht aus. Was indes die Finanzen und unsere Popularität in Amerika anbelangt, können wir uns wirklich nicht beklagen.« Chris Welch vom *Melody Maker*, der seit 1966 nachgerade zum »Hofschreiber« der Band avanciert war, erzählte er, daß noch nichts entschieden sei.

Claptons Hinhaltetaktik war einerseits auf seine eigene Unentschlossenheit zurückzuführen, war doch die Musik der Band in den vergangenen Monaten deutlich ausgereifter geworden. Anderseits mag der finanzielle Aspekt eine Rolle gespielt haben. In der Tat lief es für Cream in Amerika unglaublich gut. Im Bostoner Back Bay Theater ließ die vor Begeisterung völlig außer Rand und Band geratene Menge die Band erst nach drei Zugaben von der Bühne; in Ottawa und New York brachen sie sämtliche Rekorde. Als Stigwood erfuhr, daß sich seine »Star-Band« genau in dem Moment auflösen wollte, als er sein ganzes Geld in die Bee Gees investiert hatte, war er entsetzt: »Ich versuchte Clapton zu überreden, die Tournee fortzusetzen und die ganze Angelegenheit zu vergessen.«

Beinahe wäre ihm das sogar gelungen, hätte es für Clapton nicht zwei entscheidende Gründe gegeben, seine Zusammenarbeit mit Cream zu beenden und eigene Wege zu gehen. Während der gesamten Amerika-Tournee hatte sich Clapton des unbehaglichen Gefühls nicht erwehren können, daß sich die Band in einer – wie er es nannte – »musikalischen Sackgasse« befand. Der ursprünglich flexible und freie Umgang mit musikalischen Formen hatte sich ins Gegenteil verkehrt, drohte zum Klischee zu verkommen. Er verglich die Cream-Single »Anyone For Tennis« mit den erstaunlich reifen, bei aller Schlichtheit doch gekonnt gespielten Songs der LP *Music From Big Pink*, dem Debutalbum von The Band, und kam zu dem Schluß, daß die eigene Single »einfach nur peinlich« war. »The Band machten genau das, was ich auch machen wollte«, so Clapton zu Steve Turner. »Ehrlichen, geradlinigen R & B, der einfach nur gut abging, ohne diese endlos langen Soli und diesen ganzen Virtuosenscheiß.« Wieder einmal setzte sich Claptons künstlerische Neugier, seine ständige Suche nach neuen musikalischen Ausdrucksmöglichkeiten und Trends durch.

Ein weiterer Grund für Claptons Entschluß kam hinzu: Am 11. Mai 1968 erschien im *Rolling Stone* ein langes, ausgesprochen wohlmeinendes

Interview mit Clapton, daß ihn als intelligenten, selbstbewußten Menschen beschrieb, der sich seines Erfolges sicher war und sympathischerweise auch noch Humor und die Fähigkeit zur Selbstkritik besaß. Doch wie groß war Claptons Überraschung, als er in derselben Ausgabe einen Kommentar von Jon Landau lesen mußte, der mit folgenden Worten begann: »Einige bezeichnen Cream als eine Jazzband. Völliger Blödsinn. Cream sind eine Blues- und Rockband. Von allen Bluesgitarristen der Nachkriegsgeneration hat Clapton seine Hausaufgaben am besten gemacht, kommt mit seinem Spiel dem Stil B. B. Kings und Albert Kings am nächsten ... Claptons Problem ist nur, daß er zwar ein immenses künstlerisches Potential besitzt, es aber bis jetzt nie wirklich beweisen konnte. Er ist ein echter Virtuose – vor allem, wenn es darum geht, die Ideen anderer umzusetzen.« Kaum hatte Clapton diese Zeilen gelesen, rief er unverzüglich seinen Manager an und teilte ihm mit, er werde Cream definitiv verlassen.

Nachdem sich die erste Aufregung gelegt hatte, schlug Stigwood folgenden Kompromiß vor: Alle drei Bandmitglieder sollten in Zukunft das Recht haben, solistisch zu arbeiten, wenn sie sich ihrerseits verpflichteten, zumindest sporadisch weiterhin als Gruppe aufzutreten. Während Baker auf diesen naheliegenden Vorschlag (der ja im Grunde nur bedeutete, daß sie so weitermachten wie bisher) einstieg, lehnten Clapton und Bruce ihn ab. Baker, so berichtet Pete Brown, »fuhr auf das Tourneeleben total ab«. Clapton hatte indes immer häufiger das Gefühl, daß es für ihn allmählich an der Zeit war, zur Ruhe zu kommen und seßhaft zu werden (was im übrigen auch Charlotte Martin fand). Während Stigwood sich ins Unvermeidliche fügte und nach New York flog, um eine Abschieds-Tournee vorzubereiten, kehrten Cream in die Atlantic Studios zurück, um innerhalb eines einzigen Wochenendes die Arbeit an ihrem neuen und gleichzeitig letzten Album, *Wheels Of Fire*, abzuschließen. Außerdem informierte Clapton Chris Welch über das Ende der Band. In der nächsten Ausgabe des *Melody Maker* erschien folgende Meldung: »Cream lösen sich auf. Die Musiker des weltberühmten Trios werden ab Herbst eigene Wege gehen.«

Dazu äußerte Eric Clapton: »Ich bin in den letzten sieben Jahren ständig auf Achse gewesen; jetzt werde ich erstmal eine längere Pause einlegen ... Seit der Gründung von Cream habe ich eine Menge Dinge ausprobiert. Doch am Ende mußte ich immer wieder feststellen, daß ich eigentlich etwas völlig anderes wollte. Kurz gesagt, ich möchte mich wieder mehr dem Blues widmen, und zwar ohne eine Band im Nacken ...

Jahrelang bin ich dem Erfolg wie besessen hinterhergerannt und wollte unbedingt ein Popstar sein. Doch damit ist jetzt Schluß, ich habe mir lange genug etwas vorgemacht. Ich bin ein Bluesgitarrist und werde es immer bleiben.«

Ähnlich hatte Clapton sich gefühlt, als er 1965 die Yardbirds verließ. Wie damals lud er seinen Frust bei seinem alten Weggefährten Ben Palmer oder bei seinen Großeltern in Ripley ab, suchte Zerstreuung in Nachtclubs und Bars, rauchte und trank sich den Kummer von der Seele. Doch es gab einen entscheidenden Unterschied: 1965 war Clapton eine mittellose Lokalgröße gewesen; jetzt, 1968, war er reich und berühmt. Am 2. Juli traf er sich mit seinem Manager, um neue Vereinbarungen auszuhandeln (Stigwood, der eine Spürnase für zukunftsträchtige Investitionen hatte, gab Clapton einen neuen Vertrag). Er konnte sich der Einnahmen aus dem zweiten Album von Cream sicher sein, und es stand zu erwarten, daß auch die dritte LP der Band ein kommerzieller Erfolg werden würde.

Wheels Of Fire erschien im August. Die ersten beiden Seiten der Doppel-LP konnten mit einigen der stärksten Songs aufwarten, die Cream je eingespielt hatten: »White Room«, eine Orgie aus Wah-Wah-Effekten und kryptischen Text-Passagen (die Brown nach eigenem Bekunden »eigentlich nur als Monolog über mein neues Londoner Domizil in der Chiltern Street« geschrieben hatte); »Politician«, die Coverversion eines John McLaughlin-Titels, eine Art musikalisch unterstütztes Poem und gewissermaßen ein Vorläufer des Rap; und, nicht zu vergessen, den Bluesstandard »Born Under A Bad Sign« und Howlin' Wolfs »Sitting On Top Of The World«. Bemerkenswerterweise beschränkte sich Clapton hauptsächlich auf die Rhyhtmusgitarre und gelegentliche Background Vocals, trat mehr als Begleitmusiker denn als Solist in Erscheinung. Abgesehen von seinem Leadpart auf »White Room« hielt er sich auffallend zurück, und nicht eine der Nummern stammte aus seiner Feder.

Einem Kritiker zufolge war *Wheels Of Fire* »der endgültige Beweis dafür, daß Jack Bruce und Pete Brown die eigentlichen Köpfe der Band waren«. Doch die Passagen des Albums, die im vergangenen März live in San Francisco mitgeschnitten worden waren, zeigten mehr als deutlich, daß der Rezensent mit dieser Einschätzung völlig danebenlag. Neben »Crossroads« konnte man auch eine furiose Version von »Spoonful« bewundern, bei der die Band nach einer siebzehnminütigen Odyssee souverän zum Ausgangsthema zurückkehrte, getragen von Claptons grandiosen, nie den Überblick verlierenden Improvisationen.

Wheels Of Fire landete in Amerika auf Platz eins, in England auf Platz drei der Charts. Allein in Amerika ging das Album eine Million Mal über den Ladentisch. Nachdem Clapton sein Veto gegen eine Auskopplung von »White Room« eingelegt hatte, einigte man sich auf eine verspätete Singleveröffentlichung von »Sunshine Of Your Love« (von der *Disrali Gears*-LP). Der Song erreichte ebenfalls die Top Ten.

In den folgenden Wochen und Monaten spielte Clapton bei einigen Stücken von Jackie Lomax mit, arbeitete mit der Sängerin Martha Velez, war bei diversen Rolling Stones-Aufnahmen dabei und, wesentlich relevanter, auf dem Weißen Album der Beatles zu hören. Die Aufnahmesessions im Studio Two in der Abbey Road hatten nicht nur zur Folge, daß man Clapton auf »While My Guitar Gently Weeps« – einer der wenigen Songs, bei denen die Beatles sich von einem Gastmusiker unterstützen ließen – hören konnte, sie begründeten auch seine Freundschaft mit George Harrison und dessen Frau Pattie Boyd. Die drei trafen sich einmal pro Woche in der Pheasantry oder in Harrisons Wohnung in Esher; manchmal schloß sich ihnen auch Charlotte Martin an. Bei diesen Zusammenkünften im Herbst 1968 entstanden die Songs »Not Guilty«, »Badge« sowie eine namenlose Bluesnummer. »Badge«, das in den IBC Studios aufgenommen wurde, war das erste und vorerst einzige Ergebnis von Claptons Bemühungen, »einfache, gut abgehende Songs« zu schreiben. Das Stück war auf einem synkopierten Bluesmotiv (von Bruce) aufgebaut und verzichtete völlig auf die ausufernden Akkorde und die endlos langen, virtuosen Soli, die man von Cream gewohnt war. Der Text stammte von George Harrison und Ringo Starr. Wie Clapton war auch Harrison von The Band begeistert; wie Clapton versuchte auch er, seine Gruppe zu einer Rückkehr zu einfachen dreiminütigen Songs zu bewegen, zu Texten, die Aussagekraft vor Beliebigkeit setzten.

Doch Claptons Interesse an Harrison war keinesfalls rein künstlerischer Natur. Vielmehr hatte er von Anfang an ein Auge auf dessen Frau geworfen. Immer wieder ließ er Pattie Boyd gegenüber durchblicken, daß Musiker zu einer »besonders freizügigen« Lebensweise neigten. Anfang 1969 gingen die beiden durch die Oxford Street, als »Eric«, so Pattie Boyd, »plötzlich meinte: ›Magst du mich wirklich, oder triffst du dich nur mit mir, weil ich berühmt bin?‹ Ich antwortete: ›Oh, ich hatte angenommen, daß du dich mit mir triffst, weil *ich* berühmt bin.‹« Damit hatte sie ihr damals noch platonisches Verhältnis erst einmal gerettet.

Die von Stigwood arrangierte Abschieds-Tournee fand im August statt und war Claptons letztes Zugeständnis an Cream. Innerhalb von vier Wochen gab die Band in neun Städten insgesamt fünfzehn Konzerte. Die Bruttoeinnahmen beliefen sich auf 700 000 Dollar. Am 2. November kamen 22 000 Besucher zu ihrem Konzert in den Madison Square Garden, ein Ereignis, das in der Berichterstattung der örtlichen Medien direkt hinter der Präsidentschaftswahl rangierte, die in derselben Woche stattfand. Das letzte Amerikakonzert von Cream fand am 3. November im Civic Center von Baltimore statt, mit folgendem Programm: »White Room«, »Politician«, »I'm So Glad«, »Sitting On Top Of The World«, »Sunshine Of Your Love«, »Crossroads«, »Traintime«, »Toad« und »Spoonful«. Clapton spielte eine unbemalte Firebird-Gitarre. Anschließend traten die drei Musiker nach vorn, faßten sich an den Händen, verbeugten sich und verschwanden winkend hinter der Bühne. Die *Los Angeles Times* fand dafür die bedauernden Worte: »Sie verkörperten die Vergangenheit, sie verkörperten die Gegenwart. Vielleicht sogar die Zukunft.«

Ihren endgültigen Abschied zelebrierte die Band in London. Die beiden Konzerte in der Albert Hall am 26. November 1968 bewiesen hinreichend die Stärken der Band, offenbarten andererseits jedoch auch ihre größten Schwächen. Nach einer weitschweifigen Version von »Steppin' Out« – das Clapton vor einer halben Ewigkeit erstmals mit Mayall gespielt hatte – hob der Gitarrist den Arm, lächelte und verließ die Bühne. Auf der Party, die an diesem Abend in Stigwoods Villa in Stanmore stattfand, hatte Clapton, wie sich einer der Anwesenden erinnert, »fürchterlich schlechte Laune«.

Durch seinen Ausstieg bei Cream war Clapton in der Gunst des Publikums nicht gerade gestiegen. Täglich flatterten in der New Cavendish Street Dutzende von Briefen ins Haus, in denen sich wütende Fans über die Auflösung der Band beschwerten. Stigwood fing zwar die meisten ab, konnte aber dennoch nicht verhindern, daß sein Stargitarrist einige davon in die Finger bekam. Clapton war bestürzt: Nachdem er jahrelang immer nur Schmeicheleien zu hören bekommen hatte, bedeutete die ihm nun entgegenschlagende Welle des Zorns eine gänzlich neue Erfahrung für ihn. In der Öffentlichkeit gab er sich gleichgültig, doch im privaten Kreis hielt er mit seiner Meinung über das Rockpublikum nicht hinter dem Berg. Die Begeisterung, mit der er sich Harrisons Ideal von »einfachen, gut abgehenden Songs« anschloß, läßt vermuten, daß in ihm bereits vor dem Abschiedskonzert eine große Veränderung vorgegangen war; dafür sprach auch schon sein rein äußerliches Erscheinungsbild in der Royal Albert Hall, wo er die Bühne mit glatt zurückgekämmtem Haar und in Jeans betrat. Direkt im Anschluß an den zweiten Auftritt gestand er Pete Brown: »Ich habe keinen blassen Schimmer, was ich jetzt machen werde.« Außer dem festen Vorsatz, »für längere Zeit zu pausieren« (ein Vorhaben, das ihm Stigwood unbedingt ausreden wollte), hatte er keinerlei konkrete Pläne.

Zunächst beschränkte er sich darauf, die Früchte seiner bisherigen Arbeit zu ernten. Im Januar und April 1969 wurden die beiden letzten Singles von Cream veröffentlicht, »White Room« (trotz Claptons Veto) und »Badge«. Im März erschien die LP *Goodbye*. Das Album, das zur einen Hälfte aus Live-Mitschnitten des Abschiedskonzerts der Band in Los Angeles bestand, zur anderen aus Studiomaterial, das in London entstanden war, erwies sich sowohl in Amerika als auch in England als wahrer Chartbreaker. »Badge«, als Single unerklärlicherweise ein Flop, wurde von den Kritikern in den höchsten Tönen gelobt; nicht weniger anerkennend äußerten sie sich über das neuaufgelegte »Sitting On Top Of The World«, ein Ausflug in den Jazz-Blues mit einem ebenso gefühlvollen wie aufrichtigen Solo von Clapton. Es folgte eine Flut von Wiederveröffentlichungen, unfertigen Stücken und Abfallprodukten früherer Studiosessions – *Heavy Cream*, *Cream*, *Portrait Of Cream*, *Best Of Cream*, *Live Cream* – einige davon waren gut, andere einfach nur überflüssig; außerdem erschienen die Bootlegs *Hello Again*, *Royal Albert Hall* und *Steppin' Out*.

In den 70er und 80er Jahren schwankte Claptons Einstellung zu Cream zwischen Begeisterung und Entsetzen. In der Öffentlichkeit zeigte er meist gedämpftes Wohlwollen und Wehmut. Ein ehemaliger Mitarbeiter Stigwoods wohnte 1975 einem kurzen Treffen der Gruppe bei: »Eigentlich war das Ganze Erics Idee, ein Nostalgietrip, wenn man so will. Immerhin hatte er Cream einiges zu verdanken, nicht nur musikalisch. Seit der Auflösung dieser Band übte er eine merkwürdige Anziehungskraft auf Frauen aus. Mit einem Mal hatte er Verabredungen mit Models wie Jean Shrimpton. Die Frauen sahen in ihm einen launischen, aber untadeligen Helden, und Eric gab sich alle Mühe, dieses Image zu kultivieren.«

Nach diesem überaus ereignisreichen Jahr gehörte Claptons nächster öffentlicher Auftritt zu den bemerkenswertesten seiner Karriere. Zusammen mit den Rolling Stones, The Who, John Lennon und Yoko Ono sowie einer Unmenge an Varietékünstlern, Liliputanern und Freaks nahm er zwischen dem 10. und 12. Dezember an einem riesigen Weihnachtsspektakel mit dem Titel Rock 'n' Roll-Circus teil. Tom Keylock, der für die Organisation dieser Veranstaltung verantwortlich zeichnete, erinnert sich, daß Clapton, »in Strickjacke, weißen Socken und Turnschuhen, kettenrauchend in einer stillen Ecke saß und finster vor sich hinblickte, offensichtlich von den ärgsten Befürchtungen geplagt . . . Die ganze Show war eine totale Katastrophe, angefangen bei den Problemen mit den Kameraleuten bis hin zu dem Streß mit den Managern. Ein einziger Alptraum.« Immerhin lockerte Clapton das miserable Produktionsklima etwas auf, indem er sich eine übergroße Fliege aus rotem Kreppapier anheftete und seine »unwiderstehliche Ausstrahlung auf Frauen« demonstrierte. Außerdem war er bereit, sich einer Stegreifband anzuschließen, der John Lennon, Mick Jagger, Keith Richards und Mitch Mitchell angehörten, um mit ihr »Peggy Sue«, »Yer Blues« und »Yoko Ono Jam« zu intonieren, allesamt Stücke, die klugerweise bis heute nicht veröffentlicht worden sind. Mick Jagger, der sich sowohl aus künstlerischen als auch aus rechtlichen Gründen gegen eine großangelegte Vermarktung der Veranstaltung ausgesprochen hatte, erhielt von Stigwood folgendes Schreiben: »Bevor wir darüber reden, ob Eric Clapton für Ihre LP zur Verfügung stehen wird, würde ich gerne mit Ihnen die Frage betreffs der TV-Ausstrahlung der Weihnachtsshow klären . . . Ich erwarte Ihre Antwort.« Clapton zog sich mit einem reumütigen Grinsen aus der Affäre. Er war froh, daß er bei einem Projekt solch illustrer Musiker mitmachen konnte; die vertraglichen und finanziellen Konditionen gingen ihn nichts an, waren allein Stigwoods Angelegenheit.

Claptons Auftritt beim Rock 'n' Roll-Circus zog diverse Spekulationen über seine musikalische Zukunft nach sich. Im Juli 1968 machte erstmals das Gerücht die Runde, er werde sich den Rolling Stones anschließen. Nachdem die Stones ursprünglich nur einen Ersatz für Brian Jones gesucht hatten, dem damals wegen illegalen Drogenbesitzes der Prozeß gemacht wurde – eine Gefängnisstrafe war durchaus im Bereich des Möglichen –, faßte die Band um Weihnachten herum weitaus größere Veränderungen ins Auge. Da es nicht unwahrscheinlich war, daß auch Bill Wyman aussteigen würde, trugen sie sich mit dem Gedanken, Eric Clapton als Gitarristen anzuheuern und den Part des Bassisten neu zu besetzen. Doch aus der Sache wurde nichts, obwohl Jagger bereits auf überaus diskrete Weise Claptons Einstellung zu den Stones erforscht hatte. »Da lief eine unglaubliche Scheiße ab«, so Tom Keylock. »Ständig hieß es: ›Gesetzt den Fall . . .‹ oder ›Nimm mal an, daß . . .‹. Typisch Mick. Er hielt immer alles sehr vage, um nicht blöd dazustehen, wenn man ihm eine Abfuhr erteilte. Und genau das tat Eric.«

Auf das angeblich so freundschaftliche Verhältnis zwischen Clapton und Jagger angesprochen, bemerkt Keylock: »Alles reine Selbstdarstellung. Es schmeichelte Micks Eitelkeit, daß er an jemanden wie Clapton rangekommen war. Er spielte Theater und machte Eric schöne Augen. Doch alles in allem reichte das nicht aus, um Eric für die Stones zu gewinnen.«

Claptons Starrsinn war durchaus verständlich. Nachdem er gerade erst

Cream verlassen hatte, konnte er sich etwas Angenehmeres vorstellen, als sich Hals über Kopf abermals an eine Band zu binden, zumal dafür auch gar keine Notwendigkeit bestand. In einer festen Formation zu spielen, war wirklich das letzte, wonach ihm im Augenblick der Sinn stand.

Es vergingen einige Jahre, bis er mit Bruce und Baker ins Reine kam. Anfang der 70er machte er eine ganze Reihe wenig schmeichelhafter Bemerkungen über seine ehemaligen Kollegen. Erst 1975 bot sich für alle die Chance, sich bei einer Zusammenkunft in Stigwoods Büro auszusöhnen. Die Schilderung dieses Treffens offenbart Claptons heimlichen Stolz auf die Band: »Nachdem wir bei Stigwood erst mal ausgiebig Dampf abgelassen hatten, sind wir zu mir nach Hause geschwebt, im wahrsten Sinne des Wortes; wir fühlten uns wie auf Wolken. Wir zogen uns Acid rein und redeten. Es war ein warmer Sommertag, wir saßen auf der Terrasse hinter dem Haus, sahen alle drei in dieselbe Richtung, ganz so, als würden wir auf jemanden warten. Und tatsächlich trafen an diesem Nachmittag noch weitere Freunde und Bekannte ein, kamen um die Hausecke, gingen bedächtig auf uns zu und blieben dann abwartend stehen, als hätten sie die königliche Familie vor sich.«

Im Mai 1979 kam es, abermals in Claptons Haus, zu einem weiteren, allerdings weniger harmonisch verlaufenden Wiedersehen. Auf Claptons Hochzeitsfeier formierte sich spontan eine Stegreifband, die aus ihm selbst, Mick Jagger, Keith Richards, Bill Wyman, drei Ex-Beatles, Jeff Beck und Jack Bruce bestand. Zu den geladenen Gästen gehörte auch Ben Palmer: »Sie jammten in einem Zelt, das auf Erics Rasen stand . . . Jack nahm die Sache ziemlich ernst – *zu* ernst, wie die anderen fanden. Schließlich ließen sie ihn einfach links liegen. Die ganze Angelegenheit endete damit, daß nach und nach alle zu spielen aufhörten, bis nur noch Jack übrigblieb, der in einer Ecke der Bühne stand und verbissen seinen Baß bearbeitet . . . Eric stand da und lachte ihn aus . . . Jack heulte vor Wut, als er die Bühne verließ. Seiner Meinung nach war das Erics Revanche für all die erlittenen Schikanen der vergangenen zehn Jahre.«

Es dauerte acht Jahre bis zum nächsten Treffen von Clapton und Bruce. Im Feburar 1987 spielte Clapton als Gastmusiker bei zwei Stücken von Bruces Album *Willpower* die Gitarre. Es folgten gemeinsame Auftritte im Bottom Line Club in New York und in der TV-Produktion *The South Bank Show*. Hatte diese neuerliche Zusammenarbeit auch wenig mit Freundschaft zu tun, so wich ihre auf Gegenseitigkeit beruhende Antipathie zumindest einem argwöhnischen Respekt.

Claptons Verhältnis zu Baker war nicht weniger gespannt. Nach einem fehlgeschlagenen Vorstoß seitens Clapton, ihn zu einer neuerlichen

Zusammenarbeit unter nunmehr anderen Voraussetzungen zu überreden – Bruce empfand allein schon die Idee als eine persönliche Beleidigung –, herrschte zwischen den beiden zwanzig Jahre lang bestenfalls höfliche Distanz. Im Februar 1990 ging Baker mit Bruce, der gerade sein Album *A Question Of Time* veröffentlicht hatte, auf eine Promotiontour durch die Staaten (»Die Art, wie Ginger über das Schlagzeug stolpert«, bemerkte die *Village Voice*, »entbehrt nicht eines gewissen Charmes – des Charmes eines alten Tattergreises, der unbedingt beweisen will, daß er mit seinen dritten Zähnen immer noch Bierflaschen öffnen kann«). Dennoch nutzten die beiden Musiker die Gunst der Stunde, um in der Zeitschrift *You* über ihren ehemaligen Kollegen Clapton herzuziehen. Baker erklärte: »Alle Welt denkt, daß Cream Eric Claptons Band war. In Wirklichkeit war es *meine* Band, ich habe sie gegründet, und ich habe auch die meiste Arbeit reingesteckt. Trotzdem habe ich am wenigsten davon profitiert . . . Über den Kram, den Clapton heute macht, kann man doch wirklich nur noch lachen.« Bruce meinte: »Mich hat die Musik interessiert, Eric dagegen nur der Erfolg. Er wollte unbedingt ein Star werden . . . Zumindest in einem Punkt waren er und Robert Stigwood sich einig: Der Star der Band hieß Clapton. Die Tatsache, daß ich der Leadsänger war und die meisten Songs geschrieben habe, hat sie dabei überhaupt nicht interessiert.«

Mit diesen Worten setzten sie gleichsam einen verspäteten Schlußstrich unter eines der ruhmreichsten Kapitel der Rockgeschichte. Jack Bruce zog sich nach Colchester zurück, lebte zwischenzeitlich in Stuttgart, hatte unter anderem die Ehre, mit Miles Davis zusammenzuarbeiten – nicht zuletzt aufgrund seiner Vergangenheit bei Cream –, und war alles in allem froh darüber, mit Clapton nichts mehr zu tun zu haben. Ginger Baker verschlug es – nach einem langen Exil in Nigeria, wo er sich seinen hohen Steuerschulden zu entziehen suchte – nach Kalifornien und schließlich nach Colorado. Als man ihn 1990 nach der Möglichkeit einer Wiedervereinigung von Cream fragte, lautete seine Antwort: »Niemals.«

Es wäre ohnehin reichlich schwergefallen, alle ehemaligen Mitarbeiter der Band erneut zusammenzutrommeln. Felix Pappalardi war nach einem heftigen Streit von seiner eigenen Frau erschossen worden. Ben Palmer hatte sich in Wales zur Ruhe gesetzt, Martin Sharp in Australien. Pete Brown widmete sich wieder seinen Gedichten und schrieb gelegentlich Songtexte für Bands wie die Battered Ornaments oder Piblokto. Robert Stigwood besann sich nach einer langen Krankheit auf seine Karriere im

Theaterbereich; unter anderem produzierte er 1993 für die Londoner Bühnen eine Neuinszenierung von *Grease*.

1991, als der Filmzusammenschnitt *Strange Brew* für kurze Zeit die britischen Video-Charts anführte, wurden erstmals Gerüchte über eine mögliche Wiedervereinigung von Cream laut. Zwei Jahre später folgte ein weiteres Konzertvideo, *Fresh Live Cream*, und wieder gab es ähnliche Spekulationen. Zudem hatte Clapton inzwischen trotz seines gestörten Verhältnisses zu Bruce und Baker drei Songs der Band in sein Live-Programm aufgenommen. Dem *Rolling Stone* gegenüber schloß er die Möglichkeiten einer Wiedervereinigung nicht aus: »Solange wir am Leben sind, ist das jederzeit möglich. Menschen verändern sich, und einiges würden wir heute vielleicht besser machen; damals herrschte zwischen uns unglaublich viel Feindseligkeit und Aggression ... Auf jeden Fall müßte es aus Liebe zur Musik geschehen und nicht einfach nur wegen der Kohle.«

Am 12. Januar 1993 fanden sich alle drei in der Rock and Roll Hall Of Fame in Los Angeles ein, Clapton mit kurzgeschorenen Haaren und Sonnenbrille. Nach einem Fototermin, der laut Bruce »schätzungsweise zehn Sekunden« dauerte, spielten sie »Sunshine Of Your Love«, »Politician« und, als Tribut an den verstorbenen Albert King, »Born Under A Bad Sign«. Auch wenn die Songs den früheren Elan vermissen ließen, wurden sie von den zweitausend Gästen, die für diesen Hörgenuß zum Teil 1 000 Dollar und mehr hingeblättert hatten, dankbar aufgenommen. Die *Times* kommentierte dieses Ereignis so: »Eine fragwürdige Renaissance ... Drei Männer, die zusammengerechnet 150 Jahre alt sind, und ihr letzter verzweifelter Versuch eines gemeinsamen Auftritts ... Die nostalgische Inszenierung vergangenen Ruhms.«

»Bei Cream gab es Höhen und Tiefen, gute Konzerte und schlechte Konzerte«, resümiert Clapton. »An manchen Abenden hätte man uns für Hendrix halten können, so gut waren wir, und dann wieder spielten wir wie eine absolute Amateurband.« Trotzdem genoß die Gruppe ein ähnliches Ansehen wie die Beatles und die Stones, ein Umstand, der vor allem auf ihren Erfolg in Amerika zurückzuführen war.

Ungeachtet ihrer ständigen Privatfehden, ihrer hochtrabenden Art und ihrer oft lächerlichen Kommentare in der Presse waren Cream ein Triumvirat aus hochkarätigen Musikern, die ihr Handwerk liebten, eine beeindrukkende Sensibilität sowohl für den Blues als auch den Jazz bewiesen und ihre Songs bisweilen mit unglaublicher technischer Brillanz präsentierten.

5

Gott ist tot!

Nach dem Ende von Cream geriet Clapton, der unbeständig, leicht zu beeinflussen und stets empfänglich für neue Ideen war, zusehends unter den Einfluß George Harrisons. Ende 1968 schienen die beiden ein Herz und eine Seele zu sein. Beide führten ein gleichermaßen zurückgezogenes Leben und ihre seltenen öffentlichen Äußerungen ließen überaus schwierige Charaktere vermuten.

1968 waren sowohl Clapton als auch Harrison der Verpflichtungen überdrüssig, die mit der Arbeit in einer festen Band einhergingen. Wie Harrison wartete auch Clapton sehnsüchtig auf die Chance, einfach nur seine eigenen Songs spielen zu können, ohne dabei auf den Lebensstil verzichten zu müssen, den der Erfolg mit sich brachte und an den er sich gewöhnt hatte. Gleichsam als Demonstration seiner neuerworbenen Unabhängigkeit kaufte sich Clapton wie auch schon Harrison vor ihm ein Haus auf dem Land.

Im Oktober und November verbrachte Clapton jedes Wochenende damit, in Harrisons buntem Mini die in der Zeitschrift *Country Life* und von Grundstücksmaklern angebotenen Objekte abzufahren. Seine Ansprüche waren vergleichsweise bescheiden: eine ruhige Wohngegend, ein riesiger Garten, ein großer Proberaum zum Musikmachen und das Ganze möglichst nur einen Steinwurf von London und Ripley entfernt. Nach sechs oder sieben Anläufen fand er endlich ein Haus, das wie geschaffen für ihn schien.

Hurtwood Edge in Ewhurst, am südlichen Rande des Winterfold Forest gelegen, war über eine Schotterauffahrt zu erreichen (die Clapton später mit einem Totempfahl schmückte). Direkt nebenan gab es einen Pub. Das Haus war in italienischem Stil erbaut – von außen mit Lehmziegeln verkleidet, besaß es innen weiß gekachelte Wände und orientalisch gemusterte Vorhänge und Teppiche. Von dem großen Schlafzimmer aus führte eine Wendeltreppe zu einem separaten Musikzimmer – ein großer Raum mit rotgerahmten Fenstern, blankem Fußboden, kahlen Wänden und einem altmodischen Kamin, dessen prasselndes Feuer für eine behagliche Atmosphäre sorgte. Über das Wohnzimmer gelangte man auf eine weiträumige Terrasse, von wo aus man den 64 750 Quadratmeter großen Garten überblicken konnte, der neben Buchsbaumhecken und großen Bäumen auch einen Swimming Pool und künstlich angelegte Teiche aufzuweisen hatte.

Im Frühjahr zog Clapton ein – zusammen mit einem Esel, einem Labrador und einem Ara namens Screaming Maurice. Ein einarmiger Bandit, eine Musikbox sowie seine repräsentative Plattensammlung verliehen dem neuen Domizil die persönliche Note. Ewhurst, eine Gegend, die sich über ein Jahrhundert hinweg kaum verändert hatte, barg für ihn viele Erinnerungen – Erinnerungen an gemeinsame Wochenendausflüge mit seinen Großeltern.

Hurtwood Edge, 1910 erbaut, besaß alle Merkmale eines typischen Herrenhauses – Parkanlagen, riesige Zimmer und einen etwas muffigen Geruch. Alles in allem hatte man den Eindruck, sich in einem anderen Jahrhundert zu befinden. Nur Claptons Gitarren und sein Mobiliar aus Chelsea wollten nicht recht dazu passen. Dieses Anwesen, das Clapton etwa 40 000 Pfund gekostet hatte, war die einzige wirklich große Investition seines Lebens. In den ersten Wochen des Jahres 1969 unterwies er den Innenarchitekten David Mlinaric, führte stolz Freunde und Bekannte durch seinen Wohnsitz und lud seine Großeltern ein. Sie brachen in Freudentränen aus, als sie das Haus ihres Enkels sahen.

Charlotte Martin, die nicht recht wußte, ob sie Chelsea tatsächlich verlassen sollte, wurde die Entscheidung schließlich durch einen kurzen Brief Claptons abgenommen; sie würden »hoffentlich für immer Freunde bleiben«, hieß es darin, und es seien »plötzlich völlig neue Umstände« eingetreten, die ihn daran hinderten, die Beziehung zu ihr fortzusetzen. Damit meinte er nichts anderes als seine Affären mit dem Fotomodell Cathy James und mit Pattie Boyds Schwester Paula; doch beide waren schnell vergessen, als er sich in David Mlinarics Freundin Alice Ormsby-Gore verliebte. Gerade mal siebzehn, zog sie im April 1969 in Hurtwood Edge ein, packte im Mai schon wieder ihre Koffer, kehrte Anfang 1970 zurück, und blieb dann trotz Intrigen vier Jahre lang Claptons Lebensgefährtin. Während sie von der Aufrichtigkeit ihrer Gefühle überzeugt war, wurde man bei Clapton den Eindruck nicht los, daß Alice Ormsby-Gore für ihn nicht viel mehr als ein Zeitvertreib war. »Sicher, wir hatten eine schöne Zeit zusammen«, gestand er später Ray Coleman, »aber die große Liebe war es nicht, nicht für mich jedenfalls. Die ganze Zeit über habe ich eigentlich immer nur an Pattie gedacht.« »Genauso war es mit Patties Schwester«, fügte er hinzu. »Paula war in meinem Kopf eigentlich nur eine Ersatz-Pattie.«

Als in Claptons Beziehung mit Alice Ormsby-Gore Alkohol, Drogen und angeblich auch Gewalt überhand nahmen, hielt Alices Vater, Lord Halech, den Zeitpunkt für gekommen, den beiden in einem Brief seine Hilfe anzubieten (»Ich kann einfach nicht mit ansehen, wie ihr euch zugrunde richtet . . . Ich möchte euch so gerne helfen«). In seinem Antwortschreiben versuchte Clapton ihm klarzumachen, daß Drogenabhängigkeit nicht die Schuld eines Einzelnen sei, sondern ihre Ursache in der Gesellschaft habe. Daraufhin griff Lord Harlech zu anderen Mitteln. Auf einer Party bei Mick Jagger, den Lord Harlech förderte, wurde Tom Keylock Zeuge, wie der ehemalige Sonderbotschafter »völlig durchdrehte«, als man ihm erzählte, wie das Verhältnis zwischen seiner Tochter und Clapton inzwischen wirklich aussehe. Keylock zufolge waren seine genauen Worte: »Wenn sie es alleine nicht schaffen, werde ich die Sache wohl selbst in die Hand nehmen müssen. Wenn es sein muß, auch auf juristischem Wege.« Dazu meinte ein Freund Lord Harlechs im Februar 1974, zu einem Zeitpunkt also, als Clapton und Alice Ormsby-Gore auf Heroinentzug waren: »Für David dürfte das wohl die härteste Prüfung seines Lebens gewesen sein.«

Claptons Verhalten gegenüber dem anderen Geschlecht ließ ein äußerst kompliziertes Gefühlsleben ahnen. Er verehrte die Frauen, gleichzeitig verachtete er sie, und stets entschuldigte er seine Affären damit, daß er gegen »weibliche Überredungskünste« einfach machtlos sei. Während seiner Schulzeit in Ripley war er von den Mädchen nur gehänselt worden; zudem hatten ihn die widersprüchlichen Gefühle verwirrt, die er gegenüber seiner Mutter empfand. Die nervöse Feindseligkeit, die er schon als Kind Frauen gegenüber an den Tag gelegt hatte, wurde, als er erwachsen war, nur noch schlimmer. Bei den Yardbirds, Bluesbreakers und Cream entpuppte er sich als begeisterter Kuppler, und sein Verschleiß an Groupies war enorm (»Ich schätze, daß ich inzwischen an die Tausend flachgelegt habe«, erzählte er Steve Turner); gleichzeitig legte er ausgesprochen konservative Verhaltensweises an den Tag (»Er wurde fuchsteufelswild, wenn er sein Hemd nicht finden konnte«, so seine spätere Ehefrau) und machte in seinen Beziehungen grundsätzlich nur das, was ihm paßte. Eine Frau, die 1970 mit Clapton eine Affäre hatte und heute glücklich verheiratet in Kalifornien lebt, erinnert sich, daß er »vor Feindseligkeit geradezu strotzte ... Er haßte es, wenn er bei einer Frau klein beigeben mußte. Eine Frau war für ihn nur ein halber Mensch. Dagegen kam man einfach nicht an. Eric war schwach, oberflächlich, anstrengend – aber zärtlich.« Sie hätte auch noch »unsicher« hinzufügen können. Claptons Frauenhaß erwuchs aus dem Gefühl, ständig enttäuscht und zurückgewiesen worden zu sein, ein Vorwurf, den er in erster Linie natürlich seiner Mutter Pat machte. Schon zu Beginn seiner Karriere äußerte Clapton immer wieder, er leide an einem Kindheitstrauma. Und auch später kam er häufig auf dieses Thema zu sprechen. Das gestörte Verhältnis zu seiner Mutter führte letztlich dazu, daß Claptons Egoismus und auch seine Unsicherheit sich ins Unermeßliche steigerten. Er liebte seine Mutter, aber vertrauen konnte er ihr nie. Mit Alice Ormsby-Gore war es ähnlich. Vielleicht war es reiner Selbsterhaltungstrieb, daß er sich nicht ernsthaft verlieben konnte. Ben Palmer erinnert sich: »Eric war völlig beziehungsunfähig, so kaputt, daß ihm nicht zu helfen war.«

Im März 1969 sagte Clapton seine Teilnahme an dem Fernseh-Special *Supershow* zu, eine Art Fortsetzung des Rock 'n' Roll Circus, betreut und mitproduziert von Tom Keylock. Da Keylock sich klugerweise direkt an die Musiker wandte und ihnen bei einer Gage von 100 Pfund die Möglichkeit bot, Songs ihrer Wahl zu spielen, hatte er bald ein imposantes Staraufgebot beisammen, zu dem unter anderem Stephen Stills, Roland Kirk, Jack Bruce, Buddy Guy, Buddy Miles und Led Zeppelin gehörten. Clapton knüpfte seinen Auftritt in der Show an die Bedingung, daß »niemand Robert (Stigwood) etwas davon erzählen dürfe«, eine Auflage, mit der Keylock gut leben konnte, hatte er doch nicht gerade angenehme Erinnerungen an seine letzte Begegnung mit Stigwood. Zur Aufzeichnung erschien Clapton in allerletzter Sekunde, betrat die stillgelegte Fabrik, die man für diesen Anlaß gemietet hatte, durch den Seiteneingang, zündete sich eine Zigarette an und schlurfte gemächlich in Richtung Bühne. Der Produzent war von Claptons höflicher, ruhiger, beinahe schüchterner Art angenehm überrascht. Sogar für Jack Bruce hatte er ein freundliches Kopfnicken übrig. In zwei fast ausschließlich aus Improvisationen bestehenden Stücken lieferte er sich mit Buddy Guy virtuose Gitarrenduelle; dann und wann warf er Stephen Stills einen strengen Blick zu, weniger eine Drohgebärde als vielmehr Ausdruck seiner Ernsthaftigkeit, mit der er bei der Sache war. Dick Heckstall-Smith, der ebenfalls zugegen war: »Clapton zeigte sich von seiner allerbesten Seite; ständig fragte er, ob er auch nicht zu laut spiele und ob sein Sound okay sei. Zweifellos war ihm diese Art von Auftritten lieber als diese minutiös geplanten Mammutveranstaltungen. Wenn Eric in Clubs hätte auftreten können – bei gleicher

Bezahlung, versteht sich –, wäre er sicher ein glücklicherer Mensch gewesen.«

Die Zusammenarbeit mit Keylock garantierte, daß der Kontakt zwischen Clapton und den Rolling Stones nicht abriß. Anfang des Frühjahrs spielte Clapton als Gastmusiker bei einem Song des Stones-Albums *Let It Bleed* mit (»Love In Vain«). Nach wie vor war er als möglicher Ersatz für Brian Jones im Gespräch. Doch Clapton hatte andere Pläne. Eines Abends hörte Keylock mit, wie »Mick Eric fragte, ob er irgendwelche konkreten Projekte in Aussicht habe ... Clapton eröffnete ihm daraufhin, daß er eine Band gründen wolle.«

Tatsächlich hatte er die ersten konkreten Schritte dazu bereits unternommen. Im Januar hatte er erneut Kontakt zu Steve Winwood aufgenommen und in dessen Haus ein Wochenende verbracht, wo sie über ihre gemeinsame Vorliebe für »gut abgehende Songs« sprachen, wie sie The Band auf ihrem Album *Music From Big Pink* abgeliefert hatten. 1966 hatte Steve Winwood das Angebot Claptons abgelehnt, weil er Verpflichtungen mit einer anderen Band nachkommen mußte. Doch 1969 war er frei. Über den Bandnamen war man sich rasch einig: Blind Faith. »Der Vorschlag kam von Eric, und ich fand den Namen äußerst passend. Denn was wir für unser Projekt am dringendsten brauchten, war ›blindes Vertrauen‹«, erklärt Winwood.

In New York erlebte wenig später die Band Family aus Leicester eine böse Überraschung, als ihr Bassist sie kurz vor Konzertbeginn vor vollendete Tatsachen stellte. »Wir standen praktisch schon auf der Bühne«, erinnert sich Rob Townsend, der Schlagzeuger der Gruppe, »als Rick (Grech) uns mitteilte: ›Ich steige aus, das ist mein letzter Auftritt.‹« Nach dem Konzert rückte Rick Grech, laut Townsend ein »totaler Kamikaze-Typ«, damit heraus, daß er einen Anruf von Eric Clapton erhalten hatte. Clapton hatte ihm angeboten, bei Blind Faith als Bassist einzusteigen.

Nach einigem Hin und Her erklärte sich Clapton damit einverstanden, auch Ginger Baker anzuheuern, allerdings nur, weil er ihm nach seinem Ausstieg bei Cream versprochen hatte, die ganze leidige Angelegenheit »wieder gutzumachen«. Später sah Clapton in dieser Enscheidung den Grund dafür, daß die Band von Anfang an zum Scheitern verurteilt gewesen sei, da alle Welt sie fortan als eine Neuauflage von Cream bejubelte. Ein Mitarbeiter Stigwoods, der im Frühjahr dieses Jahres den ersten Proben von Blind Faith beiwohnte, bestätigt: »Jeder konnte sehen, daß Eric mit der Besetzung alles andere als glücklich war. Er war mehr oder weniger gezwungen worden – vor allem von Stigwood –, Ginger zu akzeptieren ... Stigwood hat sofort den Begriff ›Supergroup‹ geprägt – ›Super-

cream‹ konnte er sich wohl gerade noch verkneifen. Eric wollte einfach nur guten Blues und Soul spielen. Das paßte natürlich nicht zusammen. Doch Clapton war unglaublich leicht zu beeinflussen, und weil er einfach nicht ›Nein‹ sagen konnte, hat er schließlich klein beigegeben. Wie auch immer – jedenfalls hatte er sich die Sache mit der Band völlig anders vorgestellt.«

Doch Stigwood wäre nicht Stigwood gewesen, wenn er sich von Claptons offensichtlicher Unzufriedenheit über die Entwicklung der Dinge hätte abschrecken lassen; im Gegenteil, er beschwatzte Clapton, eine Platte zu machen und anschließend mit Blind Faith auf Tournee zu gehen. Mitte Februar fand sich die Band zu ersten Aufnahmen in den Morgan Studios ein – ohne Rick Grech; später schleppten sie ihre Bänder in die Olympic Studios, wo Clapton seine Beziehung zu den Rolling Stones wieder aufnahm, die dort zur gleichen Zeit an einer Platte arbeiteten. Stigwood raste derweil, angetan mit Sonnenbrille und Hawaiihemd, durch die Gegend und organisierte für Blind Faith einen Auftritt in Amerika. Das erste Konzert der Band wurde für den 7. Juni im Londoner Hyde Park angekündigt.

Inzwischen rührte Chris Welch im *Melody Maker* die Werbetrommel: »Klingt vielversprechend – die ›Clapton-Winwood-Baker Band‹, kurz Blind Faith genannt. Vergeßt Cream. Es ist Zeit für eine neue Band, für einen neuen Sound . . . Die Zeiten haben sich geändert, insbesondere für den Stargitarristen, der von den Fans der aufblühenden britischen Blues-Szene zum ›Gott‹ erklärt wurde und mit Cream in Amerika zu Reichtum und Ruhm gelangt ist . . . Mittlerweile residiert er in einem 40 000 Pfund teuren Herrenhaus, doch äußert er sich über seine musikalischen Verdienste eher bescheiden: ›Ich habe nicht das Gefühl, daß ich bisher viel bewegt habe . . . Ich weiß nicht, ob ich tatsächlich so gut bin, wie man mir nachsagt. Ich gebe jedenfalls mein Bestes.‹«

Der Auftritt im Hyde Park ließ keinen Zweifel an der explosiven Zusammensetzung der Band: hinter seinem in der Mitte der Bühne plazierten Schlagzeug saß ein gutgelaunter und Bier schluckender Ginger Baker, daneben der schweigsame Rick Grech, den offensichtlich nichts so leicht aus der Ruhe bringen konnte, und vorne steckten Steve Winwood und Eric Clapton ständig nervös die Köpfe zusammen und machten alles in allem den Eindruck, als hätten sie völlig den Überblick verloren. Viele der Kritiker, die auf der Empore saßen und duchaus mit Claptons Aussehen vertraut waren, mußten an diesem Tag zweimal hinsehen, bevor sie ihn eindeutig als den ehemaligen Gitarristen von Cream erkannten. Clapton, der in den letzten Jahren sein Äußeres schon häufig verändert hatte, betrat die Bühne in T-Shirt und Jeans und spielte zum erstenmal seit 1965 wieder eine Fender Telecaster. Im Publikum war man geteilter Meinung darüber, ob er einfach nur einen schlechten Tag hatte, die Sache nicht ernst genug nahm, technisch aus der Übung war oder aber bewußt negative Energien freisetzen wollte. Was auch immer die Gründe gewesen sein mögen, fest steht, daß die Blind Faith bei diesem Auftritt neun Songs spielten, die deutlich die Handschrift Winwoods trugen, und daß Clapton seinen eigenen Worten nach »wie Espenlaub zitterte«, Folge seiner Gewißheit, daß die Band damals eigentlich schon am Ende war.

Einen Monat lang pendelte Clapton zwischen Hurtwood Edge und London, arbeitete an den Plattenaufnahmen, machte den Boyd-Schwestern den Hof, besuchte Alice Ormsby-Gore und schneite gelegentlich bei seinem Manager herein. In Stigwoods Büro waren die Vorbereitungen für die Amerika-Tournee der Blind Faith in vollem Gange. Die hektischen Aktivitäten ließen ein Unternehmen von gigantischem Ausmaß vermuten; immerhin sollte es nach Stigwoods Meinung Claptons bis dato extravaganteste Show werden, und damit war eigentlich schon klar, daß es nur noch am Rande um die Konzerte selbst ging, sondern in erster Linie um den Umsatz, den dieser sorgfältig geplante Coup einzubringen versprach. Stigwood machte aus seinen Motiven kein Geheimnis: »Blind Faith werden mit ihren Platten und Liveauftritten eine ganze Menge Geld verdienen; das Konzert im Hyde Park war nur ein kleiner Vorgeschmack . . . Ich werde sie weltweit vermarkten – diese Band ist eine wahre Goldgrube.«

Am 12. Juli 1969 traten die Blind Faith in New York auf. Von dort aus führte sie ihr Tourneeplan nach Kalifornien und Phoenix. Doch hier wie dort liefen ihre Auftritte gleich ab: Während die Band sich durch ihr provisorisch zusammengeschustertes siebzigminütiges Set quälte, herrschten im Saal beinahe chaotische Zustände. Ihr Auftritt im Forum in Los Angeles wurde zweimal von der Polizei unterbrochen, die die größten Randalierer aus der Halle holte. Es war nicht mal ein Jahr vergangen, seit Clapton erklärt hatte, er habe vom Tourneeleben »endgültig die Schnauze voll«, und nun sah er sich einer rasenden, aufgebrachten Menge gegenüber, die mit Chinakrachern um sich warf und lauthals nach »Crossroads« verlangte. Sein einziger Kommentar zu den Veränderungen, die sich seit 1968 vollzogen hatten, lautete: »Offensichtlich geht es den Kids mittlerweile nur noch darum, sich gegenseitig die Rübe einzuschlagen und die Bullen zu piesacken.« Aus den Studentenunruhen, die durch die alptraumhafte Entwicklung des Vietnamkrieges und die Wahl Richard Nixons zum Präsidenten der Vereinigten Staaten entstanden waren, war inzwischen eine Massenbewegung geworden. Im Mai 1969 wurden in den Tageszeitungen täglich Listen der bestreikten Universitäten und besetzten Verwaltungsgebäude abgedruckt. In seiner Rede vom 3. Juni spach Nixon von einer »selbstgerechten Arroganz«, geschürt von den »liberalen Kräften«, zu deren hartem Kern jene Studenten zählten, denen der Einberufungsbefehl drohe.

1967 verkörperten Cream das akustische Pendant zu Drogentrips. Jetzt, 1969, war ein Konzert von Blind Faith (oder von The Who oder den Stones) eine Art Äquivalent zu den öffentlichen Protestkundgebungen, ein willkommener Anlaß, sich mit den Vertretern der Staatsgewalt herumzuprügeln, im Takt der harten Rockrhythmen, die aus den Lautsprechertürmen dröhnten. Während unpolitischere Naturen wie Clapton immer wieder betonten, daß es ihnen nur darum gehe, »gute Musik zu machen«, wurden die Bands, in denen sie spielten, Teil einer gesellschaftlichen Veränderung.

Zudem gab es innerhalb der Band erste musikalische Differenzen. Während Clapton und Winwood, die beide finanziell abgesichert waren, nicht bereit waren, irgendwelche Zugeständnisse an die Erwartungen des Publikums zu machen, bestanden Baker und Grech auf einer kommerzielleren Präsentation der Songs. Sie nahmen »Sunshine« wieder ins Programm auf, ebenso »Toad«, bei dem Baker mit einem langen Schlagzeugsolo glänzen konnte. Ein Musiker der Gruppe Free, die im Vorprogramm von Blind Faith auftrat, meinte eine »altbekannte Habgier« zu verspüren, und bemerkte, die Stimmung innerhalb der Band sei im Laufe der Tournee »auf den absoluten Nullpunkt« gesunken. Bei einem sechzigminütigen Auftritt von Blind Faith in Denver spielte Clapton lediglich ein einziges Solo; auf die anschließende Frage eines Journalisten, ob er darin einen hinreichenden Beweis seines musikalischen Talents sehe, reagierte er ausgesprochen ungehalten. Nach einem Konzert in Seattle schrieb die Kritikerin Janine Gressel: »Clapton wurde stürmisch gefeiert – warum, weiß kein Mensch.« Oder, wie Winwood es formulierte: »Die Leute hätten sogar Beifall geklatscht, wenn wir auf Bühne gekommen wären und gefurzt hätten.«

Im Vorprogramm von Blind Faith trat auch die Band von Delaney und Bonnie Bramlett auf, die eine einnehmende Mischung aus Country, Gospel, Rock und weißem Soul spielten und deren geradlinige Songs deutlich den Einfluß von The Band spüren ließen. Während andere Gruppen mit Moog Synthesizern, Mellotrons und Wah-Wah-Pedalen herumexperimentierten, hatte man bei Delaney And Bonnie das Gefühl, als würde einem durch die Schwingtüren eines Saloons die Musik der Pionierzeit entgegenschallen. Clapton war hingerissen. Besonders Delaney Bramlett hatte es ihm angetan. Clapton entwickelte zu dem älteren Musiker eine ähnlich intensive Beziehung wie seinerzeit zu John Mayall.

In New York konsumierten sie, wie sich Bramlett erinnert, »LSD in einer Menge, die für ein ganzes Marine-Corps ausgereicht hätte«. Anschließend, so Clapton, »sah Delaney mir tief in die Augen und meinte beschwörend, daß ich Talent zum Singen hätte, und daß Gott es mir wieder nähme, wenn ich es nicht einsetzen würde.«

Am 15. August erschien das Debutalbum von Blind Faith (*Blind Faith*). Die LP zeigte nur allzu deutlich, daß Clapton das Niveau nicht halten konnte, das er bei Cream so problemlos erreicht hatte.

Die Gitarre spielte innerhalb des Gruppensounds, der von Winwood dominiert wurde, nur noch eine untergeordnete Rolle. An die Zeiten von *Disraeli Gears* erinnerte lediglich der Schlußteil von »Had To Cry Today«. Neben Coverversionen alter Buddy Holly-Nummern konnte man ein südamerikanisch inspiriertes Gitarrensolo bestaunen (»Do What You Like«), sich an einer rein akustischen Nummer erfreuen (»Can't Find My Way Home«) und zudem bei dem Stück »Presence Of The Lord« über Claptons ersten selbstverfaßten Songtext sinnieren, was einige auch ausgiebig taten, sahen sie in der Zeile »I have finally found a way to live/Just like I never could before« doch den Beweis, daß sich in Clapton eine tiefgreifende Persönlichkeitveränderung vollzogen habe. Im Radio verkündete der Diskjockey Scott Ross: »Nun ist Eric doch noch religiös geworden«. Doch Ross irrte sich.

Die wahren Hintergründe des Songs waren weitaus banaler. 1967 tat sich in London ein Beamter des Drogendezernats mit Namen Norman Pilcher dadurch hervor, daß er erfolgreichen Rockmusikern nachstellte. Ihm war es zu verdanken, daß John Lennon und Jimi Hendrix verhaftet wurden und Mick Jagger auf offener Straße seine Taschen entleeren mußte. Auch die Wohngemeinschaft in der Pheasentry blieb von den Aktivitäten des rührigen Polizisten nicht verschont; laut Anthony Haden-Guest stellte er dort zweimal die gesamte Wohnung auf den Kopf. Jahre später erzählte Clapton Steve Turner: »Er wollte mich unbedingt drankriegen . . . Ich bin von Wohnung zu Wohnung geflüchtet. Erst als ich aus der Stadt zog, kehrte endlich Ruhe ein. Das war eine solche Erleichterung, und die Gegend war so wunderbar, daß ich mich einfach hinsetzte und diesen Song schrieb – ›Presence Of The Lord‹.«

Für das *Blind Faith*-Album lagen schon vor Erscheinen über eine Million Vorbestellungen vor, so daß es sich weltweit mühelos in den LP-Charts plazieren konnte. Damit war für Claptons Einkünfte erneut gesorgt. Zum erstenmal konnte er beachtliche Tantiemen für seine Arbeit als Songwriter einstreichen. Dazu kam sein Anteil an den abendlich 20 000 Dollar Gage, die Stigwood für die Blind Faith pro Auftritt ausgehandelt hatte. Trotzdem versicherte Clapton unablässig, »völlig pleite« zu sein; daran konnte auch die Tatsache nichts ändern, daß er in einer dicken Limousine von seiner Hotelsuite zu einem eigens für die Band gecharterten Flugzeug kutschiert wurde. Er bestand rigoros auf der Rückzahlung gewisser Darlehen, während er solche Kleinigkeiten, wie beispielsweise Noel Redding, den Bassisten von Jimi Hendrix, zu entlohnen, allzu gern vergaß; Redding mußte sein Geld zweimal anmahnen. Was die einfachen und lebensnotwendigen Dinge wie Kleidung, Essen, Fahrten und Unterkunft anbelangte, konnte sich Clapton voll und ganz auf seinen Manager verlassen. Im Herbst verlängerte Stigwood den Vertrag mit seinem Lieblingsstar, während er mit dem Rest der Band neue Bedingungen aushandelte.

Als nächstes entschloß sich Clapton zu einer Teilnahme an John Lennons »Cold Turkey«-Projekt im Herbst 1969. Nachdem Clapton zu nachtschlafender Zeit einen Anruf erhalten hatte, befand er sich am Nachmittag bereits auf dem Weg nach Toronto. Die Band, bestehend aus John Lennon, Klaus Voorman, Alan White, Eric Clapton, hatte ihre erste gemeinsame Probe erst auf dem Flug nach Toronto in der ersten Klasse des Flugzeuges. Die Plastic Ono Band betrat um Mitternacht die Bühne und spielte zunächst einen Set von sechs Songs: »Blue Suede Shoes«, »Money«, »Dizzy Miss Lizzy«, »Yer Blues«, »Cold Turkey« und »Give Peace A Chance«. Bei diesem letzten Stück tauchte schließlich auch Yoko Ono auf, die sich bis zu diesem Zeitpunkt in einem weißen Sack versteckt gehalten hatte, und beglückte des Publikum mit den Nummern »Don't Worry Kyoto« und »John John«. Claptons Meinung über dieses Projekt war zwiespältig. Zwar schwärmte er in den höchsten Tönen von dem »exzellenten« Konzert in Toronto, doch im privaten Kreis räumte er ein, daß John Lennon und Yoko Ono wohl nur einen Anlaß zur Selbstdarstellung gesucht hätten. (Unter anderem beschwerte er sich darüber, daß Lennon in Toronto ein fürstlicher Empfang bereitet worden sei. Man habe Lennon sofort zu einer von Hell's Angels flankierten Limousine geleitet, während man ihn, Clapton, einfach im Regen stehenließ). Trotzdem ließ er es sich nicht nehmen, Ende Dezember bei einem weiteren Konzert der Plastic Ono Band – diesmal im Londoner Lyceum – mitzuwirken.

Dick Taylor, Gitarrist der Pretty Things, hatte im Herbst desselben Jahres das Vergnügen, mit Clapton im Speakeasy zu jammen: »Eric, der ja bei Cream bekanntermaßen bis zum Äußersten gegangen war, zeigte sich wider Erwarten überaus freundlich, charmant und zurückhaltend.« Taylor vermutet, daß »Eric es einfach nur fürchterlich leid war, als eine Art Übergott gehandelt zu werden«. Der Ruhm forderte seinen Preis. Während Clapton zu seinen Bluesbreakers-Zeiten in dem Ruf stand, sich ab und an mit den Fans an der Bar einen Drink zu genehmigen, mußte er inzwischen die Konzerthallen heimlich durch einen Nebenausgang verlassen, um den Menschenhorden zu entkommen, die ihn ständig verfolgten. Das hatte nicht nur zur Folge, daß er sein Aussehen und sein Verhalten änderte, es schlug sich auch in seiner Musik nieder. Sowohl das Album der Blind Faith als auch seine Auftritte mit John Lennon und Yoko Ono ließen bei aufmerksamen Zuhörern keinen Zweifel daran aufkommen, daß Clapton auf dem besten Wege war, einen weitaus zurückhaltenderen, minimalistischeren Stil zu kultivieren als den bisher von ihm praktizierten. Doch im Grunde genommen folgte er damit nur den Zeichen der Zeit. 1970 schienen die Tage jener Bands, die sich aus lauter Individualisten zusammensetzten, bereits gezählt; statt dessen zeichneten sich immer mehr Gruppen dadurch aus, daß sie kaum mehr als ein sorgfältig und nach allen Regeln des Marktes zusammengestelltes Kunstprodukt waren. Rockmusik wurde zusehends zur reinen Unterhaltungsmusik und die Form war oft wichtiger als der Inhalt. Clapton hatte das erkannt und akzeptiert.

Anfang November folgte das Ehepaar Bramlett einer Einladung Claptons und flog auf seine Kosten nach England. Im Sommer hatten sie und Clapton in New York den Plan gefaßt, ihre gemeinsame Liebe zum Blues und Soul mit einem Album und einer Tournee unter Beweis zu stellen. Nach einem nicht gerade berauschenden Konzert der Bramletts in Deutschland wurde Ray Connolly in Claptons Haus zitiert, um mit einem Interview für die nötige Promotion zu sorgen. Als Connolly spätnachmittags in Hurtwood Edge eintraf, fand er »nur benommene Gestalten vor, die völlig schlaftrunken in der Gegend herumtorkelten«. Clapton lag mit einem riesigen Joint in der Hand der Länge nach vor dem Kamin und schaute verträumt den Rauchwölkchen hinterher. Die ganze Angelegenheit war laut Connolly »äußerst nervend. Ständig tauchten im Wohnzimmer irgendwelche durchgeknallten Leute auf, dermaßen zugedröhnt, daß sie kaum noch aus den Augen gucken konnten.« Im ganzen Haus herrschte eine Finsternis wie in Graf Draculas Familiengruft. Außerdem lagen überall exotische Instrumente herum, die, wie man trotz der schlechten Sichtverhältnisse unschwer erkennen konnte, allesamt ziemlich vergammelt waren.

Delaney And Bonnie And Friends begannen ihre Tournee am

1. Dezember in der Royal Albert Hall. Connolly, der seiner Rolle als Promoter der Band bereits überdrüssig war, schrieb eine Konzertkritik (»Delaney And Bonnie – die derzeit neueste Modetorheit der überdrehten Rockwelt«), in der es vor Anspielungen auf Claptons charakterliche Schwächen nur so wimmelte. In der Albert Hall stand Clapton in Jeans und Weste in einer dunklen Bühnenecke und schrammelte kaum hörbar auf einer Les Paul herum, während Dave Mason seine Gitarre mit einer derartigen Lautstärke spielte, als gelte es einen neuen Weltrekord aufzustellen. Claptons Zurückhaltung mag verschiedene Gründe gehabt haben; einer war sicherlich sein sich zusehends verschlechternder gesundheitlicher Zustand. Seit 1967 hatte er zur Entspannung Marihuna und LSD konsumiert, doch inzwischen griff er immer häufiger zu Kokain (später auch zu Heroin). Zudem trank er Unmengen Alkohol. Zum Teil war Claptons wachsender Drogenkonsum eine Folge seines komplizierten Liebeslebens. Hatten ihn früher seine begrenzten finanziellen Mittel noch davon abgehalten, sich allzu exzessiv mit Drogen zu beschäftigen, so besaß er nun das nötige Kleingeld, um seine Neigung hemmungslos auszuleben. Ein Angestellter Stigwoods meint: »Man mußte Eric nur ansehen, um zu wissen, was mit ihm los war. Seine Pupillen waren so groß wie Christbaumkugeln.«

George Harrison ahnte nichts von den heimlichen Absichten seines Freundes gegenüber Pattie Boyd. Er schloß sich sogar im Liverpooler Empire der Delaney And Bonnie-Tournee an (und sang dort fröhlich »Everybody's Trying To Steal My Baby«). Das Konzert wurde – ebenso wie das nachfolgende – für das obligatorische Live-Album mitgeschnitten.

Derweil trafen sich Stigwood und Blackwell zu einer Krisensitzung – das Ergebnis: eine Probe in Hurtwood Edge und eine kaum nennenswerte Session in den Trident Studios im November. Obwohl sich Baker und Grech alle erdenkliche Mühe gaben, gelang es ihnen nicht, Clapton zu einem zweiten Album zu überreden. Lieber philosophierte er nächtelang mit Delaney Bramlett, in dem er die ideale Vaterfigur gefunden zu haben glaubte.

Der von Clapton so schmählich im Stich gelassene Rest der Blind Faith tat sich später für kurze Zeit unter dem Bandnamen Airforce wieder zusammen. Es vergingen Jahre, bis Clapton und Baker wieder miteinander sprachen. Grech spielte ein Jahr lang bei Mike Bloomfield, unternahm danach den mißglückten Versuch, ein Country-Album einzuspielen, und kehrte schließlich nach Leicester zurück, wo er 1990 verstarb. Bis zu seinem Tod stand er den Mitgliedern von Blind Faith mit gemischten Gefühlen gegenüber, besonders Clapton, den er Rob Townsend als »krankaft ehrgeizig« beschrieb. Steve Winwood war übrigens derselben Ansicht: »Heute weiß ich, daß Blind Faith, wie auch die Yardbirds und die Bluesbreakers, für Eric nichts anderes als eine Zwischenstation waren . . . Und irgendwann war er dann einfach nicht mehr in der Lage, in einer Band zu spielen. Es blieb ihm gar nichts anderes übrig, als solo zu arbeiten.«

Und genau das war Claptons nächster Schritt. Zwischen Januar und Juni 1970 nahm er mit einigen Unterbrechungen das Basismaterial zu seinem ersten Solo-Album (*Eric Clapton*) auf, das im August veröffentlicht wurde, eine ansprechende Mixtur aus Blues und Gospel mit deutlichen Einflüßen von Delaney And Bonnie und mit Songtexten, die laut Clapton nichts mit dem distanzierten Stil eines Ray Davies oder Pete Townshend gemein hatten, sondern »ausgesprochen persönlich« waren. Die Titel »Blues Power«, »Bottle Of Red Wine« und »Let It Rain« erwiesen sich als Songs von erstaunlicher Zeitlosigkeit – erstaunlich vor allem deshalb, weil sie sich nahtlos in ein angenehm vor sich hinplätscherndes Album einfügten, das in keinem Augenblick musikalisch wirklich mitreißen konnte. Außerdem konnte man eine Coverversion von J. J. Cales »After Midnight« hören, ein Song, der damals kaum Beachtung fand, später jedoch mit seinem sanften und einschmeichelnden Sound zum Synonym für den Namen Eric Clapton wurde. In England stieß die LP auf wenig Verständnis; »blutleer«, »seicht« und »nichtssagend« waren nur einige der Attribute, mit denen die Kritiker Claptons Alleingang bedachten. In Amerika hieß es in einer Plattenbesprechungen völlig zu Recht, das Album zeige »einen Clapton im Übergangsstadium, weg vom Chaos und hin zu der eher gelasseneren Haltung eines studio- und banderfahrenen Musikers, der bewußt das hohe Energielevel vermeidet, daß bislang für ihn so typisch war.« Wie auch immer – in jedem Fall bewies die LP, daß Clapton fest entschlossen war, neue Wege zu gehen.

In diesem Winter sahen sich Tausende von Fans im Fillmore West mit einer ausgemergelten bärtigen Gestalt konfrontiert, die neben Soul- und Gospelnummern auch langsame Balladen und Liebeslieder überzeugend zu interpretieren wußte.

Claptons unstillbares Verlangen nach Anerkennung hatte unter anderem zur Folge, daß er immer wieder mit den unterschiedlichsten Gruppen spielte. Zwischen Januar und Juli 1970 stellte er seine Gitarrenkünste Ashton Gardner And Dyke, Stephen Stills, Jonathan Kelly, Ringo Starr, Howlin' Wolf, Jesse Ed Davis, Billy Preston und den Crickets zur Verfügung. Das Verhältnis zwischen Clapton und den Bramletts indes hatte sich seit Anfang April zunehmend abgekühlt. Schon während der gemeinsamen Arbeit an Claptons Solo-Album war es zu Streitigkeiten über die Finanzen gekommen. Ein Mitarbeiter von Stigwoods Team kann sich noch gut daran erinnern, »wie Bonnie wie von der Tarantel gestochen« in Claptons Hotelzimmer platzte, »herumtobte und ihn anschrie, er solle endlich mehr Kohle herausrücken . . . Er hat alle sehr knapp gehalten.« Nachdem die drei Begleitmusiker von Delaney And Bonnie sich erlaubt hatten, in aller Öffentlichkeit die Frage zu stellen, wer denn nun eigentlich für ihre Unkosten aufkomme, wurden sie von Clapton kurzerhand gefeuert.

Im Frühjahr trafen Bobby Whitlock, Jim Gordon und Carl Radle in England ein. Wie schon einige Monate zuvor wohnten sie auch dieses Mal in Hurtwood Edge. Und wie zuvor geriet Ray Connolly bei einem Besuch in Claptons Haus in ein »Chaos von größtem Ausmaß«. Im Mai machte das Quartett im Abbey Road Studio bei den Aufnahmen zu George Harrisons Album *All Things Must Pass* mit. Beobachtern fiel auf, daß Clapton nervös und verwirrt wirkte. Es war genau zu dieser Zeit, als Clapton seine ersten Erfahrungen mit Heroin machte. (»Ich wollte wissen, was es mit dieser schlimmen Droge auf sich hat. Also habe ich sie ausprobiert.«)

Clapton, überzeugter Verfechter der Theorie, daß manche Dinge im Leben eben einfach »passieren«, akzeptierte das Heroin als eine logische Konsequenz seines Kokainkonsums, den er wiederum als natürliche Folge seiner früheren LSD- und Marihuana-Trips ansah. Falls Clapton jedoch geglaubt hatte, daß das Heroin aus ihm einen besseren Musiker machen würde, dann wurde er von Bobby Whitlock eines Besseren belehrt: »Ich habe Eric im Abbey Road gesagt, daß er falsch spiele. Nicht zu leise oder zu laut – einfach nur falsch. Daraufhin hat er mich fast umgebracht.« Whitlocks »Dreistigkeit« hielt Clapton jedoch nicht davon ab, weiterhin mit ihm, Radle und Gordon in Hurtwood Edge zu proben; schließlich ließ er sich von Stigwood sogar zu Live-Auftritten überreden. Claptons neuerliche Bereitschaft, nun doch wieder als Mitglied einer festen Band in Erscheinung zu treten, entbehrte – aus psychologischer Sicht – nicht eines gewissen Masochismus; wahrscheinlich war sein Entschluß jedoch auf rein finanzielle Überlegungen zurückzuführen. Nach einem ersten gemeinsamen Auftritt im Londoner Lyceum wurde aus Eric Clapton And Friends schon bald Derek And The Dominos.

Die darauffolgende Tournee trug nur noch mehr zu Claptons Ruf als Exzentriker bei – ein extrem scheuer Mensch, der gleichzeitig immer gerne Ärger anzettelte und in Clubs Hausverbot bekam. Und da es dem einst so stilsicheren Gitarristen einfach nicht gelingen wollte, das Tempo zu halten, stellte sich manch einer die Frage, wieso er es überhaupt so weit gebracht hatte. Das Publikum in Dagenham, Dunstable und Norwich kam in den Genuß von neun Songs pro Auftritt, wobei die Single »Tell The Truth« mit ihren radikalen Wechseln von Tonlage und Tempo den Höhepunkt bildete. Radle sprach später die Vermutung aus, daß Clapton – allen Unkenrufen zum Trotz – »möglicherweise erst durch Derek And The Dominos zu seinem persönlichen Stil gefunden habe«. Bobby Whitlock meint: »Eric schien damals endlich zu begreifen, daß er mehr mit dem Herzen als mit dem Verstand spielen mußte.« Allein schon die Tatsache, daß Clapton seine Les Paul wieder gegen eine Fender Stratocaster eingetauscht hatte, ließ keinen Zweifel daran aufkommen, daß er sich von der Welt des massiven Gitarrensounds und der theatralischen Soli distanzieren wollte. Während sich bei Cream alles ausschließlich um die Gitarre gedreht hatte, war sie bei Derek And The Dominos Teil eines Ganzen. In den Musikmagazinen brachten die Fans in zahlreichen Leserbriefen ihren Unmut darüber zum Ausdruck, daß Claptons Rolle immer unwichtiger wurde (». . . Falls Eric Clapton nicht bald den Arsch hochkriegt, werden sich die Kritiker einen anderen suchen« . . . »Wenn Clapton seine Krone unbedingt loswerden will, dann braucht er nur so weiterzumachen«). In der Tat klangen die Dominos oft ziemlich lahm, was sich zumindest teilweise aus den Backstage-Gewohnheiten der einzelnen Musiker erklärt: Whitlock rauchte Marihuana, Raddle schoß sich mit LSD ab, und Gordon bereitete sich mit Heroin und Scotch auf den Auftritt vor. Clapton, der keine Gelegenheit ausließ, fragwürdige Zeichen zu setzen, erschien auf der Bühne mit einer Halskette, an der ein Kokslöffel baumelte.

Er traf sich weiterhin mit Pattie Boyd. Ende des Sommers fand nach der Londoner Premiere von *Oh Calcutta!* eine Party in Stigwoods Haus in Stanmore statt. George Harrison, der am gleichen Tag die letzten Arbeiten an seiner LP beendet hatte, traf erst spät am Abend dort ein. Als er einparkte, bemerkte er zu seiner Überraschung seine Frau, die mit Clapton Arm in Arm die Straße entlangging. In diesem Augenblick erkannte Harrison, der bisher über gewisse Gerüchte immer nur gelacht hatte, daß »Eric und Pattie ein Verhältnis hatten«. Später in dieser Nacht führte Clapton von zu Hause aus ein langes Telefongespräch mit seiner Geliebten. Möglicherweise spekulierte Clapton darauf, daß Patties Ehe irgendwann sowieso auseinandergehen würde. Nachdem Harrison sich mit seiner Angetrauten für eine Weile auf sein Landgut zurückgezogen hatte, wandte sich Clapton wieder Patties jüngerer Schwester Paula zu.

Ende August trafen die Dominos in Miami ein, um gemeinsam mit dem Toningenieur Tom Dowd, dem eigentlichen Erfinder des Stereosounds, in den Criteria Studios eine Platte aufzunehmen. Während andere Hotelgäste bereits damit beschäftigt waren, sich für den Nachmittag am Strand vorzubereiten, quälte sich Clapton aus dem Bett, rasierte sich flüchtig, kippte ein oder zwei Ripple oder Gallo, warf ein paar Pillen hinterher, klimperte auf seiner Gitarre herum und begab sich anschließend in die Northeast 149th Street, wo sich in einem alten Stuckgebäude das Studio befand. Im Laufe eines Monats feilten Derek And The Dominos an dem Rohmaterial, das sie in Hurtwood Edge und London erarbeitet hatten, und nach und nach wurde daraus ein Doppelalbum. Nebenbei freundete Clapton sich mit Duane Allman an, den er im Anschluß an ein Konzert der Allman Brothers in Miami (bei dem er übrigens eingeschlafen war) kennengelernt hatte. Am 28. August tauchte Duane im Studio auf, gerade rechtzeitig, um bei einer völlig umgemodelten Fassung von »Tell The Truth« mitzuspielen. Die Freundschaft mit Duane Allman hatte den unschönen Nebeneffekt, daß Claptons Drogenkonsum rapide zunahm und schließlich außer Kontrolle geriet. Sowohl Tom Dowd als auch Ahmet Ertegün versuchten vergeblich, Clapton zur Vernunft zu bringen. Selbst Leon Russell, der, wenn es um Drogen ging, durchaus mitreden konnte, war entsetzt, als er die Ausmaße von Claptons Alkohol- und Heroinkonsum erkannte. Der Diskjockey Scott Ross erinnert sich, Clapton eine Strafpredigt über die »gesundheitlichen Folgen« seines Verhaltens gehalten zu haben, mit dem Ergebnis, daß Clapton ihn seinerseits mit völlig hirnrissigen Ernährungstips bombardierte.

Am 9. September setzten Jim Gordon und Duane Allman – inspiriert von Albert Kings »As The Years Go Passing By« – einige Textfragmente aus der Feder Claptons in einen Song um, der sich zu einem ausgesprochenen Rockklassiker entwickelte. Als Paula Boyd in Hurtwood Edge zum erstenmal »Layla« hörte, packte sie ihre Koffer und zog aus.

Derek And The Dominos gingen im Oktober und November auf Amerika-Tournee. Claptons lockere Spielweise grenzte fast schon an Gleichgültigkeit, und nicht wenige Zuschauer verließen die Konzerte vor der Zeit. Während der seltenen Soli Claptons hörte man vereinzelte Fans, offenbar der harte Kern seiner Anhängerschaft, immer wieder seinen Namen rufen. Nach Whitlocks Überzeugung lag der Hauptgrund für den mäßigen Erfolg der Band neben »Übermüdung, abgrundtiefer Erschöpfung und zu vielen Drogen« – in einem fundamentalen Mißverständnis. Das Publikum kam in die Konzerte, um »Eric und seine drei Begleitmusiker« zu bestaunen. Für Clapton waren die Reaktionen der Fans – seiner, wie er sie nannte, »sklavisch ergebenen Gefolgschaft« – der lächerliche Versuch, ihn unter Druck zu setzen und ihn so zu einer Umkehr zum

Blues zu zwingen. Nach einem der letzten Konzerte der Amerika-Tournee schimpfte er hinter der Bühne: »Wenn ich diese Musik nicht so sehr lieben würde, würde ich sie hassen.«

Während Clapton mit dem ignoranten Publikum haderte, versuchte Stigwood verzweifelt, seinen Schützling von der Notwendigkeit gewisser Zugeständnisse zu überzeugen. *Layla* – das Album wie der Song selbst – bestätigte eine Entwicklung, die schon bei Blind Faith eingesetzt und mit Delaney And Bonnie ihre Fortsetzung gefunden hatte. Da Clapton das Gefühl hatte, sein eigenes Potential längst noch nicht ausgeschöpft zu haben, verlegte er sich mehr und mehr darauf, mit anderen Stilrichtungen zu experimentieren. Er fügte der Musik Jimmy Reeds und Blind Willie Johnsons eine Prise Rockabilly, Country und Soul hinzu, ja sogar gewisse Vorläufer-Elemente von Rap und Disco.

Das Doppelalbum der Dominos, Ende Dezember veröffentlicht, dokumentierte eindrucksvoll Claptons Vorliebe für The Band. Die ersten drei Stücke hätten durchaus von Robbie Robertson stammen können. Daneben wies das Album deutliche Bezüge zu Jimi Hendrix (»Little Wing«), Delaney And Bonnie (»Anyday«) und George Harrison (»I'm Yours«) auf. Melancholischen Songs wie »Bell Bottom Blues« und »It's Too Late« wußte Clapton überzeugendes Pathos zu verleihen. Das allumfaßende Thema des Albums – unerwiderte Liebe – kam vor allem im Titelsong zum Ausdruck. »Layla« war natürlich ein einziger Lobgesang auf Pattie Boyd. Man mußte kein Hellseher sein, um zu erkennen, daß Clapton in seinem Text – der unter anderem die Zeile »I tried to give you consolation/When your old man had let you down« enthielt – seine eigene mißliche Lage schilderte. Obwohl Duane Allman seinem Freund bei dem Song kräftig unter die Arme gegriffen hat, obwohl Jim Gordon und Rita Coolidge (deren Name auf dem Albumcover nicht einmal erwähnt wurden) die stimmungsvolle Coda verfaßt haben, und obwohl jahrelang über den tatsächlichen Ursprung des Gitarrenthemas gemutmaßt wurde, gehört »Layla« ganz ohne Frage zu den musikalischen Höhepunkten in Claptons Karriere und ist der eindrucksvolle Beweis seiner unzweifelhaften Fähigkeit, intensive Gefühle in nicht minder intensive Musik zu verwandeln. Wahrscheinlich ist »Layla« der einzige Song der Dominos, der vom Drogenkonsum der Band tatsächlich profitiert hat. »Von Eric stammt der Mittelteil, der Titel und ein Teil des Songtextes. Duane hat das Intro geschrieben und Gordon und Coolidge den Klavierpart. Wir waren alle an dem Song beteiligt. Und wir waren alle ständig stoned«, beschreibt Bobby Whitlock die Umstände.

Doch das Album schaffte weder in Amerika noch in Europa den Sprung in die LP-Charts. Als im Juli 1972 »Layla« schließlich als Single veröffentlicht wurde, erreichte der Titel in England immerhin die Top Ten. Ähnlich wie »Yesterday« oder »Satisfaction« sprach dieser Song auch die nächste und übernächste Generation an, wurde zu einem Evergreen, der noch zwei Jahrzehnte später gerne gehört wurde. Bereits Jahre vor Live Aid und *Unplugged* hatte »Layla« seine ursprüngliche Bedeutung längst verloren, war zu einem Stück Nostalgie geworden, das zumindest für einen kurzen Augenblick über die Tatsache hinwegzutäuschen vermochte, daß die Zeiten sich geändert hatten. Der Song rief bei älteren Zuhörern vage Erinnerungen an jene Augenblicke wach, in denen sie zum erstenmal die Anfangsakkorde dieses Titels gehört hatten. Natürlich hatte sein Erfolg etwas mit der Brisanz seines Thema zu tun. Immerhin ging es hier nicht um die Liebe zu einer x-beliebigen Frau, sondern um die Liebe zu einer Frau aus Claptons Umfeld, zudem die Gemahlin George Harrisons. Diesem melodramatischen Aspekt von »Layla« war es zu verdanken, daß der Song nicht dem Schicksal anheimfiel, als Eintagsfliege in Vergessenheit zu geraten. Hätte Eric Clapton 1971 seine Gitarre an den Nagel gehängt, wäre er wahrscheinlich allein aufgrund dieses Songs als einer der sensibelsten Gitarristen aller Zeiten in die Rockgeschichte eingegangen.

Nach einem letzten Versuch in London lösten sich die Dominos im Mai 1971 auf, selbstverständlich – wie bei Clapton so üblich – nicht ohne die dazugehörige Dramatik. Nach dem vergeblichen Versuch, einen Song namens »Till I See You Again« aufzunehmen, kam es im Studio zu Handgreiflichkeiten. Bobby Whitlock erinnert sich: »Clapton und Gordon brüllten sich an, daß die Wände wackelten. Eric schnallte seine Gitarre ab und ging damit auf Jim los. Er hätte ihn umgebracht, wenn wir ihn nicht zurückgehalten hätten.«

Derek And The Dominos sind in Vergessenheit geraten. Whitlock ging nach Memphis, Radle nach Tulsa. Duane Allman wurde im Oktober 1971 bei einem Motorradunfall getötet. Gordon wurde 1984 zu sechzehn Jahren Haft verurteilt, nachdem er seine Mutter umgebracht hatte; im Polizeibericht ist von »Stimmen« und »seltsamen Erscheinungen« die Rede. Claptons Anteilnahme beschränkte sich auf einige »aufmunternde Worte«, die er ihm übermitteln ließ. Im Februar 1993 sah sich Gordon im Gemeinschaftsraum des Atascadero State Hospital in Kalifornien die TV-Austrahlung der Grammy-Verleihung an. Als »Layla« ausgezeichnet wurde, gab er ein Geräusch von sich, das einem anderen Patienten zufolge klang, »als würde ein Wolf den Mond anheulen«. Anschließend habe Gordon einen Tobsuchtsanfall bekommen und völlig kopflos auf die Stahltür eingedroschen. Während Clapton in seinem Dinnerjackett lächelnd den Preis entgegennahm und in die Kamera winkte, wurde Gordon mit Psychopharmaka vollgepumpt und in sein Zimmer geführt.

Im Frühjahr 1971 konnte Eric Clapton sich rühmen, innerhalb von acht Jahren sieben Bands verschlissen zu haben – selbst für eine Branche, die für ihre extreme Schnellebigkeit bekannt ist, eine geradezu rekordverdächtige Leistung. Wer sich mit Clapton einließ – das konnten eine Reihe von Ex-Freunden und Kollegen bestätigen –, mußte sich darüber im klaren sein, daß langfristige Zukunftspläne keine Chance hatten. Auch als Clapton sich später mehr und mehr ins Privatleben zurückzog, hatte er eine ganze Reihe ebenso intensiver wie flüchtiger Beziehungen. Bislang war die Musik die einzige wirkliche Konstante seines Lebens gewesen. Doch 1971 drohte dieser rote Faden abzureißen. Immer häufiger griff Clapton zur Kompensation seiner privaten Probleme zum Heroin. Dabei schreckte er auch nicht davor zurück, seinen wachsenden Drogenkonsum als emotionales Druckmittel einzusetzen: Nachdem er Pattie Boyd »Layla« vorgespielt hatte, hielt er ihr – so Clapton selbst – »ein Päckchen Heroin unter die Nase und stellte sie vor die Alternative, entweder zu mir zu ziehen oder die Verantwortung dafür zu tragen, daß ich dieses Zeug noch eine ganze Weile nehmen würde«. Doch auch ohne ihre Zurückweisung hätte Claptons Drogenkarriere zwangsläufig den gleichen Verlauf genommen, sie wurde dadurch allenfalls beschleunigt. Die Tatsache, daß im Herbst 1970 sowohl Jimi Hendrix als auch Jack Clapp gestorben waren, mag ebenfalls eine gewisse Rolle gespielt haben. Viel naheliegender scheint allerdings zu sein, daß Clapton aus reiner Unsicherheit heraus zum Heroin gegriffen hat. Er wollte sich Gordon, Radle und Whitlock gegenüber keine Blöße geben, wollte als einer von ihnen akzeptiert und anerkannt werden. Ihre andauernden Sticheleien, er sei doch viel zu »feige«, um Heroin zu nehmen, blieben nicht ohne Wirkung, führten dazu, daß er sich schließlich immer häufiger, um mit seinen eigenen Worten zu sprechen, »beide Nasenlöcher mit Koks und Heroin zustopfte und gleichzeitig eine Flasche billigen Rotwein in das rechte und eine Flasche Scotch in das linke Ohr goß«. Die nächsten drei Jahre seines Lebens sollten ein einziger permanenter Absturz werden.

Den Auftakt bildete sein sechsundzwanzigster Geburtstag. An diesem Tag gaben die Rolling Stones, die inzwischen beschlossen hatten auszuwandern, im Skindles Hotel in Maidenhead ihre Abschiedsparty, zu der auch Clapton eingeladen war. Er gröhlte am lautesten, als Mick Jagger seinem Protest gegen die Schließung der Hotelbar dadurch Nachdruck verlieh, daß er einen Tisch in das Spiegelglas hinter der Theke schleuderte. Anschließend feierten sie in der Cheyne Walk weiter. Dort fing Clapton einen Streit mit Alice Ormsby-Gore an (er hatte das Verhältnis wieder aufgewärmt, nachdem die Boyd-Schwestern nicht mehr zur Verfügung standen). »Eric behandelte Alice wie ein Dienstmädchen«, so Ian Stewart. Damit traf er den Nagel auf den Kopf. Meistens hielt sie sich in Hurtwood Edge auf, kümmerte sich um Haus und Garten, während Clapton sich in London herumtrieb. Als Gegenleistung erwartete sie lediglich, daß Clapton seine amourösen Eskapaden in gewissen Grenzen hielt, sich von ihr bei der Wahl seiner Drogen beraten ließ und weiterhin Musik machte. Doch selbst das schien zuviel verlangt. Entweder schnauzte er sie an, oder er strafte sie mit Schweigen. Um nicht mit ihr reden zu müssen, drehte er seine Stereoanlage bis zum Anschlag auf oder schloß sich in sein Zimmer ein, um Spielzeugpuppen zu zeichnen.

Im August nahm Clapton am Concert for Bangladesh teil, einer Großveranstaltung mit Staraufgebot, die George Harrison in New York organisiert hatte. Claptons Spiel wirkte unausgeglichen und er selbst ziemlich heruntergekommen. Alice Ormsby-Gore versorgte ihn während der Show von einem Gerüst aus, das neben der Bühne aufgebaut war, mit Methadon. Anschließend folgte die übliche Party, auf der Clapton – in Jeansjacke und Stiefeln – einen unbeteiligten, äußerst introvertierten, ruhigen, sogar bescheidenen Eindruck machte. Seine Konversation beschränkte sich auf fatalistische Andeutungen (»Meine Affäre mit dem Reichtum ist endgültig vorbei.«) und Lamentos über den geringen Erfolg von *Layla* und das Mißlingen diverser Privatgeschäfte. Als John Lennon gegen Ende des Monats den Vorschlag machte, daß er, Clapton, Yoko Ono und Alice Ormbsy-Gore ihr Geld in eine Yacht investieren sollten, um auf offener See und unter freiem Himmel die Annehmlichkeiten der freien Liebe zu genießen und schließlich in Tahiti vor Anker zu gehen, war Claptons erste Frage: »Und wer soll das bezahlen?« Als Lennon es ablehnte, für das Unternehmen die Bürgschaft zu übernehmen, wurde es stillschweigend ad acta gelegt.

1971 verstrickten sich George Harrison und Clapton gemeinsam mit Pattie Boyd und Alice Ormsby-Gore in ein Beziehungswirrwarr (jeder der beiden Männer war an der Frau des anderen interessiert). Man traf sich regelmäßig in Harrisons Herrenhaus; dort saßen die vier gemeinsam bei schummrigem Kerzenlicht, während der Wind, der durch den altehrwürdigen Säulengang heulte, die passende Geäuschkulisse lieferte. Zu fortgeschrittener Stunde veranstalteten die beiden Paare obskure Gesellschaftsspiele, unter anderem eine hollywoodreife Verfolgungsjagd, die Clapton und Pattie Boyd immerhin die Gelegenheit bot, sich gemeinsam im Schlafzimmerschrank zu verstecken. Eine der Frauen berichtet von »Nächten, in denen wir bei flackerndem Kerzenlicht durchs Haus geisterten wie Gestalten aus einem Horrorroman. Es war ziemlich wüst.«

Richard Drew, Claptons Schulfreund aus Hollyfield und angehender Künstler (unter anderem gestaltete er das Cover von *Led Zeppelin III*), kam in diesem Sommer nach Hurtwood Edge, um mit seinem ehemaligen Kumpel alte Erinnerungen auszutauschen, nicht ohne die heimliche Hoffnung, bei dieser Gelegenheit einen Auftrag zu ergattern. Er wurde von einem »freundlichen, aber distanzierten« Clapton begrüßt. »Überall herrschte ein mittleres Chaos. Eric führte mich in sein Allerheiligstes, sein Musikzimmer, wo er dann unverständliches Zeug vor sich hinbrummelte und unentwegt auf seiner Gitarre herumklimperte. Ab und zu tauchte Alice auf, brachte Tee oder Zigaretten oder auch nur die Nachricht, daß sie irgendwelche Konzertkarten nicht finden könne. Zwischendurch kredenzte der Küchenchef ein Tablett mit Schokoladenplätzchen ... Eric führte sich seinen Angestellten gegenüber wie der Sonnenkönig auf. Er war freundlich, aber ganz offensichtlich lebte er in einer anderen Welt.« Drew reiste ohne den erhofften Auftrag ab; statt dessen überreichte ihm Clapton einen Emaillering – »wie ein Monarch, der Almosen austeilt«.

Claptons Heroinsucht war, wie so vieles in seinem Leben, mehr oder weniger die Folge eines unbedachten Augenblicks. Er wollte Kokain, sein Dealer gab ihm Heroin, also nahm er Heroin. »Das war ein ganz übler Trick. Ich hätte niemals damit angefangen, wenn das Zeug nicht bei mir herumgelegen hätte«, behauptete Clapton später. Jeder, der zum erstenmal Heroin nimmt, ist davon überzeugt, damit umgehen zu können. Bei Clapton war es nicht anders.

Sein rapider Abstieg wird gemeinhin durch das unglückliche Zusammentreffen verschiedener äußerer Umstände und Ereignisse zu erklären versucht – der kommerzielle Fehlschlag der *Layla*-LP, der Tod von Jimi Hendrix und Jack Clapp, die unglückliche Liebe zu Pattie Boyd.

Layla war für Clapton eine herbe Enttäuschung. Er kannte den Erfolg, nun lernte er den Mißerfolg kennen. Manche Rockfreaks, die offensichtlich nicht mitbekommen hatten, daß Capton eine neue Band gegründet hatte, brachten nicht einmal seinen Namen mit dem Album in Verbindung. (Erst als die Polydor eine »Derek is Eric«-Kampagne startete, wurden auch sie hellhörig.) Clapton, im festen Glauben, mit *Layla* einen Meilenstein der Rockmusik abgeliefert zu haben – eine Meinung, die übrigens auch Tom Dowd teilt –, fühlte sich von seinen Fans im Stich gelassen. Aus dem einstigen Gitarrengott war einer der vielen unverstandenen Künstler dieser Welt geworden, für den Kritiker wie Publikum allenfalls ein müdes Lächeln übrig hatten. Diese Erkenntnis stürzte Clapton in ein abgrundtiefes Loch.

Clapton bezeichnete den Tod seines Großvaters als einen »traumatischen Schock, vor allem, weil Rose so sehr darunter litt«. Er selbst hatte sich dem Ort seiner Kindheit und Jugend immer mehr entfremdet. Gelegentlich sah man seinen Ferarri auf dem Schotterparkplatz des Ship stehen, und nie vergaß er die Geburtstage seiner Großeltern. Doch Freunden gegenüber nannte er Ripley ein »lausiges Nest, gerade gut genug, um dort aufzuwachsen«. Erst 1987 räumte Clapton bei einem Fernsehinterview ein, daß zwischen seiner Drogenabhängigkeit und dem Tod seines Großvaters ein gewisser Zusammenhang bestanden habe.

Claptons Verhältnis zu Jimi Hendrix wird häufig überbewertet. Sicher, es gab künstlerische Berührungspunkte, und es mag sein, daß sie einander respektierten. Wirklich befreundet waren sie jedoch nie, und auch ihre beruflichen Kontakte – hier ein gemeinsamer Auftritt im Greenwich Village, dort ein kurzes Duett im Londoner Ad Lib Club – blieben die Ausnahme. Als Hendrix starb (damals befanden sich die Dominos auf Europa-Tournee), weigerte sich Clapton, an der Beerdigung teilzunehmen, mit der Begründung, die Trauerfeierlichkeiten seien ja doch nur ein einziges »Medienspektakel«.

Weitaus belastender für Clapton waren seine unterdrückten Gefühle zu Pattie Boyd. Alice Ormbsy-Gore, eine ebenso genügsame wie intelligente Frau, machte sich über die wahren Absichten Claptons keinerlei Illusionen; für sie war er ein »offenes Buch«. Obwohl er sie nicht eben gut behandelte und sich immer wieder auch mit anderen traf, blieb sie bis 1974 an seiner Seite.

Ein weiterer Grund für Claptons Drogenexzesse mögen seine klischeehaften Vorstellungen vom Leben eines Bluesmusikers gewesen sein. In gewisser Weise gaben ihm die Drogen die Möglichkeit, sich über die Musik hinaus mit seinen großen Idolen zu identifizieren (»Seine Helden waren diese kaputten Typen, die sich nur von Bohnen aus der Dose ernähren«, erklärt Pete Townshend). Vor allem hatte es ihm der Musiker Huddie Ledbetter angetan, und voller Bewunderung zitierte er bisweilen dessen prophetische Zeilen:

Well a nickel is a nickel an' a dime is a dime
I snort cocaine any old time,
Hey hey baby have a whiff on me,
Whatever happened to the friends I know,
Who needs friends when you can have snow . . .

Um seine Drogensucht zu rechtfertigen, griff Clapton häufig zu literarischen Zitaten, führte Schriftsteller wie Samuel Taylor Coleridge und William Blake an, dessen Aphorismus »Die Straße des Exzesses führt zum Palast der Weisheit« ihn besonders beeindruckt hatte. Clapton selbst sprach von einer »langen Reise in die Dunkelheit«, die schließlich einen anderen Menschen aus ihm machen werde, und seine Anfälligkeit für Drogen sei lediglich die Folge seiner »emotionalen Not«. Doch konnten diese Worte nicht darüber hinwegtäuschen, daß der Drogenkonsum für ihn zum täglichen Ersatz für die Bühne geworden war, dem einzigen Ort, wo er wirklich er selbst sein konnte. Als er sich 1971 völlig aus der Musikszene zurückzog – was unter anderem mit der simplen Tatsache zusammenhing, daß sich ihm keinerlei Möglichkeiten mehr boten –, verfiel er den Drogen vollends. So gesehen war Claptons Heroinabhängigkeit die Flucht vor der Erkenntnis, daß sein Leben, von der Musik einmal abgesehen, ziemlich bedeutungslos war, sein Griff zur Droge der verzweifelte Versuch, der bitteren Wahrheit zu entkommen.

Über Jahre hinweg hatte Eric Clapton seinen exzessiven Lebenswandel nie in Frage gestellt. Schon während seiner Zeit bei den Yardbirds konnten Rose und Jack angesichts der wüsten Ausschweifungen ihres Enkels nur noch verständnislos den Kopf schütteln. Wenn Clapton von seinen Exzessen erzählte, konnte man manchmal den Eindruck gewinnen, als schwinge ein gewisser Stolz dabei mit. Unablässig betonte er, wie chaotisch sein Leben sei, ein Leben am Rande des Abgrunds; je schockierter seine Zuhörer waren, um so besser. Ben Palmer erzählt: »Eric hatte sich in die fixe Idee verrannt, daß man als Künstler und Musiker unbedingt bis zum äußersten gehen müsse, und alle Welt habe sich angesichts derartiger Opferbereitschaft gefälligst um sein Wohlergehen zu kümmern.«

Zweifellos hatte Claptons rigoroser Rückzug aus dem Showbiz noch einen weiteren Grund: Er war realistisch genug, um zu erkennen, daß er sich in einem kreativen Tief befand. Wie bei anderen britischen Popgrößen der ersten Stunde, den Beatles, Stones und Kinks, hatte sich auch Claptons Energie nach nunmehr sieben Jahren sichtlich erschöpft. Er hatte alles erreicht, was er sich am Anfang seiner Karriere vorgenommen hatte, konnte auf mittlerweile zehn Alben zurückblicken, hatte Hunderte von Konzerten in fast allen Ländern dieser Welt gegeben und sich ganz nebenbei an ungezählten Projekten anderer Musiker beteiligt. Trotz aller Selbstzweifel hatte er Großes geleistet, hatte der Welt bewiesen, daß er ein außergewöhnliches Talent besaß. Pete Brown ist davon überzeugt, daß »Erics Rückzug ins Privatleben eine sehr bewußte Entscheidung war. Wenn man damals wirklich seine Ruhe haben wollte, dann mußte man völlig von der Bildfläche verschwinden – so einfach ist das. Und während Clapton zwei Jahre lang über sein Leben nachdachte, eroberten Sweet, Slade und Garry Glitter die Charts.«

Während der ersten sechs Monate seines Einsiedlerdaseins in Hurtwood Edge gelang es Clapton bemerkenswerterweise, das Image des brillanten Künstlers aufrechtzuerhalten. In Begleitung von Alice Ormsby-Gore besuchte er seine Familie und Freunde in Ripley und London; er schrieb die Songs »Give Me Strength« und »Let It Grow«, die zu den überzeugendsten seiner gesamten Karriere gehören. Doch mit der Zeit häuften sich die Berichte über den völlig heruntergekommenen Drogenabhängigen, der Rouge auflegte, um seine Blässe zu verbergen. »Ich war mir durchaus darüber im klaren, was da ablief, was ich mir antat«, erklärte er Ray Coleman. »Den ganzen Tag lag ich im Bett und hab' mich mit Heroin vollgepumpt.« Clapton registrierte seinen Abstieg mit Gleichmut und erstaunlicher Nüchternheit. Es machte ihm nichts aus, daß man über ihn redete; im Gegenteil, er fand an seiner Rolle als unverbesserlicher Eremit und unverstandener Outcast Gefallen.

Doch diese Tatsache änderte nichts daran, daß die Dinge zunehmend außer Kontrolle gerieten. Um seine Sucht zu finanzieren, versetzte Clapton sogar einen Teil seiner Gitarren. Immer häufiger kam es zwischen ihm und Alice Ormsby-Gore zu hysterischen und mitunter auch gewalttätigen Szenen. Alten Freunden knallte er die Tür vor der Nase zu. Diese Erfahrung mußte auch Ben Palmer machen, als er 1972 Hurtwood Edge einen Besuch abstattete: »Eigentlich bin ich sogar zweimal dagewesen. Das erste Mal hat mir niemand geöffnet, obwohl ich genau wußte, daß er da war. Beim zweiten Mal erschien Eric an der Tür und machte mir unmißverständlich klar – sein Wortschatz war wirklich erstaunlich –, daß ich von hier verschwinden solle.« Claptons Mutter erging es nicht viel anders.

Ein Freund Claptons, der ihn in London traf, war entsetzt, als er sah, wie tief das Idol einer ganzen Generation gesunken war: »Zwischen Eric und Alice spielten sich unglaubliche Szenen ab. Beide waren Junkies, und beide wollten den besten Stoff für sich alleine haben . . . Ich war auf eine derartige Gewalt nicht vorbereitet. Daß miese Typen miese Aktionen bringen, ist man ja gewohnt. Aber daß jemand wie Eric sich so gehen ließ, machte mich wirklich fertig.«

Die Gerüchte über Clapton nahmen überhand. Sowohl seine Mutter als auch seine Großmutter (»Ich habe einmal versucht, mit ihm darüber zu reden . . . er hat nur gelacht«) wußten über seinen Zustand Bescheid. Alice Ormsby-Gores Vater, der die schlimmen Befürchtungen, die er bereits 1969 gehegt hatte, inzwischen bestätigt sah, versuchte die beiden durch seitenlange Briefe und persönliche Gespräche zur Umkehr zu bewegen. Von Claptons Musikerkollegen brachte einzig Pete Townshend Verständnis für die Situation auf; regelmäßig wurde er von Telefonanrufen aufgeschreckt, in denen Clapton ihn hysterisch um Hilfe bat. Ansonsten beschränkte sich die Anteilnahme seiner Kollegen auf die trostreiche Prophezeiung, daß – wie John Lennon es ausdrückte – »Eric schon wieder zurückkommen« würde. Was die Presse betraf, so sah sie in Clapton lediglich ein weiteres Opfer des Erfolgs. In einem Artikel in der *Sounds* hieß es:

Claptons Schicksal ist dem anderer Musiker, die den Status eines Starvirtuosen erreicht haben, nicht unähnlich. Insbesondere Gitarristen scheinen einem immensen Druck ausgesetzt zu sein, was in erster Linie wohl daran liegt, daß ihr Instrument in der Rockmusik eine tragende Rolle spielt . . . Nicht jeder ist diesem Druck gewachsen. Claptons Beitrag zur Rockmusik schrumpfte im vergangenen Jahr von ursprünglich noch ein paar Studioarbeiten und Liveauftritten schließlich zu einem Nichts zusammen . . . Derek And The Dominos waren von Anfang an zum Scheitern verurteilt. Trotz aller Zurückhaltung auf der Bühne und trotz der Tatsache, daß sein Name nicht auf den Plakaten auftauchte, konnte er dem Rampenlicht nicht entkommen. Die Leute kamen nur aus einem einzigen Grund: Sie wollten Clapton sehen.

Doch Claptons Rückzug aus der Musikszene war nicht so vollständig, wie es auf den ersten Blick scheinen mochte. Zwischen 1971 und 1973 tauchte sein Name in geradezu inflationärer Weise auf den Alben anderer Künstler auf. Die namhaftesten Musiker, so Mick Jagger, »rannten ihm förmlich die Bude ein«, und Clapton, der seinen kreativen Burnout auf keinen Fall publik werden lassen wollte, arbeitete während seines angeblichen Exils unter anderem mit Buddy Guy, Bobby Whitlock, Bobby Keyes, Stevie Wonder und John Mayall. In New York trat er mit George Harrison auf, in London mit Leon Russell. Er richtete sich in Hurtwood Edge ein kleines Privatstudio ein, um dort ungestört an neuen Songs arbeiten zu können. Er besuchte alte Kollegen und Freunde in London, tauchte gelegentlich in einschlägigen Clubs und Restaurants auf und nahm sogar an einem öffentlichen Empfang teil, der am 25. Feburar 1972 für George Harrison gegeben wurde. Außerdem begleitete er Keith Richards nach Südfrankreich, um sich in dessen Villa von den Strapazen des Einsiedlerlebens zu »erholen«.

Claptons Reiselust war ungebrochen. Fast schien es, als messe Clapton die Distanz zu seinen Problemen in Kilometern. So ließ er sich immer mal wieder in Paris und New York blicken, stets darauf bedacht, daß seine Ausflüge in einem angemessenen Stil stattfanden. Nach dem verspäteten Single-Erfolg von »Layla« im Juli 1972 erhielt er von Stigwood eine großzügige Finanzspritze, und auch Alice Ormsby-Gores Vater griff ihm finanziell unter die Arme.

Kurzum, Clapton führte alles andere als ein entbehrungsreiches Leben. Er entdeckte seine Vorliebe für die Haute Couture, wurde Stammkunde bei exklusiven Herrenausstattern und orderte ohne mit der Wimper zu zucken auf Rechnung der Marshbrook Limited ein Dutzend Anzüge auf einen Schlag. Selbst in den eigenen vier Wänden legte Clapton besonderen Wert auf seine äußere Erscheinung, trug nur das Feinste vom Feinsten und brachte oft Stunden damit zu, die allzu sichtbaren Auswirkungen seines exzessiven Drogenkonsums mit Make-up zu kaschieren. Trotzdem betonte er immer wieder, daß er alles in allem ein völlig »normales Leben« führe. Ben Palmer erzählt: »Selbst als er sich auf dem absoluten Tiefpunkt befand, war Eric ganz Aristokrat. Wenn er dich rausgeworfen hat, dann mit Stil.«

Während Clapton nach außen hin die Rolle des einsamen Sinnsuchers spielte, wurde lebhaft über sein Verhältnis zur Religion spekuliert. Wie die meisten seiner Generation wurde Clapton im Geiste einer institutionalisierten Religion erzogen. Seine Großeltern waren praktizierende Anglikaner; sorgsam achteten sie darauf, daß ihr Enkel regelmäßig in die St. Mary Magdalen-Kirche ging, wo er auch getauft und konfirmiert wurde. »Eric kam jeden Sonntag«, erinnert sich Matthew Wood, »immer adrett, immer pünklich.« Jahre später, in London, begann er die Grundlagen seines Glaubens zu hinterfragen. Er lernte Leute kennen, die ihre eigene Religion hatten und für die Gott, um mit Bob Dylans Worten zu sprechen, auch in einem Gänseblümchen existierte. Clapton kam zu der Schlußfolgerung, daß der Glaube im wesentlich eine Frage der Herkunft und Erziehung sei. Für ihn war Religion kaum mehr als Mystizismus – bis zu jenem Tag, an dem er während einer Tournee mit den Dominos »erleuchtet« wurde:

Eines Abends kamen zwei Typen in meine Garderobe ... Christen ... Wir knieten nieder und beteten. Mit einem Mal war ich von einer seltsamen Ruhe und Zuversicht erfüllt, und ich fragte sie erstaunt: »Was ist passiert? Ich fühle mich viel besser!« Ich wollte ihnen zum Abschluß ein Jimi Hendrix-Poster zeigen, das ich gekauft hatte. Ich kramte in meinen Sachen herum, und plötzlich kam da dieses Christusbild zum Vorschein, das ich nie zuvor in meinem Leben gesehen hatte. In diesem Augenblick wurde ich zum überzeugten Christen.

Über diesen Vorfall wurde in der amerikanischen Presse ausführlich berichtet. Clapton reagierte darauf mit dem Eifer des Bekehrten, kaufte eine riesige Bibel, die er in Hurtwood Edge auf einem Lesepult demonstrativ zur Schau stellte. Doch 1972 änderte er seine Meinung: Er ließ die Bettelbriefe der christlichen Organisationen unbeantwortet und die Bibel diskret verschwinden. Clapton sah keinerlei Veranlassung, seine Abkehr vom christlichen Glauben noch einmal gründlich zu überdenken oder gar zu begründen, obschon die Rituale der Kirche weiterhin eine gewisse Faszination auf ihn ausübten. »Ich kann nur sagen, daß ich an die Bibel genausowenig glaube wie an irgendein Fernsehprogramm«, ließ er 1974 verlauten. Trotzdem bestand er bei bestimmten Anlässen – bei seiner Hochzeit und der Geburt seines Sohnes – auf den Segen der anglikanischen Kirche. Seine Konzerte beendete er mit einem ebenso banalen wie salbungsvollen »Gott segne euch«.

Die Fans waren bereit, ihrem Idol so ziemlich alles zu verzeihen. Das wußte auch Eric Clapton. Zwischen 1971 und 1973 stand er in ständigem Kontakt mit Stigwood, um gemeinsam mit ihm dafür zu sorgen, daß er bei seinem Publikum nicht in Vergessenheit geriet. Das Ergebnis waren eine Reihe von Neuveröffentlichungen und Kompilationen (*Heavy Cream*, *Live Cream Vol. 2*, *The Dominos Live In Concert*), stets begleitet von entsprechenden Berichten in der Musikpresse, deren einziger Zweck es offensichtlich war, die Welt auf Eric Claptons Comeback vorzubereiten. Er selbst hatte nie behauptet, daß sein Rückzug aus der Musikszene endgültig sein würde. Die offizielle Erklärung, die Stigwood und sein geschäftstüchtiger Finanzberater Roger Forrester in Umlauf gebracht hatten, besagte, daß Clapton sich von den gewaltigen Anstrengungen, die er für seine Fans auf sich genommen habe, dringend erholen müsse, gleichzeitig aber die Zeit nutzen wolle, um Songs zu schreiben. Stigwood und Forrester ließen sich immer neue Tricks einfallen, um die Fans bei der Stange zu halten. Besonders der in der Presse vielfach wiederholte Ausdruck »kreative Reflexion« zeigte nachhaltige Wirkung, hinterließ er doch bei den Fans die Gewißheit, daß Clapton nur für sie solch intensive, nachgerade heldenhafte Seelenforschung betrieb. Der einzige Schwachpunkt in Stigwoods Strategie war Clapton selbst. Wollte man von dem sorgsam ausgeklügelten Vorgehen tatsächlich profitieren, mußte man Clapton möglichst bald davon überzeugen, daß sein Platz auf der Bühne war – ein Unterfangen, das weitaus schwieriger war als erwartet.

Ende 1972 beschränkten sich Claptons Hauptaktivitäten auf Badminton, Radiohören und das Sammeln von Spielzeugautos. In nur einem Monat hatte er, der zugegebenermaßen immer schon zu extremen Gewichtsschwankungen neigte, neun Kilo zugenommen. Seine Reisen reduzierte er drastisch auf höchstens ein paar Meilen am Stück, immer ängstlich darauf bedacht, daß er seine »Tagesration Heroin dabei hatte« und bei Einbruch der Dunkelheit wieder zu Hause war. Wenn Forrester oder andere nach Hurtwood Edge kamen, dann wurden sie jetzt von einer plumpen, schwerfälligen Gestalt in einem schlechtsitzenden weißen Anzug begrüßt, die sich lieber über Airfix-Modelle als über Musik unterhielt. Die Erkenntnis traf Forrester wie ein Schock: Würde Clapton so weitermachen, würde irgendwann kein Hahn mehr nach ihm krähen. Gegen Ende des Sommers 1972 tauchte in der Presse ein Foto auf, das Elton John und Rod Stewart in einem Londoner Nachtclub zeigte. Clapton, der neben den beiden gesessen hatte, war einfach weggeschnitten worden.

Fast wäre die Geschichte damit zu Ende gewesen, hätte es da nicht noch Bob Pridden gegeben, den Roadmanager von The Who. Pridden wohnte in der Nähe von Hurtwood Edge und hatte sich mit Alice Ormbsy-Gore angefreundet. Die beiden kamen überein, daß Pete Townshend Eric Clapton zu einem Konzert von The Who nach Paris einladen sollte. Clapton nahm die Einladung nicht nur dankend an, sondern revanchierte sich bei Townshend, indem er ihm anbot, ihm die Bänder vorzuspielen, die sich in den letzten zwei Jahren bei ihm angesammelt hatten: ein unfertiger Song von Derek And The Dominos, ein akustischer Blues, die Rohfassungen von »Give Me Strength« und »Let It Grow«. Zur gleichen Zeit versuchte Lord Harlech, dessen erste heftige Reaktion auf den Zustand seiner Tochter inzwischen einer stillen Resignation gewichen war, ein Konzert zu organisieren, das unter dem vorläufigen Titel Fanfare For Youth angekündigt wurde. Nach monatelangem intensiven Zureden erklärte sich Clapton schließlich zu einem einmaligen Auftritt bereit. Daraufhin nahm Stigwood die Organisation der Veranstaltung persönlich in die Hand, taufte sie kurzerhand in »Eric Clapton's Rainbow Concert« um, legte als Termin den 13. Januar 1973 fest und erzählte jedem, ob er es nun hören wollte oder nicht, Clapton sei zurückgekommen, um der Welt zu beweisen, daß mit ihm noch zu rechnen war.

In den ersten Tagen des neuen Jahres formierte sich in Ronnie Woods Haus in Richmond die »All-Star-Band« The Palpitations: Pete Townshend und Ron Wood (beide Gitarre), Rick Grech (Baß), Steve Winwood (Keyboards und Gesang), Jimmy Karstein und Jim Capaldi (beide Schlagzeug und Percussion) und schließlich Eric Clapton (Gitarre und Gesang). Und Clapton, der sich immer nach Anerkennung gesehnt hatte, war von all den zusammengekommenen Stars der größte – so jedenfalls behandelte man ihn. Bei den Proben in Ronnie Woods Haus war auch ein Toningenieur anwesend, der später noch häufig mit Clapton zusammenarbeitete: »Mir hat es immer davor gegraut, wenn Eric nachmittags auftauchte, um zwei oder drei Uhr, gereizt, aggressiv und ungeheuer wichtig . . . Er war eine Nervensäge. Alle Welt hielt ihn für brillant, genial, wunderbar, virtuos und so weiter. Ein echter Künstler eben. Doch allen, die an dieser Show beteiligt waren, machte er das Leben zur Hölle. Als Steve Winwood einmal nicht zur Probe erschien, putzte er ihn am Telefon total runter.«

Möglicherweise war Clapton einfach nur übernervös. Er war einem enormen Druck ausgesetzt und hatte, so sein Manager, »eine Heidenangst davor, das Rainbow-Konzert zu vermasseln«. Mag sein, daß Clapton während seines freiwilligen Exils insgeheim oft von der Rückkehr auf die Bühne geträumt hatte, aber nun, da sein Comeback unmittelbar bevorstand, wurde er das Gefühl nicht los, gerade den größten Fehler seines Lebens zu begehen. Kein Wunder also, daß er während der Proben ausgesprochen reizbar war und bei den Konzerten selbst (das erste um achtzehn Uhr dreißig, das zweite, das für zwanzig Uhr dreißig angekündigt war, begann mit zweistündiger Verspätung) extrem unausgeglichen wirkte. Clapton, der erst wenige Minuten vor der Show im Rainbow Theatre auftauchte, machte bei den ersten drei Nummern (»Layla«, »Badge«, »Blues Power«) alles andere als eine gute Figur. Während Pete Townshend und Steve Winwood sich gegenseitig hochpeitschten, stand er in seinem weißen Anzug daneben und wirkte einfach nur verkrampft. Beim zweiten Set taute er sichtlich auf. Als krönenden Abschluß sang und spielte er eine ergreifende Version von »Presence Of The Lord«, die in ihrer Intensität dem Original um nichts nachstand. Hinter der Bühne warf einer der Musiker Clapton vor, er sei »langsam« geworden. Clapton konterte mit den ersten Akkorden von »Crossroads«, in einem Affentempo und ohne auch nur ein einziges Mal danebenzugreifen. Danach übergab er seine Stratocaster einem Assistenten, warf eine wenig schmeichelhafte Bemerkung über das Showbiz im allgemeinen und diesen Abend im besonderen in den Raum und verschwand.

Claptons Konzert im Rainbow Theatre (im September 1973 als Live-LP veröffentlicht) und eine Grammy-Auszeichnung für seinen zwei Jahre zurückliegenden Auftritt beim Concert for Bangladesh überzeugten die Kritiker, daß der Mann, den sie »Clapt*out*« genannt hatten, bereits wieder im Geschäft war. Es gab gewisse Anzeichen, die darauf hinwiesen, daß Clapton die Absicht hatte, wieder verstärkt in der Musikszene mitzumischen – so beispielsweise seine Beteiligung am Live-Album der Dominos und eine Session mit Keith Emerson und Mitch Mitchell, die als *Music From Free Creek* veröffentlicht wurde. Manche Fans behaupten, Claptons Karriere habe eigentlich erst mit dem Rainbow-Konzert begonnen und seine zweijährige Pause sei lediglich eine notwendige Phase der Erneuerung gewesen, damit aus dem einstigen Bluesfanatiker der grandiose Entertainer von heute werden konnte. Andere wiederum sind der Meinung, daß sich Clapton von dieser Zeit zwischen 1971 und 1973, die ihn beinahe den Verstand gekostet hätte, nie wieder ganz erholt hat.

Doch zunächst blieb Clapton von weiteren Kritiken verschont. Während die Musikwelt nach Lord Harlechs und Pete Townshends Initiative schon bald wieder zur Tagesordnung überging, kehrte Clapton für ein weiteres Jahr nach Hurtwood Edge zurück und nahm seine alten Gewohnheiten wieder auf. Claptons Ernährungsplan war so erschreckend wie simpel – Heroin, Schokolade, Schokolade, Heroin. Vor allem aber wurde er zu einer ständigen Gefahr für sich selbst und Alice Ormsby-Gore. Immer häufiger endeten ihre Auseinandersetzungen damit, daß Clapton völlig außer sich die Beherrschung verlor. Mehr als einmal versuchten sie gemeinsam vom Heroin loszukommen, gingen in ihrer Verzweiflung sogar so weit, sich gegenseitig mit brennenden Zigaretten Brandwunden zuzufügen, um von den langsam einsetzenden Schmerzen abzulenken, die der Entzug mit sich brachte. Dann wiederum rasten sie mit Höchstgeschwindigkeit nach London, um sich mit neuen Drogen einzudecken, oder warteten Fingernägel kauend darauf, daß Claptons Dealer in Hurtwood Edge auftauchte. Als Clapton einmal aus Versehen die ganze Lieferung auf dem Fußboden verschüttete, ließ er sich einfach auf den Boden fallen und schnupfte den Stoff direkt aus dem Teppich.

Natürlich wurden all diese Vorkommnisse, die Drogenexzesse, die gewalttätigen Auseinandersetzungen, Claptons ruinöses Verhalten, sein körperlicher Verfall, der Presse verheimlicht. Während Kritiker wie Fans mit Spannung seine nächste musikalische Höchstleistung erwarteten, dämmerte Clapton in Hurtwood Edge vor sich hin.

Wieder einmal war es Lord Harlech, der seiner Tochter und Clapton zu Hilfe eilte. Er arrangierte für die beiden einen Termin bei Meg Patterson in London, eine damals noch relativ unbekannte Homöopathin, die sich später vor allem dadurch einen Namen machte, daß sie nur noch barzahlende Prominente aus dem Musikbusineß behandelte. »Neutro-Elektrische Therapie« lautete ihr Zauberwort, mit dem sie eine Art zeitgemäße Variante der Akupunktur umschrieb, bei der sie ihren Patienten mittels an den Ohren befestigter Elektroden leichte Stromschläge versetzte. Ihrer Ansicht nach wurden dadurch die natürlichen Opiate, die im Gehirn vorhanden sind, Endorphine also, vermehrt ausgeschüttet, mit dem Ergebnis eines raschen, wenn auch nicht immer schmerzlosen Entzugs.

Tatsächlich gelang es ihr mit dieser Methode, Clapton und Alice Ormsby-Gore innerhalb einer Woche von der rein körperlichen Abhängigkeit zu befreien. Beide hatten lediglich einen Tag lang unter grauenvollen Angstzuständen leiden müssen. Die anschließende Langzeittherapie fand in Hurtwood Edge oder in Meg Pattersons Privatwohnung in der Harley Street statt. Die Ärztin und ihr Ehemann erlebten Clapton als einen Menschen, der »absolut nicht an seiner Umwelt interessiert schien«, »das Vertrauen in seine Talente verloren hatte« und sich in ein »übertrieben kindliches Verhalten« flüchtete, da ihn, wie er selbst meinte, »die normalsten Dinge des Alltags in Angst und Schrecken versetzten«. Meg Patterson erinnert sich: »Als ich ihn eines Morgens darum bat, sich seinen Kaffee ausnahmsweise einmal selbst zu machen, gab er kleinlaut zu: ›Meg, ich kann keinen Kaffee kochen.‹ Und das war nicht einmal gelogen.«

Die Sympathie, die ihm die Ärztin und ihr Mann entgegenbrachten, ihr Verständnis, ihre Geduld und die Selbstverständlichkeit, mit der sie ihn an ihrem Familienleben teilhaben ließen, vermittelten Clapton ein Gefühl von Geborgenheit, nach der er sich so inständig sehnte. Allmählich begann er, zögerlich zwar und zunächst nur unter Protest, sich wieder der Musik zuzuwenden. Es dauerte eine ganze Weile, bis Clapton auch unaufgefordert zur Gitarre griff, und selbst dann, so Patterson, »klimperte er nur herum und spielte nie einen Song zu Ende«. Obwohl Clapton nach wie vor Unmengen an Alkohol in sich hineinkippte – eine Gewohnheit, die sich in späteren Jahren zu einem ernsten Problem entwickelte – schien er das Schlimmste überstanden zu haben.

Während der letzten Phase seiner Genesung wurde Clapton von Alices Bruder Frank betreut, auf dessen Farm in der Nähe von Oswestry er zwei Wochen lang bei Sonnenaufgang aufstehen mußte, um die Kühe zu melken, Strohballen zu binden oder Holz zu hacken. Seine langen und einsamen Spaziergänge führten ihn über verschlungene Waldpfade, vorbei an eingefallenen Bruchsteinmauern und verrotteten Weidezäunen, direkt in den örtlichen Pub. Dort lernte er unter anderem Tom Lloyd-Roberts kennen, der sich als ein ausgesprochen dankbarer Zuhörer entpuppte. Lloyd-Roberts erinnert sich an ein reichlich alkoholisiertes Thekengespräch, bei dem Clapton ihm sein Verhältnis zu Drogen erklärte: »Als Junkie hast du das Gefühl, einem ganz besonderen Club anzugehören. Alle meine Helden waren drogenabhängig . . . Mein Problem ist es, daß ich einerseits wie sie in jungen Jahren ausgebrannnt sein will, auch auf die Gefahr hin, dabei draufzugehen, andererseits aber ein ganz normales Leben führen möchte.«

Als die regelmäßig eintrudelnden Tantiemenschecks für »Layla« von Mal zu Mal magerer ausfielen und auch seine sonstigen Einnahmen, die zum Teil noch aus seiner Zeit bei Cream herrührten, seine Unkosten kaum mehr deckten, hielt Clapton es für ratsam, endlich Maßnahmen zu ergreifen. Seine Drogensucht hatte ihn beinahe sein gesamtes Vermögen gekostet. »Die Summe war kaum der Rede wert«, behauptete Clapton später. »Zumindest mußte ich niemals irgend etwas verkaufen.« (Seine Gitarren hatte er lediglich »in Zahlung gegeben«.) Tatsächlich beliefen sich die angeblich so geringfügigen Ausgaben für die Dauer von drei Jahren wöchentlich auf 1500 Pfund. Als Clapton im März 1974 Oswestry verließ, war seine finanzielle Lage prekär. Stigwood schlug Clapton sein übliches Patentrezept vor: eine Platte und eine Tournee. Nach eindringlicher Überprüfung der Geschäftsbücher von Marshbrook Limited war klar, daß Clapton unbedingt für neue Einnahmequellen sorgen mußte. Alles in allem sieht es ganz so aus, als wäre es letztendlich das Verdienst seiner Finanzberater gewesen, daß Clapton aus seinem »Dornröschenschlaf« erwachte.

Was auch immer die wirklichen Gründe gewesen sein mögen, fest steht jedenfalls, daß Clapton am 10. April 1974 im China Garden von Soho den Neubeginn seiner Karriere verkündete. Zeugen dieses erhebenden Augenblicks waren unter anderem Pete Townshend, Elton John, Rick Grech, Ronnie Wood, die Pattersons, Robert Stigwood und Roger Forrester. Clapton, in einem Shetland-Pullover und mit Haaren, so kurzgeschoren wie seinerzeit bei den Bluesbreakers, lächelte permanent und schien wie verwandelt. Ganz offensichtlich, so erinnert sich ein Restaurantbesucher, »war ihm daran gelegen, daß alle mitbekamen, wie gut es ihm ging . . . Er prahlte mit seinem neuen weißen Rolls Royce herum. Natürlich war der, wie sich später herausstellte, nur geliehen.«

6

Rollenspiele

Glücklich in den Schoß der Musikszene zurückgekehrt, fand es Eric Clapton an der Zeit, seinen wiedererstarkten Tatendrang durch eine Reihe spektakulärer Aktionen unter Beweis zu stellen. Unter anderem kursierte das Gerücht, er habe sich in einem Nachtclub den schlagkräftigen Argumenten der Rausschmeißer durch einen wahrhaft heldenhaften Hechtsprung durchs Fenster zu entziehen gewußt. Pete Townshend bot ihm eine Rolle in dem Film *Tommy* an. Daraufhin sah man Clapton drei Tage lang, gewandet wie ein Prälat, um die Kasernen der Marineinfanterie in Portsmouth schleichen. Zu einer erneuten Szene kam es, als er zusammen mit Pete Townshend und Keith Moon aus einem Pub rausflog. Jenny Pocock, ein Mädchen aus der Gegend, beobachtete die Szene: »Er war völlig hinüber . . . Noch nie habe ich jemanden so viel Brandy in sich hineinkippen sehen . . . Ich habe als Statistin bei *Tommy* mitgemacht, und ich werde nie vergessen, wie Clapton, Townshend und Moon gleich mit einer kompletten Schiffsbesatzung einen Streit vom Zaun brachen. Die Situation war ziemlich kritisch, und schließlich rückte sogar die Polizei an. Als sie Clapton mitnehmen wollten, brüllte er: ›Ich mache sie fertig! Ich mache sie alle fertig!‹«

Die darauffolgenden Wochen widmete Clapton seinem Privatleben. Nach einem kurzen Aufenthalt in Wales kam es zu einer Versöhnung mit Alice Ormsby-Gore, die jedoch nicht von langer Dauer war. Auf Anraten der Pattersons, die in der verkorksten Beziehung ein »Rückfallrisiko« sahen, brach Clapton mit seiner langjährigen und überaus geduldigen Freundin. Für kurze Zeit kam Cathy James zurück nach Hurtwood Edge, doch mehr denn je galt Claptons ganze Aufmerksamkeit Pattie Boyd. Auf einer Party, die nach der Pressekonferenz im China Garden in Stigwoods Haus stattfand, beichtete er George Harrison sein großes Geheimnis: »Ich liebe deine Frau. Was gedenkst du jetzt zu unternehmen?« Die Antwort fiel anders aus als erwartet: »Gar nichts. Tu dir keinen Zwang an, Mann. Es macht mir nichts aus.« Harrisons kampfloser Rückzug gab den Ausschlag. Eric Clapton beschreibt es so: »Plötzlich hing Pattie völlig in der Luft, und ich bin sicher, daß sie in diesem Augenblick den Glauben an George verloren hat.«

Noch im selben Monat wechselte Pattie den Partner. Nach einer Aufnahmesession für *Tommy* in den Ramport Studios in London machten sich Clapton und Pete Townshend auf, um Harrison auf seinem Landsitz zu besuchen. Während sich Townshend mit dem Hausherrn über Musik unterhielt, zogen sich Clapton und Pattie Boyd dezent zurück.

Was immer auch Clapton während dieser Stunde zu Pattie Boyd gesagt haben mag, jedenfalls reichte es aus, sie dazu zu bewegen, George Harrison für immer zu verlassen, und noch im Sommer zog sie nach Hurtwood Edge. In einem Interview mit dem *Rolling Stone* vom 28. Mai deutete Clapton an, daß es bei »Layla« um eine Frau gehe, für die er wirklich sehr tiefe Gefühle empfinde, eine Frau, die seinetwegen »ihren Ehemann verlassen« habe. Das Rätselraten hatte ein Ende, als man Clapton während eines Amerikaaufenthalts in ständiger Begleitung von Pattie Boyd sah, bei Konzerten, am Flughafen, im Hotel. In einem weiteren Interview lüftete er schließlich die Identität der »mysteriösen Blonden«, und in New York holte er Pattie sogar auf die Bühne. Für die Presse war Claptons Affäre mit der Frau George Harrisons natürlich eine Sensation.

Erstaunlicherweise bestand Claptons Freundschaft mit George Harrison weiter. Zwar seien, so Clapton später, anfangs »ziemlich böse Worte gefallen« und man habe sich »gegenseitig aus dem Haus geworfen«, aber irgendwann sei Harrison dazu übergegangen, die ganze Angelegenheit eher von der komischen Seite zu betrachten. Trotzdem fühlte sich Clapton alles andere als wohl in seiner Haut. Eine Freundin von Pattie Boyd bestätigt: »Pattie und Eric rechneten ständig damit, daß George mit einer Knarre auftauchen würde.«

Statt dessen trug Harrison sein Schicksal mit Würde und erklärte der Presse: »Manchmal ist eine Trennung eben die einzige Möglichkeit. Das kommt in den besten Familien vor.« Noch vor Ablauf eines Jahres lernte er die Sekretärin Olivia Arias kennen, die er später auch heiratete.

Nachdem die Verhältnisse nun endlich geklärt waren, flog Clapton nach Miami, um in den Criteria Studios, der Geburtsstätte von »Layla«, zusammen mit Tom Dowd und einer Band, der Carl Radle (Baß), George Terry (Gitarre), Jamie Oldaker (Schlagzeug), Dick Sims (Keyboards) sowie die Sängerin Yvonne Elliman angehörten, sein neues Solo-Album in Angriff zu nehmen. Die japanisch-hawaiianische Schönheit Yvonne Elliman war von Tim Rice und Andrew Lloyd-Webber im Pheasantry Club in Chelsea entdeckt worden; nach einem Vorsingen in Lloyd-Webbers Wohnung wurde sie von den beiden für die Rolle der Maria Magdalena in *Jesus Christ Superstar* engagiert. Dadurch lernte sie Robert Stigwood kennen, und durch ihn wiederum Eric Clapton. Als Tim Rice im Sommer dieses Jahres im Warwick Hotel in New York auftauchte, sah er sich plötzlich seinem Protegé gegenüber und »einem völlig verzauberten Eric, dessen Aufmerksamkeit für Yvonne nur durch einen gelegentlichen Griff zu einer Flasche Brandy unterbrochen wurde«. In seiner Begeisterung für Yvonne Elliman vergaß Clapton völlig, daß sie mit Bill Oakes, dem Präsidenten von Stigwoods Plattenfirma, verheiratet war.

Das Album *461 Ocean Boulevard* (gleichzeitig Claptons Adresse in North Miami Beach) wurde in nur zwei Wochen fertiggestellt und im August veröffentlicht. Bereits die erste Nummer der LP, »Motherless Children«, ließ klar erkennen, daß Clapton, abgesehen von seinem inzwischen schon legendären Gitarrenspiel, durchaus noch ein weiteres herausragendes Talent besitzt: seine brüchige, aber effektvolle Art zu singen. In einer Kritik wurde *461* als »Album ohne Tiefgang« bezeichnet, auf dem Clapton »nur selten das Kunststück gelingt, den Blues in seine Pop-Arrangements hinüberzuretten«; insgesamt gesehen sei die LP der »wenig überzeugende Versuch, es allen und jedem recht zu machen«.

Trotz stilistischer Wechselbäder (Rock, Soul, Gospel, Country, Reggae, Blues) und durchgängig simpler Strukturen hat *461* auch einige Höhepunkte zu bieten. Vor allem die Songtexte zeigten eine völlig neue Qualität Claptons, waren sie doch von einer bisher bei ihm nicht vermuteten Offenheit.

Auf *461 Ocean Boulevard* gab es weder Neues noch sonderlich Originelles zu hören. Doch ob die LP nun die Erwartungen seiner Anhänger erfüllte oder nicht, sie kletterte in England auf Platz drei, in Amerika sogar auf Platz eins der Charts. Immerhin war es das neue Album von Eric Clapton. Den meisten Kritikern und Fans schien es ohnehin weniger um die Qualität der Musik zu gehen als vielmehr um die Tatsache, daß Clapton die Platte überhaupt zustande gebracht hatte.

Die Single-Auskopplung »I Shot The Sheriff« ist typisch für den Sound der LP: gefällige Rhythmen zu einer unspektakulären Gitarre, die von einem dünnen Orgelklang unterstützt wird. »I Shot The Sheriff«, die Coverversion einer Bob-Marley-Nummer, brachte Clapton unter anderem den Vorwurf ein, er wolle auf der Reggae-Welle mitschwimmen; andere dagegen fanden es ausgesprochen lobenswert, daß er sich auf derlei Experimente einließ.

Mitte Mai kehrte Clapton nach England zurück. Er wurde bei einem Konzert von The Who in Charlton gesichtet, das für diese Band zu einem bahnbrechenden Erfolg wurde. Dem *New Musical Express* zufolge schien Clapton in »körperlich allerbester Verfassung zu sein, war vergleichsweise unauffällig gekleidet – Jeans und Trenchcoat – und aufgeschlossen, solange man ihn nicht auf seine Musik ansprach. Ein Interview lehnte er ab. Ganz offensichtlich fühlte er sich in der Gesellschaft Pete Townshends am wohlsten.« Tatsächlich verging kaum ein Abend, an dem die beiden, die ihre – so Clapton – »gemeinsame Vorliebe für die Arbeiterklasse« entdeckt hatten, nicht zusammen in irgendeinem Pub auftauchten. Dann philosophierten sie stundenlang über weltanschauliche Probleme, während Clapton sich mit Wein, Champagner und Brandy – in dieser Reihenfolge – abfüllte. Kurz vor der Sperrstunde kam es regelmäßig zu »Diskussionen« mit dem Wirt, was gewöhnlich damit endete, daß Clapton Radau schlug – höchste Zeit für den von Forrester engagierten Bodyguard Alphi O'Leary, schlichtend einzugreifen und seinen ihm anbefohlenen Schützling sicher nach Hause zu geleiten.

Clapton blieb seinen Trinkgewohnheiten auch treu, als er sich im Juni mit seiner Band auf den westindischen Inseln traf. Wie es hieß, wollten sie dort für eine Amerika-Tournee proben, die Stigwood organisiert hatte, tatsächlich aber artete dieser zweiwöchentliche Aufenthalt rasch in eine einzige lange Party aus. Clapton machte weiterhin Yvonne Elliman den Hof, was ihn jedoch nicht davon abhielt, sich auf ein Techtelmechtel mit einer örtlichen Schönheitskönigin einzulassen. Im Laufe des zweiwöchigen Aufenthaltes gab es einen unschönen Zwischenfall an der Hotelrezeption und eine Szene an der Bar, bei der Alphi O'Leary sich genötigt sah, wieder einmal einzuschreiten. »Eric«, meint George Terry, »merkte plötzlich, was es heißt, ohne Drogen zu leben, und weil ihm das gar nicht gefiel, verlegte er sich auf den Alkohol. Er war ständig betrunken.« Clapton selbst erinnert sich, daß er »während der Proben mehr als einmal einfach vornüberkippte – sehr zum Schaden meiner Gitarre«. Als zwei ortsansässige Musiker im Proberaum erschienen und ganz höflich fragten, ob sie zuhören dürften, trieben die wüsten Kraftausdrücke und Flüche, die Clapton ihnen entgegenschleuderte, sie sofort wieder zur Tür hinaus. Allerdings waren Ausbrüche dieser Art nicht unbedingt typisch für ihn, sondern vielmehr das Resultat seiner Alkoholsucht. Wenn Clapton eine Bar oder ein Restaurant besuchte, dann riß er sich gegenüber den Einheimischen, die bisweilen ausgesprochen hartnäckige Autogrammjäger sein konnten, noch einigermaßen zusammen. Doch im privaten Kreis ließ er seinen Gefühlen freien Lauf. Angesichts seiner wirklich aufrichtigen Verbundenheit mit dem Blues hatte er doch erstaunlich wenig Kontakt zu den wichtigsten Musikern dieses Genres. Im Verlauf eines Jahrzehnts kam es nur zu vereinzelten Begegnungen mit großen Bluesmusikern wie Sonny Boy Williamson, Howlin' Wolf, Buddy Guy und Junior Wells, und sie waren allesamt nicht gerade zufriedenstellend ausgefallen. Und Stevie Wonder, in gewisser Weise ein moderner Vertreter dieses Genres, weigerte sich sogar, mit Eric Clapton und Pete Townshend auch nur zu reden, da er der Meinung war, man habe ihn bei *Tommy* »ausgebootet«.

Am 20. Juni 1974 gaben Eric Clapton And His Band in Stockholm ihr Debut. In einer Show, die einem Jahrmarkt nachempfunden war, buhlte ein spindeldürrer, bärtiger und atemloser Eric Clapton gemeinsam mit Tellerdrehern, Jongleuren und Clowns um die Gunst des Publikums. Nach einem weiteren Auftritt dieser Art in Kopenhagen reiste die gesamte Truppe weiter nach Amerika, um dort am 28. Juni in der Yale Bowl eine sechswöchige Tournee einzuläuten. Abend für Abend gingen in Chicago, Memphis oder Long Beach die Saallichter aus, wenn Larry Smith (der ehemalige Schlagzeuger der Bonzo Dog Band) mit seiner lärmenden und bisweilen arg verstimmten Ukulele die Bühne betrat. Kaum hatte sich das Publikum vom ersten Schock erholt, begann Clapton auch schon »Smile« zu spielen, ein Liedchen, das Charlie Chaplin 1935 zu Ehren Puccinis komponiert hatte. Damit war die Richtung vorgegeben. Ähnlich albern dargeboten folgten dann auch »Presence Of The Lord«, »Little Wing« und »Badge«. Selbst »Layla« präsentierte Clapton in einer Version, die ausschließlich auf Lacher abzielte.

Der einstmals so unnahbar scheinende Gitarrengott zeigte sich seinem Publikum bekleidet mit Arbeiterhosen und einem Plastik-Regenmantel, lief hinter Yvonne Elliman her und begleitete sich dabei auf einer Entenpfeife. Bei »Crossroads« erinnerte seine Stimme beinahe an die krächzende Tonlage eines Papageis.

Die herausragendste Qualität des Sets war einzig seine Konzeptlosigkeit, obwohl Carl Radle und George Terry sichtlich bemüht waren, dem Ganzen Halt zu geben. George Terry beschreibt: »Eigentlich war ich es, der die meisten Gitarrenparts spielte – Eric war zu sehr damit beschäftigt, den Bandleader heraushängen zu lassen.« Clapton war offenbar im Begriff, seine Talente als Entertainer zu entdecken, einzig von dem Gedanken beseelt, seinem Publikum einen unterhaltsamen Querschnitt durch die unterschiedlichsten musikalischen Stile und Trends zu liefern.

Dabei blieb jedoch die ursprüngliche Kraft seiner Songs weitestgehend auf der Strecke.

In Buffalo erreichte die Band den absoluten Tiefpunkt. Clapton litt an einer Bindehautentzündung und war außerdem auch noch sturzbesoffen. Vor seinem Auftritt im War Memorial Stadium hatte er den fatalen Fehler begangen, sich mit den Musikern von The Band auf ein Wettsaufen einzulassen. Clapton wurde bereits auf der Bühne angekündigt, als er atemlos im Backstage-Bereich auftauchte.

Doch bei ihrem Auftritt in New York schienen Eric Cleptomaniac And The Diddcoys, wie sie sich inzwischen nannten, endlich zu einer harmonischen Gruppe zusammengewachsen zu sein. Clapton war ausnahmsweise einmal nüchtern, und die Band hatte von Stigwood eine neue Anlage spendiert bekommen. Nach »Blues Power« und »Let It Grow« hatten sie das Publikum auf ihrer Seite. Als sie dann noch eine mitreißende Version von »Have You Ever Loved A Woman« spielten (bei der Textzeile »She belongs to your very best friend« fing Clapton ungeniert zu kichern an), geriet die Menge völlig aus dem Häuschen. »Layla« wurde an diesem Abend für Clapton zum Zeichen seines persönlichen Triumphs, denn hinter der Bühne wartete auf ihn Pattie Boyd, die ihm von Los Angeles aus nachgereist war. Später machte Clapton es sich zum Prinzip, keine Beziehungspartner mit auf Tournee zu nehmen. »Das hat mir wirklich schwer zu schaffen gemacht«, meint Pattie Boyd. »Als er in den Jahren nach 1974 um die Welt reiste, habe ich ihn so gut wie gar nicht mehr zu Gesicht bekommen. Ich hatte das Gefühl, daß wir dabei waren, uns völlig aus den Augen zu verlieren.«

Die Tournee endete am 4. August, in derselben Woche, in der auch *461 Ocean Boulevard* veröffentlicht wurde. Auch wenn dieses Album Claptons Ruf als Musiker nicht schadete, so waren doch viele der Meinung, daß er es zu früh gemacht und sich dabei übernommen habe. George Terry empfand es als »bemitleidenswert, wie sehr sich Eric in der Öffentlichkeit abstrampelte«. Jahrelang hatten Manager und Veranstalter ihn dazu verdonnert, ständig unterwegs zu sein, zuerst mit Cream – lange bevor die Richtung der Band feststand –, dann mit Blind Faith und schließlich auch mit Derek And The Dominos (zu einer Zeit also, als Clapton in einer ernsthaften Identitätskrise steckte). Clapton beugte sich, trotz seiner häufigen Proteste, er würde eigentlich viel lieber »in kleinen Clubs spielen«, letztlich immer wieder dem Willen seines Managers Stigwood, einer Autoritätsperson, die für ihn fast zu einer Vaterfigur geworden war. Auch Ben Palmer bescheinigt seinem alten Freund Eric eine »gewisse kindliche Schwäche«. Keith Richards drückt es weniger rücksichtsvoll aus: Seiner Meinung nach »brauchte Eric einfach jemanden, der ihm immer mal wieder einen Tritt in den Arsch gab«. (Die Amerika-Tournee war die letzte Entscheidung, die Stigwood im Alleingang für seinen Schützling traf. Roger Forrester, der diese Tournee von Anfang an für einen Fehler gehalten hatte, erhielt von da an mehr Mitspracherecht.)

Clapton selbst behauptet, er habe »an diese Tournee nur die allerbesten Erinnerungen«. Er glaubt, daß sein Alkoholkonsum der Professionalität der Show in keiner Weise schadete. »Nur die wenigsten hatten eine vage Ahnung davon, wie schlimm es tatsächlich um mich stand.« Gegen diese Einschätzung spricht allerding der Leserbrief eines Konzertbesuchers, der im *Rolling Stone* veröffentlicht wurde:

Clapton torkelte in Buffalo völlig besoffen auf die Bühne und konnte kaum die Gitarre halten, geschweige denn dabei auch noch singen. Ständig hat er das Publikum beleidigt. Viele Fans sind schon vor Ende des Konzertes geflüchtet. Immerhin ist ihnen der traurige Anblick erspart geblieben, wie Clapton von den Musikern von The Band hochgehievt und von der Bühne geführt wurde.

So sehr Clapton sich auch bemühte, seinen Zustand zu verharmlosen, eines stand 1974 fest: Er hatte seine Sucht nicht besiegt, sondern lediglich die Droge gewechselt.

Zumindest war es ihm jedoch gelungen, seine Finanzen wieder ins Lot zu bringen. Aufgrund seiner neuen LP und der Tournee war auch die Nachfrage nach seinen alten Platten wieder gestiegen. (Sowohl *Disraeli Gears* als auch *Layla* kehrten in die Charts zurück.) Was im April begonnen hatte, wurde im August fortgesetzt. Wenige Tage nach dem Abschlußkonzert in Palm Beach begann Clapton auf Jamaika mit den Arbeiten an einem neuen Album. Anschließend begab er sich mit seiner Band auf eine Tournee, die ihn über Kanada und Japan schließlich wieder nach Europa führte. In England gab er lediglich zwei Weihnachtskonzerte im Hammersmith Odeon, von denen jedoch keines sonderlich erfolgreich war.

Doch alles in allem endete das Jahr 1974 für Clapton besser als es begonnen hatte. Von wenigen Ausnahmen abgesehen, war das Publikum durchaus bereit, den Gitarrenvirtuosen auch als Sänger und Songwriter zu akzeptieren. Auch seine finanzielle Jahresbilanz konnte sich sehen lassen. Am 10. September 1974 wurde er Geschäftsführer von Marshbrook Limited. Da er aus seinem Comeback so viel Kapital wie möglich schlagen wollte, stimmte er dem Vorschlag Forresters (der sich mit dem britischen Steuerrecht ausgezeichnet auskannte) zu, mindestens ein Jahr im Ausland zu verbringen. Auch das Verhältnis zu seiner Familie hatte sich deutlich gebessert. Als im August sein Halbbruder Brian starb, flog Clapton nach Kanada, um Pat bei der Beerdigung beizustehen. Seiner Großmutter Rose versicherte er: »Drogen sind für mich endgültig passé.« Doch wie groß war ihre Enttäuschung, als sie feststellen mußte, daß ihr Enkel auf dem besten Wege war, zum Alkoholiker zu werden. Ende 1974 war Claptons Alkoholkonsum bereits auf zwei Flaschen Kognak pro Tag gestiegen. Wie seinerzeit beim Heroin, war er fest davon überzeugt, mit dem Alkohol »umgehen« zu können. Und wie damals erwies sich sein Optimismus als ausgesprochen unbegründet. Es gab Situationen, in denen seine Fehleinschätzung verhehrende Folgen hatte. Clapton lief ernsthaft Gefahr, sein Publikum endgültig zu verlieren.

Als Clapton schließlich sein Interesse an der sogenannten »Weltmusik« signalisierte, wurde dies von der Musikpresse sehr zwiespältig aufgenommen. Schon sein Aufenthalt in Jamaika hatte ihm herbe Kritik eingebracht, und der *Daily Gleaner* war sogar so weit gegangen, ihm die vorsätzliche Ausbeutung einheimischer Talente zu unterstellen. Clapton reagierte auf diesen Vorwurf vergleichsweise gelassen und beschränkte seinen Kommentar auf die lapidare Feststellung, daß der Redakteur »offensichtlich leicht bekloppt« sei. Im Januar 1975 arbeitete Clapton zusammen mit dem jamaikanischen Gitarristen Arthur Louis an einer Reihe von Songs, zu denen unter anderem auch Bob Dylans »Knockin' On Heaven's Door« gehörte. Die Single wurde am 29. Juli unter Arthur Louis Namen veröffentlicht. Genau zehn Tage später erschien eine Version von Eric Clapton auf dem Markt, die auffallend ähnlich klang. »Man kann sich Louis' Reaktion vorstellen«, meint ein Musiker, der bei den Sessions dabeigewesen war. »Obwohl es nicht Erics Schuld war, gab es doch jede Menge böses Blut.«

Die ersten Wochen des neuen Jahres verbrachte Clapton auf Hurtwood Edge. Pattie Boyd, die der Meinung war, daß dort »alles zu sehr nach Alice aussah«, machte sich daran, das Haus nach ihrem Geschmack umzumodeln. Als erstes nahm sie sich das Musikzimmer vor, Schauplatz zahlloser Proben mit Blind Faith und den Dominos sowie anderer, weitaus weniger harmloser Aktivitäten. Da es Pattie Boyd mit ihren Umwandelarbeiten äußerst genau nahm, ist es nicht weiter erstaunlich, daß sie schließlich auch »eine Unmenge brauner Kuverts« entdeckte, die allesamt nicht eingelöste Schecks enthielten. Nachdem sie sie zur Bank gebracht hatte, war Clapton um »ungefähr 5000 Pfund« reicher. Vermutlich stand sich das Paar niemals wieder so nahe wie zu dieser Zeit. Ihre Beziehung war ohnehin nie so idyllisch, wie manch naiver Fan glauben mochte. Claptons Skepsis und sein aufbrausendes Temperament machten auch vor Pattie Boyd nicht halt, und mit Argusaugen überwachte er jeden ihrer Schritte. Nichtsdestoweniger hielten alle, die Hurtwood Edge zwischen 1974 und 1975 besuchten, die beiden für »ein rundum glückliches Paar«, wie George Terry sich ausdrückt. Selbst George Harrison wollte einem solchen Glück keinesfalls im Wege stehen. Er versöhnte sich wieder mit seiner Frau und seinem besten Freund. »Eines Abends saßen wir alle drei, George, Pattie und ich, gemütlich plaudernd im Wohnzimmer«, erzählte Clapton einmal Ray Coleman. »Irgendwann meinte George: ›Nun, ich denke, das Beste wird sein, wenn ich mich von ihr scheiden lasse.‹ Und ich erwiderte daraufhin mit gespieltem Entsetzen: ›Aber wenn du dich von ihr scheiden läßt, bedeutet das ja, daß ich sie heiraten muß!‹ Das hört sich natürlich im ersten Moment schrecklich an. Aber eigentlich war es mehr wie eine Szene aus einem Woody-Allen-Film.«

Am 30. März 1975 feierte Eric Clapton seinen dreißigsten Geburtstag. Zur obligatorischen Party in Stigwoods Haus war neben Rod Stewart, Elton John, Ringo Starr, Ronnie Wood und anderen illustren Gästen auch Pat McDonald erschienen, »die völlig hin und weg war und jeden mit den Worten begrüßte: ›Hallo, ich bin Erics Mutter. Und wer sind Sie?‹« Trotzdem war die Aussöhnung zwischen Muttter und Sohn nur oberflächlicher Natur. Clapton konnte seiner Mutter niemals wirklich verzeihen, daß sie ihn verlassen hatte, und nach wie vor klang Verbitterung in seiner Stimme, wenn er über seine Kindheit und Jugend sprach. Andererseits entwickelte er nun, da er Pat näher kennenlernte, eine aufrichtige Sympathie für seine Mutter. Er schätzt ihren gesunden Menschenverstand und ihre Ratschläge, konnte es jedoch nie verschmerzen, daß er darauf so lange hatte verzichten müssen. Ein Gast auf der Party bei Stigwood hörte zufällig, wie er versprach, »sich in Zukunft mehr um Pat zu kümmern«.

Doch zunächst war Clapton vollauf damit beschäftigt, seine zumindest vorübergehende Emigration nach Nassau vorzubereiten. Schon Anfang April reiste er mit Pattie Boyd auf die Bahamas, während Alphi O'Leary zurückblieb, um sich um Hurtwood Edge zu kümmern. Die Tatsache, daß derselbe Mann, der 1974 dazu gezwungen war, seine Gitarren zu versetzen, sich 1975 aus steuerlichen Gründen ins Ausland begab, dürfte Claptons wachsenden Wohlstand hinreichend dokumentieren. Für 2000 Dollar im Monat mietete er sich ein Haus, in dem er nicht nur fürstlich wohnen, sondern außerdem mit seiner Band für die bevorstehende Tournee nach Neuseeland und Australien proben konnte.

An eines der insgesamt zehn Konzerte dieser Tour hat George Terry besonders unangenehme Erinnerungen: »In Sydney hatte irgend so ein Witzbold Erics Brandy mit Acid angereichert. Nach zwei Nummern schmiß er alles hin, und ich mußte die Karre aus dem Dreck ziehen.« Nach dem Abschlußkonzert am 22. April kehrte Clapton für eine Woche nach Hurtwood Edge zurück. Doch dieser kurze Besuch wäre ihm beinahe zum Verhängnis geworden: Mit Höchstgeschwindigkeit raste er frontal in einen Lastwagen und mußte von der Polizei mit einem Schweißbrenner aus dem Auto befreit werden. Nach Einschätzung der Polizei grenzte es an ein Wunder, daß Clapton den Zusammenprall mit dem LKW überlebte. Kurz darauf wurde er auf den Bahamas in einen Motorradunfall verwikkelt, daher hieß es bald, seine Vorliebe für schnelle Autos und Alkohol werde ihn über kurz oder lang Kopf und Kragen kosten. In der Tat hatte er bei beiden Unfällen erstaunliches Glück gehabt.

Im April erschien *There's One In Every Crowd*, Claptons zweites Album nach seinem Comeback. Es fiel bei den Kritikern durch und war ein kommerzieller Flop. Auch die Tatsache, daß Clapton bei einigen Stücken wieder wie in alten Cream- und Bluesbreakers-Zeiten zu seiner Gibson Les Paul gegriffen hatte, konnte nicht darüber hinwegtäuschen, daß er mit diesem Album den Kurs fortsetzte, den er bereits mit *461* eingeschlagen hatte. Abgesehen von einigen experimentellen Ansätzen – wie etwa einer Reggae-Bearbeitungen des Spirituals »Swing Low Sweet Chariot« –, verließ sich Clapton weiterhin auf Altbewährtes: etwas Gospel, etwas Soul und jede Menge seichten Pop. Abermals dominierte nicht Claptons Gitarre, sondern sein Gesang, und wie gehabt verzichtete er weitgehend auf Soli. Die Leadgitarre auf »Better Make It Through Today« erinnert auffallend an den eleganten, aber unaufdringlichen Stil J. J. Cales. Aber lediglich dieses »Better Make It Through Today« und das manierierte, wenngleich effektvolle »Pretty Blue Eyes« halten einem kritischen Blick stand. Eine durchaus repräsentative Plattenbesprechung begann mit den Worten: »Irgend etwas hat das Album – wenn man nur genau wüßte, was«. Clapton bestätigte diesen Eindruck: »Ich bin mir nicht im klaren, was die Fans eigentlich von mir hören wollen. Ich weiß ja nicht einmal selbst, welche Richtung ich einschlagen soll.«

Während der folgenden Amerika-Tournee zeigte sich, welchen Druck Claptons Management ausübte, wenn es um seine persönliche Überwachung und um seine musikalische Entwicklung ging. Jedes Detail der bevorstehenden Reise, angefangen bei der Zusammenstellung seines Ernährungsplans und seiner Garderobe bis hin zu der Entscheidung, daß Pattie Boyd zu Hause bleiben mußte, wurde von seinem Manager beschlossen. Im Juni, nach seiner Ankunft in New York, wurde Clapton durch Alphi O'Leary und einen zweiten Bodyguard namens Mick Turner völlig von der Öffentlichkeit abgeschirmt. Clapton selbst war von den »Schutzmaßnahmen« seines Managements ganz und gar nicht begeistert. Er fühlte sich von seinem eigenen Personal »bevormundet« und fand den Aufwand, den Stigwood und Forrester betrieben, absolut überzogen: »Es ist nicht nur albern, sondern auch extrem nervig. Schließlich bin ich alt genug, um meine eigenen Entscheidungen zu fällen ... Offensichtlich haben Stigwood und Forrester keinerlei Vertrauen zu mir. Ich kann nichts dagegen machen. So oft es geht, versuche ich abzuhauen, aber das ist gar nicht so einfach. Ich werde ständig beobachtet.«

Während Clapton in New York kaum aus seiner Hotelsuite herauskam, trieben die Stones, die sich zu dieser Zeit ebenfalls auf Amerika-Tournee befanden, in der gleichen Stadt wilde Exzesse. Wie groß war daher Claptons Begeisterung, als Mick Jagger am 25. Juni, einer spontanen Eingebung folgend, im Hotel auftauchte, um ihn zu Studioaufnahmen abzuholen (das Ergebnis dieser Session war das phantastisch chaotische »Carnival To Rio«). Ein Mann, der damals mit den Stones eng befreundet war, erinnert sich, daß »jede Menge Brandy getrunken und mindestens ebensoviel Koks geschnupft wurde. Und natürlich waren auch Groupies dabei – eine große Brünette für Mick und eine Blondine für Eric. Beide trugen diese billigen Nuttenfummel. Als Eric Clapton wiederkam, konnte er sich vor Lachen kaum halten. Angeblich hatte seine Braut darauf bestanden, von oben bis unten mit Butter eingeschmiert zu werden. ›Na ja‹, meinte er, nachdem er sich wieder halbwegs beruhigt hatte, ›allemal besser als ein Schokoriegel.‹«

Die Tournee selbst geriet mehr und mehr zu einer Karikatur früherer Auftritte Claptons und tat sich lediglich durch Claptons groteskes Gekasper auf der Bühne, kunstvolle aber unspektakuläre Popsongs und ab und an mal einen Bluesstandard hervor.

Seit 1974 hatte Clapton viele seiner neueren Songs für Nummern wie »Tell The Truth« oder »Little Wing« fallengelassen, eine Vorliebe für lateinamerikanische Rhythmen entdeckt (er heuerte Santana als Vorband an) und seine oberflächliche Unbekümmertheit gegen bissige Ironie eingetauscht. Ungeachtet seiner eigenen Fehler und Schwächen zog er rücksichtslos über die Eitelkeiten anderer Rockstars her. Doch es ging Clapton nicht wirklich um Kritik, sondern in erster Linie darum, sein Publikum zu unterhalten. Er bot den Konzertbesuchern in Cleveland, Detroit und Tucson während einer zweistündigen Show eine leicht verdauliche Mischung aus Songs, Witzen und Monolgen, und achtete peinlich darauf, daß sich die dramatischen Augenblicke – etwa der Song »Layla« oder eine längere Version von »Bell Bottom Blues« – mit witzigen oder ironischen Momenten die Waage hielten.

Im privaten Kreis beklagte er sich weiterhin darüber, wie sehr er sich durch Alphi O'Leary, Mick Turner und den überzogenen Management-Stil von Stigwood und Forrester in seiner persönliche Bewegungsfreiheit eingeschränkt fühle. Nicht einmal mit den Musikern seiner Band konnte er sich privat treffen, ohne daß ihm sofort seine Aufpasser an den Fersen klebten. Dennoch gelang es ihm, sich mit Bob Dylan im Studio zu treffen, um mit ihm und einer Reihe weiterer Musiker an Songs zu arbeiten, die später auf Dylans Album *Desire* erschienen. Als »Swing Low Sweet Chariot« als Single veröffentlicht wurde (und von der Presse nur höhnisches Gelächter erntete), beschwerte Clapton sich darüber, er habe »von der Veröffentlichung erst im nachhinein erfahren, und dann auch nur, weil mich zufällig jemand darauf ansprach . . . Ehrlich gesagt, ich fand diese Single ziemlich überflüssig. Und dieser Meinung bin ich nach wie vor.«

Forrester hatte sich längst daran gewöhnt, daß Clapton immer wieder für eine Überraschung gut war, und so wunderte es ihn nicht sonderlich, als er von dem neuesten Hobby seines Schützlings erfuhr. Weihnachten 1975 schenkte Clapton Pattie Boyd ein Rennpferd. Schon bald darauf erwarb er ein weiteres Pferd, das auf den klangvollen Namen Via Delta hörte, von Toby Balding trainiert wurde und schließlich die Fortnum & Mason-Trophy in Ascot gewann. Als Clapton sein Interesse an dem Tier verlor, wurde es durch den zweijährigen Nello (Patties Spitzname) ersetzt, der wiederum für Ripleyite den Stall räumen mußte, der die Rennen von Goodwood und Brighton gewann. Will man den Worten Toby Baldings Glauben schenken, so »entwickelte Clapton einen enormen Enthusiasmus und eignete sich innerhalb kürzester Zeit sowohl den Fachjargon als auch die Philosophie des Pferderennsports an«. Wie auch immer – eines läßt sich nicht leugnen: Claptons neue Leidenschaft bot ihm immerhin die Möglichkeit, in eine neue Rolle zu schlüpfen – in die des Grandsigneur im Tweedanzug, der in der Sieger-Lounge in Ascot seinen Champagner schlürft. Dennoch war Claptons Begeisterung, wie so oft in seinem Leben, nur von begrenzter Dauer. Als der Trainer Clapton in einem Brief riet, zwei weitere Pferde zu kaufen, bekam er zur Antwort: »Schieb dir doch diese ganzen Langzeit-Investitionen in den Arsch, in wenigen Monaten beginnt die Fußball-Saison.«

Durch den Pferderennsport entdeckte Clapton auch sein Faible für Irland. Im September 1975 trat er (neben Mick Jagger, Sean Connery,

Shirley MacLaine und Burgess Meredith) in einem Vorort von Dublin bei einer Wohltätigkeitsveranstaltung für die Central Remedial Clinic und den Variety Club auf. Anschließend machte er einen Abstecher nach Kildare, dem Zentrum der irischen Pferdezucht. Doch nicht ein Pferd wurde Claptons neueste Geldanlage, sondern ein Hotel. So ganz nebenbei kaufte Clapton das Barberstown Castle Hotel, eine Ruine aus dem siebzehnten Jahrhundert, die in Werbeprospekten für ihre »Atmosphäre« gerühmt wurde. Diese Investition brachte ihm nicht nur zahlreiche alkoholisierte Wochenenden in schaurig-schönem Ambiente ein, sondern auch einen beachtlichen Nebenverdienst. (Nach Claptons eigenen Angaben beliefen sich die Einnahmen in dem letzten Jahr, in dem sich das Hotel in seinem Besitz befand, auf insgesamt 120 751 Pfund.)

Am 14. September wurde *E.C. Was Here*, ein Livealbum, das während der letzten Tour mitgeschnitten worden war, veröffentlicht. Auf *E.C.* standen vor allem die vereinten Talente von George Terry, Jamie Oldaker, Carl Radle und Dick Sims im Vordergrund, während sich Clapton selbst mehr auf die Rolle der »grauen Eminenz im Hintergrund« beschränkte, die es sich allerdings nicht verkneifen konnte, im Studio bei der entscheidenden Textpassage von »Have You Ever Loved A Woman« die Bemerkung fallen zu lassen: »Wir wollen ja keine Namen nennen.« Auch wenn er sich ständig darüber beklagte, daß sein Verhältnis mit Pattie Boyd von der Presse zu einer »Seifenoper« ausgewalzt worden sei, war er doch in Anbetracht seiner häufigen Anspielungen an dieser Entwicklung nicht ganz unschuldig.

Wie bereits 1974 beendete Clapton auch dieses Jahr mit einer Japan-Tournee. Als er im Oktober dort eintraf, herrschte im ganzen Land eine deutlich spürbare Gereiztheit. Die Temparaturen waren für die Jahreszeit extrem hoch, und aufgrund eines Bestechungsskandals auf höchster Ebene war auch das politische Klima alles andere als angenehm. In Kyoto mußte Clapton sich erst durch eine gegen die »ausländischen Invasoren« protestierende Menschenmenge durchquälen, bevor er die Kaikan Halle betreten konnte, in der das Konzert stattfinden sollte. Drinnen angekommen, erwarteten ihn hauptsächlich Hausfrauen und ernst dreinblickende Geschäftsleute, die Feuerzeuge hochhielten und nach »Layla« riefen. Ansonsten fielen die Reaktionen des Publikums eher verhalten aus. Trotzdem trat Clapton auch später immer wieder gerne in Japan auf.

Clapton führte eine Liste über die Studios, in denen er gearbeitet hatte, und das »beste Studio von allen« war für ihn ohne Zweifel das etwas außerhalb von Los Angeles gelegene Shangri-La. Zuerst war er eigentlich nur dem Beispiel von The Band gefolgt, die dort ihre Platten aufnahmen, doch schon sehr bald entdeckte er weitere Vorzüge der Räumlichkeiten, die sich praktisch über Nacht von einem Bordell in ein Studio verwandelt hatten. Anstelle der üblichen Plexiglas-Kabinen und Gebrauchsmöbel bot das Shangri-La ein Labyrinth aus Fluren, einen getäfelten Speiseraum, Wasserbetten und Verandatüren, die direkt zum Strand hinausführten. Während der zwei Monate, in denen Clapton sich dort aufhielt, erfüllte das Shangri-La nicht selten auch wieder seine ursprüngliche Funktion. Da sich zwischenzeitlich auch Bob Dylan, Pete Townshend, Ronnie Wood, Van Morrison und Musiker von The Band, allesamt nicht gerade für ihren enthaltsamen Lebenswandel bekannt, dort aufhielten, ist es nicht weiter verwunderlich, daß die Musik, die während der Sessions entstand, eher zu einem Spiegel der allgemeinen Partystimmung denn zu einem Dokument ernsthafter künstlerischer Ambitionen wurde.

Claptons Aufenthalt im Shangri-La dauerte von Febuar bis April. Nach einigen spontanen Sessions mit Stephen Bishop, Rick Danko und Joe Cocker (bei dieser Gelegenheit arbeitete Clapton kurzfristig wieder mit Bonnie Bramlett zusammen), kehrte er im Mai wieder nach Hurtwood Edge zurück und beendete sein einjähriges Steuerexil. Clapton hielt sich also in England auf, als am 14. Mai Keith Relf, der ehemalige Sänger der Yardbirds, bei einem Unfall ums Leben kam, und es wäre für ihn ein leichtes gewesen, seinem einstigen Weggefährten die letzte Ehre zu erweisen. Aus welchen Gründen auch immer – die Beerdigung fand ohne Clapton statt. Dafür betrat er am darauffolgenden Abend in Leicester zusammen mit den Rolling Stones die Bühne. Nach einer ebenso gekonnten wie rauhen Version von »Brown Sugar« zog er sich in die Garderobe zurück, wo ihn der Pianist Ian Stewart nach dem Konzert »völlig apathisch« vorfand.

Seit Claptons letzter England-Tournee waren inzwischen sechs Jahre vergangen. Nun, da er aus dem Album *No Reason To Cry*, dem Ergebnis seiner Aufnahmen im Shangri La, möglichst viel Kapital schlagen wollte, kündigte er für Juli und August 1976 auch eine Reihe von Konzerten in seiner Heimat an. Unter dem Motto »Eric's Summer Paddle« begab er sich auf eine recht ungewöhnliche Tour, die ihn unter anderem in das Spa Pavillon in Bridlington und das Hayling Island's Holiday Camp führte.

Bereits am ersten Abend stellte sich heraus, daß Clapton einmal mehr in eine neue Rolle geschlüpft war. Diesmal mimte er den Rüpel, der in bestem Cockney mit Fachausdrücken von der Pferderennbahn um sich warf und das Publikum mit Flüchen bombardierte. Nach dem letzten Song trat Clapton an den Bühnenrand und beendete den Abend mit den Worten: »Ich hoffe, es hat euch Spaß gemacht – ich für meinen Teil fand es zum Kotzen langweilig.« Der *Daily Express* brachte einen langen Bericht über das Konzert und zitierte Clapton wie folgt: »Ich will einfach nur gute Songs schreiben, auf die Bühne gehen und sie spielen. Ich finde das ungeheuer aufregend.« Doch auch dem *Daily Express* fiel die Unvereinbarkeit dieser Worte mit seinem Abgang in Hemel Hemstead auf: »Von Aufregung keine Spur. Clapton ging von der Bühne, als sei ihm gerade eben eingefallen, daß er noch rasch in seine Stammkneipe müsse, um ein Dart-Spiel zu beenden.«

Wer gedacht hatte, es könne nach einem solch enttäuschenden Tourneeauftakt nur noch besser werden, wurde spätestens durch Claptons Konzert im Crystal Palace eines Besseren belehrt. Sowohl George Terry als auch der Gastgitarrist Larry Coryell spielten Clapton problemlos an die Wand. Claptons Soli waren ohne Kraft und Inspiration, und alles in allem wurde man das Gefühl nicht los, daß er sich allzu sehr auf die Wirkung gewisser musikalischer Trends (vor allem Reggae) verließ, anstatt auf einen individuellen und zeitloseren Stil zu setzen. Der *Melody Maker* – Absicht oder Zufall – plazierte den Verriß von Claptons Konzert im Crystal Palace direkt neben ein Kurzportrait der Sex Pistols, in dem diese wütend das Ende des »Dinosaurier-Rock« forderten.

Trotz alledem war das Publikum nicht auf das vorbereitet, was sich Clapton am 5. August im Odeon in Birmingham leistete. Seine Bemerkung über »sonnengebräunte Mitbürger«, dic er beim Betreten der Bühne fallenließ, mochte ja noch als etwas flapsig durchgehen, doch als er nach dem ersten Stück das Publikum ansprach, hörte der Spaß auf: »Sind heute Abend zufällig irgendwelche Ausländer hier? Wenn ja, dann hebt mal die Hand ... Was denn, so viele? Ich finde, wir sollten Enoch Powell wählen.« Unter nicht enden wollenden Buhrufen und Pfiffen ließ Clapton eine rassistische Hetzrede vom Stapel, die er mit der inständigen Bitte an alle Engländer beendete, »dafür zu sorgen, daß England nicht zur Kolonie« werde.

Tags darauf lernten auch die Reporter Clapton im Albany Hotel von seiner übelsten Seite kennen. Seine Äußerungen vom Vortag schienen ihn nicht im geringsten zu interessieren, waren für ihn bereits Schnee von gestern. Statt dessen war er vollauf damit beschäftigt, die Wetteinsätze für das Rennen am Nachmittag einzusammeln. Ray Coleman, der sich immer für Clapton stark gemacht hatte, ließ jedoch nicht locker und rang ihm eine Stellungnahme ab. Abermals berief sich Clapton auf Enoch Powell, der 1968 in Birmingham nach einer demagogischen Attacke gegen Ausländer fluchtartig den Saal verlassen mußte: »Ich glaube nicht, daß Enoch Powell ein Rassist ist. Es geht ihm nicht um irgendwelche Hautfarben. Es geht ihm eigentlich nur darum, daß wir aufhören, die Emigranten unfair zu behandeln, weil sie überhandnehmen. Erst kommt der Familienvater und lebt vom Arbeitslosengeld, bis er genug zusammengespart hat, um Ehefrau und Kinder ins Land zu holen ... Wenn dann noch die weißen Arbeitslosen sehen, daß Schwarze Arbeit haben und sie selber nicht, ist es kein Wunder, daß der Fremdenhaß immer weiter um sich greift. Ja, ich beziehe eine Menge Prügel für meine Äußerungen, und so ist es auch Enoch ergangen. Er war der einzige, der den Mumm hatte, die Dinge beim Namen zu nennen.«

Claptons rassistisches Statement, noch dazu in Birmingham, wo die rechtsradikale National Front erst kurze Zeit vorher sechzehn Prozent der Wählerstimmen gewonnen hatte, wirkte mehr als befremdlich, zumal seine eigenen musikalischen Wurzeln, der Blues, der Kultur der Schwarzen entstammen, und er gerade dieser Kultur seinen Erfolg zu verdanken hatte. Völlig zu Recht wies der *Melody Maker* darauf hin, daß Clapton »mehr als die Hälfte seiner Gitarrenläufe unseren schwarzen Brüdern nachgemacht hat«.

Bald waren die Musikmagazine voll mit Leserbriefen aufgebrachter Rockfans, was Clapton, der sich anfangs lachend über den Vorfall hinweggesetzt hatte, dann endlich veranlaßte, einen offenen Brief an sein Publikum zu schreiben: »Liebe Musikfans, ich entschuldige mich bei allen Ausländern für meine Worte in Birmingham ... Ich hatte (wie üblich) mal wieder ein paar Gläser zuviel getrunken; außerdem hatte gerade ein Ausländer meiner Freundin in den Hintern gekniffen, und ich war nahe daran, ihm ... na ja, den Rest kennt ihr ja. Was Enoch anbelangt, so glaube ich nicht, daß er der geeignete Mann wäre, dieses Land zu regieren ... Mit exzentrischen Grüßen, E. C.«

Schlimm genug, daß ihm außer seiner Alkoholsucht und seiner Eifersucht keine besseren Entschuldigungen eingefallen waren; viel schlimmer indes fanden einige die Tatsache, daß es schien, als sei Claptons Rückzieher nur auf eine Intervention von Seiten seines Managements zurückzuführen. Da zwischen dem Eklat in Birmingham und Claptons Brief ein Zeitraum von mehr als einem Monat vergangen war, liegt die Vermutung nahe, daß Stigwood und Forrester zunächst einfach Gras über die Sache wachsen lassen wollten. Erst als zu befürchten war, daß sich die leidige Angelegenheit zu einer dauerhaften und nicht wiedergutzumachenden Imageschädigung ihres Schützlings auswachsen könnte, setzte ihr Krisenmanagement ein.

Clapton war zutiefst betroffen, obwohl er versuchte, es sich nicht anmerken zu lassen. Seit 1974 hatte er sich unermüdlich darum bemüht, ein neues Publikum zu gewinnen, und jetzt sah es ganz so aus, als solle er es im Handumdrehen wieder verlieren. Am 17. August, dem Abschlußabend der Tournee, äußerte Clapton bei einem Treffen mit Forrester die Befürchtung, daß »er mit seinen Konzerten offensichtlich niemanden mehr hinter dem Ofen hervorlocken« könne. Er überließ es seinem Manager, herauszufinden, wie sich diese Entwicklung auf seine Finanzen auswirken würde.

Manche Fans, Kritiker und Musikerkollegen haben Clapton seine rassistischen Äußerungen nie verziehen. Im September 1976 gründete ein Mann namens Peter Bruno (auch er hatte nach dem Vorfall in Birmingham seiner Empörung in einem Leserbrief Ausdruck verliehen) die Initiative »Rock Against Racism« – das deutsche Pendant »Rock gegen Rechts« entstand kurze Zeit später –, für Clapton eine ständige Quelle peinlicher Erinnerung.

In derselben Woche, in der Clapton seinen Entschuldigungsbrief verfaßte, schrieb er auch einen Song, der in seiner Ausdruckskraft »Layla« um nichts nachstand. Als er in Hurtwood Edge ärgerlich auf Pattie Boyd wartete, die sich offensichtlich nicht entscheiden konnte, welche Garderobe für die Party, die sie gemeinsam besuchen wollten, am geeignetsten sei, summte Clapton wartend vor sich hin. Schon eine Minute später war er unten in seinem Studio, und nach weiteren fünf Minuten hatte er die Rohfassung für einen Song eingespielt, der später den Titel »Wonderful Tonight« trug. Als der Titel im darauffolgenden Jahr veröffentlicht wurde, dürfte wohl kaum ein Fan geahnt haben, daß Clapton in der allseits bewunderten ersten Strophe (»It's late in the evening/She's wondering what clothes to wear«) nur seine Ungeduld zum Ausdruck gebracht hatte, wohingegen er in der letzten Strophe (»It's time to go home now/And I've got an aching head«) seinen eigenen Zustand sogar noch reichlich untertrieben haben dürfte, war er doch, wie er später zugab, »wieder einmal völlig betrunken und unzurechnungsfähig«.

An dem gleichen Tag, an dem Eric Clapton »Wonderful Tonight« schrieb, also am 7. September, wurde auch das Album *No Reason To Cry* veröffentlicht, das er im Shangri-La aufgenommen hatte. Zu den erfreulicheren Momenten der LP gehören ein Duett mit Bob Dylan (»Sign Language«) und eine Reihe von Songs im Stil von The Band (die nicht zuletzt allerdings deshalb besonders authentisch sind, weil sie von The Band selbst eingespielt wurden); weniger aufregend waren die sattsam bekannten Reggae- und Calypso-Elemente, ein oberflächliches Geplätscher, das mit Claptons früherer Musik kaum noch etwas zu tun hatte. Auf *No Reason To Cry* war so gut wie jeder Rockstar zu hören, dessen Eric nur irgendwie habhaft werden konnte. Das Album wirkte unzusammenhängend und wenig überzeugend, ein Eindruck, der durch die schlechte Abmischung noch zusätzlich verstärkt wird. Als einziger verbindender Einfluß sind die Country-Folk-orientierten Klänge von Don Williams auszumachen. Auch wenn die LP bisweilen gute Laune verbreitet, etwa mit »Hello Old Friend« oder dem »Layla«-inspirierten »Black Summer Rain«, fällt sie doch über große Strecken in die Kategorie »für jeden etwas«. Inzwischen waren drei Jahre seit Claptons Comeback vergangen. *No Reason To Cry* war stilistisch die unpersönlichste Veröffentlichung seit seiner Zeit mit Delaney And Bonnie. Selbst die Soli hatte er anderen, in diesem Fall George Terry und Robbie Robertson, überlassen. An Claptons eigenwillige und prägnante Leadgitarre erinnern nur gelegentlich hervorbrechende kurze Einwürfe.

Anfang November flog Clapton für einen Monat nach Amerika, eine kaum erwähnenswerte Reise, wäre da nicht sein Auftritt beim Abschiedskonzert von The Band gewesen. Clapton traf am 24. November in San Francisco ein. Am 26. November feierte er im Miyako Hotel das Thanksgiving-Fest, mit Truthahn und Lachs und natürlich etlichen Flaschen Brandy. Solchermaßen gestärkt griff Clapton zu seiner Stratocaster und schüttelte für sein Privatpublikum, das aus Bob Dylan, Ringo Starr und den Musikern von The Band bestand (und einer nackten Frau, die sich träge auf dem Bett räkelte), einige Soli aus dem Ärmel. Diese Vorstellung fiel weitaus glanzvoller aus als die Probe seines Könnens, die Clapton am selben Abend im Winterland Ballroom abgab. Während des Abschiedskonzerts von The Band improvisierte sich Clapton zunächst gekonnt durch »All Our Pastimes«; danach spielte er mit einem Höllentempo »Further On Up The Road«; und dann zeigte er 5000 johlenden Zuschauern, wie ein Gitarrenvirtuose aussieht, dem mitten im Solo seine Stratocaster aus den Händen rutscht. Der gefeiertste Gitarrist aller Zeiten sank auf das Niveau eines tolpatschigen Garagenmusikers herab, fummelte aufgeregt am Gitarrengurt herum, während er gleichzeitig versuchte, das Instrument mit den Knien festzuhalten. Immerhin brauchte er für seine »Rettungsaktion« so lange, daß Robbie Robertson für ihn einspringen mußte. Als das Konzert 1978 als Live-LP (*The Last Waltz*) veröffentlicht wurde, bezeichnete ein Kritiker Claptons Beitrag als »nichtssagend«.

Das neue Jahr brachte eine Wende. Am 14. Februar 1977 gab Clapton ein nichtangekündigtes Konzert in der Gemeindehalle von Cranleigh, in der

Nähe von Hurtwood Edge. Sein rasches Einverständnis (»Klar, mach' ich«) zu diesem Konzert, bei dem übrigens Pattie Boyd unter dem Gelächter und Gejohle ihres Liebsten einen Cancan aufs Parkett legte, ließ bereits ahnen, daß Clapton wieder einmal sein Image ändern würde – in das des netten Rockstars von nebenan, der sich glücklich schätzt, wenn er sich für die regionalen Angelegenheiten engagieren kann, der sich auch nicht zu schade ist, in einem örtlichen Pub oder Geschäft aufzutreten, wenn es der Sache dienlich ist. Die Leute gewöhnten sich rasch an den Anblick des berühmten Musikers, der alleine oder mit Freunden durch die Hauptstraße von Cranleigh flanierte oder in den Pubs die Einheimischen freihielt, ganz zu schweigen von seinen großzügigen Spenden an das St. Mary Magdalen-Hospital und an seine alte Schule in Ripley. Clapton bewies damit nicht nur, wie wandlungsfähig er war, sondern auch, wie groß seine Bedürfnis nach Geborgenheit war, seine Sehnsucht nach Zugehörigkeit und einem einfachen Leben. Linda Chandler, die in Cranleigh lebt, kann sich an einen Clapton erinnern, der »vor sich hin pfeifend die Straße entlangschlenderte, in jeder Hand eine Einkaufstüte«.

Diese neue Ungezwungenheit schlug sich im Laufe der Zeit auch auf seine Musik nieder. Bereits Ende des Jahres 1976 hatte Clapton seine alte Freundschaft zu Gary Brooker wieder aufgefrischt. (Er wurde 1980 Mitglied von Claptons Band). Der ehemalige Bandleader der Procul Harum war inzwischen Besitzer des Parrot Inn, eines Pubs, der ganz in der Nähe von Claptons Haus lag. Sie entdeckten ihre gemeinsame Liebe für das Fischen, teilten ihre Begeisterung für Fußball und Pferderennen – später auch für Videospiele und Cricket – und ließen sich gelegentlich sogar zu einem gemeinsamen Tänzchen zu Piano- und Banjo-Klängen im Stil von Chas And Dave (eine Gruppe, die Clapton bewunderte) hinreißen. Im Frühjahr 1977 spielte Clapton als Gastmusiker auf dem gemeinsamen Album von Pete Townshend und Ronnie Lane mit, das den Titel *Rough Mix* trug. Dave Markee spielte bei den Aufnahmen Bass. Auch ihm blieb die Veränderung Claptons nicht verborgen: »Während der Aufnahmen hüpfte Eric fröhlich auf und ab, spielte souverän, aber völlig richtungslos ... Es war nicht zu überhören, daß er, wie er es nannte, ›traditionelle englische Musik‹ spielen wollte. Doch eigentlich sehnte er sich wohl nur nach dem typischen Lebensstil eines Engländers.«

Am 20. April begab sich Clapton erneut auf eine England-Tournee, und alles deutete darauf hin, daß er seine Starallüren endgültig abgelegt hatte. Er ließ seinen Mercedes stehen und reiste stattdessen mit der Band im Bus oder mit dem Zug. Auf der Bühne gab er sich betont lässig, schien ganz in seiner Rolle als Kind der Arbeiterklasse aufzugehen. Bei seinem

Auftritt in London holte Clapton – sichtbarer Beweis seiner Rückbesinnung auf Herkunft und Tradition – gar seine Großmutter auf die Bühne. *Sounds* beschrieb die einmonatige Tournee als »eine Art Package-Tour im Stil der 60er Jahre« und Clapton als »einen gestandenen Popmusiker, der Liebeslieder, Reggae-Nummern und das Country-Rock-Genäsel von Don Williams gleichermaßen professionell beherrscht«.

Im Verlauf der Tournee wurde jedoch ziemlich rasch deutlich, daß Eric Clapton mit seinem Arbeiterklasse- und Cockney-Gehabe nur kaschieren wollte, daß ihm langsam aber sicher die Ideen ausgingen. Die Übergänge von spontaner Inspiration zu völligem Chaos waren erschreckend fließend. Jahrelang hatte er mit seiner Gitarre den Sound bestimmt, hatte intuitiv die Balance zwischen Rhythmus- und Leadgitarre gehalten, immer ein sicheres Gespür dafür bewiesen, was auf der Bühne funktionieren würde und was nicht. Nun beschränkte sich sein Beitrag lediglich auf vereinzelte, wie George Terry es nennt, »spontane Bravourstücke«. Wenn die Fans bei den ersten Akkorden von »Crossroads« oder »Badge« in begeisterten Applaus ausbrachen, dann taten sie dies in erster Linie wegen der Erinnerungen, die diese Songs bei ihnen auslösten. Claptons Alkoholismus verschlimmerte die Situation nur noch. Bei seinem Konzert am 29. April im Rainbow hatte er echte Koordinierungsprobleme. Gegen Ende des Auftritts wurde ihm plötzlich schlecht. »Es wurde so schlimm«, meinte er später, »daß ich einfach von der Bühne abging . . . Dann kam plötzlich Townshend rein, nahm mich zur Seite und meinte: ›Das nennst du *Showbusiness*?‹« Die Tatsache, daß ausgerechnet Pete Townshend, selbst dem Alkohol keineswegs abgeneigt, Clapton einen Vortrag über Professionalität hielt, wurde von der Presse dankbar aufgegriffen.

Ähnliche Vorfälle wiederholten sich im Sommer des gleichen Jahres in Europa und im Oktober in Japan. Eines muß man Clapton jedoch lassen: Er hielt seinen Terminkalender ein, war ohne Unterlaß auf Tournee, obwohl er es finanziell gesehen gar nicht nötig gehabt hätte. Wie eine ganze Reihe anderer Rockstars der 60er Jahre hatte er das, was seine Musik einst so neu und aufregend gemacht hatte, für eine langweiligere, aber langfristige Perspektive aufgegeben. Der Presse gegenüber gab er zu: »Bei manchen verläuft die Karriere kurz und heftig, und sie erreichen dabei erstaunliche Höhen, machen unglaubliche Dinge. Aber mir schwebt etwas anderes vor. Ich möchte im Rock 'n' Roll zu den Marathonläufern und nicht zu den Sprintern zählen.«

In diesem Punkt verließ Clapton sich einmal mehr auf sein Management, das 1977 komplett von Forrester übernommen wurde. Im Gegensatz zu dem rauhen, aber herzlichen Stigwood war Forrester schroff und realistisch. Er zeichnete nicht nur für Tourneen und Platten verantwortlich, sondern stellte auch einen eigenen Wachtrupp zusammen, der die Garderobenräume inspizierte, die Bühnen eingehend überprüfte und selbst die Studios überwachte. George Terry erinnert sich, daß »Roger vor Auslandskonzerten sogar mit uns die Zollbestimmungen durchging und uns erklärte, was wir einführen durften und was nicht«. Doch Forresters Einfluß war noch viel weitreichender, denn er führte zusätzlich auch noch Claptons Firma, verwaltete die Finanzen seines Klienten und kontrollierte seine Ausgaben. Zudem beriet er ihn hinsichtlich seiner Äußerungen gegenüber Journalisten. Selten gab es eine derartige Symbiose zwischen einem Musiker und seinem Manager. Clapton, der sich nach einer Freundschaft sehnte, die nicht nur all seinen Bedürfnissen gerecht werden sollte, sondern auch eine gewisse Beständigkeit versprach, sah in Forrester einen Gefährten und Vertrauten. Jack Bruce erinnert sich: »Eric hätte sich ohne Rogers Zustimmung nicht einmal zu niesen getraut.«

Forrester war es auch, der die Europa-Tournee organisierte (eine Fortsetzung der britischen Tour, bei der die Band in einem Privatzug reiste) und Clapton nach Skandinavien begleitete; er übernahm es, die offizielle Stellungnahme seines Schützlings der Presse mitzuteilen, als am 9. Juni die Scheidung von Pattie Boyd und George Harrison bekannt wurde; er überwachte die Aufnahmesessions im Olympic, ließ »Krankmeldungen« zustellen, wenn Clapton wieder einmal zuviel getrunken hatte. »Man kann von Roger halten, was man will«, so George Terry, »er war Eric gegenüber unglaublich fürsorglich. Er hat praktisch alles für ihn geregelt. Eric mußte nicht einmal den Telefonhörer selbst abheben.« Da Clapton nun aller Verpflichtungen enthoben war und sich ausschließlich auf sein Gitarrenspiel konzentrieren konnte, produzierte er sein bestes Album seit *Layla*.

Clapton hatte seinen Cockney-Akzent beibehalten und verzichtete auch bei *Slowhand* darauf, die Gitarre allzu sehr in den Vordergrund zu stellen. Trotzdem überraschte er immer wieder mit brillant gespielten Passagen. Auch wenn *Slowhand* nicht, wie Don Short behauptet, »das beste Album ist, das Eric je gemacht hat«, so ist es doch in Anbetracht des wechselhaften Niveaus der Songs das für seine gesamte Karriere vielleicht repräsentativste. Neben einfachen aber eingängigen Songs kann man darauf auch einige absolute Highlights hören, wie beispielsweise das für Pattie Boyd geschriebene »Wonderful Tonight«, ein Song, der bezeichnend war für das, was Clapton inzwischen auszeichnete: ein instinktives Gespür für Rhythmus und Melodie.

Ein weiterer Höhepunkt auf *Slowhand* ist Claptons Version von J. J.

Cales »Cocaine«, ein übermütiges Stück mit leichtem Country-Rock-Einschlag, ganz im Stil von »Sunshine Of Your Love« und »Lay Down Sally« (ebenfalls auf der LP zu hören). »Cocaine« gehörte neben »The Core«, mit dem Clapton erfreulicherweise wieder sein Niveau der späten 60er Jahre erreichte, und »Wonderful Tonight« künftig zum Standardrepertoire seiner Konzerte.

Claptons mitunter krampfhaft wirkende Versuche, mit *Slowhand* seinen angeschlagenen Ruf wieder aufzupolieren, waren dem Album nicht eben zuträglich, ließen sie doch allzu oft eine klare Linie vermissen. Doch Glyn Johns gelang es, dieses Manko mit seinem einheitlichen Produktionsstil einigermaßen aufzufangen. Er hatte eine genaue Vorstellung davon, wie ein gitarrenlastiges Album klingen sollte. Das Endergebnis vermittelt die typischen konservativen – bisweilen rührenden – Werte eines in die Jahre gekommenen Rockmusikers. In altbewährter Weise legte Glyn Johns auch bei diesem Album den Schwerpunkt auf den Gesang und die Gitarrenmelodien und nicht, wie es inzwischen populär geworden war, auf die Rhythmusgruppe. *Slowhand* wäre auch dann auf Anhieb als eine Platte von Eric Clapton zu identifizieren gewesen, wenn sein Name nicht auf dem Cover gestanden hätte. Das Album wurde sowohl in Europa als auch in Amerika ein beachtlicher Erfolg.

Anfang 1978 spielte Clapton als Gastmusiker bei der Produktion des Samplers *White Mansions* mit, ein eher unbedeutendes Werk, wenn man davon absieht, das es ihn wieder mit dem Bassisten Dave Markee und dem Schlagzeuger Henry Spinetti zusammenbrachte. Die beiden hatten kurz zuvor an *Rough Mix* und an Projekten von Leo Sayer und Joan Armatrading mitgearbeitet; achtzehn Monate später nahmen sie in Eric Claptons Band die Plätze von Carl Radle und Jamie Oldaker ein.

Am 1. Februar 1978 brach Clapton zu einer Welt-Tournee auf, die bis Weihnachten dauerte. Um seine jüngste Vorliebe für Country-Musik im allgemeinen und für Don Williams im besonderen zu demonstrieren, erschien er auf der Bühne mit Texashut und Cowboystiefeln (Don Williams bestritt das Vorprogramm). Unermüdlich rührte Clapton die Werbetrommel für »Lay Down Sally«, das in den Country'n'Western-Charts für kurze Zeit zum Hit avancierte (und dort absurderweise mit den Rolling Stones konkurrierte). Während Clapton damit beschäftigt war, sein Image zu pflegen, hatte Forrester ganz andere Probleme. Mal mußte er einen Verkäufer beschwatzen, ein 50 000 Pfund teures Rennboot zurückzunehmen, dann wieder umherziehende Musiker abwimmeln, denen »Eric einen gemeinsamen Auftritt versprochen« hatte.

Ein Mitglied der Roadcrew erinnert sich an sein Erstaunen, als er mitbekam, wie verwöhnt Eric Clapton war. Ganz selbstverständlich ging er davon aus, daß ihm überall und zu jeder Zeit gewisse Privilegien eingeräumt wurden. Nach einem Auftritt in St. Louis sagte Clapton in letzter Minute sein Erscheinen bei einer Party ab, die ihm zu Ehren stattfinden sollte, mit der lapidaren Begründung, er sei einfach zu müde. Auch mit seinen Chauffeuren, Bodyguards und anderen Angestellten ging Clapton nicht gerade zimperlich um. Oft behandelte er sie wie seine Leibeigenen. Wenn Alphi O'Leary ihn zu lange auf seinen Drink warten ließ, brüllte er sofort los. Truman Capote erzählte, daß »Clapton völlig ausrastete«, als bei einer Party im Studio 54 in New York »der Kellner nicht sofort erschien«. 1978 gehörte es unter anderem zu Alphi O'Learys Aufgaben, dafür zu sorgen, daß sein Boß den entsprechenden Alkoholpegel erreicht hatte, wenn er die Bühne betrat. Ohne auch nur einen einzigen Gedanken an die Folgen seines Verhaltens zu verschwenden, absolvierte Clapton auf diese Weise innerhalb eines Jahres neunzig Konzerte.

Während Clapton durch die Staaten tourte, hatte Pattie Boyd in Hurtwood Edge ausreichend Zeit und Muße, über die gemeinsame Zukunft nachzudenken. Ihr Wunsch nach Kindern und einem idyllischen Familienleben ließ sich nur schwer mit Claptons Karriere vereinbaren. Auch die Tatsache, daß Clapton ständig von anderen Frauen umgeben war, wirkte sich nicht gerade stabilisierend auf die Beziehung aus. Das Leben mit Clapton war völlig anders als alles, was sie bisher gekannt hatte. »Nachdem ich mit George ein sehr spirituelles Leben geführt hatte, schien um mich herum plötzlich das reinste Chaos zu herrschen«, erzählte sie Ray Coleman. »Nicht selten schleppte Eric sogar aus der Kneipe irgendwelche dahergelaufenen Landstreicher an.« Schließlich suchte auch Pattie Boyd Zuflucht im Alkohol. 1978 trank sie fast genausoviel wie Clapton. Da sie ihn nur selten zu Gesicht bekam, fühlte auch sie sich, wie zuvor schon Alice Ormsby-Gore, isoliert und durch sein Verhalten verunsichert. An manchen Tagen nahm er seine Freundin kaum wahr. Oft stand er erst am frühen Nachmittag auf, nur um sich mit seinem Brandy und den Spielzeugautos in sein Musikzimmer zurückzuziehen. Häufig kamen wildfremde Menschen vorbei, um Clapton um eine Gefälligkeit zu bitten, und natürlich wurden sie von ihm aufgefordert, doch zum Essen zu bleiben. Einmal tauchte eine Sängerin auf, die Clapton und Pattie Boyd das Angebot unterbreitete, gemeinsam mit ihnen das Bett zu teilen (sie lehnten ab). Pattie, die bereits voller Ängste war und unter Depressionen litt, griff immer häufiger zur Flasche, suchte Trost bei ihrem Ex-Ehemann, bei Familie und Verwandten.

Dazu gehörte auch Patties Schwester, die seit ihrer Liaison mit Clapton mit einem Mann namens Nigel Carroll zusammenlebte. Zwischen ihm und Clapton entwickelte sich eine Freundschaft, die immerhin so weit ging, daß Nigel Carroll auf die Gehaltsliste von Marshbrook gesetzt wurde (Später nahm er dort den Posten eines persönlichen Assistenten ein). Carrolls erster Auftrag bestand darin, Clapton zu Fußballspielen zu begleiten, hauptsächlich nach West Bromwich Albion, wo Eric das gleiche Team unterstützte wie schon Jack Clapp in den 50er Jahren. Eine Zeilang besuchten Clapton, Forrester und Carroll regelmäßig jeden Sonntag die Spiele ihres Teams, wobei Carroll, der damals noch keinen Alkohol trank, den Mercedes steuerte. Inzwischen benutzte Clapton, wenn er auf Tournee war, das Pseudonym »W. B. Albion«. Außerdem bestand er darauf, daß man ihn auch in Amerika über die Erfolge oder Niederlagen seines Clubs informierte. Auf dem Cover seines nächsten Albums (*Backless*), das 1978 erschien, war der Vereinsschal von West Bromwich abgebildet.

Die Welt-Tournee, die im Februar 1978 begonnen hatte, wurde im Juni fortgesetzt. Am 23. Juni bestritt Clapton in Rotterdam das Vorprogramm zu einem Bob-Dylan-Konzert. Anschließend reisten sie weiter nach Nürnberg, wo die Band auf dem Zeppelinfeld spielte. Während Clapton das Konzert als »brillant« bezeichnete, ging ein Kritiker wütend mit ihm ins Gericht, weil er die Dreistigkeit besessen hatte, »genau auf dem Platz aufzutreten, auf dem der Faschismus sich selbst gefeiert hatte . . . und das auch noch, nachdem er selbst erst vor kurzem in Birmingham den Rechtsradikalismus ganz unverhohlen gebilligt habe«. Darüber hinaus vertrat der Rezensent die Meinung, daß Claptons »verwirrte Persönlichkeit« sich auch in seiner Musik niederschlage. Bislang war er immer noch in der Lage gewesen, seine Auftritte einigermaßen aufrecht stehend hinter sich zu bringen, doch 1978 holte ihn sein Lebensstil ein. Als er am 15. Juli vor 250 000 Fans in Blackbushe sturzbesoffen auf die Bühne torkelte, mußte selbst Ray Coleman zugeben: »Würden die Bedingungen für Wirtschaftsunternehmen auch für Rockkonzerte gelten, dann hätte Eric Clapton ein echtes Problem . . . Selbst den loyalsten Clapton-Fan kann dieser Auftritt unmöglich begeistert haben. Sicher, er hat ganz passabel gespielt, aber alles in allem auch so langweilig und bescheiden, daß man sich bisweilen in den Arm zwicken mußte, um sich daran zu erinnern, daß auf der Bühne tatsächlich eine lebende Legende stand.«

Nach dem Konzert kündigten Marcy Levy (die Background-Sängerin, seit Yvonne Elliman 1977 die Band verlassen hatte) und George Terry ihre Mitarbeit auf. Zum erstenmal seit seinem Comeback war Eric Clapton nun dazu gezwungen, selbst wieder die tragende Rolle des Leadgitarristen zu übernehmen.

7

Goodbye Blues

Im November kehrte Eric Clapton mit dem Rest der Band, die nur noch aus Carl Radle, Jamie Oldaker und Dick Sims bestand, auf die Bühne zurück. Innerhalb von fünf Wochen gaben sie in sieben Ländern dreißig Konzerte, und zu den Höhepunkten dabei zählten zum einen der Auftritt in West Bromwich (Clapton besaß dort eine besonders treue Fangemeinde), sowie ein Auftritt in Glasgow. Ian Stewart, der bei dem Song »Key To The Highway« als Gastmusiker mitwirkte, erinnert sich, daß Clapton »völlig abhob und mit diesem jammervollen Gesichtsausdruck spielte . . . seine Hemmungslosigkeit konnte einem wirklich angst machen. Die Fans haben sich sicher gefragt, was in ihn gefahren ist.«

Vermutlich gab sich Eric Clapton seinen nostalgischen Gefühlen hin, die ihn einfach überwältigten. Dabei legte er eine fast schon übertriebene Melodramatik und Ernsthaftigkeit in seine Songs. Dem Filmemacher Rex Pyke, der Clapton auf dieser Tournee begleitete, um ihn zu portraitieren, gelangen ein paar eindrucksvolle Aufnahmen. Pyke durfte sich während der Konzerte auf der Bühne und auch in den Studios völlig frei bewegen, er hatte Zugang zu den Hotelsuiten, Garderobenräumen und fuhr in dem Privatzug mit, in dem Clapton durch Europa reiste. In der Dokumentation, die den Titel *Eric Clapton's Rolling Hotel* trug, kann man zwei Szenen sehen, in denen Rex Pyke zwei echte Gefühlsausbrüche Claptons vor die Linse bekam. Der erste Zwischenfall ereignete sich in Paris, zu einem Zeitpunkt, als Robert Stigwood kurz davor stand, auch noch die restlichen der ihm verbliebenen Management-Aufgaben an Roger Forrester zu verlieren. Eric Clapton spielte offensichtlich auf die Geschäftspraktiken seines ehemaligen Mentors an, als er Stigwood hinter der Bühne auf den Kopf zusagte: »Paß auf . . . jetzt möchte ich endlich mal ein paar Sachen von dir wissen . . . Vieles habe ich mich nicht getraut zu fragen, aber jetzt möchte ich auf alles eine Antwort.« Stigwood reagierte jedoch nur ausweichend mit dem lakonischen Kommentar: »Das ist jetzt nicht der richtige Zeitpunkt dafür.« Clapton signalisierte Rex Pyke weiterzufilmen, und gab dann dem Mann, den er einmal als seinen »Vater« bezeichnet hatte, eine schallende Ohrfeige.

Zu einer anderen, nicht minder brisanten Szene, ebenfalls dokumentiert in *Eric Clapton's Rolling Hotel*, kam es, als Ben Palmer, der Eric Clapton durch Europa begleitete, den Vorschlag machte, daß der von Clapton als eines seiner Vorbilder bewunderte Muddy Waters (er bestritt das Vorprogramm) nicht mehr im Bandbus, sondern zusammen mit ihnen im Zug reisen solle. Clapton lehnte ab. Ben Palmer ist noch heute über diesen Vorfall verärgert: »Also mußte sich Muddy, dreiundsechzig Jahre alt und gesundheitlich ziemlich angeschlagen, mit den Roadies auf den Rücksitz des Busses quetschen.«

Schon allein deshalb wurde die Dokumentation *Eric Clapton's Rolling Hotel* offiziell nie ausgestrahlt. Es gab lediglich eine Privatvorstellung im National Film Theatre und etliche Sequenzen wurden später in diverse Videos eingebaut. Doch nicht nur Ben Palmer war der Meinung, daß die Dokumentation einfach nicht sehenswert war, »und zwar nicht nur wegen der Sache mit Muddy, sondern auch wegen anderer Vorkommnisse«. George Terry meint, »Eric war damals einfach vollkommen hinüber. Man brauchte wirklich starke Nerven, um mit ihm befreundet zu sein.«

Im November wurde *Backless* veröffentlicht, das Album, das im Sommer in den Olympic Studios entstanden war. »Irgendwie krankte das Ganze an einer gewissen Apathie«, so kommentierte Clapton selbst. Während »Tulsa Time« und »Golden Ring«, zwei sarkastische, wenn auch eher banale Songs, zu beliebten Live-Stücken avancierten, die zum Mitklatschen einluden, bekam man bei den restlichen Stücken, anstelle eindrucksvoller Gitarrenriffs, nur mehr oder minder anspruchslose Melodien zu hören. Mit »Promises«, einem Song mit deutlichen Country-Anklängen, konnte Clapton ein breites Durchschnittspublikum gewinnen. Zu einem Zeitpunkt, als Soundtrack-Platten wie *Grease* und *Saturday Night Fever* (beide von Stigwood veröffentlicht) und Gruppen wie Boney M, Blondie und Abba die Charts dominierten, erschienen »die Liedchen und hübschen Melodien« aus *Backless*, wie Clapton sie selbst bezeichnete, im Vergleich dazu hoffnungslos unzeitgemäß und übertrieben zurückhaltend. Später gab er zu, sich in diesem Jahr ernsthaft die Frage gestellt zu haben: »Für was mache ich das eigentlich?« Zwar wurden Claptons Alben und Singles nach wie vor pünktlich veröffentlicht, dafür sorgte schon Roger Forrester, aber ein Comeback, wie es sich auf *Slow-*

hand angebahnt hatte, erwies sich als Illusion. *Backless* fehlte es einfach an Substanz.

Die Beziehung zwischen Robert Stigwood und Eric Clapton erreichte 1978 ihren absoluten Tiefpunkt (später entspannte sie sich wieder). Zum einen war Clapton der Meinung, daß sein ehemaliger Manager ihn schlecht beraten habe, zum anderen warf er Stigwood in aller Öffentlichkeit wiederholt vor, er sei verantwortlich dafür, daß er nicht mehr Geld verdiene. Pete Brown hingegen, der beide sehr gut kannte, glaubt: »Eric hat durch Robert unglaubliche Summen verdient, doch damit hat er auf zu großem Fuß gelebt. Er hat sein Geld verpraßt wie ein Matrose auf Landurlaub.« Claptons kurzfristige Engagements bei den Yardbirds, Bluesbreakers und Cream waren begleitet von Auseinandersetzungen über Geld, weil er sich auf den Standpunkt stellte, daß er als Star der Band selbstverständlich mehr zu verdienen habe als die anderen Bandmitglieder. Obwohl er ein wohlhabender Mann war, der sich selbst in den Zeiten seiner Karrieretiefs Hurtwood Edge leisten konnte, wußte Clapton doch, daß er noch viel reicher sein könnte.

Der neue Manager Claptons hatte für diese Ambitionen vollstes Verständnis und sah darin auch für sich selbst eine Chance. Roger Forrester, ein sehr dünner Mann mit schütterem Haar, der in der Regel Designer-Blazer und Jeans trug, machte sich über Robert Stigwoods Schwächen lustig und versprach Clapton nahezu unermeßlichen Reichtum. In diesem Punkt behielt er weitgehend recht. Weniger überzeugend klang allerdings Forresters Behauptung, er sei gegenüber der Presse »absolut offen«.

Roger Forrester wurde am 15. August 1940 im Municipal Maternity Home von Grimsby geboren. Eigentlich hieß er Roger France Wright. Sein Vater George war Polizeibeamter, seine Mutter Keturah stammte vom europäischen Festland. In den 60er Jahren ging Forrester nach London, wo er als Konzertmanager für Leute wie Tommy Steele und Marty Wilde arbeitete, bevor er sich Stigwood anschloß, Tourneen organisierte und voller Enthusiasmus mit den örtlichen Veranstaltern verhandelte. Da Forrester in Frimley Green und somit ganz in der Nähe von Eric Clapton wohnte, entwickelte sich zwischen den beiden schnell eine sehr enge und harmonische Beziehung. Sie besuchten gemeinsam Fußballspiele und gingen in Kneipen.

Jack Bruce, der ebenfalls viele Jahre lang mit Roger Forrester zu tun hatte, gehört zu denen, die der Meinung sind, daß »Roger, wenn es um Geld ging, einfach umschlagbar war, was allerdings nicht auf künstlerische Belange zutraf.« Pete Brown beschreibt ihn als »einen besonders gerissenen Gauner, zu dessen Vorzügen es gehörte, daß er erkannt hatte, wie Stigwood mit Eric umging und deshalb bessere Arbeit leisten konnte als dieser.« Immerhin spricht es für Forrester, daß er sich auch um die alltäglichen Belange kümmerte, die Stigwood immer vernachlässigt hatte. Gleichzeitig war es aber auch so, daß wahrscheinlich kein anderer Manager die Unverfrohrenheit besessen hätte, eine klar erkennbare kreative Krise seines Schützlings so geflissentlich zu ignorieren. Jack Bruce und Pete Brown respektierten beide Forresters finanziellen Scharfblick, hegten aber große Zweifel, ob es klug war, ihm einen so großen Handlungsspielraum einzuräumen und ihm sogar zu erlauben, sich in die musikalischen Entscheidungen einzumischen.

Zusätzlich nahm Forrester auch Einfluß auf andere Bereiche in Claptons Leben. Nachdem dessen Interview im *Rolling Stone* im Jahr 1974 einer »Beichte« gleichgekommen war, wurde jetzt jede seiner Äußerungen in den Medien von Forrester strengstens überwacht. Wenn es um die Zusammenarbeit mit anderen Künstlern ging, auf die sich Clapton bislang so unbefangen eingelassen hatte, wurden diese zunächst einer genauen Prüfung unterzogen. Als Tom McGuinness, Eric Claptons alter Freund aus den Zeiten bei den Roosters, sich an Roger Forrester wandte und ihn bat, ihm bei der Zusammenstellung einer Dokumentation über Jimi Hendrix zu helfen, erhielt er »eine pauschale Absage«. Als er sich daraufhin am nächsten Tag an Eric direkt wandte, mußte er feststellen, daß dieser sogar froh war, mitmachen zu dürfen.

Da Eric Clapton ein ziemlich unbeständiges Verhalten an den Tag legte, wenn es um Geld ging, war dies das erste, das Forrester versuchte zu ändern. Schon während seiner Zeit bei den Roosters hatte Clapton behauptet, und bestätigte das auch später immer wieder, daß Geld ihn »nicht interessiere« und er deshalb »ständig pleite« sei. Zwar konnte es durchaus vorkommen, daß er sich spontan ein Dutzend Anzüge, einen Schrank voller Hemden, ein neues Auto oder gar ein Motorboot kaufte, er verhielt sich jedoch ausgesprochen zögerlich, wenn es darum ging, Bargeld auszugeben. In den 70er Jahren drückte sich Clapton immer wieder davor, seine Rechnung im Speakeasy oder Tramp zu begleichen. Sein Spitzname »Slowhand« erhielt eine ganz andere und ironische Bedeutung für Leute, die mit ihm zusammen ein Restaurant besuchten. Wenn Eric einmal selbst zur Brieftasche griff, war jeder ehrlich überrascht. Ray Coleman hatte den Eindruck, daß Clapton eine »Krämerseele sei, die das Spielchen perfekt beherrschte . . . und es haßte, finanzielle Verpflichtungen einzuhalten«. Weder Noel Redding noch Roger Forrester gelang es später, ihre Außenstände bei ihm einzutreiben.

Doch Clapton konnte auch manchmal sehr großzügig sein, etwa, wenn er eine seiner Gitarren oder auch Kleidungsstücke verschenkte. Einmal bot er Ian Stewart sogar seine letzten fünfzig Pfund an. Doch Jim McCarty mußte »stundenlang darauf warten«, von Eric einen Drink spendiert zu bekommen. Monate später wurde er plötzlich mit einem sündhaft teuren Präsent beschenkt. Claptons wechselhafter Umgang mit Geld war nicht zuletzt bedingt durch eine große Portion Naivität. Er war schon weit über Dreißig, als er die Notwenigkeit eines Bankkontos erkannte und bemerkte, daß eingehende Schecks auch eingelöst werden müssen. In den 80er Jahren antwortete er einmal einem Musiker seiner Band auf dessen Frage, was sein neues Jackett gekostet habe: »Ich habe es nicht gekauft. Es war umsonst. Ich habe es mit meiner Kreditkarte erstanden.«

Zehn volle Jahre setzte Eric Clapton seinen Manager Forrester unter Druck, noch mehr Tourneen und Konzerte für ihn zu buchen, weil er seine allabendliche »Live-Dosis« brauchte. Das Bewußtsein, ein Profi zu sein, war für Clapton sehr wichtig, denn für ihn bedeutete dies, von seiner Musik leben zu können, kontinuierlich produktiv zu sein und sich auch auf Kompromisse einzulassen, wenn er glaubte, daß dies seiner Karriere dienlich sei.

Ende des Jahres 1978 präsentierte sich Claptons Familie harmonisch vereint. Seine Großmutter, Mutter und Freundin waren anwesend und klatschten Beifall, als er in der Guildford Civic Hall auftrat (George Harrison und Elton John waren ebenfalls mit von der Partie). Obwohl an diesem Abend ein freundlicher Ton herrschte, bestanden die Differenzen zwischen Clapton und Pattie Boyd weiterhin. Nachdem sie über ein Jahr lang allein auf Hurtwood Edge gelebt hatte, war sie inzwischen stark abhängig von Alkohol und Valiumtabletten. Ihren eigenen Worten zufolge befand sich die Frau, die in dem Song »Layla« noch zu einer Art Göttin hochgejubelt worden war, auf dem besten Wege, »eine kaputte Langweilerin« zu werden. Das Paar trennte sich Weihnachten desselben Jahres.

Diese neue Situation sorgte dafür, daß sich auch das Verhältnis zwischen Clapton und George Harrison wieder gänzlich entspannte. Am 7. Dezember war George Harrison bei dem Konzert in Guildford aufgetreten. Eric Clapton revanchierte sich für diesen Gefallen und spielte als Gastmusiker auf Harrisons Solo-Album mit, das im Friar Park aufgenommen wurde. Danach tauchten die beiden zusammen im Henley Cinema auf, teilten sich einen übergroßen Becher Popcorn und erklärten dem verblüfften Geschäftsführer, sie seien hergekommen, um gegen die Schließung des Gebäudes zu protestieren.

Pattie Boyd warf Clapton nach der Trennung unter anderem vor, er sei »kalt« und zu keinerlei menschlichen Gefühlen fähig. Im Februar versöhnten sich die beiden wieder. Doch Eric Clapton gestand seinen Freunden resigniert, er sei verwirrt und verbittert. Im März lud Pattie eine ehemalige Kollegin aus ihrer Zeit als Fotomodell, Jenny McLean, nach Hurtwood Edge ein. Als Pattie Boyd das Wohnzimmer betrat, entdeckte sie Clapton und ihre Freundin, die ein wenig zu eng beieinander auf dem Sofa saßen. Als Pattie Boyd versuchte, die Situation zu retten und ein Gespräch in Gang zu bringen, unterbrach er sie mit den Worten: »Merkst du denn nicht, daß ich mich in dieses Mädchen verliebt habe?« Nach diesem Geständnis wurde es so still, daß man eine Nadel hätte fallen hören können. Pattie zog sich nach oben ins Haus zurück und suchte in ihrer Handtasche nach dem Fläschchen mit den Valiumpillen. Sie nahm zunächst nur eine, schluckte dann aber noch weitere vier oder fünf, bevor sie schließlich ihre Schwester anrief und diese bat, sie abzuholen. Noch in derselben Nacht zog Pattie Boyd aus Hurtwood Edge aus und stolperte weinend in die Nacht hinaus.

Mit seinem Eingeständnis, er verstehe die Frauen einfach nicht, kaschierte Clapton eigentlich nur das ganze Ausmaß seiner Ignoranz ihnen gegenüber. Denn seine Bemühungen um Pattie waren in Wahrheit nur recht oberflächlicher und sporadischer Natur. Anstatt an der Beziehung zu arbeiten und ernsthaft zu versuchen, für beide tragbare Kompromisse zu finden, schrieb er lieber lediglich ein Liebeslied für sie oder ließ sich zu gelegentlichen dramatischen Gesten hinreißen. Auch die wenigen Tage, an denen er nicht auftrat oder im Studio arbeitete, konnte Pattie nicht mit ihm genießen, weil er dann mit Roger Forrester und Nigel Carroll auf Sauftour ging. Er trieb sich auf dem Fußballplatz herum, während Pattie Boyd auf ihn wartete und sich Sorgen machte. Geburtstage und Familienfeiern vergaß er.

Während Pattie Boyd in Tränen aufgelöst nach Kalifornien flog, startete Clapton in Begleitung von Jenny McLean eine Irland-Tournee. Am 17. März gab er zum St. Patrick's Day ein Konzert in Dublin, danach verbrachte das Paar eine gemeinsame Nacht im Barberstown. Am 18. März bestätigte Clapton dem Lokalreporter Hugh O'Neil, daß es sich bei dieser Affaire um etwas »Festes« handele. Am 19. März war bereits alles vorbei. (Jenny McLean wollte über die Gründe nicht reden, deutete aber an, daß es »Erics Schuld« gewesen sei). Zu diesem Zeitpunkt mischte sich Roger Forrester in die Angelegenheit ein. Bei einem Billardspiel wettete er mit seinem Schützling um 10 000 Pfund, daß er ihn in die Schlagzeilen der Tagespresse bringen könne. »Einverstanden«, erklärte Eric Clapton und mußte tags darauf folgende Schlagzeile in der *Daily Mail* lesen: »ROCK-STAR HEIRATET NÄCHSTE WOCHE IN ARIZONA.«

Es ist unklar, was Forrester dazu veranlaßte, so massiv vorzugehen. Bekannt ist jedoch, daß Clapton daraufhin Forrester in dessen Büro zunächst tätlich angriff und dann, nachdem er sich beruhigt hatte, der Sache zustimmte. (Übrigens hat er seinem Manager die Wettschulden nie bezahlt). Daraufhin erhielt Pattie Boyd in Malibu die Mitteilung: »Heirate mich oder mach dich aus dem Staub!« Clapton flog mit Forrester und dem üblichen Gefolge nach Tucson, wo am 28. März seine neue Tournee starten sollte. Kaum angekommen, buchte Alphi O'Leary vorort pauschal sechs Kirchen, während Clapton zum Anlaß seiner Eheschließung einen weißen Anzug mit Samtkragen, ein schwarzes Hemd und eine schmale, weiße Krawatte erstand. Offensichtlich schien niemandem der Gedanke gekommen zu sein, daß die Braut möglicherweise überhaupt nicht erscheinen würde. Tatsächlich traf Pattie Boyd pünktlich ein, obwohl sie die Umstände, die zu der Heiratsabsicht geführt hatten, »billig« fand und nach wie vor mißtrauisch war, was Eric Claptons Beziehung zu Jenny McLean betraf. Am 27. März wurde das Paar von einem mexikanischen Priester (der kurz darauf sein geistliches Amt aufgab) in der Tucson's Apostolic Assembly of Faith in Christ Jesus getraut. Passenderweise spielte Roger Forrester den Brautführer, und der Plattenproduzent Rob Fraboni fungierte als Claptons Trauzeuge. Das Ereignis wurde bewußt so aufgezogen, daß es sich zu einem absoluten Medienereignis entwickelte. Jeder konnte ein Interview mit Reverend Sanches machen oder für eine Gebühr von 12 Dollar eine Kopie der Heiratsurkunde erwerben. Als die Hochzeitsgesellschaft, die neben dem Brautpaar aus Roger Forrester, der Familie von Rob Fraboni, Alphi O'Leary und Carroll bestand, die Kapelle über die hölzerne Treppe verließ, rückte die Lokalpresse geschlossen an. Die Fans kreischten und die Reporter lieferten sich hinter der Absperrung wahre Gefechte, während der Standesbeamte höflich darauf hinwies, daß die fällige Gebühr noch nicht beglichen sei. Sie wurde von Eric Claptons Freunden bezahlt.

Pattie Boyd wurde schnell klar, daß sich ihr Los als Ehefrau kaum von ihrer Rolle als Geliebte unterscheiden würde. Ein paar Tage lang ging alles gut. Am Hochzeitsabend fand im Hotel eine Party statt, die mit einer Tortenschlacht endete. Am 28. März bat Eric Clapton im Community Center Pattie auf die Bühne und sang für sie »Wonderful Tonight«. Danach reisten sie zusammen nach Texas und New Mexico. Doch dann, in Oklahoma, platzte die Bombe: Es war noch nicht einmal eine Woche seit ihrer Hochzeit vergangen, als Pattie erfuhr, daß sie auf der Tournee unerwünscht sei. Während Clapton auf die Bühne zurückkehrte, flog seine Frau nach Los Angeles und von dort aus dann zurück nach England. »Ich war wirklich durcheinander«, erzählte sie Ray Coleman. »Ganz offensichtlich wollte er aus mir eine kleine, brave Hausfrau machen.« Eine Freundin von Pattie hält diese Schilderung für eine ziemliche Untertreibung: »Sie wurde von Eric und seinem Manager völlig zugrunde gerichtet. Da hätte man sich ebenso mit der Mafia anlegen können ... Clapton neigte dazu, sich ständig selbst zu bemitleiden. Dies und sein Hang zur Brutalität machten Pattie wirklich fertig.«

In der letzten Aprilwoche erhielt eine große Anzahl namhafter Rockstars samt Ehefrauen, Freundinnen und Verwandten die Einladung zu einer Party »für mich und meine alte Flamme«, mit der Bitte, ihre Zusage nach Hurtwood Edge zu übermitteln. Unter anderem riefen daraufhin George Harrison, Paul McCartney und Ringo Starr, Pete Townshend, Elton John und Rod Stewart, Mick Jagger, Keith Richards und Charlie Watts, Jeff Beck und Jack Bruce die Rufnummer Ewhurst 888 an. Außerdem kamen auch Claptons Mutter, seine Großmutter und Guy Pullen. Am darauffolgenden Nachmittag tauchte Eric Clapton zusammen mit den Musikern von den Rolling Stones und von The Who in dem in unmittelbarer Nachbarschaft von Hurtwood Edge gelegenen Windmill Inn auf, trank Brandy und machte auf einen Dorfbewohner, der sich auch dort aufhielt, »einen auffallend verdrießlichen« Eindruck. Eric Claptons Party hatte am 20. Mai stattgefunden. Am 22. Mai flog er nach Amerika, wo er in Augusta seine fünfzigtägige Tournee fortsetzte.

In diesem Jahr erkannte Forrester, was die meisten Clapton-Fans schon längst erkannt hatten. Für sorgfältig produzierte Songs wie »Layla« oder »Badge« war ein vollerer Gitarrensound nötig, als ihn Clapton allein produzieren konnte. Da ihm sein intuitives Gespür für das richtige Tempo abhanden gekommen zu sein schien, besaß er auch nicht mehr die Fähigkeit, sowohl Rhythmus- als auch Leadgitarre zu spielen. Aber eben diese Eigenschaft war es gewesen, die die Musik von Cream so unverwechselbar gemacht hatte.

Noch während der Amerika-Tournee stieg Albert Lee ein, der zuletzt bei Chris Farlowe und Emmylou Harris als Gitarrist gearbeitet hatte. Durch ihn erhielt die Musik der Band einen volleren, besser strukturierten Klang. Dadurch konnten sie bestimmte Songs, insbesondere die komplizierteren Stücke aus Claptons Anfangszeiten, originalgetreu reproduzieren. Clapton wiederholte exakt die ursprünglichen Gesangsharmonien (meist mit der Unterstützung von Albert Lee) und ließ Ginger Bakers

Schlagzeugspiel mit doppelten Baßtrommeln (von Jamie Oldaker hervorragend gelöst) in allen Nuancen nachahmen. Trotzdem wurde man das Gefühl nicht los, daß es sich bei den präsentierten Songs einfach nur um bloße, wenn auch sehr raffiniert gespielte, Kopien handelte. In einer Kritik, die während der Tournee erschien, wurde das Konzert als »schablonenhaft und abgedroschen« bezeichnet, weil es sich nur in wenigen Punkten von früheren Auftritten unterschied. »Etwas fehlte da – dieses echte Gefühl von Verlassenheit, das Eric Clapton früher einmal mühelos auf der Gitarre produzieren konnte.«

Im Vorprogramm spielte Muddy Waters, der Clapton anflehte, doch wieder zu seinen Ursprüngen zurückzukehren: »Er hat wie ein Wahnsinniger auf mich eingeredet, daß es absolut in Ordnung wäre, ein Bluesmusiker zu sein. Er meinte, ein Gitarrist müsse nicht gefällig wirken, in großen Hallen auftreten und jede Menge Platten verkaufen . . . ich kann Muddy gar nicht genug dafür danken, daß er mir das so deutlich ins Gesicht gesagt hat«, erinnerte sich Clapton später. Bedenkt man jedoch, wie er auf der Tournee im Jahr zuvor mit Muddy Waters umgegangen war, dann war es um so beschämender, daß ausgerechnet dieser ihm jetzt ins Gewissen redete. Das hinderte Clapton jedoch nicht daran, weitere Ausflüge in Richtung Reggae, Gospel und Country zu unternehmen, und dabei fiel der Sound-Mix auf der Bühne sogar recht exzentrisch aus: die aufwendigen Gesangspassagen standen im Vordergrund, Gitarren und Keyboard waren etwas zurückgenommen, während Bass und Schlagzeug ganz schwach im Hintergrund zu hören waren. Mitte der 70er Jahre sah es ganz so aus, als sei eine Erneuerung nötig, wenn nicht sogar unumgänglich. Und tatsächlich erhielten Carl Radle, Dick Sims und Jamie Oldaker, die drei verbliebenen Musiker, die Clapton seit 1974 die Treue gehalten hatten, im August ein Telegramm mit ihrer Kündigung. Später erklärte Eric Clapton diesen Schritt in einem Interview mit dem *Rolling Stone* folgendermaßen: »Ich habe die Band aufgelöst, weil wir alle am Ende waren, wir sind uns gegenseitig an die Gurgel gegangen, hatten Auseinandersetzungen . . . und an allem waren nur die Drogen schuld.« Nicht einmal ein Jahr später war Carl Radle, der Clapton mit seinen Briefen während dessen Heroinentzug Mut gemacht hatte, tot. Er starb im Alter von vierunddreißig Jahren an einer Nierenvergiftung. Ron Wood, der die beiden kannte, hielt mit seiner Empörung nicht hinter dem Berg: »Carl war ein wunderbarer Mensch. Aber nach seinem Job bei Clapton stand er mit leeren Händen da.« Radle wurde seit dem Winter des Jahres 1979 zunehmend verbittert und lebte völlig isoliert. Er selbst war davon überzeugt, daß Opfer von »Erics Talent« geworden zu sein, »andere abzuservieren«. Der Musiker, der Carl Radles Platz einnahm, entwickelte eine andere Theorie: »Carl hat auf der Amerika-Tournee mehr Geld gefordert, und Clapton hat das abgelehnt.«

Die beiden hatten sich das letzte Mal im Juli 1979 getroffen, trotzdem bezeichnete Clapton ihn später in der Presse als seinen »Bruder«. Als Dave Markee im Juli 1980 von Clapton wissen wollte, wie er sich wegen Carl Radles Tod fühle, »sah er zu Boden, zuckte mit den Schultern und meinte, ich solle für ihn beten«.

Im Sommer setzte sich Roger Forrester mit Dave Markee und Henry Spinetti, der Rhythmus-Gruppe, die auf *Rough Mix* und *White Mansions* gespielt hatte, in Verbindung. Wie sich Dave Markee erinnert, »wurden eine Menge Signale gesendet . . . Unter anderem ließ Clapton verlauten, ›Ich sitze in der Klemme, laßt uns in Kontakt bleiben.‹« Wie es bei Angelegenheiten dieser Art üblich war, wurde eine endgültige Entscheidung absichtlich lange hinausgezögert, doch schließlich wurden Dave Markee, Henry Spinetti, der Keyboarder Chris Stainton und (sechs Monate später) Gary Brooker offiziell gebeten, sich Claptons neuer Band anzuschließen. Am 7. September gab das Quintett, das nun ausschließlich aus englischen Musikern bestand, sein Debut in der Gemeindehalle von Cranleigh.

Einer der Musiker beschreibt die Zusammenarbeit so: »Selbst bei Auftritten wie zum Beispiel in Cranleigh ging Eric auf Distanz . . . Er hat uns ständig als seine ›Brüder‹ bezeichnet, aber eigentlich waren wir nichts anderes als die Band von Eric Clapton. Es liefen da irgendwelche gezielten Anstrengungen, um zu verhindern, daß wir uns zu nahe kamen. Dafür sorgten schon Forrester und Carroll.«

Claptons Auftritte während der Tournee in diesem Herbst waren eine merkwürdige Mischung aus Anmaßung und Selbsterniedrigung. Die Art und Weise, mit der er Standardnummern wie »Cocaine« und »Blues Power« zum besten gab (»Layla« hatte er gestrichen), ließ vermuten, daß der Mann zugleich besessen und gelangweilt war. In Polen war die Band auf ihrem absoluten Tiefpunkt angelangt. Nach einem relativ zufriedenstellenden Konzert in Warschau kam die Band am 17. Oktober in Kattowitz an. Das Konzert dort war von Anfang an eine unglaubliche Fehlplanung gewesen und endete in einem Desaster, das darin gipfelte, daß die Bereitschaftspolizei mit Knüppeln auf die Fans einschlug. Rückblickend gab auch Forrester zu, daß vorher jemand hätte hinfahren müssen, um klare Absprachen zu treffen. Tatsächlich war die Eskalation der Situation durchaus voraussehbar gewesen. (Die Rolling Stones waren fast zwölf Jahre zuvor in Polen mit denselben Problemen konfrontiert worden).

Clapton konnte die Streitigkeiten nicht mehr schlichten, sondern nur noch versuchen, zu retten, was zu retten war. Völlig zerknirscht floh er Hals über Kopf aus Polen, während die Regierung des Landes Forrester mit der Verhaftung drohte und seine Gelder konfiszierte.

Die Band flog von Polen weiter nach Tel Aviv (dort weigerte sich Clapton, sein Hotelzimmer zu verlassen und schmiß mit der Hotelbibel nach Dave Markee), und von dort aus dann auf die Philippinen und weiter nach Japan. Das Live-Album *Just One Night*, das in Tokio mitgeschnitten und im darauffolgenden Mai veröffentlicht wurde, spiegelte erbarmungslos Claptons innere Zerissenheit wieder. *Just One Night* mußte noch im Nachhinein stark überarbeitet werden und zwar in erster Linie, weil »Eric so betrunken war, daß er mehr als einen kompletten Chorus in der falschen Tonart spielte«, erzählt Henry Spinetti. Zwar gelang es ihm auf dieser LP, eine gewisse melancholische Blues-Atmosphäre zu vermitteln, trotzdem zeigte er bei weitem nicht sein ganzes Können. Claptons Leistungen variierten extrem. Wenn man bedenkt, wie sehr ihn das japanische Publikum verehrte (und wie gut die Akustik der Halle war), dann konnte bei Live-Klassikern wie »Tulsa Time« oder »Cocaine« eigentlich gar nichts schiefgehen. Andere Stücke wiederum, wie etwa »Blues Power«, hatte er völlig neu überarbeitet und sich dabei geradezu selbst übertroffen. Zwar war es Clapton mit *Just One Night* nicht gelungen, das Live-Konzert adäquat einzufangen, trotzdem war auf dem Album deutlich zu spüren, daß er noch immer in der Lage war, einen guten Blues zu spielen. Die Platte hatte ihre Stärken dann, wenn Clapton ganz alleine spielte. Da auch die anderen Bandmitglieder selbst ganz gerne mal einen über den Durst tranken, war die uneinheitliche Qualität der LP durchaus nicht nur Claptons Schuld.

Einen sehr aufschlußreichen Einblick, wie es um Clapton in dieser Zeit bestellt war, konnte man wenige Tage vor Neujahr gewinnen, als er den Rückflug nach London antrat. »Eric war völlig weggetreten«, berichtet Dave Markee. »Als der Flug aufgerufen wurde, sackte er einfach in sich zusammen. Er war völlig blau, Erbrochenes klebte an seinem Kinn. Außerdem strömten ihm Tränen übers Gesicht. ›Hilf mir‹, sagte er zu mir. Ich habe ihn zum Flugzeug begleitet, während die anderen rumstanden und lachten.«

Clapton begann das neue Jahr, indem er erneut hauptsächlich als Sessionmusiker arbeitete (oder wie George Terry es formuliert: »Er spielte Eric Clapton, ohne es zu sein«). Im Verlauf von nur zwei Monaten absolvierte er zahlreiche Gastauftritte und wirkte auf den Alben von Gary Brooker, Ronnie Lane und Stephen Bishop mit, wobei letzterer für dieses

»Privileg« 200 Pfund hinblättern mußte. Endlich wurde auch das Album veröffentlicht, das Clapton 1978 mit Alexis Korner eingespielt hatte. In den ersten Wochen des neuen Jahrzehnts stürzte sich Clapton in eine Flut von Aktivitäten, während die anderen Bandmitglieder quasi arbeitslos waren und auf seinen Anruf warteten. Im März waren sie dann endlich wieder gemeinsam im Studio.

Das Resultat dieser Aufnahmen war auch für Clapton, der mittlerweile schon an wechselhafte Ergebnisse gewöhnt war, total enttäuschend. Nur fünf der insgesamt dreizehn Songs, die sie in einer improvisierten Form eingespielt hatten, wurden tatsächlich veröffentlicht, und auch diese nur in einer radikal überarbeiteten Fassung. »Freedom« war dafür ein typisches Beispiel, eine belanglos wirkende Reggae-Mixtur. Das restliche Material bewegte sich zwischen rührseligen (»Help Me Lord«) und schlechtweg profanen (»Something Special«) Klängen. Das größte Problem innerhalb der Band bestand darin, daß sich jeder der Musiker auch als talentierter Songwriter sah; sie versuchten alle, ihre eigenen Ideen zu realisieren. »Weil sich Eric mal wieder in seiner lethargischen Stimmung befand, haben wir uns einfach ausgelebt . . . es gab ein paar gute Songs, aber sie kamen nicht auf das Album«, erklärt Dave Markee. Claptons Plattenfirma war über die Aufnahmen entsetzt. »Wenn es sich dabei um die Arbeit irgendeiner Band gehandelt hätte«, so ein Angestellter, der damals für das Label arbeitete, »wäre das eine andere Sache gewesen. Manche Songs waren recht ordentlich. Leider Gottes hatten sie aber alle nichts mit der Musik eines Eric Clapton zu tun. Wir hätten das niemals unter seinem Namen veröffentlicht.« Bereits 1967 hatte sich Eric Clapton zur Musiker-Innung begeben und gebeten, man möge seinen Namen dort streichen. Dies war aus steuerlichen Gründen geschehen. Es wäre also für ihn, hätte er wirklich den Mut gehabt, sich zu den eigenen Zweifeln an seiner Arbeit zu bekennen, durchaus möglich gewesen, auf eine Nennung seines Namens auf dem Cover zu verzichten. Seine Plattenfirma hätte dann die »recht ordentliche Sachen«, die er in diesem Frühjahr eingespielt hatte, durchaus erfolgreich vermarkten können.

Im Mai ging Clapton erneut auf Tournee. Er spielte erstaunlich flüssig. Auch diesmal übernahm Albert Lee wieder die Leadgitarre. Dem Publikum in Oxford, Edinburgh und London boten sie einen zweistündigen Auftritt, bei dem sie neben »After Midnight«, »Cocaine« und »Wonderful Tonight« auch wieder »Layla« mit ins Programm aufgenommen hatten. Sie spielten sogar eine Version von Gary Brookers aktueller Single »Leave The Candle«. Später meinte Clapton zwar, er habe diese Konzerte »einfach nur absolviert, indem ich wie auf Knopfdruck reagiert habe«, trotzdem konnte er nach wie vor überzeugende Versionen seiner alten Standard-Stücke abliefern. Wenn Clapton einen guten Abend hatte, dann war er so gut wie zu seinen besten Zeiten.

Noch immer, nach nun schon sechs Jahren, war es Alphi O'Leary überlassen, dafür zu sorgen, daß sein Schützling das nötige Quantum Brandy genau zur rechten Zeit schluckte, um auftreten zu können. Clapton entwickelte nicht unerhebliche schauspielerische Fähigkeiten. Sogar er selbst meinte dazu: »Selbst wenn ich absolut neben mir stand, hatten Leute, die mich nicht sonderlich gut kannten, immer noch das Gefühl, daß ich einigermaßen präsent sei . . . Ich hatte meine Trunksucht immer so weit im Griff, daß ich nur dann die Kontrolle über mein Verhalten aufgab, wenn ich den Eindruck hatte, es gehe in Ordnung.« Auch Dave Markee bestätigt, daß es ihn »wahnsinnig« machte, zu sehen, daß »Eric alle Tricks einsetzte«, um in der Öffentlichkeit nüchtern zu wirken. Immerhin mußte Clapton bis 1981 nicht ein einziges Konzert absagen, obwohl er bereits seit Jahren alkoholabhängig war.

Als Jeff Beck zusammen mit Clapton die Bühne der Guildford Civic Hall betrat, im übrigen ihr erster gemeinsamer Auftritt seit 1966, waren sich die Kritiker einig. »Während Beck aufregende Töne erzeugte«, wie der *Melody Maker* schrieb, »ist und bleibt Eric der Musiker mit dem besseren Instinkt.« Darüber hinaus lobte dieser Kritiker auch den Rest der Band. Dave Markee erinnert sich noch gut daran, daß »als ich die Bühne in Guildford verließ, Eric vor Stolz strahlte«. Deshalb versuchte Clapton diesmal, seine Band zusammenzuhalten. Während der gesamten Frühjahrs-Tournee wies er immer wieder daraufhin, daß er sich mit seinen Musikerkollegen sehr gut verstehe. Zu den Vorzügen seiner Band zählten seiner Meinung nach auch ihre durchweg britische Besetzung. Er bestand darauf, daß hinter der Bühne Fish And Chips und Bier konsumiert wurden. Als ihm einmal ein etwas ausgefalleneres Menü unterkam, warf er es aus dem Fenster, mit der Begründung, es sei nicht »genügend Soße« darauf. Clapton widersprach jederzeit heftig, wenn sich jemand – und sei es nur zum Spaß – verächtlich über England äußerte. Dave Markee erinnert sich noch, daß er sich sehr positiv über Margaret Thatcher äußerte.

Just One Night wurde im Mai veröffentlicht und erhielt höfliche, wenn auch nicht gerade begeisterte Kritiken, wie etwa diese in der *New York Times*: »Wie fast alle Platten, die Eric Clapton in der letzten Zeit veröffentlicht hat, ist auch dieses Album von kommerziellem Soft-Rock dominiert und weist kaum noch etwas von dem Elan auf, der Mitte der 60er Jahre so charakteristisch für ihn war. Clapton präsentiert sich als ein Sänger und Songwriter, der lediglich rein zufällig auch Gitarre zu spielen scheint.«

Im Juli ging Clapton mit seiner Band nach Nassau. Dort kam es zum erstenmal seit 1974 zu einem Wiedersehen mit Tom Dowd. Das Ergebnis dieser Produktion war Claptons beste LP seit der Veröffentlichung von *Slowhand*. Gary Brooker steuerte zu den Aufnahmen zwei Songs bei, »Thunder And Lightning« und »Home Lovin'«, die allerdings später von dem Album genommen wurden, mit der Begründung, sie seien »untauglich«. Dave Markee weist darauf hin, daß »Eric die Band ausdrücklich bat, ihn zu unterstützen, was von ihm finanziell allerdings nie berücksichtigt wurde ... Von mir stammt mindestens die Hälfte des Songs ›Rita Mae‹ (der schließlich als Single veröffentlicht wurde), ich wurde aber niemals als Komponist genannt. Das war typisch.«

Gary Brooker und Dave Markee mußten immer wieder erleben, daß Clapton von seinem Management jederzeit vorbehaltlos unterstützt wurde. Clapton kam jeden Nachmittag in Begleitung von Alphi O'Leary und seinem Gitarrentechniker Lee Dickson ins Compass Point, klimperte auf einer schwarzen Stratocaster herum, zündete sich eine Zigarette an und summte eines seiner »Liedchen und hübschen Melodien«, wie er seine Musik selbst fröhlich nannte. Obwohl Dave Markee, Gary Brooker und Albert Lee seine eher vagen Vorstellungen zu einem endgültigen Konzept formten, wurden ihre Beiträge jedoch auf der LP (mit Ausnahme von dem Stück »Catch Me If You Can«) nie berücksichtigt. Clapton hatte es sich zur Angewohnheit gemacht, sich nicht mit seinen Musikern, sondern ausschließlich mit seinem Manager auseinanderzusetzen.

Gesundheitlich war Clapton in einer jämmerlichen Verfassung. Nachdem er sich jahrelang ausschließlich von scharf gewürzten Speisen und »Bohnen auf Toast« ernährt hatte, aß er jetzt so gut wie gar nichts mehr. Er schien nur noch flüssige Nahrung, vorzugsweise Brandy, zu sich zu nehmen. Weil er außerdem auch Probleme mit dem Rücken hatte, schluckte er täglich bis zu fünfzig Schmerztabletten. Einmal nahm Clapton auf einen Schlag den Inhalt einer ganzen Flasche Valium ein. »Er hat wirklich versucht, sich umzubringen«, glaubt eine Frau, die eng mit Pattie Boyd befreundet ist, »irgendwie überlebte er, was typisch für Eric war.« Als Folge einer sechsjährigen chronischen Leberschädigung litt Clapton nicht nur unter Augenproblemen, sondern auch an einem violetten Hautausschlag, der sich sogar bis über seine Finger erstreckte. Wohlgemeinte, besorgte Ratschläge von seiner Familie und von Freunden ignorierte er, reagierte sogar nicht selten gereizt darauf. Solange er noch Konzerte geben und weiterhin Platten veröffentlichen könne, so glaubte er, habe er die Sache »unter Kontrolle«.

Im August verließ die Band Nassau und legte dann nach einer kurzen

Skandinavien-Tournee eine längere Pause ein. Clapton verließ in den nächsten vier Monate Hurtwood Edge höchstens ein halbes Dutzend Mal. Er widmete sich häuslichen Aufgaben, entwickelte handwerkliche Fähigkeiten und kümmerte sich um die Instandhaltung des Hauses. Außerdem liebte er gemächliche Spaziergänge in seinem Garten, auf den er »ungewöhnlich stolz« war, wie sich Dave Markee erinnert. Sobald die Kneipen öffneten, war Clapton dort anzutreffen. Ein Stammgast aus dem Windmill Inn bestätigt, daß Clapton mit dem entsprechend »verschleierten Blick zur Mittagszeit eintraf und erst ging, wenn er freundlich dazu gezwungen wurde«. Da er die meiste Zeit im Pub damit verbrachte, dort in einem Stuhl zu sitzen und aus dem Fenster zu starren, hatten die anderen Gäste immer wieder den Eindruck, er sei »offensichtlich ein einsamer Mensch, der es nicht eilig habe, zu den Dingen zurückzukehren, die ihn bedrückten«. Dave Markee nennt einen weiteren und durchaus plausiblen möglichen Grund für Claptons Alkoholsucht: Langeweile. Dank Gary Brooker entwickelte er eine Vorliebe fürs Angeln und stürzte sich mit derselben Begeisterung in das neue Hobby, die er schon früher für Fußball und Pferderennen an den Tag gelegt hatte. Voller Interesse besuchte Eric Clapton den Angelsport-Laden im Ort, der Peter Cockwill gehörte: »Quasi über Nacht wurde Eric zu einem Experten und kaufte sogar einen eigenen Angelplatz am Fluß . . . Ich habe nur einmal erlebt, daß sich Clapton schnell bewegte, und das war, als er einen Hecht, einen Zehnpfünder, gefangen hatte.«

Oft verschwand er tagelang mit Gary Brooker und Peter Cockwill irgendwo in der Gegend. Natürlich lebten sich Clapton und seine Frau dadurch noch mehr auseinander. Das ehemals gefeierte Fotomodell tat jetzt kaum noch etwas anderes, als Forellen auszunehmen und sie ihrem Gatten und dessen Freunden zu servieren. »Das war wirklich nicht nett von mir«, gab Clapton zu, »eindeutig hat auch das Pattie und mich auseinandergebracht«. Wenn er sich nicht gerade am Fluß herumtrieb, dann unterstützte er weiterhin seinen Lieblings-Fußballverein, West Bromwich Albion (er sammelte zuletzt 1981 mit einem Wohlfahrtskonzert Gelder für die Mannschaft), oder er saß in der Dorfkneipe herum.

Das Jahr 1981 begann Eric Clapton mit einer Irland-Tournee, deren einziger Höhepunkt sich fernab der Bühne ereignete. Ein Angestellter erinnert sich, daß Clapton im Barberstown Hotel auftauchte und »die Bar von drei Uhr nachmittags bis acht Uhr morgens am folgenden Tag in Beschlag nahm. Auf alle Versuche des Barkeepers, an diesem Abend zu schließen, reagierte Clapton mit den Worten: ›Scheiß drauf, der Laden gehört mir.‹« Clapton gab auch ein Konzert im Rainbow, wo er acht Jahre zuvor einen vermeintlichen Comeback-Versuch unternommen hatte, und spendete die Einnahmen für einen Wohlfahrtsfond, der von Meg Patterson verwaltet wurde. Dabei kündigte er sein neues Album an als »das beste, was irgend jemand seit 1973 auf den Markt gebracht hat«.

Natürlich stellte sich heraus, daß dies nicht der Fall war. Ganz zweifellos war *Another Ticket*, das im Februar erschien, im Vergleich zu einer Platte wie *Backless* ein Fortschritt. Doch Eric Clapton nahm den Mund wirklich reichlich voll, wenn er sein neuestes Werk mit Alben wie *Station To Station*, *Time Loves A Hero* oder *Some Girls* auf eine Stufe stellte. Auch wenn er sich als Gitarrist oder Songwriter nicht spürbar weiterentwickelt hatte, war er doch mittlerweile ein wesentlich besserer Sänger geworden. Seit 1981 hatte seine Stimme einen weichen, rauchigen und volltönenden Klang bekommen. Sein Gesang auf »Floating Bridge« und »Rita Mae« (das stark an »After Midnight« erinnert) war überragend. Darüber hinaus konnte man auf der LP eine glaubwürdige und sehr gelungene Umsetzung von Muddy Waters' »Blow Wind Blow« hören sowie das etwas rührselig wirkende Titelstück. Bei dem Song »Catch Me If You Can« hatte Clapton erfolgreich mit Gary Brooker zusammengearbeitet. »I Can't Stand It« wurde als Single veröffentlicht.

Eine ungefähre Vorstellung davon, was in Clapton zu dieser Zeit vor sich ging, konnte man durch das einzige große Interview gewinnen, das er dem *Daily Mirror* gewährte, um sein neues Album zu promoten. Wie er der Zeitung gegenüber versicherte, »besuchte er jeden Freitag die Kneipe in Ripley«; außerdem gab er zu, seine große Leidenschaft seien Wetten, und er bezeichnete sich selbst als Chauvinist und ungehobelten Kerl. Das Interview war in dem Moment beendet, als Phil Collins durch das schmiedeeiserne Tor von Hurtwood Edge marschierte. »Mein Sohn, mein Sohn«, rief Clapton, »laß uns was trinken gehen«.

Clapton ging sogar so weit, zu behaupten, er lebe nach wie vor von seinem wöchentlichen Gehalt von 150 Pfund. Im Jahre 1981 verdiente er durch Marshbrook 140 000 Pfund. Zusätzlich gründete er seine eigene Produktionsfirma (anfangs »Pattie-Songs« genannt) und am 19. November 1981 auch noch die Firma E. C. Music, bei der Clapton und sein Manager als Direktoren fungierten. Im Jahr darauf, am 6. Januar, ließen die beiden die Firma Duck Records registrieren – Duck Brothers war einer der Decknamen, den Eric Claptons Band benutzte, um neue Copyright-Rechte zu erwerben und Rechte zu schützen, die die Firma bereits innehatte. Auch hier zeichneten Clapton und sein Manager als Direktoren verantwortlich, und Roger Forresters Assistentin Diana Puplett führte das Sekretariat. In erster Linie kümmerte sich Duck Records aber um die Betreuung von Claptons eigenem Plattenlabel. Das Album *Another Ticket* war die letzte Platte, die namentlich von Robert Stigwood veröffentlicht wurde. Claptons geschäftliche Aktivitäten waren also durchaus komplex.

Die Promotion-Tournee für *Another Ticket* begann am 2. März in Oregon, USA. Von dort aus flog Clapton mit einer gecharterten Viscount nach Seattle. Bereits 1975 hatte er erklärt, daß ihm diese Stadt besonders gut gefalle, da sie für Angler besonders attraktiv sei. Am 5. März betrat Clapton in einem Hotel an der Elliott Bay die Bar, gekleidet mit einer weißen Jeans und einer Lederjacke. Offensichtlich wollte er besonders nett sein, denn als Beifall geklatscht wurde, verbeugte er sich leicht in alle Richtungen. Er machte einen sehr fröhlichen, wenn auch beunruhigten Eindruck. Als man ihm den Drink gab, den er bestellt hatte, ließ er das Glas nach eingehender Prüfung zurückgehen, mit der Begründung, er habe einen kleinen Sprung im Glas entdeckt, »in dem sich ja möglicherweise irgendwelche Bakterien angesammelt haben könnten«. Dave Markees Behauptung, daß »niemand mehr an Eric rankam«, wurde durch die Ereignisse in der Bar untermauert. Clapton saß, umgeben von Alphi O'Leary, Nigel Carroll, zwei weiteren seiner Angestellen und einer Blondine, zurückgezogen in einer Nische. Die Fans und Autogrammsammler hatten keine Chance, ihn anzusprechen. Nigel Carroll und Alphi O'Leary, die lauthals darauf bestanden, daß die restlichen Gäste »Erics Privatsphäre respektieren sollten«, erreichten mit ihrem Verhalten natürlich genau das Gegenteil. Währenddessen diskutierte Clapton mit seiner Begleiterin, wobei er regelmäßig durch heftige Hustenanfälle unterbrochen wurde, wenn er sich die vierte oder fünfte Zigarette innerhalb einer Stunde anzündete.

Die drei Konzerte, die er anschließend im Paramount Theatre gab, sprachen Bände. Mit großer Verspätung hob sich der Vorhang, während Eric Claptons Band eine Version von Albert Lees »Country Boy« spielte und danach in ein Procul Harum-Medley überging, bei dem Gary Brooker den Gesang übernahm. Erst dann sprang Clapton selbst – ohne Ankündigung – auf die Bühne. Mit »Tulsa Time« begann das eigentliche Konzert, wobei »Lay Down Sally« und »Blues Power« noch zu den geglückteren Nummern zählten. Danach ging die Band zu »Wonderful Tonight« über und spielte anschließend auch noch »Further On Up The Road« und »Layla«. Tags darauf konnte man in der Tageszeitung lesen: »Die Fans aus Seattle bekamen für ihr Geld wirklich etwas geboten.«

In Madison, Wisconsin, absolvierte die Band das achte von den insgesamt vierundfünfzig Konzerten, die für diese Tournee angekündigt worden waren. »Eric verlor völlig die Orientierung«, so Dave Markee, »als wir den Rhythmus änderten. Er sah entsetzlich aus, aschfahl, völlig übermüdet und krank«. »Bete für mich«, sagte Clapton, »ich habe das Gefühl, als würde man mir die Haut von den Knochen ziehen.« Bei seinem Auftritt wirkte er völlig leblos, als er »Layla« spielen sollte, griff er sogar zu den falschen Noten. »Ich sah zu ihm rüber«, so Dave Markee, »und da war plötzlich Forrester auf der Bühne, der ihm völlig verzweifelt seinen Finger in den Hals steckte. Ich hatte so etwas in meinem ganzen Leben noch nie gesehen. Er schleppte Eric buchstäblich von der Bühne und raste mit ihm zum Flughafen. Es war einfach furchtbar.«

Bei diesem mitternächtlichen Flug kauerte Clapton, ohne ein Wort zu sagen, auf seinem Platz. Roger Forrester wurde schon bald klar, daß es jetzt wirklich um Leben oder Tod ging, und er dirigierte die Limousine, von der sie am Flughafen abgeholt wurden, direkt zum Krankenhaus. Clapton wurde untersucht und geröntgt und anschließend zu der für ihn reservierten Suite im Radisson Plaza Hotel gefahren. Dort war er kaum angekommen, als er schon von einem Arzt des Krankenhauses angerufen wurde. »Bringt ihn sofort zurück. Er hat ein Magengeschwür, das jede Minute platzen kann. Er muß sofort eingeliefert werden.«

Adam Hilditch, damals auch Patient im United Hospital, erinnert sich: »Ich hatte Clapton 1979 in Minneapolis live gesehen, und damals sah er einfach großartig aus, ein gesunder, großer Kerl in einem Seidenanzug. Ich wollte es einfach nicht glauben, daß es sich bei dem Mann, der hier festgeschnallt auf einer Krankenhauspritsche in der Notaufnahme lag, um dieselbe Person handelte. Sein Manager schrie währenddessen irgend jemanden am Telefon an.«

Die Schätzungen, wie lange Eric Clapton ohne ärztliche Behandlung überlebt hätte, gehen weit auseinander. Ray Coleman glaubt, daß er »allenfalls noch fünfundvierzig Minuten überlebt« hätte. Adam Hilditch wiederum ist der Meinung, »daß es jede Minute mit ihm hätte vorbei sein können . . . Ich persönlich habe nicht geglaubt, daß er es überleben würde.« Eric Clapton hatte nicht ein Magengeschwür, sondern insgesamt fünf, wovon eines sogar so groß wie eine Orange gewesen sein soll. Claptons vierwöchiger Aufenthalt in der Klinik (und die Tatsache, daß Roger Forrester die restlichen sechsundvierzig Konzerte abblasen mußte) sorgte in Amerika für Schlagzeilen. Es erschienen Fotos von Pattie Boyd, die aus London angereist kam. Auch Pete Townshend und Don Williams besuchten Clapton. Außerdem erhielt er Genesungswünsche von seiner Familie, von Jack Bruce und Ginger Baker, von den Musikern der Rolling Stones und Bob Dylan und natürlich auch von seinen Fans.

Auch das FBI hatte offenbar großes Interesse an Clapton. In einer umfangreichen Akte, die die Behörde im Laufe von über vierzehn Jahren angelegt hatte, wird angedeutet, daß Eric Clapton im Jahr 1976, also zur selben Zeit »aufrührerische« Bemerkungen gemacht habe, als es »in Amerika das erste Aufflammen einer neuen Nazibewegung« gegeben habe. Auch wenn die Akte über Clapton in ihrem Umfang bei weitem nicht an die Aufzeichnungen über Mick Jagger und John Lennon herankam, verriet sie doch immerhin, daß Clapton seit dem Jahr 1967 überwacht wurde. Ein Großteil der Akten bestand lediglich aus einer Ansammlung von Presseausschnitten.

Auch die anderen Bandmitglieder machten sich natürlich Sorgen um Claptons Gesundheit. Als erster besuchte ihn Dave Markee im Krankenhaus, der ihm eine neue Bibel mitbrachte und ein Poster, auf dem stand: »Here's Another Mess«. Wie er später berichtete, war Eric Clapton bei seinem Besuch »völlig aufgelöst. Er hatte das Gefühl, uns alle im Stich gelassen zu haben. Ich bin eine Stunde geblieben, habe ihm aus der Bibel vorgelesen, bis Nigel Carroll auftauchte und mich rauswarf. Danach durften wir Eric nicht mehr besuchen.«

Schließlich ging es Clapton wieder besser. Die Band kehrte nach England zurück, während Clapton, der an den Wochenenden das Krankenhaus verlassen durfte, in Seattle zum Fischen ging. Doch bald begann er wieder, unvernünftig zu werden. Bei einem Abendessen im Westin Hotel kam es zwischen Nigel Carroll und Clapton zu einem Streit (Clapton wollte einen Brandy bestellen, und sein Freund protestierte), bei dem schließlich sogar ein Fenster zu Bruch ging. Auf dem Weg zum Flughafen stieß Claptons Wagen, den eine einundzwanzigjährige Frau namens Gail Allison Coe steuerte, mit einem Taxi zusammen. Clapton kehrte also ins Krankenhaus zurück, wo man feststellte, daß er jetzt auch noch zusätzlich an Prellungen und einer Rippenfellentzündung litt. Doch Clapton ignorierte die Ratschläge der Ärzte und flog noch in derselben Nacht nach London zurück.

»Ich hatte Eric eigentlich für vernünftiger gehalten, doch leider war das nicht der Fall«, so Adam Hilditch. »Sogar im Krankenhaus trieb er es auf die Spitze. ›Meinst du, daß drei Drinks in Ordnung sind? Oder vielleicht vier?‹, fragte er mich. Er schmuggelte den Alkohol von draußen rein. Entweder war ihm nicht klar, wie krank er wirklich war, oder es hat ihn einfach nicht interessiert.« Eric Clapton gibt selbst zu: »Schon einige Monate, nachdem ich das Krankenhaus verlassen hatte, war ich wieder bei einer oder zwei Flaschen Brandy pro Tag angelangt. Meine Gesundheit hat mich damals nicht im geringsten interessiert.« Auch Dave Markee bestätigt, daß Clapton in diesem Sommer in einer »schrecklichen Verfassung« war. Auch ein anderer Musiker berichtet, daß »Eric inzwischen wieder zu seiner alten Routine mit scharf gewürztem Essen, jeder Menge Alkohol und nächtelangem Ausgehen zurückgekehrt war. »Wenn er ein Herz gehabt hätte«, so Markee, dann hätte er doch auf Pattie Boyd hören müssen. »Sie hat ihn angefleht, mit dem Trinken aufzuhören.« Doch Clapton stritt immer wieder mit ihr und schrie sie an (ihre eigenen Alkoholprobleme verschlimmerten sich rasch), er verschwand nach wie vor mitunter tagelang, um Angeln zu gehen, war oft schon am frühen Nachmittag nicht mehr bei klarem Verstand, schlief mit anderen und machte sich über seine Frau lustig. 1981 waren Phil Collins und, weniger oft, auch Gary Brooker, Henry Spinetti und Dave Markee seine bevorzugte Gesellschaft. Letzerer meint, daß »Eric sich nur mit einer Gitarre in der Hand wirklich entspannte. Weil alle Welt eine andere Vorstellung davon hatte, wer oder was Eric Clapton wirklich war, wußte er es offenbar manchmal selbst nicht mehr. Auch wenn er mit uns zusammen war, spielte er meist irgendeine Rolle.«

Die Tatsache, daß bei Clapton immer alles möglich war, führte dazu, daß im August 1981 das Gerücht über eine bevorstehende Reunion von Cream die Runde machte. Es konnte erst aus der Welt geschafft werden, als man einen Mann als Schwindler entlarvte, der behauptet hatte, »Erics Manager« zu sein. Bei einer anderen Gelegenheit hinterließ ein Hochstapler in Claptons Namen gigantische Rechnungen und schrieb an die Firma Fender, »wo denn die von ihm bestellten Gitarren blieben«.

Clapton selbst tauchte am 9. September wieder in der Öffentlichkeit auf, als er bei dem ersten von drei Konzerten spielte, bei denen für Amnesty International gesammelt wurde. Roger Forrester und Phil Collins (der für den Background-Gesang sorgte) hatten ihn dazu überreden können, mit Jeff Beck bei »Cause We Ended As Lovers« und »Further On Up The Road« im Duett zu singen. Außerdem spielte er »Crossroads« in einer verblüffend neuen Bearbeitung und gab schließlich beim Finale »I Shall Be Released« zum besten.

Im Oktober ging Clapton mit seiner Band auf Skandinavien-Tournee und nahm sogleich wieder seine alten Lebensgewohnheiten auf. »Es ging nur um Schnaps, Schnaps, Schnaps«, so Dave Markee. »Es hatte nicht den Anschein, als sei ihm im Krankenhaus etwas klargeworden.« Clapton spielte so lässig, daß es beinahe schon an Gleichgültigkeit grenzte, und er führte sich ansonsten genauso unvernünftig auf, wie er es bereits 1974 getan hatte. Der absolute Tiefpunkt der Tournee wurde in Randers erreicht, als Clapton darauf bestand, bei »Further On Up The Road« das Saxophon zu spielen, und kurz darauf bekundete, daß er die Absicht habe, an diesem Abend in einem Nachtclub »die Sau rauszulassen«. Er kehrte erst in sein Hotel zurück, als es draußen bereits hell wurde.

Ende November machte sich die Band zu ihrer obligatorischen Vor-Weihnachts-Tournee nach Japan auf. Doch diese scheinbar unwichtige Reise wurde zu einem Wendepunkt in Claptons Leben. Neun Monate lang hatten Dave Markee, Henry Spinetti und bis zu einem gewissen Grade auch Albert Lee, Chris Stainton und Gary Brooker Clapton angefleht, endlich mit dem Trinken aufzuhören. Doch jetzt, im Dezember 1981, schien dieser Wunsch völlig aussichtslos. Er trank weiterhin Brandy und Scotch, schluckte dazu Schmerztabletten und zusätzlich noch eine schwindelerregende Anzahl anderer Tabletten, um seine Magengeschwüre unter Kontrolle zu halten. Deren Wirkung war bei dieser Mixtur natürlich hinfällig. Wenn Dave Markee oder Chris Stainton ihn darum baten, »um Gottes Willen endlich vernünftig zu werden«, dann hatten sie einfach seine Sucht unterschätzt.

Auch Clapton selbst machte sich etwas vor. Er glaubte, die Welt drehe sich nur dann, wenn er wach sei und käme zum Stillstand, sobald er schlafe. Wie ein Kind war er davon überzeugt, er müsse nur die Augen schließen, um unsichtbar zu werden, und in einem Zimmer könne ihm nur dann etwas zustoßen, wenn er die Tür öffne und eintrete. Dies hatte einerseits die Folge, daß er sich nach wie vor in der Öffentlichkeit einigermaßen zusammenreißen konnte und der Meinung war, solange er sich während eines Auftritts neunzig Minuten lang auf den Beinen halten könne, gäbe es kein Problem. Andererseits aber verschloß er sich dadurch so sehr vor der Realität, daß er sich der Konsequenzen seines Handelns nicht voll bewußt war. Er wußte nichts von den Treffen seiner Familie mit seinem Manager, die hinter seinem Rücken stattfanden, und las auch nicht die Berichte über seine Eskapaden.

Doch Clapton geriet an seine Grenzen. Am 9. Dezember, kurz vor einem Auftritt in Japan, mußte er seinen Manager aufsuchen. »Zum erstenmal in seinem Leben wollte Eric nicht auftreten«, berichtet Forrester. »Ich wollte es nicht glauben.« Zum einen war der violette Auschlag am ganzen Körper wieder aufgetaucht, zum anderen wurde Clapton von solch heftigen Schüttelanfällen geplagt, daß er kaum seine Gitarre halten konnte. »Mit Mühe und Not haben wir den Auftritt überstanden«, so Dave Markee, »ein Glück, daß die Japaner einfach schon glücklich waren, wenn Eric überhaupt auftauchte. Nachdem wir die Bühne verlassen hatten, zitierte Roger ihn in sein Privatzimmer, und wir hörten das Gebrüll bis draußen . . . Eric war völlig aufgelöst.« Obwohl bereits seit siebeneinhalb Jahren klar war, wie es um Clapton stand, sagte Forrester ihm erst jetzt, was er von ihm dachte: »Meiner Meinung nach trinkst du nicht einfach nur zuviel, Eric. Weißt du, was ich glaube? Ich denke, du bist ein Alkoholiker.« Dave Markee erinnert sich, daß Forrester auf dem Rückflug nach London »fest entschlossen war, daß irgend etwas geschehen« müsse.

Weihnachten verbrachte Clapton auf Hurtwood Edge und wurde dann am 7. Januar 1982 zum Flughafen gebracht, in eine Maschine nach Minneapolis gesetzt und (unter Protest) in die Hazelden Foundation eingeliefert, eine Klinik, die in einem schmucklosen Betonbau im Norden der Stadt untergebracht ist. Während Roger Forrester in das Radisson Plaza zurückkehrte, wurde Clapton in sein Quartier gebracht, mit Librium stillgestellt und dann davon unterrichtet, daß er sich auf ein vier Wochen andauerndes, rigoroses und kompromißloses Entgiftungsprogramm gefaßt machen müsse. Ein Bestandteil der Methode, die dort angewandt wird, ist, daß der Patient Disziplin in Alltagsdingen lernen muß. Zum erstenmal in seinem Leben mußte Clapton sich selbst sein Bett machen, den Tisch decken und abräumen. Wie schon acht Jahre zuvor, auf Oswestry, entdeckte Eric Clapton den therapeutischen Wert von körperlicher Bewegung. Bereits eine Woche nach seiner Ankunft in Hazelden unternahm er lange Spaziergänge in die umliegende Gegend. Er aß wenig, trank nicht und besuchte sogar zweimal täglich die gemeinsamen Gebete. (Später gestand Clapton gegenüber Dave Markee, daß diese der »wichtigste Teil« seiner Behandlung gewesen seien). Gleichzeitig, so gab Clapton später aber auch zu, »ist immer wieder diese rebellische Seite in mir durchgebrochen«, und so trieb der berühmte Rockstar seine Spielchen mit den Schwestern und Krankenpflegern.

Doch das änderte sich schlagartig, als Pattie Boyd Anfang Februar in der Klinik eintraf. Alles begann damit, daß die Klinik jemanden nach Hurtwood Edge geschickt hatte, der eine Befragung mit seiner Frau durchführte. Man wollte beispielsweise wissen, ob sie von ihrem Ehemann vergewaltigt worden sei und wie er sich im betrunkenen Zustand benehme. Es ist unbekannt, was Pattie Boyd darauf geantwortet hat. Clapton wurde jedoch mit den Antworten seiner Frau konfrontiert, was Teil seiner Therapie war. Er brach zusammen und weinte, als man ihm den vollständigen Antwortenkatalog präsentierte. »Als ich einigen der anderen Patienten vorgelesen habe, was Pattie erzählt hatte, wie ich sie behandelt habe, ohne es zu merken, da hat es mir das Herz gebrochen. Man hat mir einfach klargemacht, daß ich mich wie ein Tier verhalten habe«, meinte er später reumütig.

Als Clapton mit seiner Frau nach Hurtwood Edge zurückkehrte, war er zum erstenmal seit acht Jahren nüchtern und ein Mensch mit den besten

Vorsätzen. Pattie hatte auf Hurtwood Edge einiges verändert. Alle Vorräte an hartem Alkohol waren vorsorglich aus dem Haus geschafft worden. Einigen Freunden, die bisher immer gern gesehen waren, wurde der Zutritt schon am Eingangstor verweigert. Clapton schloß sich den Anonymen Alkoholikern an und ging zuerst in England und später dann in Amerika zu deren Treffen. Obwohl Pattie Boyd und auch andere den Eindruck hatten, als habe ihr Mann endlich dem Alkohol abgeschworen, genoß er schon vor Ablauf von nur zwei Jahren wieder Bier, Wein und bisweilen auch Schnaps. Im Sommer 1985 behauptete er, »in Maßen zu trinken«, zwei Jahre später nahm er einen Song für eine amerikanische Bier-Reklame auf und handelte sich damit unter anderem ausgerechnet von Keith Richards eine Rüge ein.

Eine Begleiterscheinung von Claptons ursprünglichem Vorsatz, nicht mehr zu trinken, war es, daß sich sein Aussehen und sein Kleidungsstil veränderten. Der Mann, der noch 1979 oft ungepflegt herumgelaufen war, wurde 1982 von Pattie Boyd als »knackig und elegant« bezeichnet. Er entdeckte die Kollektionen der Edel-Designer. Seine neue Vorliebe galt zunächst Versace (schlotternde Hosen, zugeknöpfte Hemden ohne Krawatte). Ende der 80er Jahre wandte er sich von Versace ab und bevorzugte statt dessen Armani. Versace reagierte darauf äußerst bissig, indem man dort öffentlich behauptete, Clapton sehe jetzt »wie ein Steuerberater« aus. Bei Armani erwiderte man darauf, »ihr Kunde sei im Gegenteil ganz versessen darauf, genau dieses Image loszuwerden«.

Zwischen März und Juni 1982 tat Clapton kaum etwas anderes als lesen, schreiben, fischen, wobei er aber immer wieder mit dem Gedanken spielte, wieder auf Tournee zu gehen. Nach wie vor verließ er sich bei allen wichtigen Entscheidungen hundertprozentig auf seinen Manager. Forrester kümmerte sich um Claptons Terminkalender, organisierte seine Auftritte, verhandelte mit den Veranstaltern und Musikern und übernahm zunehmend auch die Kontrolle über dessen Firmen. Als Clapton nun erneut darauf bestand, Forrester solle eine Tournee für ihn organisieren, ließ sich dieser nicht lange bitten. Dave Markee erinnert sich: »Roger rief bei mir zu Hause an und meinte, Eric würde vor lauter Langeweile die Wände hochgehen und wolle unbedingt wieder auftreten. Ich hielt das für verfrüht, und das habe ich ihm auch gesagt.«

Forrester ignorierte jedoch Dave Markees Einwände. Schon 1974 hatte Clapton nur wenige Wochen nach einer erfolgreichen Entziehungskur wieder zu arbeiten begonnen, eine Entscheidung, die selbst sein Manager im Nachhinein für einen Fehler hielt. Doch jetzt, acht Jahre später, wiederholte sich das Ganze noch einmal. Clapton, Gary Brooker, Albert Lee,

Chris Stainton, Dave Markee und Henry Spinetti trafen sich im Mai zu Proben, und bereits Anfang Juni befanden sie sich auf einer Sechzehn-Tage-Tournee durch Amerika. Zu den ersten Stationen gehörte auch Minneapolis, wo Clapton aus Dankbarkeit in Hazelden anrief und außerdem ein Treffen der Anonymen Alkoholiker besuchte (darüber wurde in den Medien lang und breit berichtet, und es kursierten sogar in der ganzen Stadt T-Shirts mit dem Aufdruck »I'm Eric. I'm an alcoholic«). »Kein Wunder«, meint Dave Markee, »daß Eric in Amerika völlig verloren wirkte . . . still, ängstlich und ständig darum bemüht, irgendwie klarzukommen. Er hätte einfach noch nicht auftreten dürfen.« Auch Clapton selbst glaubt rückblickend: »Es war eine voreilige Entscheidung.«

Die Tour ging am 30. Juni in Florida zu Ende. Henry Spinetti erinnert sich noch, daß Clapton »die Treppen zur Bühne hochrannte, um uns allen zu beweisen, daß er, der Abstinenzler, viel besser in Form sei als wir«. Seine musikalischen Leistungen variierten manchmal selbst während eines einzigen Konzerts von überragend bis banal. Bei manchen Stücken warf Clapton seinen Kopf nach hinten und preßte die Hände so stark zusammen, als müsse er seiner Gitarre mit aller Kraft jede einzelne Note abringen, wobei er jedoch immer noch so schnell wie kein anderer spielte. Dann wieder tanzte er im Zickzackkurs über die Bühne, zwinkerte Gary Brooker zu, umkreiste den überaus anpassungsfähigen Albert Lee und spielte, glaubt man einem Kritiker, »als sei er mit der Programmauswahl nur bedingt vertraut«. Nach »I Shot The Sheriff«, das kaum mehr wiederzuerkennen war und wobei Clapton neben Albert Lee lediglich die Zweitstimme übernahm, ging die Band sofort über zu »Blow Wind Blow« aus dem Album *Another Ticket*. Pünktlich, auf ein Signal hin, trat dann auch noch Muddy Waters höchstpersönlich auf und »spielte mit uns zusammen alles in Grund und Boden«, erinnert sich Dave Markee. Clapton verzichtete als Zeichen seines großen Respekts seinem Vorbild gegenüber sogar auf die sonst obligatorische Zigarette im Mundwinkel. »Erst in diesem Moment habe ich zu Eric rübergesehen«, berichtet Dave Markee, »und erhaschte seinen völlig verzweifelten Blick. Er starrte Muddy mit diesem ›Ich glaub's einfach nicht‹-Ausdruck an . . . das war der Gesichtsausdruck eines Menschen, der völlig paralysiert ist, weil er seine eigene Unzulänglichkeit erkennt. In diesem Moment wurde mir klar, daß wir alle entlassen waren.«

8

Ein ganz normaler Brite mit Gitarre

Es war für Claptons Selbstverständnis von größter Bedeutung, daß er unter keinen Umständen für einen typischen Einwohner von Surrey gehalten werden wollte. Obwohl er dort wohnte, lag es ihm fern, ein entsprechend wohlgeordnetes und beschauliches Leben zu führen. Kaum hatte er Hazelden verlassen, kaum die Amerikatour beendet, trennte er sich von Pattie Boyd. Im Sommer wurde er in diversen Clubs, Restaurants und bei Konzerten gesehen, manchmal allein, manchmal in Begleitung verschiedener Frauen. Schließlich ließ er sich im Norden von Wales nieder. Wie zuletzt 1974 stand Eric Clapton regelmäßig früh morgens auf (obwohl diesmal keine Landarbeit auf ihn wartete), unternahm einsame Spaziergänge und überraschte einmal David Evans, den Besitzer eines nahe gelegenen Hotels, als er »in einem knallroten Anzug auftauchte und Lachs in Essig aus der Dose bestellte.« Einem Zeugen zufolge tadelte Clapton die Qualität des Essens in rüden Worten, vor allem eine Gazpacho fand keine Gnade. (»Das Zeug ist ja *arschkalt!*« waren, laut Evans, seine Worte.) Ehe er schließlich davonbrauste, kam es auf dem Vorplatz zu einem kleinen Unfall, als er mit seinem Ferrari eine steinerne Vase streifte.

Clapton war nach Wales gekommen, um Songs zu schreiben – zumindest um es zu versuchen. Roger Forrester und sein Schützling wollten das Plattenlabel etablieren, dessen Direktoren sie seit Dezember waren. Beide stimmten darin überein, daß dafür ein kommerziell tragfähiges Album dringend vonnöten sei. Um zusätzlichen Profit aus dem 1981 gegründeten Musikverlag zu schlagen, sollte dieses Album ausschließlich Eigenkompositionen enthalten. Im August hätte Clapton mit einem Dutzend Songs im Compass Point-Studio erscheinen müssen. Tatsächlich traf er erst im September mit gerade der Hälfte des vorgesehenen Materials ein.

Es herrschte eine »entsetzliche Stimmung« bei den Aufnahmen in Nassau, erinnern sich Claptons Bassist und sein Schlagzeuger. Daß ihr Arbeitgeber abermals in eine neue Identität geschlüpft zu sein schien, wurde spätestens zu dem Zeitpunkt klar, als Clapton seinen Lieblingstechniker Lee Dickson zu sich zitierte und ihm die Order erteilte, Claptons Markenzeichen, die schwarze Stratocaster, mit Farbe – einem aggressiven Grün – zu besprühen. Dickson weigerte sich. Als nächstes folgte ein Streit über die finanziellen Anteile der Band, dann begannen endlich die Aufnahmen. Laut Dave Markee war Clapton »aufbrausend, barsch und feindselig«, er beklagte sich über die Neuveröffentlichung von »Layla« als Single und beendete eine Session, indem er eine seiner Gitarren (nicht die Stratocaster) gegen die Wand schmetterte.

Markee vermutet, daß Eric Clapton nach seinem Aufenthalt in Hazelden »alle Hände voll zu tun hatte, sein Leben wieder in den Griff zu bekommen«, daß er frustriert war über seine Unfähigkeit zu komponieren und die daraus resultierende Übellaunigkeit an seinen Kollegen ausließ. In der Klinik wurden alle entlassenen Patienten auf ein Jahr überreizten Verhaltens vorbereitet, was sich zumindest in diesem Fall als treffende Voraussage erwies.

Bereits eine Woche nach seiner Ankunft im Compass Point hatte sich Clapton vom Rest der Crew abgekapselt. Er wurde allenfalls gesichtet, wenn er durch den Studiokomplex hastete, um sich mit Roger Forrester in den gemeinsamen Privatgemächern einzuschließen. Bald bildeten sich innerhalb der Band zwei Fraktionen. Während die fünf Bandmusiker unter der Regie von Tom Dowd probten, brütete ihr Oberhaupt vor sich hin oder hörte unbewegt Playbacks ab. Unter diesen Umständen scheint es verwunderlich, daß die Band auch weiterhin unbeirrt um Claptons Gunst buhlte, machte dieser aus seiner Mißbilligung für sie doch keinen Hehl. »Loyalität«, nennt es Henry Spinetti. Markee fügt hinzu: »Jeder machte sich Sorgen um Eric und wollte sich ihm gegenüber von der besten Seite zeigen.« Obwohl die Stimmung im Studio angespannt blieb, gaben sich die Musiker alle Mühe, Clapton durch eine Zeit zu helfen, die er selbst als Übergangsphase betrachtete.

Acht Tage nach seiner Ankunft in Nassau bat Clapton Gary Brooker, Chris Stainton, Dave Markee und Henry Spinetti (Albert Lee war an diesem Tag entschuldigt) schriftlich in sein Chalet, wo sie ihm, einer nach dem anderen, Rede und Antwort stehen mußten. Als Markee an der Reihe war, empfing ihn »Eric hinter einem Schreibtisch sitzend, sehr geschäftsmäßig. Er benötigte kaum dreißig Sekunden, um mir mitzuteilen, daß die Band gefeuert sei, obwohl er uns, wie er sagte, für eine Tour eventuell noch brauchen könne. Ich fragte nach dem Grund, und er erwiderte, wir seien einfach nicht die Richtigen für ihn.«

Man kommt nicht umhin, ein gewisses Verständnis für diese Entscheidung aufzubringen. Keines der Alben, das Clapton mit dieser Band eingespielt hatte, war wirklich hochkarätig, allerdings auch nicht schlechter als die meisten seiner jüngeren Veröffentlichungen. Clapton lag nicht ganz falsch, wenn er sagte, daß »die Band auf Tour, auf der Bühne, großartig war, aber im Studio den Anforderungen nicht genügte.« Selbst Stainton pflichtete Clapton insgeheim bei, als dieser erklärte: »Ich bin ein Bluesmusiker, aber diese Band ist keine gute Bluesband.« Später schrieb Stainton ihm einen versöhnlichen Brief, worauf er erneut engagiert wurde.

Allerdings muß es zumindest Dave Markee und Henry Spinetti einigermaßen merkwürdig vorgekommen sein, daß Eric Clapton drei Jahre gebraucht hatte, um ihre Fähigkeiten einzuschätzen. Gary Brooker fühlte sich durch diese Entscheidung brüskiert. Als die Gruppe, die Clapton durch seine dunkelsten Jahre begleitet und immer wieder seine Schwächen auf der Bühne kaschiert hatte, meinten sie nicht umsonst, mehr als, wie Markee es formuliert, »die fristlose Kündigung durch den Chef« verdient zu haben. Und Claptons Vorwurf gegen einen der Musiker, er verbringe »zu viel Zeit mit Tennis«, machte ihn bei der Gruppe nicht gerade beliebter.

Viel eher waren die Bandmitglieder überzeugt, daß sich Clapton durch sie an eine Zeit erinnert fühlte, die er selbst lieber vergessen wollte. Wer sich seine Vergangenheit neu zurechtlegt, stellt zuerst alles das in Frage, was ihm einmal hoch und heilig war: die Anweisung, seine Gitarre zu verunstalten, der Auszug aus seinem Haus, der Rauswurf seiner Begleiter, all das war Bestandteil eines Umwandlungsprozesses. Außerdem spielte sicherlich auch der Rat, den man ihm in Hazelden gegeben hatte, sich gegen alles entschieden zu wehren, was ihn nervte, eine Rolle. Daher fühlte sich Clapton dazu ermächtigt, seine Freunde vor die Tür zu setzen. Die Entschlossenheit, mit der er dabei zu Werke ging, scheint sogar ihn selbst erstaunt zu haben. »Es war gräßlich, das zu tun, und ich denke, ich bin zu weit gegangen«, gestand er Ray Coleman. »Die müssen gedacht haben, ich drehe völlig durch.« Was auch immer Claptons Beweggründe waren, er hatte Musikerkollegen verletzt, deren Anerkennung er sich eigentlich wünschte. Albert Lee verließ die Band 1984 in gegenseitigem Einvernehmen, Stainton und – wenngleich weniger leicht – Spinetti fanden sich mit Claptons Entscheidung ab; Brooker war stinksauer; Markee hat Clapton seither nie wieder getroffen.

Um sie zu ersetzen, konnte Dowd aufgrund seiner langen Verbundenheit mit diesem Label innerhalb kürzester Zeit eine Handvoll Musiker rekrutieren: Donald »Duck« Dunn, der mit Otis Redding und Wilson Pikkett gearbeitet hatte (und später im Film *The Blues Brothers* wieder auftauchte), sowie den Schlagzeuger Roger Hawkins, den Clapton seit einer Studiosession mit Aretha Franklin im Jahre 1968 kannte. Außerdem konnte Ry Cooder als Gastgitarrist gewonnen werden. Mit ihnen und Lee und Stainton, die einen Monat später wieder zur Band stießen, setzte Clapton die Proben und Plattenaufnahmen bis zum Jahresende fort. Als sein neues Album *Money And Cigarettes* im Februar 1983 veröffentlicht wurde, erhielt die Platte überwiegend wohlwollende Kritiken, obwohl die Rezensenten sich keineswegs einig waren, ob das Album wirklich der »Neubeginn« war, den Clapton darin sehen wollte.

Im Winter dieses Jahres kam es zu einer heftigen Auseinandersetzung mit Pete Townshend, ein weiterer Beweis für Claptons neuerworbene Konfliktfreudigkeit. Der Who-Gitarrist hatte sich im Zuge eines langen Monologs über Drogen im *Rolling Stone* darüber ausgelassen, daß »Eric zweieinhalb Jahre seines Lebens vergeudet hat, der Himmel weiß, was sonst aus ihm hätte werden können«. Diese eigentlich harmlose Äußerung von einem, der aus eigener Erfahrung wußte, wovon er sprach, versetzte Clapton in Rage. Schriftlich forderte er Townshend auf, Bemerkungen dieser Art in Zukunft gefälligst »von Angesicht zu Angesicht« zu machen, »statt in der Presse dummes Zeug zu reden.« Obwohl sie ihre Freundschaft später wiederaufnehmen konnten – 1993 standen sie während einer Preisverleihung wieder einträchtig nebeneinander –, bestätigt ein anderes Mitglied der Who, ebenfalls mit Clapton befreundet, daß »beide jahrelang davon überzeugt waren, der andere habe den Verstand verloren.«

Clapton schloß das Jahr 1982 mit einem Auftritt in der weihnachtlichen Fernsehshow von Chas And Dave. Ein Weggefährte aus der Zeit von Cream kommentierte dies mit der Behauptung, Clapton mache sich wegen seiner Neigung zum Cockney-Dialekt sowie seiner musikalischen Richtungslosigkeit »zu einem verdammten Narren.« Auch die Kulisse, vor der dieser Auftritt stattfand, ein improvisierter East-End-Pub, wirkte auf Anhieb wenig einladend. Clapton beschränkte sich auf eine Country-Rock-Version von »Goodnight Irene« und auf »Lay Down Sally«, einen der Titel, die er in Nassau aufgenommen hatte. Zwar fügte dieser Auftritt seiner Reputation keinen ernsten Schaden zu, brachte ihn aber auch keinen Schritt weiter. Man kann schwerlich dem Urteil eines Kritikers widersprechen, der meinte, »das Ziel war Klassenlosigkeit, was dabei herauskam, ohne jede Klasse.«

Im Januar kam als Vorgeschmack auf die im Compass Point eingespielte Platte *Money And Cigarettes* die Single »I've Got A Rock 'n' Roll Heart« auf den Markt. Auf dem Album tat Clapton unter anderem seine Begeisterung für The Band, besonders für Robbie Robertson, kund, dokumentiert mit den Stücken »Everybody Oughta Make A Change« und »Ain't Going Down«, das indes mehr war als nur ein Abklatsch von »All Along The Watchtower«. Drei Songs waren Anspielungen auf Pattie Boyd: »Man In Love«, »Pretty Girl« (Clapton fand hier Gelegenheit, »everything« auf »ring« zu reimen) und »The Shape You're In«, die höchst aufschlußreiche zweite Singleauskopplung, mit der Clapton, in Erinnerung an seine eigenen Erfahrungen, das Alkoholproblem seiner Frau ansprach:

I'm just telling you, baby
'Cause I've been there myself . . .

Außerdem spielte er eine Coverversion von Albert Kings »Crosscut Saw«, eine Mischung aus Lagerfeuerromantik und Blues namens »Crazy Country Hop« sowie die dritte Singleauskopplung »Slow Down Linda«, ein geradezu unbekümmertes Rockstück derselben Kategorie wie »Tulsa Time« und »Lay Down Sally«. *Money And Cigarettes*, die erste Veröffentlichung auf dem Duck-Label, im Vertrieb der Warner Brothers, unterstrich Claptons Qualitäten als Teamplayer. Er verweigerte sich den Erwartungen, Heldentaten auf der Gitarre zu vollbringen, statt dessen versicherte er sich der Mitarbeit anderer bemerkenswerter Stilisten wie Albert Lee und Ry Cooder. Verglichen mit früheren Tagen seiner Karriere war das Album ein bescheidener künstlerischer Erfolg – für Claptons Verhältnisse fast schon zu bescheiden. Zwar gab es annehmbare Passagen, etwa Ry Cooders Slide-Gitarre auf »Man Overboard«, das machtvolle Schlagzeug auf »Crosscut Saw« oder Claptons rauhen, ausgereiften Gesangsstil. Aber das waren eher Ausnahmen. *Money And Cigarettes* war befriedigend für Clapton, nicht aber für sein Publikum. Der wahre Wert der Platte war wohl eher therapeutischer Natur.

Was nun die beiden im Titel zitierten Annehmlichkeiten anbelangt: Clapton liebte Zigaretten. Zu Beginn des neuen Jahres wurde publik, daß Claptons für den Winter geplante Amerika-Tournee von Camel präsentiert werden würde. Obwohl dies als ein konsequentes Arrangement und eine Weiterentwicklung des epochemachenden Werbefeldzuges der Rolling Stones für einen Männerduft hätte interpretiert werden können, handelte sich Clapton damit nichts als Ärger ein. Unter anderem protestierte die amerikanische Gesellschaft der Lungenkranken gegen dieses Übereinkommen, die es als »unannehmbar« erachtete, daß Clapton »seine gesellschaftliche Verantwortung als Person des öffentlichen Lebens derart ignorierte«. Der Streit dauerte den ganzen Januar über an, bis Nat Walker, ein Sprecher des Zigarettenherstellers, in den ersten Februartagen das folgende Statement abgab: »Unserer Meinung nach entspricht die Musik Eric Claptons dem Lebensgefühl eines Camel-Rauchers. Für unsere Marke war Musik schon immer von herausragender Bedeutung.« (Walker vergaß zu erwähnen, daß Clapton seit den frühen 60ern ausschließlich Rothman-Zigaretten rauchte.)

Clapton genoß es außerdem, Geld unter die Leute zu bringen. In Anbetracht seiner diversen Firmen hätte sein Vermögen theoretisch recht groß sein müssen. In der Praxis jedoch überstiegen seine Ausgaben regelmäßig seine Einkünfte. In diversen Akten kann man nachlesen, daß der Umsatz von Marshbrook im Jahr 1983 auf 133 589 Pfund sank (30 Prozent weniger als im Vorjahr); nach Abzug der Steuern blieb ein Erlös von 23 957 Pfund. Der Gewinn von Duck Records summierte sich während derselben Zeitspanne auf 6000 beziehungsweise 106 Pfund. Und erstaunlicherweise belief sich der Umsatz von E. C. Music, Claptons Musikverlag, bis zum 30. September 1983 lediglich auf 7626 Pfund, somit nach Abzug der Betriebskosten von 8897 Pfund auf einen Verlust von 1271 Pfund. Auch wenn Clapton weiterhin in Investmentfragen bestens beraten wurde und sich der Wert von Hurtwood Edge seit dem Kauf verzehnfacht hatte, erwirtschafteten seine drei wichtigsten Firmen lediglich einen Gesamtgewinn von 22 792 Pfund. Das Arrangement mit Camel war unter diesen Umständen ein echter Anreiz.

Im Januar rief Clapton eines Abends Markee und Spinetti an und teilte ihnen mit, daß er sie in Zukunft seltener einsetzen wolle. Dabei erweckte er aber dennoch den Eindruck, daß es »möglicherweise, eines Tages« neue gemeinsame Projekte geben könne. (Spinetti spielte 1986 tatsächlich für kurze Zeit wieder mit Clapton zusammen.) Der Mann, der von sich glaubte, »als Kind gegen alles und jeden konditioniert worden zu sein«, tat sich als Erwachsener überaus schwer, nein zu sagen. Sein Manager Forrester hingegen, dem die Aufgabe zufiel, derart unangenehme Dinge zu regeln, kannte keine derartigen Hemmungen. Er nahm seinem Schützling alles ab – ausgenommen die allerpersönlichsten Angelegenheiten. Dabei legte er einen bemerkenswerten Einfallsreichtum an den Tag: Anders als andere Manager, die sich darauf konzentrieren, Tourneen zu arrangieren und sich aus dem Privatleben ihrer Künstler weitgehend heraushalten, nahm Forrester Anteil an jeder Kleinigkeit. (Ein Musiker, der Clapton in den 70er Jahren kannte, beschrieb Forresters Rolle als »eine Art hochdotierten Kindermädchen-Service«.) Insofern muß man es Clapton fast hoch anrechnen, daß er selbst seinen Musikern den Rausschmiß mitteilte und danach zu seiner Entscheidung stand.

Lee, Stainton, Hawkins und Dunn wurden für die Tour verpflichtet, die am 1. Februar in Seattle begann. Das Publikum dort und in Los Angeles, Austin, St. Louis und Pittsburgh sah und hörte eine neunzehn Songs umfassende Show, in der überwiegend Claptons neuere Titel gespielt wurden. Der unvermeidliche Höhepunkt war natürlich »Layla«. Die Kritikermeinungen waren, wie immer, geteilt: die Band, ebenso ambitioniert wie zupackend, verschwendete nicht allzuviel Aufmerksamkeit auf Noten, zuweilen mündeten die schnelleren Nummern in pures Headbanging. »Worried Life Blues«, ein Titel, der Clapton auf den Leib geschrieben schien, fiel wirklich ergreifend aus. Aber dann ging es abwärts mit dem Programm, und der Mittelteil kopierte mehr oder minder *Money and Cigarettes*. (Bis zur Europatour im April nahm die Band einen Großteil der neuen Songs wieder aus dem Programm.) Abgesehen von einer einzigen Ausnahme in Philadelphia, wurde nichts aus dem erhofften Zusammenspiel mit Ry Cooder. Die Konzerte waren durchaus in Ordnung, schließlich verstand es Clapton nach zwanzig Jahren besser als manch anderer, sein Publikum zu fesseln, doch der Elan, der sein Frühwerk beflügelt hatte, wollte sich nicht mehr einstellen.

An manchen Abenden wurde Clapton von seinen Fans mit Transparenten begrüßt, die sich gegen seine Verbindung mit dem bereits erwähnten Zigarettenhersteller aussprachen; dann wiederum verhielt sich das Publikum ebenso gelassen, bisweilen sogar phlegmatisch wie die Musiker auf der Bühne (auf der Dunn gemütlich seine Pfeife schmauchte). Besonders Hawkins, der gemeinhin als das Stimmungsbarometer der Band galt, spielte mit minimalem Einsatz. Nach einem Auftritt in Dallas wurde er durch Jamie Oldaker ersetzt (der damit, neben Chris Stainton, bewies, daß es sehr wohl möglich war, Claptons Gunst wiederzugewinnen). Clapton selbst zeigte bereits in der ersten Woche gewisse Anzeichen von Überreiztheit. Seine privaten Probleme sowie der permanente Druck, nicht zur Flasche greifen zu dürfen, führten zu äußerst unerfreulichen Auftritten hinter der Bühne; in Texas mußte sogar ein weiteres Mitglied der Band davon abgehalten werden, gemeinsam mit Hawkins den Heimflug anzutreten.

Im April, als Clapton sich gerade in der Schweiz aufhielt, verstarb sein Idol und zeitweiliger Mentor Muddy Waters in Chicago. Es ist nicht bekannt, aus welchen Gründen, aber Clapton blieb der Beisetzung fern. Als Erwachsener hegte er eine fast krankhafte Scheu vor menschlicher Nähe. Beinahe vierzig Jahre lang hatte er versuchte, seine Gefühle zu kontrollieren und sich selbst einem strengen Verhaltenskodex zu unterwerfen. Falls ihm der Verlust von Jimi Hendrix, Duane Allman, Keith Relf, Carl Radle oder Muddy Waters nahegegangen war, dann hatte er dies mit Erfolg verborgen. Vor öffentlichen Trauerbekundungen schreckte Clapton immer wieder zurück, da er befürchtete, von seinen Gefühlen überwältigt zu werden und sich eine Blöße zu geben. Statt dessen zog er es vor, allein und zurückgezogen zu trauern. Aus Furcht, verletzt zu werden, vermied er jede wirklich tiefe Freundschaft. Wenn eine Beziehung scheiterte oder ein Freund starb, versteckte er seine Trauer häufig hinter zynischer Resignation. Es gibt keinen Grund anzunehmen, Claptons freundschaftliche Empfindungen für Waters und die anderen seien nicht aufrichtig gewesen, aber seine Fähigkeit, emotionale Bindungen einzugehen, war begrenzt. Seit den Erlebnissen seiner frühsten Kindheit hatte er sich eingeprägt, daß Menschen grundsätzlich unzuverlässig und menschliche Beziehungen immer unsicher sind. Und er hatte keinen Menschen, nicht einmal seine Frau, so nahe an sich herangelassen, daß er dadurch verwundbar geworden wäre. Erst in späteren Jahren, unter grauenvollen Umständen, gab sein strenger, disziplinierter Verstand nach, ließ verborgene Emotionen nach außen dringen und zerbrach die sorgfältig aufgebaute Fassade.

1983 gab Clapton einundachtzig Konzerte. Höhepunkte waren ein Auftritt in Guildford (mit den Gastmusikern Phil Collins, Jimmy Page und natürlich Chas And Dave) sowie ein Benefiz für Save The Children in London. Pattie Boyd besuchte beide Konzerte. Im Sommer dieses Jahres hatte Clapton sich mit seiner Frau ausgesöhnt, dennoch machte es nicht den Anschein, als sei einer von beiden darüber sonderlich glücklich. Er hielt Pattie ebenso auf Abstand wie frühere Partnerinnen; darüber hinaus hatte seine Entziehungskur ihre Rolle in seinem Leben offenbar verkleinert – umgekehrt war das keineswegs so. In dem Moment, in dem Pattie Boyd beschloß, daß »zumindest einer von uns bisweilen nüchtern sein sollte«, war die Beziehung zerstört, denn diesen Part hatte Clapton ganz übernommen. Je weniger er trank, desto mehr schluckte sie. Früher hatte er sich darauf verlassen, daß sie sich um das Haus kümmerte, für ihn kochte, die Drinks mixte und ihm ungebetene Gäste vom Hals hielt. Jetzt sorgte Clapton selbst für all diese Dinge. Es gab noch immer eine Beziehung, doch nach dreizehn gemeinsamen Jahren, vier davon als Ehepaar, waren die beiden emotional ausgelaugt.

Claptons Unbehagen gegenüber seinem Zuhause läßt sich an dem Arbeitspensum im Jahre 1983 ablesen. Er tourte nicht nur durch Großbritannien, Deutschland, Holland, Frankreich, Italien und die Schweiz und gastierte zweimal in den Staaten, sondern trat bei einer Unzahl von Produktionen anderer Künstler als Gast in Erscheinung, zum Beispiel bei Ringo Starr, Christine McVie und vor allem Roger Waters. Die Aufnahmen von *The Pros And Cons Of Hitch-Hiking* im August waren bemerkenswert, da Clapton dabei auf zwei Musiker traf, die für seine spätere Laufbahn eine wichtige Rolle spielten – außerdem kam es darüber fast zum Bruch mit Forrester.

Als Roger Waters Anfang 1984 plante, den Verkauf seiner Platte mit einer Welt-Tournee zu unterstützen, versuchte er, Clapton dafür zu gewinnen, ihn zu begleiten. Für dessen umgehende Zusage sind mehrere Gründe denkbar: Loyalität; der willkommene Anstieg seiner Einnahmen, den die Tour versprach; pure Freude an der Musik. Ein weiterer gewichtiger Grund, Waters Einladung anzunehmen, mag die Gelegenheit gewesen sein, Hurtwood Edge den Rücken zuzukehren. Die Ehe war zerrüttet, und das hatte nicht allein mit Pattie Boyds Alkoholproblemen zu tun oder mit der Tatsache, daß sie keine Kinder bekommen konnte. Sie war eigentlich eine heitere, unkomplizierte Frau, die Stimmungsschwankungen ihres Mannes hatten sie immer wieder in Erstaunen gesetzt. Sein enormes Arbeitsaufkommen wie auch seine übertriebene Bereitschaft, auf Tour zu gehen, machten es unmöglich, mehr als ein paar Wochen am Stück gemeinsam zu verbringen. Und selbst wenn man seine Ambitionen, »Tausende von Groupies flachzulegen«, vergangenem jugendlichem Leichtsinn zuschreibt, ließ er sich nach wie vor in der Öffentlichkeit häufig mit anderen Frauen sehen.

Clapton nahm Roger Waters' Angebot also an und beschwor damit einen heftigen Disput mit seinem Manager herauf. Verständlicherweise war Forrester daran gelegen, daß Clapton auf jeder Bühne, die er betrat, im Mittelpunkt stand. Er war entgeistert, daß dieser sich mit der Rolle des Gastinstrumentalisten in einer Band, bestehend aus nicht weniger als neun Musikern, zufriedengeben wollte. Wie ein damaliger Angestellter von Harvey Goldsmith, der bei dieser Tournee die Auftritte in Großbritannien betreute, berichtet, »machte Clapton keinen Hehl daraus, daß er sich deshalb heftig mit Forrester gestritten hatte . . . Hier prallten zwei schwierige Egos aufeinander.« Clapton ergriff das Wort stets nur dann, wenn es um die Musik ging, ansonsten gab Forrester den Ton an.

Anfang der 80er Jahre propagierten eine Reihe von Rockstars – Townshend, Warren Zevon, sogar Keith Richards – einen neuen Lebensstil; sie wurden zu Verfechtern der »*Just Say No*-Ära«, die gerade in Amerika populär wurde. Clapton schloß sich diesem Trend an. 1985 beteuerte der Mann, der die 70er Jahre nach eigenem Bekunden größtenteils im Drogenrausch zugebracht hatte: »Ich halte nichts mehr von irgendwelchen Exzessen. Ich will schon deshalb nichts mehr davon wissen, weil ich die Nachwirkungen mißbillige. Alkohol und Drogen . . . ich habe das alles hinter mir, und ich bin froh, daß ich es überlebt habe. Mir tut es um die Jahre leid; sie sind vergeudet und unwiederbringlich verloren.«

Nie war die Rede davon, wie er im Rausch mit Frauen, besonders mit Alice Ormsby-Gore umgesprungen war, nicht von den Gewaltausbrüchen gegen sich und andere oder von seiner Rücksichtslosigkeit gegen Freunde wie Ben Palmer. Natürlich war es bewundernswert, daß er seine Drogenprobleme und seine Alkoholabhängigkeit nahezu vollständig aus eigener Kraft überwunden hatte, weniger erfreulich war allerdings, daß er in den spärlichen, von Forrester autorisierten Interviews einen ausgesprochen selbstgerechten Ton anschlug.

Ende 1983 gab Clapton elf Konzerte in London und den Staaten, mit denen er ARMS (*Action Research Into Multiple Sclerosis*) unterstützte. Doch sogar diese Initiative, ins Leben gerufen von Ronnie Lane, der kurz zuvor erfahren hatte, daß er an dieser Krankheit litt, wurde von Zwischenfällen hinter der Bühne überschattet. Unmittelbar nach dem Konzert in der Albert Hall am 20. September entdeckte Clapton, nach dem gelungenen Auftritt durchaus zufrieden, seinen alten Yardbirds-Widersacher Paul Samwell-Smith unter den Gästen. Es war ihre erste Begegnung nach achtzehn Jahren. »Eric«, so Jim McCarty, der ebenfalls anwesend war, »ging sofort auf Paul los« und machte ihm das Memo zum Vorwurf, das Gomelsky damals, 1965, in Umlauf gebracht hatte. Nicht nur McCarty empfand es als eine Zumutung, daß Claptons Laune von einem Augenblick auf den anderen von »überschwenglicher Heiterkeit« in »unkontrollierte Wut« umschlug.

Auch im Vorfeld der in Amerika geplanten ARMS-Konzerte gab es Reibereien. Clapton beanstandete nachdrücklich, daß Rod Stewart mit von der Partie sein sollte, weil dieser sich angeblich überhaupt nicht für Ronnie Lanes Wohlergehen interessierte. Kenny Jones, der mit allen dreien befreundet war und in Ewhurst zu Claptons Nachbarn zählte, grinst nur breit, wenn er zu diesem Thema befragt wird. Andere sind da weniger zurückhaltend. Harry Shapiro erklärt: »(Clapton) war so empört über Stewarts halbherzige Unterstützung, daß er drohte, die Bühne bei dessen Auftritt zu verlassen.« Nachdem der Veranstalter Bill Graham in der Sache gehört worden war, wurde die Besetzung in Amerika um Joe Cokker und Paul Rodgers ergänzt. Konzerte in Dallas, San Francisco, Los Angeles und New York standen auf dem Programm. Wirkte Claptons Spiel bei Klassikern wie »Layla« und »Wonderful Tonight« bereits überraschend stümperhaft, traf das heillose Durcheinander einer vielstimmigen Version von »Stairway To Heaven« das Publikum völlig unvorbereitet. »Musikalisch gesehen war dies ein Unding«, so Anthony Haden-Guest, »aber im Grunde ging es gar nicht um die Musik. Es ging darum, Clapton, Beck und Page auf einer Bühne zu erleben.«

Haden-Guest, der sich seinerzeit mit Clapton eine Wohnung in Chelsea geteilt hatte, war auf der Party in New York anwesend, die das Ende der Tournee krönte. »Es war schon komisch, Eric und Joe Cocker, zwei der größten Schluckspechte der Rockszene, sittsam an ihrem Orangensaft nippen zu sehen.« Auch über Claptons – nunmehr bartlose – verjüngt wirkende Erscheinung wurde getuschelt. Manche Journalisten vertraten die Ansicht, er habe lediglich auf Grund unverschuldeten Glücks in der Branche überlebt. Doch daß Clapton auch nach zwanzig Jahren noch erfolgreich Musik machen konnte – nur Mick Jagger und Paul McCartney können auf eine ähnlich lange Karriere zurückblicken –, verdankte er seiner Unverwüstlichkeit sowie dem unermüdlichen Einsatz seines Managers, der immer wieder nach neuen Wegen Ausschau hielt, die Karriere seines Schützlings zu verlängern.

Ein neues Betätigungsfeld, das sich dafür geradezu anbot, war Filmmusik. Im Januar 1984 komponierte Clapton das Thema für den Film *The Hit* von John Hurt. Bis zum Ende der 80er Jahre ließ er sich auf eine Reihe von Projekten dieser Art ein: *Edge Of Darkness*, *The Color Of Money* (»Die Farbe des Geldes«), *Buster*, *Homeboy*, *Peace In Our Time*, *Licence To Kill* (»Lizenz zum Töten«), *Communion* (»Messe des Grauens«) sowie den Kassenerfolg *Lethal Weapon*. Im Laufe der Zeit erschloß Clapton sich und seinem Manager Roger Forrester damit eine weitere Einnahmequelle. In beruflicher Hinsicht fuhr Clapton nun zweigleisig: Platten und Konzerte konkurrierten mit gelegentlichen lukrativen Aufträgen für Soundtracks und Filmmusik. Die Presse machte einen großen Wirbel um Claptons »Richtungswechsel«. Die bloße Erwähnung von Hollywood reichte aus, um die landläufigen Vorurteile zu schüren, nun betreibe auch er, wie so viele seiner Zeitgenossen, den eigenen Ausverkauf. Als die Diskussion Mitte der 80er Jahre ihren Höhepunkt erreichte und die Sensationspresse seinen alten Spitznamen Eric *Claptout* wieder aufleben ließ, gestand Clapton Ray Coleman: »Ich bin süchtig danach, auf der Bühne vor einem Publikum zu spielen, darauf kommt es mir vor allem an. Filmmusik gibt einem das nicht.«

Im Anschluß an seine Arbeit für *The Hit* trommelte Clapton Albert Lee, Chris Stainton, Jamie Oldaker und Donald Dunn für eine Europa-Tournee zusammen. Die Fans in Zürich, Mailand, Belgrad, später in Kairo und Jerusalem, wurden mit nicht weniger als zweiundzwanzig Titeln verwöhnt, mit Songs wie »Bottle Of Red Wine«, »Key To The Highway« und »Motherless Children« schöpfte Clapton aus seinem umfangreichen Repertoire. Außerdem kamen sie in den Genuß eines neuen Stückes, das er im Frühjahr aufgenommen hatte und das zum Besten seiner Karriere gehört: »Same Old Blues« – schon der Titel Ironie –, eine bemerkenswerte Retrospektive des Blues mit dem Motiv der hoffnungslosen Liebe, vermutlich nach einer Auseinandersetzung mit seinem Produzenten entstanden (der eigentliche Grund des Stücks war natürlich das andauernde Eheproblem).

Im März traf Clapton in Montserrat ein. Seine Abstinenz war nach zwei Jahren ungebrochen. Er stand kurz davor, mit seinem Manager zu brechen und hatte sich von seiner Frau getrennt. Damit war er bereit für ein neues Album.

Clapton ging im Laufe der Zeit einige ziemlich eigenartige Verbindungen ein. So zum Beispiel mit Phil Collins als Produzenten. Collins fand »Erics jüngste Alben ein bißchen dürftig« und stürzte sich buchstäblich auf die Chance, dessen »Musik aufzupolieren und wieder auf die Beine zu bringen.« Also erklärte er der Band bereits bei deren Ankunft in den Air Studios (es handelte sich um Claptons Tour-Band, ergänzt um den Perkussionisten Ray Cooper und die Sängerin Marcy Levy, allerdings ohne Albert Lee), man solle sich gefälligst die derzeit aktuelle Musik zu Gemüte führen. Collins erklärte alles, was auch nur annähernd nach »den alten 60ern« klang, für überholt. Es galt, sich auf eine völlig neue Szene einzustellen. Daraufhin erschien Clapton sogar mit einem Gitarren-Synthesizer im Studio.

So entstand das Album *Behind The Sun*; die Platte erschien im März. Bemerkenswert daran war lediglich die Fülle an leichtvergänglichen Popsongs und oberflächlichen Texten. »Vom Standpunkt der Komposition und der Produktion war dieses Album eine Katastrophe«, urteilt Pete Brown. »Die Wirkung der beiden Platten, die Eric mit Collins gemacht hat, war nur kurzlebig, während seine besten Stücke auch nach dreißig Jahren noch wie neu klingen.« Als Lenny Waronker, der Präsident von Warners, *Behind The Sun* hörte, war er entsetzt. »Außer daß Eric harmlose Liedchen trällert«, erklärte er einem Mitarbeiter in Los Angeles, »passiert hier absolut gar nichts.« Andere vermuteten allerdings, daß es für Waronkers Geschmack zu wenig Single-Material auf dem Album gab.

Clapton wurde ins Studio zurückbeordert, um vier zusätzliche Songs aufzunehmen, eine heilsame Erfahrung, die ihm klarmachte, daß Warners nichts anderes als ein gut verkäufliches »Produkt« von ihm erwartete.

In Montserrat lernte Clapton die achtundzwanzigjährige Yvonne Kelly kennen, halb Engländerin, halb Irakerin, die mit ihrem Mann, einem Engländer, auf der Insel lebte. Bereits eine Woche nach ihrer ersten Begegnung hatten die beiden ein Verhältnis. Clapton war stets ein Frauentyp. »Ich liebe die Gegenwart schöner Frauen; eine echte Schwäche von mir«, verriet er dem *Rolling Stone.* Natürlich waren diese Beziehungen ausschließlich Claptons Regeln unterworfen und überwiegend kurzfristiger Natur. Hätte Yvonne Kelly ihm nicht im Jahr darauf eine Tochter namens Ruth geboren, wäre auch diese Liaison nur ein weiterer Schritt auf dem Weg zur endgültigen Trennung von Pattie Boyd geblieben.

Yvonne Kelly besuchte Claptons Konzerte in der Albert Hall. Ein Sprecher wurde in der Presse mit den Worten zititert: »Er freut sich darauf, sehr viel Zeit mit ihr zu verbringen. Dadurch werden sich die beiden noch näherkommen.« Clapton liebte seine neue Familie aufrichtig, wenngleich es nicht überrascht, daß sich seine Zuneigung einmal mehr auf Geschenke und kostspielige Essen im San Lorenzo beschränkte, während er sich um die alltäglichen Belange ihres Wohlergehens nicht kümmerte. Ein Bekannter der beiden erklärte, daß Eric Clapton und Yvonne Kelly »befreundet sind . . . und alles daransetzen, Ruth glücklich zu machen. Seit der Geburt des Kindes zahlt er Alimente.«

Clapton hatte sich, wie bei anderen Frauen zuvor, während seiner Affäre mit Yvonne Kelly aus tiefstem Herzen danach gesehnt, Vater zu werden. Bereits 1965 hatte Pamela Mayall den Eindruck gewonnen, daß »er Kinder liebte und sich eigene wünschte.« Obwohl er Pattie Boyd um ihrer selbst willen liebte, kam es nicht zuletzt deshalb zu Spannungen, weil sie keine Kinder bekommen konnte. Zweifelsohne war das auch der Grund dafür, daß Clapton 1976 vor Wut explodierte, als jemand auf das »gebärfreudige Becken« seiner Frau anspielte. Bei diesen Gegebenheiten grenzte es, so Dave Markee, an ein Wunder »daß einer der beiden nicht schon längst die Segel gestrichen hatte.« Jetzt war Clapton eine Lösung des Problems einfach so zugefallen. Und wenngleich seine Gefühle für Yvonne Kelly rasch abkühlten, konnte jeder sehen, daß er seine Tochter Ruth abgöttisch liebte. 1985 erklärte er einem Freund voller Stolz, zum erstenmal in seinem Leben »wirklich glücklich« zu sein.

Im Juni und Juli 1984 ging Eric Clapton trotz der Bedenken von Forrester gemeinsam mit Roger Waters auf Tournee. Sechs Wochen lang stand er auf der linken Seite der Bühne und spielte, wie sein Manager trefflich bemerkte, neben der grauen Eminenz von Pink Floyd »die zweite Geige«. Ray Coleman zufolge »fand Eric das Ganze schon bald ziemlich prätentiös und verlor schnell die Freude daran.« Waters' tiefgründelndem Bombast-Rock konnte er wenig abgewinnen, bekannte er sich doch nach wie vor zu seiner Liebe zum »unverfälschten« Blues. Immerhin wurde die Tour durch den Song »Sexual Revolution« geadelt, der mit unvergleichlicher Schärfe vorgetragen wurde. Und Clapton lernte den Gitarristen kennen, der später Albert Lee ersetzen sollte.

Claptons Erfolg ließ nach, und es gab viele Gründe dafür. Unter anderem waren daran seine vergleichsweise mittelmäßigen Leistungen seit 1974 und sein exaltiertes Gebaren auf der Bühne schuld. Schon vor 1984 hatten zahlreiche Kritiker mokiert, daß er überflüssigen Ballast abwerfen müsse. Wenn Clapton die Fans davonliefen, dann war das in erster Linie als Protest gegen die sehr durchwachsenen Produktionen eines ganzen Jahrzehnts zu verstehen und hatte weniger mit seiner Person zu tun. Noch immer stand er als Musiker in hohem Ansehen, doch seine Produktionen wurde zunehmend unpopulär. Die Konsequenzen dieser Entwicklung waren fatal. 1984 betrug der Umsatz von Marshbrook 151 582, die Ausgaben jedoch 191 090 Pfund, ein Verlust von 39 508 Pfund. Während desselben Zeitraums belief sich der Gewinn von E. C. Music und Duck Records auf nur 5742 beziehungsweise 394 Pfund. Es war schwerlich zu leugnen, daß Claptons beste Zeit vorbei war. Bezeichnend dafür war, daß sich 1984 zwei seiner Alben am besten verkauften, mit denen nicht die aktuellen, sondern die vergangenen Leistungen des Gitarristen gewürdigt wurden, das retrospektive *Backtrackin'* sowie der Yardbirds-Sampler *Shapes Of Things.*

Zwischen den Auftritten mit Waters entdeckte Clapton im Juni, als er den englischen Kricketspieler Ian Botham kennenlernte, eine neue Leidenschaft. Nachdem er zusammen mit diesem einen Tag in der Sporthalle zugebracht hatte, ließ er sich über die »Faszination« dieser »typisch englischen« Sportart aus, die er zuletzt als Kind ausgeübt hatte und der er von nun an viel Zeit widmete. Am Ende des Sommers waren Clapton und Botham unzertrennliche Freunde geworden. Len Hutton, ein ehemaliger Kricketspieler, erinnert sich, daß die beiden »die Treppen hinaufstürmten und Krach machten wie Kinder auf dem Spielplatz.« Nach und nach ersetzte Claptons Kricketbegeisterung seine Leidenschaft für das Angeln. Zum damaligen Zeitpunkt allerdings war es lediglich ein Zeitvertreib, eine Möglichkeit, mit Menschen zusammenzukommen, die er bewunderte und die ihn bedingungslos bewunderten. Ein oder zwei Jahre lang wurde seine Begeisterung zur Besessenheit.

Eric Claptons nächster offizieller Auftritt fand im Sommer im Wembley Stadion statt, als er gemeinsam mit Van Morrison, Chrissie Hynde, Santana und Bob Dylan auftraten. Das Konzert war nur wegen des improvisierten und ungeprobten Materials bemerkenswert (Dylan zeigte Clapton die Akkorde von »Tombstone Blues«, als sie den Song schon spielten). Während des Konzertes kam es auf der Bühne zu Handgreiflichkeiten zwischen Chrissie Hynde und Eric Clapton. Dieser bemerkte später, er sei überrascht gewesen, daß seine Musikerkollegin offenbar »die obersten Regeln bei Live-Konzerten« nicht gekannt habe. Anscheinend habe sie die Rangfolge der Künstler nicht begriffen. Er räumte außerdem ein, nicht »gewußt zu haben, wer Hynde eigentlich war«; ein weiterer Beweis dafür, daß er musikalisch in einer ganz anderen Welt lebte.

Claptons Verpflichtung gegenüber Waters endete im August, und er kehrte nach Hurtwood Edge zurück. Wenige Tage darauf zog seine Frau, die von seiner Affäre mit Yvonne Kelly wußte, aus. Ein Freund von Pattie Boyd meint, »Eric war sauer, weil sie die Sache zur Sprache brachte. Pattie hatte – so sah sie es selbst – den Fehler gemacht, davon anzufangen.« Doch es war offensichtlich, daß es noch eine Vielzahl anderer Probleme in der Clapton-Ehe gab. Kaum eine andere Frau hätte so klaglos seine Trunksucht ertragen oder die Zeiten langer Abwesenheit; und Clapton gab ja sogar selbst zu, Beziehungen nur dann ertragen zu können, wenn er sich zu nichts verpflichtet fühlte. Zehn Jahre später erklärte Pattie Boyd einem Freund: »Es hieß damals, Hurtwood Edge verlassen oder sterben.«

Clapton tauchte bei Phil Collins' Hochzeit am 4. August solo auf, und als er im Herbst von einer Australientour zurückkehrte, hatte Pattie das Haus endgültig verlassen. Den ganzen Winter über telefonierten sie häufig miteinander, und Boyd versicherte Clapton immer wieder, »ihn noch immer zu lieben«, aber sie müsse »zu sich selbst finden«. Wer Clapton auf Hurtwood Edge besuchte, fand ihn nach der Trennung zutiefts bekümmert. Er gab zu: »Ich werde nie mehr eine Frau so sehr lieben wie Pattie«. Und ein Reporter vom *Rolling Stone* erfuhr: »Sie war die einzige, die ich wirklich geliebt habe.« Zum erstenmal seit seiner Entlassung aus Hazelden trank er wieder. Obwohl er versucht hatte, seine Frau zur Rückkehr zu bewegen, verbrachte sie Weihnachten ohne ihren Mann. Und Clapton, der zuvor das zusätzliche Material für *Behind The Sun* in Los Angeles eingespielt hatte, lud statt dessen seine Mutter und Großmutter nach Hurtwood Edge ein.

Je mehr er trank, desto niedergeschlagener wurde er. Pete Brown sah seinen alten Freund im Winter dieses Jahres nach sechzehn Jahren wieder. »Eric war zutiefst verletzt, aber er unterdrückte seine Gefühle und ließ sich nichts anmerken«, sagt er. »Er war sogar dankbar, daß es nicht noch schlimmer gekommen war.« Seine Hoffnungen auf eine Aussöhnung mit Pattie Boyd waren nicht ganz unberechtigt. Am 2. Januar 1985 besuchten sie gemeinsam die Hochzeitsparty von Ron Wood in Denham. Doch davon abgesehen, daß nicht wenige Fotografen der Regenbogenpresse über das Erscheinen des Paares erstaunt waren, stellte sich heraus, daß auch diese Versöhnung nur von kurzer Dauer war. Ron Wood beschrieb die Ereignisse mit den folgenden Worten: »Clapton stritt sich draußen vor der Kirche mit Pattie herum. Bis nach drinnen haben sie es gar nicht erst geschafft.« Nur neun Tage später, am 11. Januar, brachte Yvonne Kelly im Doncaster Maternity Hospital ihre Tochter Ruth zur Welt.

Anfang Februar verbrachten Clapton und Boyd zwei gemeinsame Wochen in Israel; am 17. Februar wurden sie bei der Premiere des Films *Brazil* gesichtet; Ende des Monats kehrte Pattie wieder nach Hurtwood Edge zurück. Welche Art Übereinkunft sie trafen, ist nicht bekannt, doch beide betonten immer wieder, daß »keiner ohne den anderen leben kann«. Zu Claptons grundsätzlicher Neigung, sich einfach »abzusetzen«, gesellten sich nun Anwandlungen von echter Zuneigung zu Hurtwood Edge, seiner Familie, seiner Tochter Ruth und Pattie Boyd, der es die »Sprache verschlug«, als ihr Gatte sie aufforderte, ihn auf einer Tournee zu begleiten. Das Paar reiste gemeinsam zu den Auftritten, die in den ersten Wochen des Jahres 1985 in England und Skandinavien stattfanden.

Zu diesem Zeitpunkt entschied Clapton, nach Jahren der Unentschlossenheit, fortan größere Distanz zwischen sich und seinen Begleitmusikern zu wahren. Er stürmte nicht länger unangekündigt auf die Bühne oder erweckte, wie die *Times* schrieb, den Eindruck »eines Mannes, den der sich hebende Vorhang erschreckte«, jetzt wartete er mit seinem Auftritt, bis seine Kollegen ihre Plätze eingenommen hatten. An manchen Abenden kündigten ihn Neonbuchstaben an, als müsse er dem Publikum erst vorgestellt werden. Bezeichnenderweise erschien im Februar ein Video, das ihn auf einem Podium stehend zeigte, während eine uniformierte Band zu seinen Füßen spielte. George Terry, der seinen ehemaligen Arbeitgeber in diesem Frühjahr bei einem Konzert begleitete, bestätigt: »Kameradschaft gab es nicht mehr.« Der Geist der Gleichheit und des Ensemblespiels früherer Tourneen gehörte der Vergangenheit an. Wenn Clapton jetzt an den Bühnenrand trat, angestrahlt und überlaut ausgesteuert, waren, wie vormals bei den Yardbirds und den Bluesbreakers, wieder alle Augen auf ihn gerichtet. In London sah man reihenweise emporgestreckte Arme der Fans, deren Begeisterung jedoch auffallend nachließ, sobald Clapton einen Song mit den gefürchteten Worten ankündigte: »Das ist ein Titel aus meinem neuen Album«. Gleichwohl bot er darüber hinaus genug, um selbst die eingefleischtesten Bluesfans im Saal zufriedenzustellen. Indem er sich auf eine Reihe meisterlicher Soli besann (Tim Renwick aus Roger Waters' Band spielte die Rhythmusgitarre), vermied er das Risiko, sich völlig zu verzetteln.

Im März kam *Behind The Sun* auf den Markt. Der Auftaktsong »She's Waiting« setzte eine Marke, die von den übrigen zehn Titeln nicht erreicht wurde. Das Album erweckte den Eindruck, als wollte sich Clapton zugleich radikal neuerfinden und einen weiteren Schritt auf dem Weg zu leichter Unterhaltung tun, auf den er sich seit 1974 begeben hatte. Obwohl er zeigen wollte, was er auf den unterschiedlichsten Gebieten draufhatte, fiel das Ergebnis doch reichlich dürftig aus. Während sich »Waiting«, »Forever Man« und »Tangled In Love« zu beliebten Live-Stücken der Sorte »Blues Power« entwickelten, bot der Rest lediglich einen Beweis für die unheilige Allianz zwischen Clapton, Collins und der Abteilung für Qualitätskontrolle bei Warners. »Same Old Blues« war ein ambitioniertes Unternehmen, eine kompromißlose Klage, bei der ihm ein aufregendes Solo gelang. Musikalisch spielte der Song auf die Themen der zurückliegenden Jahre an, der Text schöpfte – wie der von »Never Make You Cry« – aus den Erfahrungen, die er in seiner Ehe gemacht hatte. Als Abschluß von *Behind The Sun* war ursprünglich »Just Like A Prisoner« vorgesehen. Statt dessen wurde das Album um den Titeltrack mit Phil Collins ergänzt. Allem Anschein nach versuchte Clapton mit dieser Platte die größtmögliche Schlichtheit zu erreichen. Was ihm auf *Blues Breakers* so vortrefflich gelungen war, wirkte hier allerdings nur mehr belanglos.

Am 30. März 1985 feierte Eric Clapton seinen vierzigsten Geburtstag. Im Kreis seiner Freunde und seiner Familie sowie anläßlich einer wachsenden Anzahl von Interviews, die Forrester in die Wege leitete, betonte Clapton seine Zufriedenheit, endlich die Mitte des Lebens erreicht zu haben. Sein Blick war fest auf die Zukunft gerichtet. Nachdem er mit zwanzig nach eigener Einschätzung »ernst« und »der kantenloseste Mensch der Welt« gewesen war und als Dreißigjähriger von der Zerstörung seiner selbst besessen schien, bezeichnete er sich jetzt als so »entspannt und glücklich« wie nie zuvor. Überdies besaß er den Vorteil, seine Karriere unabhängig von seinem Alter genießen zu können, war er doch nie »wie Mick Jagger auf der Bühne herumgeturnt«. Und als wollte er beweisen, daß ihn das Schicksal zu Höherem auserkoren habe, kündigte er die längste Tour seinen Lebens an, die allein in Amerika fünfundvierzig Konzerte in fünfzehn Wochen umfassen sollte.

Trotzdem begann Clapton wieder zu trinken. Ian Stewart begegnete zu Beginn des Jahres einem »ausgesprochen heiter gestimmten Eric«, Pete Brown fand, daß er die »bacchantischen Sitten« übertrieb, für Pattie Boyds Freunde war er einfach nur »blau«. Clapton gab der Presse gegenüber einige selbstkritische Statements ab, er räumte unter anderem ein, ein Teil von ihm stehe unter dem ständigen Zwang, alles auf die Spitze zu treiben. Manchmal sei dies von Vorteil, sofern es in konstruktive Bahnen gelenkt werde, doch es könne sich andererseits physisch und psychisch zerstörerisch auswirken. Jeder hätte ihm die Abweichungen von den strengen Maßstäben von Hazelden nachgesehen, aber es wirkte peinlich, wenn er davon sprach, sein »Gleichgewicht gefunden zu haben«, und mit seiner Entziehungskur angab, als habe er einen Oscar gewonnen. Die meisten Entziehungskliniken, und Hazelden bildete da keine Ausnahme, erwarten von ihren Patienten, daß sie dem Trinken ganz abschwören. Doch Clapton fühlte sich dazu nicht verpflichtet. Er prahlte mit seiner Heilung, während er Wein und Bier konsumierte, und geriet dadurch in die peinliche Lage, seine eigenen Worte Lügen zu strafen.

Mit welcher Erleichterung Clapton in die Rolle des bescheidenen, gleichwohl selbstbewußten Erwachsenen schlüpfte, der ängstlich darauf bedacht war, seine Exzesse als der Vergangenheit angehörig abzutun, verriet ein Interview, daß er Robert Palmer anläßlich seiner Amerika-Tournee gab. Palmer beschrieb seinen Eindruck so: »Für Clapton ist die Vorstellung eines Interviews so verlockend wie ein Besuch beim Zahnarzt.« Nach mehreren Absagen fand die Begegnung schließlich in Roger Forresters Büro statt. Es herrschte eine freundliche und offene Atmosphäre und folgende Aussagen kamen heraus: Derek And The Dominoes »nahmen eine Menge Dope«; Alice Ormsby-Gore und Clapton waren zwei Jahre lang »extrem drogensüchtig«; in den 70er Jahren, »mußte ich oft von der Bühne geführt und mit schwarzem Kaffee oder Sauerstoff aufgepäppelt werden . . . ich bewegte mich damals am Rande des Zusammenbruchs.« Palmer zeigte sich beeindruckt, wie konzentriert, liebenswürdig und sensibel Clapton war. Er erwähnte allerdings nicht, welches schauspielerische Talent Clapton besaß.

Die Tour dieses Sommers begann am 9. April im Convention Center von Dallas. Die Erwartungen waren groß. Pünktlich auf die Minute gingen die Saallichter aus und Clapton, der in seinem Versace-Anzug blendend aussah, betrat die Bühne. Auf Publikums-Favoriten wie »Tulsa Time« und »I Shot The Sheriff« folgte eine reichliche Portion *Behind The*

Sun, zum Abschluß gab es ein Feuerwerk aus »Cocaine«, »Layla« und »Further On Up The Road«. Auch wenn der Schlußbeifall nicht ganz so enthusiastisch wie die Begrüßung ausfiel, reagierten die Kritiker mit höflichem Respekt. Nur ein kleiner Teil des Publikums war erschienen, um wirklich zuzuhören. Es genügte offenbar, daß Eric Clapton auf der Bühne stand. Das erwies sich spätestens in dem Moment, als er sein erstes Solo anstimmte. Auch der frenetische Jubel bei »Tulsa Time«, in einer nicht mehr als routinierten Version vorgetragen, war nicht unbedingt ein Indiz wirklicher Begeisterung, sondern Tribut an eine Legende. Zum Dank bot Clapton einen Auftritt von einnehmender Liebenswürdigkeit. Während er früher meist regungslos dagestanden hatte, illustrierte er jetzt jedes Solo mit einer Art sanftem Wiegen und lachte häufig.

Am 8. Mai gastierte er bei David Letterman. Bemerkenswert war, daß er für diesen Auftritt »White Room« wieder in sein Repertoire aufnahm. Er hatte diesen Song zum letztenmal 1968 live gespielt, und nun wurde er Bestandteil des zweiten Teils seiner Tournee, die ihn nach Kanada führte. Seine Auftritte dort fielen recht unterschiedlich aus. Sie reichten von erstaunlichen Variationen der Originale bis zu trauriger Banalität. Dabei mied er nicht nur das Rampenlicht, sondern auch das Gitarrenspiel. Wenngleich er wußte, wie unstet seine Leistungen waren, bewahrte er sich die Fähigkeit, sein Publikum durch seine bloße Anwesenheit oder aber durch Improvisationen zu fesseln. Der Presse gestand er: »Ich kann ein Publikum täuschen ... jederzeit ein passables Solo abliefern, aber eigentlich versuche ich nur, einen Zustand zu erreichen, in dem mein Kopf frei wird, und ich hoffe, daß sich etwas entwickelt.«

Claptons Anziehungskraft beruhte sicherlich zum Teil auch auf seinem Durchhaltevermögen. Er glich einem Denkmal, und er hatte, in der Nachfolge seiner Vorbilder Freddie King, John Lee Hooker und Muddy Waters, selbst eine respektable Sammlung eigener Platten vorzuweisen. Wenn Clapton 1985 eine Bühne betrat, dann als ein populärer Mainstream-Musiker, den man auf Anhieb erkannte, obwohl seine Musik die unterschiedlichsten Stile und Strömungen umfaßte. Obwohl hervorragende Alben auf sein Konto gehen, lag seine wahre Stärke stets in der Interpretation, nicht in der Innovation. Daher bestand nie die Gefahr, daß ihm das Material ausgehen könne. Solange Clapton Blues, Rock und Pop integrierte und Anleihen beim Calypso sowie der Country- und Soulmusik machte, waren seine Leistungen befriedigend. Sowohl bei Plattenaufnahmen als auch auf der Bühne überließ Clapton nichts dem Zufall: Mit »I Shot The Sheriff« buhlte er um die Liebhaber schwarzer Musik oder des Reggae, während »Layla« und »Cocaine« verläßlich die Aufmerksamkeit der Freunde des Stadionrock auf sich zogen. So ist es nicht weiter verwunderlich, daß seine Konzerte grundsätzlich ausverkauft waren. In dem Video *Live '85*, eine Erinnerung an die Amerika-Tournee, erreichte Clapton nur selten jene Brillanz, die einst für ihn selbstverständlich gewesen war, doch demonstrierte es immerhin, daß seine Professionalität, die Auswahl der Stücke sowie der Mix diverser Stile für jeden Geschmack etwas bot.

Eric Clapton hat seinen leiblichen Vater Edward Fryer nie kennengelernt. Es war Ironie des Schicksals, daß Clapton, als Fryer am 15. Mai 1985 in der Nähe von Toronto starb, sich dort gerade auf ein Konzert im Kingswood Music-Theater vorbereitete. Seine Kindheit schien ihn jedoch in dieser Phase kaum zu interessieren, geschweige denn mit Groll zu erfüllen. Er hatte sich nie die Mühe gemacht, Edward Fryer ausfindig zu machen, und jetzt blieb er auch der Beerdigung fern. Obwohl er es oft vorgezogen hatte, seine Herkunft zu verschweigen, war es nicht von der Hand zu weisen, daß er Fryer in vielen seiner Handlungen und Vorlieben glich. Auch dieser liebte Musik, Kunst und Literatur, und zumindest zwei dieser Interessen hatte er mit seinem Sohn gemein.

Zur gleichen Zeit, als Clapton seinen Vater verlor, verließ ihn auch seine Frau. Nach ihrer Aussöhnung im Februar war Pattie Boyd mit ihrem Gatten durch Skandinavien und Amerika gereist. Clapton versicherte der Presse, ihre Beziehung sei noch immer höchst lebendig. Am Tage des Konzerts in Philadelphia, am 13. Juli, wurde das Paar glücklich lächelnd bei einem gemeinsamen Umtrunk gesichtet. Nach der Tournee fuhren sie nach Antigua in ihre »zweiten Flitterwochen«, eigentlich eher die vierten oder fünften. Es schien, als habe Pattie Boyd ihrem Mann die Affäre mit Yvonne Kelly verziehen.

Weniger entschuldbar war da schon sein »einschüchterndes« Benehmen seit 1982. Boyd berichtete Ray Coleman, daß Clapton nach seiner Entlassung aus Hazelden ankündigt habe, »er wollte niemanden mehr an sich heranlassen«. In den beiden folgenden Jahren verschlimmerte sich ihre eigene Sucht rapide. Während Clapton auf die Konzertbühne und ins Studio zurückkehrte, blieb seine Frau allein in Hurtwood Edge. Seine Hobbies – Kricket, Billard, Angeln – waren entweder typische Freizeitbeschäftigungen für Männer oder für Einzelgänger. Und obwohl Boyd die Rolle der Beschützerin gespielt hatte, wenn Clapton betrunken war, war er selbst im nüchternen Zustand nicht bereit, diese Rolle für sie einzunehmen. Über den Alkoholismus seiner Frau äußerte er sich einmal folgendermaßen: »Ich war sehr dogmatisch in diesem Punkt. Sie trank gerne, und ich reagierte äußerst streng und putzte sie jedesmal herunter. Ich verhielt mich sehr intolerant. Außerdem ging ich auf Tournee und habe sie allein gelassen. Dadurch haben wir uns auseinandergelebt. Und ungefähr nach einem Jahr oder so stellt man dann fest, daß einen kaum mehr etwas verbindet.«

Das schwierige Arrangement des Paares war gescheitert, und es gab keine Möglichkeit, die Beziehung wieder zu kitten. Und es existierte ein weiterer, ausschlaggebender Grund, der zur Scheidung führte. Clapton erklärte später: »Ich habe immer und immer wieder versucht, mit Pattie ein Kind zu haben, aber es klappte nicht. Der Wunsch wurde zu einem Zwang ... unter dem unsere Ehe litt.« Der Druck verstärkte sich noch, als Clapton 1986 zum zweiten Mal Vater wurde. Nach einer Affäre mit der Italienerin Loredana Del Santo – Tänzerin, Fotomodell und Fotografin – wurde diese »von Eric Clapton gezwungen«, so ihre eigenen Worte, »das Kind zu behalten. Er hat gesagt, er bringt sich um, wenn ich es abtreibe.« Welche Auswirkungen das auf die ohnehin demoralisierte Pattie Boyd hatte, kann man sich unschwer vorstellen. Sie verließ Hurtwood Edge noch in diesem Winter und räumte ihren Platz zuerst für Loredana Del Santo und danach für eine ganze Reihe weiterer Liebschaften, von denen keine Clapton so glücklich machen konnte, wie es ihr einmal gelungen war. 1988 wurde das Ehepaar geschieden. Beide behaupten, weiterhin Freunde zu sein (Boyd spricht weitaus herzlicher von Clapton als ihre Freunde), und gelegentlich sieht man sie gemeinsam in London. Immer noch widmet Clapton, wenn er auf der Bühne steht, seiner Ex-Frau Songs.

Den Höhepunkt der Tournee und der Startschuß zum Neubeginn seiner Karriere bildete Claptons Auftritt beim Live Aid in Philadelphia. Während der hektischen Wochen bis zum 13. Juli, in denen sein Büro zu einer Mischung aus »Reisebüro und Kindermädchen-Service« wurde, empfand Bob Geldof die Verhandlungen mit Clapton und Forrester als »bemerkenswert entspannt ... Da Pete (Townshend) Eric die Sache bereits beschrieben hatte, blieb nur noch die Frage zu klären, ob er es rechtzeitig aus Dullsville, USA, nach Philadelphia schaffen würde.« Clapton und seine Band trafen einen Tag früher aus Denver ein. Doch unmittelbar nach ihrer Ankunft traten die ersten Spannungen auf. Während ein Redner nach dem anderen die Größe und die weltweite Bedeutung des Ereignisses pries, wartete Clapton in einer improvisierten Garderobe, in der auch die Beach Boys und Madonna untergebracht waren. Er wechselte kein Wort mit ihnen. Und da ihm keine Zeit zum Proben zur Verfügung stand, setzte er sich vor einen Bildschirm, »hundertmal aufgeregter als vor jedem normalen Gig«, wie er selbst sagte. Die Temperatur in der Wartezone betrug 45 Grad. Als er endlich auf die Bühne gerufen wurde, sah er sich mit Sicherheitsmaßnahmen konfrontiert, die selbst für amerikanische Verhältnisse aufdringlich waren. Sogar Hunde mußten Kennmarken tragen. Als Clapton endlich auf seinem Platz stand, sah er, wie sich sein Gitarrentechniker Lee Dickson mit der Veranstalter-Crew über die auf der Bühne geltenden Auflagen stritt.

Als Clapton vortrat, um »White Room« zu spielen, ließ ihn ein elektrischer Schlag zur Seite taumeln. Wahrscheinlich haben nur wenige der 90 000 Besucher in der Arena und der 1,5 Milliarden Zuschauer vor den Fernsehgeräten mitbekommen, daß ab diesem Augenblick als oberste Regel galt, jeglichen weiteren Kontakt mit dem Mikro zu vermeiden. Irgendwie schaffte es Clapton, den Song sowie eine Nummer von *Behind The Sun* zu Ende zu bringen. Bis jetzt hatte das Publikum euphorisch reagiert, aber als er »Layla« anstimmte, geriet die Menge in Verzückung. Noch in den hintersten Winkeln der Arena stießen die Leute die Fäuste in die Luft. Clapton, ein hagerer, bärtiger Mann, stand in weißen Hemdsärmeln da, ein ganz normaler Brite mit Gitarre. Während Jamie Oldaker und Phil Collins noch den Schlußakkord hielten, rief er: »Gott schütze euch!« Er winkte und ging von der Bühne.

Welchen Aufschwung seine Karriere durch den Auftritt beim Live Aid nahm, kann man gar nicht hoch genug einschätzen. Obwohl stets respektiert, hatte er doch seit 1974 keine neuen Publikumsschichten für sich gewinnen können. Seine Konzerte wurden jahrelang mehr oder weniger von denselben Leuten besucht (1983 bezeichneten sich 70 Prozent der Besucher seiner Konzerte – sie hatten einen entsprechenden Fragebogen ausgefüllt – als »Stammkunden«). Das änderte sich 1985. In der Woche nach dem Konzert schafften es zwei Alben von Clapton unter die ersten drei der amerikanischen Album-Charts. Es waren die Alben *Layla* sowie die Wiederveröffentlichung *Fresh Cream*. Auch die Verkaufszahlen von *Behind The Sun* zogen an. Außerdem profitierte Clapton von der mit der steigenden CD-Produktion einhergehenden wachsenden Zahl von Wiederveröffentlichungen. In einem Zeitraum von nur fünf Jahren landeten *Time Pieces* (Teil eins und zwei), *The Cream Of Eric Clapton*, *The Early Clapton Collection* und *Crossroads*, alles Archivmaterial, unter den Top Twenty. Achtzehn Monate nach Live Aid gab er die erste seiner nunmehr alljährlich stattfindenden Konzertreihen in der Albert Hall, ein Engagement, das noch 1983 oder 1984 kaum vorstellbar gewesen wäre. 1985 belief sich der Umsatz von Marshbrook auf 179 995 Pfund; 1986 waren es bereits 397 562 Pfund; E. C. Music konnte den Umsatz mehr als verdoppeln, von 64 678 auf 143 799 Pfund. Obwohl es bald Gerede über die wahren Absichten hinter Live Aid gab und Jonathan King »die zynische Selbstsucht« mancher Stars beklagte, blieben die Anschuldigungen zu vage oder kamen zu spät, um Claptons Erfolg aufzuhalten. Seit den alten Tagen mit Cream war sein Marktwert nicht mehr so hoch gewesen wie 1985.

Der Vorwurf des Opportunismus war in Bezug auf Clapton ohne Zweifel unangebracht. Seit den 70er Jahren hatte er unermüdlich an einer großen Zahl unterschiedlichster Wohltätigkeitsveranstaltungen in Europa, Asien und Amerika teilgenommen. Gleichwohl erlebte hier eine Karriere ein bemerkenswertes Revival, die fast schon am Ende schien. Mitte der 70er Jahre wäre ohne die Alben *Blues Breakers* und *Layla* keine würdige Plattensammlung vollständig gewesen, und *Disraeli Gears* besaß auch fast jeder. Ein Jahrzehnt später tauchten diese Alben zwar noch immer auf der einen oder anderen Dinnerparty auf, in den Charts jedoch war Eric Clapton in den vergangenen fünfzehn Jahren nur noch selten zu finden gewesen. Vielleicht sah er im Live Aid eine Möglichkeit, seine jahrelange Erfahrung und seine über jeden Zweifel erhabene Professionalität werbewirksam in den Dienst einer guten Sache zu stellen, für die nicht nur Geld gesammelt wurde, sondern mit der er sich auch profilieren konnte. Dennoch bleibt Clapton der einzige Rockstar, der während der vergangenen zwanzig Jahre bei allen großen Benefizveranstaltungen aufgetreten ist, von »Bangladesh« bis zum Konzert für Nelson Mandela. Es ist unbestreitbar, daß Claptons Karriere in der Folgezeit neuen Auftrieb erhielt. 1984 war er nur noch als Begleitmusiker für einen Kollegen in Erscheinung getreten, der noch mit akademischem Kunst-Rock herumspielte, als Clapton längst das Album *Blues Breakers* aufgenommen hatte. 1986 veröffentlichte er die kommerziell erfolgreichste Platte seines Lebens.

Auch Claptons nächstes Projekt zeugte von seiner neuen Popularität. In Pete Townshends Studio spielte er den Soundtrack für die BBC-Serie *Edge Of Darkness* ein, eine Auftragsarbeit, die er bezeichnenderweise als »Kinderkram« beschrieb. Clapton brachte fortan einen Großteil seiner Zeit damit zu, Filmmusiken, Soundtracks und Auftragsarbeiten für das Fernsehen zu komponieren. Seine Musik für *Edge Of Darkness* wurde von den Kritikern gelobt (sie paßte genau zu der freudlosen Geschichte) und brachte ihm sogar einen britischen »Oscar« ein.

Außerdem gab es Pläne für ein zweites gemeinsames Album mit Phil Collins. Die Zusammenarbeit der beiden Musiker, die jeweils auf dem

Album des anderen als Gastmusiker mitwirkten und mindestens einmal pro Jahr gemeinsam auf einer Bühne standen, wurde 1985 noch enger. Wie Anthony Phillips, einer der Vorgänger von Collins bei Genesis, berichtet, »hatte Eric mit Collins und Mike Rutherford so viel Spaß wie nie zuvor. Doch vor allem erinnere ich mich daran, mit welcher Hochachtung er behandelt wurde.«

Diesmal war Collins auch dabei, als Clapton sein obligatorisches Konzert in seiner Heimatstadt gab, das im Oktober, nach der ebenso unumgänglichen Japan-Tournee, stattfand. Zuvor gastierte er noch in der Schweiz und in Italien. Dort nahm er die Gelegenheit wahr, seine Versace-Kollektion aufzustocken, ein Konzert von Sting in Mailand (bei dem er kurz auftrat) zu besuchen und Lori Del Santo zu treffen, ehe er nach England zurückkehrte. Obwohl die Beziehung zu Del Santo offenbar ernster Natur war – Lori war im November zum erstenmal schwanger – wurde sie der Öffentlichkeit verheimlicht. Als das Paar am 3. Dezember in London auftauchte, es kam zu wüsten Handgreiflichkeiten mit den Fotografen. Clapton gab lediglich zu, mit ihr befreundet zu sein. Auf dem Papier bestand die Ehe mit Pattie Boyd weiter fort.

Zwar hatte er auf Pattie Boyds Alkoholkrankheit immer sehr hitzig reagiert, doch es gab gewisse Anzeichen, daß auch er nach seiner Rückkehr aus Hazelden wieder mit dem Trinken angefangen hatte. Auch wenn er nicht mehr solche Mengen konsumierte wie in seinen schlimmsten Jahren, genehmigte er sich doch sehr gerne das eine oder andere Glas Bier oder Wein.

Ende 1985 nahm er das Angebot von George Harrison an, bei einem Konzert zu Ehren von Carl Perkins mitzuwirken. Das Ereignis, das in den Limehouse Studios stattfand und später als Video veröffentlich wurde, war allein wegen der Version von »Matchbox« bemerkenswert, ein Stück, das er 1970 schon einmal mit Derek And The Dominos gespielt hatte, aber auch wegen eines weiteren Songs (»Mean Woman Blues«), bei dem Clapton ein Solo spielte, das sogar Carl Perkins beeindruckte. In derselben Woche nahm er an der Beerdigung von Ian Stewart teil, dem Pianisten der Rolling Stones. Ron Wood berichtet: »Er war ein echter Beistand, als Ian starb ... wir fuhren zu Claptons Haus und machten uns mit einer Jam-Session Luft.« Der Fotograf Gered Mankowitz, der Stewart gut gekannt hatte, bestätigt: »Eric hat den Stones wirklich geholfen, so intensiv, daß das Gerücht kursierte, er wolle sich ihnen anschließen ... Wood war nicht gerade begeistert.« Auch Jeff Griffin, ein BBC-Produzent und Nachbar von Ian Stewart, ist überzeugt, daß »Claptons Gefühle gegenüber den Stones im allgemeinen und Ian Stewart im besonderen aufrichtig waren. In mancher Hinsicht war Ian so, wie Eric selbst gerne gewesen wäre – unaufdringlich, bodenständig, bescheiden.«

Mit einer Hochzeit hatte das Jahr 1985 begonnen, mit einer Beerdigung ging es zu Ende, und Claptons Karriere erlebte eine neue Blüte. Er hatte seinen Vater und seine Frau verloren. Sein erstes Kind wurde geboren, sein zweites war unterwegs. Mit der Produktion von Filmmusik hatte er ein neues, lukratives Betätigungsfeld für sich entdeckt. Sein Kontostand war beachtlich angestiegen und sein Name wurde einmal mehr mit den Rolling Stones in Verbindung gebracht.

Außerdem vollzog Clapton in diesem Jahr einen weiteren Schritt auf dem Weg vom Bluespuristen zum Popmusiker. Seine Abneigung gegen den Kommerz schwand, und dem einen oder anderen Vertreter des Mainstream gelang es sogar, ihn zu beeindrucken. Er gab zu, von Sting und Lionel Richie beeindruckt zu sein; er trat gemeinsam mit den Dire Straits auf. Er erlangte eine gewisse Routine darin, Reden zu halten und Preise in Empfang zu nehmen. Am 25. Februar 1986 überreichte er in den Kensington Roof Gardens den Rolling Stones einen Lifetime Achievement-Grammy. Ein denkwürdiges Ereignis, nicht allein, weil es die dauerhafte Beziehung zu einer Band unterstrich, deren Karriere zuweilen seine eigene überschattet hatte, sondern weil es überdies einen amüsanten Einblick in seine damalige Lebensumstände bot.

Angesichts des Durcheinanders, mit dem Boyds Auszug vonstatten ging, hatte sich Clapton zu Beginn des Jahres 1986 eine Wohnung in London gemietet. Nach der Grammy-Feier beschloß Keith Richards, wie Ron Wood es formulierte, »ihn zu besuchen, um den ganzen verdammten Laden auseinanderzunehmen«. Wood beschrieb Claptons Einrichtung als bestehend aus »einem Bett, einem Sofa, einem Heimtrainer und etwa fünf Kisten Jack Daniel's.« Im Anschluß kam es zu einem feuchtfröhlichen Gelage, das bis sieben Uhr in der Frühe andauerte.

Anscheinend versöhnten sich Roger Forrester und Clapton, da sie einem möglichen Karriereknick bereits im Vorfeld entgegenwirken wollten. Sie rauften sich wieder zusammen, um zu verhindern, daß der durch Live Aid begründete Aufschwung wieder zum Stillstand kam. Im April betrat Clapton die Sunset Sound Studios in Los Angeles, um ein neues Album einzuspielen. Der Produzent war Phil Collins, doch Donald Dunn, Chris Stainton und Jamie Oldaker waren nicht mit von der Partie. Als er im Dezember 1984 nach Los Angeles gekommen war, um die Songs von *Behind The Sun* zu überarbeiten, hatte er Nathan East und Greg Phillinganes kennengelernt, Bassist und Keyboarder der Lion Share Studios. Mit Collins sowie dem Saxophonisten Michael Brecker bildeten sie den Kern der neuen Band. Außerdem war Katie Kissoon dabei, die auf der Roger Waters-Tour als Background-Sängerin aufgetreten war. Innerhalb von sechs Wochen spielten sie das Basismaterial von vierzehn Songs ein; »Lady Of Verona«, in dem es um Lori Del Santo ging, war der vielversprechendste. Schon das Tempo der Musik verriet die rasante Entwicklung ihrer Beziehung. Während die Lobgesänge, die Clapton für Boyd komponiert hatte, meist gemessen und bisweilen schwerfällig dahergekommen waren, hätte »Verona« durchaus einer frühen Little Richard-Platte zur Ehre gereicht. Clapton war ausgesprochen verärgert, als der Song auf dem fertigen Album unterschlagen wurde.

Der Radio-Discjockey Andy Peebles traf Clapton, als der im Sommer nach London zurückkehrte. Obwohl die Angestellten des Senders an den täglichen Anblick von berühmten Persönlichkeiten gewöhnt waren, herrschte »spürbare Aufregung«, als der Gitarrist, in Begleitung seiner Freundin, eintraf. »Die gesamte Belegschaft strömte zusammen, und die Sekretärinnen legten neues Make-up auf. Eric kam und erklärte sich zu einem Interview bereit . . . Er war auf eine zurückhaltende Weise freundlich.« Andy Peebles, ein ausgewiesener Bewunderer, zeigte sich von Claptons Musikauswahl für die einstündige Sendung »nicht gerade beeindruckt«. Darüber hinaus gewann er Einblick in Claptons sonstige kulturelle Neigungen, als sich dieser mit den Worten verabschiedete: »Ich muß los, weil ich mir jetzt *The Mousetrap* (»Die Mausefalle«) ansehe.« Dieses Theaterstück lief seit immerhin dreiunddreißig Jahren ohne Unterbrechung.

Seine Bereitschaft, in einem so banalen Radioprogramm wie My Top Ten aufzutreten, war ein weiteres Indiz für die neue Vermarktungsstrategie. Bis 1981 waren die Promotion-Aktivitäten von Stigwood und Forrester produktbezogen – sie hatten stets seine Singles und Alben begleitet. Nach Live Aid wurde eine Kampagne lanciert, die Clapton selbst in den Mittelpunkt rückte. Im folgenden Jahr erschien er als Musiker oder Gast bei diversen Veranstaltungen der Anonymen Alkoholiker, des Prince's Trust, Comedy Aid sowie wohltätigen Aktionen der Kricketspieler David Gower und Clive Radley; außerdem unterstützte er karitative Organisationen in Guildford, Cranleigh und Umgebung. Claptons Metamorphose in einen der »Showbusineß-Typen«, die er früher verachtet hatte, dokumentierte 1987 seine ausführliche »Heiligsprechung« in der South Bank Show. Im selben Jahr startete auch die Konzertreihe in der Albert Hall. Die sporadisch erscheinenden Singles wurden von nun an mit Videoclips unterstützt, wogegen er sich einst entschieden gewehrt hatte. Schließlich kehrte er auf den Bildschirm zurück. Nach zwanzig Jahren gastierte er wieder in der Sendung Top Of The Pops. Expressiv grimassierend trat er dort vor einem Pulk ahnungsloser Teenager auf.

Es drängt sich der Gedanke auf, Clapton habe seine künstlerische Wandlung ebenso selbstverständlich akzeptiert, wie er sie ausführte. Zugleich fällt es schwer nicht zu glauben, daß sie Teil einer größeren Strategie unter der Regie von Forrester war. 1985 war nicht zu übersehen gewesen, daß Clapton, obwohl er noch immer ein gewisses Ansehen genoß, in seiner Popularität stagnierte. Seine Richtungslosigkeit verstörte seine alten Fans, ohne genügend neue anzuziehen. Als Songwriter wie als Gitarrist hatte er seine besten Tage hinter sich. Forresters Gespür ist es zu danken, daß Claptons Image sich dramatisch änderte. 1986 wurde publik, daß der Herzog und die Herzogin von York seine Musik bewunderten. Unterstrichen wurde die aristokratische Gunstbezeugung durch eine Einladung zum Prince's Trust, bei dem Clapton am 20. Juni neben Phil Collins, Mick Jagger, David Bowie, George Michael und Tina Turner im Wembley Stadion auftrat. Bei dieser Gelegenheit konnte man erstmals die »Eric Clapton Signature«-Stratocaster bewundern. Kurz nach dem Live Aid-Konzert hatte Dan Smith, Chef des Fender-Konzerns, Clapton den Vorschlag unterbreitet, eine handgefertigte Gitarre auf den Markt zu bringen.

So war aus dem Heroinabhängigen von 1974 im Jahr 1986 ein Angehöriger der Creme des Showbusiness geworden. Am Anfang seiner Karriere hatte Clapton ein düsteres Bild seiner Zukunft als Bluesgitarrist gezeichnet, er hatte geglaubt, daß er es »niemals schaffen würde, das Publikum für sich zu gewinnen«. Sein neuer Erfolg gründete nicht darin, daß er seine Ziele erreicht, sondern darin, daß er sie aufgegeben hatte. Wenngleich er dann und wann noch über die »Schönheit« und »Reinheit« des Ausdrucks sprach, bewiesen seine Alben und Konzerte wie auch sein öffentliches Erscheinungsbild, daß Clapton 1986 einen wesentlich anderen Weg eingeschlagen hatte als ursprünglich beabsichtigt.

Diese Entscheidung zahlte sich aus. Wie bereits erwähnt, hatten sich Claptons finanzielle Verhältnisse zwölf Monate nach Live Aid erheblich verbessert. Die Konten seiner Firmen, für die er selbst verantwortlich zeichnete, summierten sich 1986 abzüglich aller Verbindlichkeiten zu einem Vermögen von 119 567 Pfund. Das Marshbrook-Unternehmen und sein Chef standen nun auf einem wesentlich solideren Fundament als ein Jahr zuvor. Dies wurde nicht zuletzt durch den Umzug der Firma in das Rolls House im Zentrum des Londoner Finanzdistrikts deutlich. Forrester ließ sich in Harley House, einem viktorianischen Herrschaftssitz, nieder.

Im Juli 1986 tourte Clapton durch Europa und Skandinavien. Bemerkenswert daran war das Debut einer neuen Band, der Greg Phillinganes, Nathan East und Phil Collins am Schlagzeug angehörten; außerdem stellte er einen weiteren Musiker vor, mit dem er künftig zusammenarbeiten sollte – Robert Cray. Das Repertoire war gründlich überarbeitet worden, ein weiterer Beweis dafür, daß Clapton eine möglichst breite Anhängerschaft ansprechen wollte. Nachdem er einst seine frühen Stücke voller Abscheu aus seinem Gedächtnis verbannt hatte, gab er sich jetzt rückhaltlos nostalgisch. Nicht weniger als vier Cream-Songs standen auf dem Programm – »Crossroads«, »White Room«, »Badge« und »Sunshine Of Your Love«, und Collins trug als weitere Attraktion seinen Hit »In The Air Tonight« vor. Eine Aufzeichnung des Konzertes in Birmingham am 15. Juli wurde später mit großem Erfolg als Video veröffentlicht.

Clapton riskierte mit der großzügigen Auswahl seiner Klassiker natürlich den Vergleich mit seinen früheren Auftritten. Es gab Anzeichen dafür (schon 1979 hatte er das selbst erkannt), daß ihn die Gabe, der Gitarre ungestüme innovative Klänge in dichter Folge zu entlocken, ohne dabei ausufernd zu werden, verlassen hatte. Die Note für Note nachgespielten alten Hits muteten eher eintönig an. Die Ecken und Kanten, einst selbstverständlich bei den Bluesbreakers und Cream, hatten sich abgeschliffen. Man vermißte die Theatralik und die flinken Griffwechsel eines Jimmy Page oder Pete Townshend. Andererseits hatten dreiundzwanzig Jahre als Profi Clapton ein Gefühl für Bühnenpräsenz und einen ausgeprägten Sinn für Feinheiten eingetragen, die jeden seiner Auftritte bereicherten. Daher lag er niemals wirklich falsch, wenn er die ungeschliffenen Stücke seiner Jugend spielte. Indem er die einnehmende Unberechenkeit, die seine Konzerte einst begleitet hatte, aufgab, offenbarte er lediglich sein Alter. Im Sommer sagte er in einem Interview: »Wenn man Mitte Zwanzig ist, verfügt man über Eigenschaften, die sich später verlieren . . . wäre ich ein Sportler, dann hätte ich mich inzwischen zur Ruhe gesetzt.« Während der Konzertreise durch Europa schien er beim Singen manchmal um Luft zu ringen. Greg Phillinganes betont, daß »diese Tour uns allen das Letzte abverlangt hat«.

Nach der Geburt seines Sohnes Conor Loren, der am 21. August 1986 im St. Mary's Hospital von Paddington zur Welt kam, verstärkte sich der Eindruck, daß Clapton seit seiner Jugend an Energie eingebüßt oder sich zumindest sehr verändert hatte. Von allen Seiten wird bestätigt, daß er ein hingebungsvoller Vater war. Ein Mitglied des Groucho Club, wo er am 21. 8. zu Abend aß, erinnert sich an Claptons »stolzen Redeschwall«, daran, »daß er ständig von dem schönsten Tag in seinem Leben sprach«.

Auch Henry Spinetti, der in diesem Monat mit Clapton und Bob Dylan auftreten und an einem Filmprojekt mitarbeiten sollte, gewann von Eric den Eindruck eines Mannes, »der sich ganz seiner Familie hingab«. (Doch ging die Hingabe nicht so weit, daß er mit Lori Del Santo und dem gemeinsamen Sohn Conor zusammengelebt hätte. Mutter und Kind wohnten weiterhin in Eaton Mews South.) Ein weiterer Musiker, der zu dieser Zeit in den Townhouse Studios arbeitete, erinnert sich »an eine erstaunliche Veränderung . . . Eric reichte in der Tonregie die Fotos seines Babies herum«.

Bei dem oben erwähnten Filmprojekt handelte es sich um *The Color Of Money.* Claptons Beitrag daran, der Titel »It's In The Way That You Use It«, erschien auch auf seinem Album *August* (der Monat, in dem Conor geboren wurde), das absurderweise im November veröffentlicht wurde. Zu den weiteren Höhepunkten dieser Platte zählten ein hinreißendes Duett mit Tina Turner, »Tearing Us Apart«, sowie »Bad Influence«, ein Song , der durch den Einsatz eines Synthesizers und die kolossalen Bassläufe sofort an Phil Collins erinnerte, und »Hold On«, ein mitreißender, jedoch konventioneller Funk-Rock. Außerdem gab es auf der LP noch die beiden Titel »Miss You« und »Behind The Mask«, deren ausladender Stil ebenfalls den Produzenten der Platte verriet. Am wenigsten überzeugen konnten »Take A Chance«, ein Song von ähnlich unbedeutender Art wie »I've Got A Rock 'n' Roll Heart«, und »Holy Mother«, ein fragwürdiger Ausflug in weinerliches Selbstmitleid (darüber hinaus unerklärlicherweise Richard Manuel gewidmet, dem Pianisten von The Band, der im März 1986 Selbstmord begangen hatte).

Doch einiges auf *August* stimmte auch versöhnlich. Auch die heiteren und weniger kopflastigen Qualitäten des Produzenten traten zutage; es gab Rhythm'n'Blues-Untertöne, zupackende Bläser und die bewährten Beispiele für Collins' Talent, eingängige Popmelodien zu kreieren. Da Clapton mit diesem Album ein für ihn persönlich weitgehend unbekanntes Terrain betrat, schienen seine eher glanzlosen Leistungen fast entschuldbar. Doch stand der Sound der Produktion (sowie der Wunsch der Marketing-Abteilung von Warner Brothers' nach einem »Nachzieher für ›Layla‹«) im krassen Widerspruch zu Claptons angstbesetzten Texten. Der Unterschied zwischen den Themen der Songs und ihrer musikalischen Form ließ sie Stücke sonderbar zusammenhanglos erscheinen – auch das eine Folge von Collins' Produktion. Pete Brown bemerkte treffend: »Die LP klang bereits bei ihrer Fertigstellung völlig überholt.« Zwar hätte man *August* vielleicht noch als erfolgreiches Album bezeichnen können, allein in Großbritannien ging es eine Million Mal über den

Ladentisch, doch bereits 1994 mutete es seltsam anachronistisch an – in höherem Maße als Claptons Platten aus den 60ern. Ein Kritiker schrieb sogar: »Das Album klingt wie der Soundtrack zu einem schlechten Eddie Murphy-Film.« Aber Clapton selbst hatte einmal eingeräumt: »Ich habe mich schon vor langer Zeit verkauft. Ich habe mit mir selbst eine Vereinbarung getroffen, um weiterzukommen, um das Publikum zufriedenzustellen und mir das Leben zu erleichtern. Es irritiert mich ein wenig, mich selbst das sagen zu hören, aber es ist die Wahrheit. Warum sollte ich lügen?«

Doch insgesamt ging die Rechnung auf. Indem er ein breites Spektrum von Pop- und Rockspielarten anbot, konnte er mit diesem Album eine große Käuferschicht erobern, ohne seine alte Anhängerschaft gänzlich gegen sich aufzubringen. So gesehen war *August* ein brillanter Schachzug, vom strategischen Standpunkt aus ein Volltreffer.

Chuck Berry war einer der ersten Gitarristen, denen Eric Clapton in Ripley allein in seinem Zimmer sitzend in der Radiosendung Uncle Mac's Hour gelauscht hatte. Das war 1956. Damals war er ein mit sich selbst beschäftigter Elfjähriger, den seine uneheliche Herkunft plagte und der von seinen Mitschülern immer nur »der Bekloppte« genannt wurde. Berry hatte gerade die originelle Nummer »Wee Wee Hours« veröffentlicht, die unzähligen Teenagern den Blues nahebrachte. Dreißig Jahre später war aus dem schüchternen Knaben aus der Provinz eine internationale Berühmtheit geworden, die nun die Einladung erhielt, bei den Konzerten zu Berrys sechzigstem Geburtstag aufzutreten. Auch »Wee Wee Hours« stand auf dem Programm.

Das Ereignis, eine der seltenen Gelegenheiten, dem Helden der eigenen Jugend zu begegnen, fand in St. Louis statt, verlief aber nicht sehr glücklich. Erstes Unbehagen kam auf, als sich Chuck Berry, so erzählt Clapton, »neben mich auf eine Couch setzte und sagte ›Hi, ich bin Chuck Berry, du bist Eric Clapton. Nett, dich kennenzulernen. Warte mal eine Sekunde‹. Dann brüllte er: ›Bringt die Kamera rein!‹« Anschließend begann er, Clapton darüber auszufragen, was er über ihn, Chuck Berry, wisse.

Später zeigte Clapton seinem Gegenüber eine seltene und sehr wertvolle Gibson ES-350 T (mit dieser Gitarre hatte Berry seine Klassiker aufgenommen), eine Geste die, wie Keith Richards fand, »der falsche Weg war, um Chuck bei Laune zu halten«. Schließlich mündete alles in einem Streit um Geld.

Die beiden Konzerte, dokumentiert auf dem Album *Hail! Hail! Rock 'n' Roll*, verliefen relativ unspektakulär. (Manche glaubten, eine gewisse Ironie herauszuhören, als Berry seinen Gast mit den Worten »ein Mann des Blues« vorstellte.) Wie Clapton später selbst zugab, litt sein Auftritt darunter, daß er »frustriert« war, weil er die lange Zeit in der Wartelounge damit zugebracht hatte zu essen, zu trinken und pornografische Videos anzuschauen.

Zwischen dem 8. und 16. Dezember 1986 produzierte Clapton in den Townhouse Studios den *Lethal Weapon*-Soundtrack. Außerdem gab er eine Reihe von erfolgreichen Konzerten in amerikanischen Clubs, um den Verkauf des Albums *August* zu fördern. In New York gesellte sich Keith Richards zu ihm auf die Bühne, bewies aber lediglich, daß ihm die Akkorde von »Layla« nicht geläufig waren.

9

Vornehm geht die Welt zugrunde

Live Aid war der Startschuß für den Neubeginn von Eric Claptons Karriere gewesen, mit dem Album *August* hatte er eine neue Richtung eingeschlagen, und mit Konzerten in der Royal Albert Hall sollte seine Wandlung nun ihren krönenden Abschluß finden. Begonnen hatten die Verhandlungen zu einer alljährlich stattfindenden Konzertreihe im Anschluß an die Prince's-Trust-Party von 1986.

Die Wahl des Veranstaltungsortes war keine Überraschung, immerhin waren hier bereits Jimi Hendrix, Led Zeppelin, The Who, Deep Purple und Black Sabbath aufgetreten. Clapton fühlte sich der Arena, in der Cream ihre Abschiedskonzerte gegeben hatten, noch immer verbunden. Zudem gab er zu, daß der berühmte Ort seinem Hang zur Exklusivität angemessen war. Das Geschäft war also rasch unter Dach und Fach. Abgesehen von den Mutmaßungen eines Journalisten, der Clapton schlechtmachen wollte, gab es keinerlei Hinweise auf eine Beteiligung des Musikers oder seines Managements am Gewinn der Halle. Keiner der neun Aufsichtsräte, in denen Roger Forrester saß, war den Royal Albert Hall Developments oder deren Direktor Donald McNicol assoziiert. Daß die Verantwortlichen der Albert Hall Eric Clapton einen langfristigen Kontrakt anboten, sagt dagegen viel über seinen neuen Status als populärer Musiker, dessen Fans nun unter dem Kürzel »EC – RAH« (»Eric Clapton – Royal Albert Hall«) Konzertkarten vorbestellen konnten.

Eric Clapton eröffnete seine erste Konzertreihe in der Albert Hall am 6. Januar 1987. In dem Jahr gab er dort sechs Konzerte, bei denen ihn Nathan East, Greg Phillinganes und Mark Knopfler begleiteten. Am Schlagzeug saßen abwechselnd Phil Collins und Steve Ferrone, der zuvor bei der Average White Band gespielt hatte. »Magie im Kollektiv«, urteilte der *Express*. Phillinganes bestätigt den besonderen Zauber dieser Konzerte und unterstreicht die wohlwollende und respektvolle Haltung der britischen Presse Eric Clapton gegenüber. Die ehrwürdige *Times*, der *Telegraph* und der *Guardian*, alle hatten sie ihre Kritiker geschickt. Doch wie so oft in der Welt der Rockmusik gaben die Besprechungen eher Aufschluß über die gesellschaftspolitische Haltung des jeweiligen Autors als über die musikalischen Leistungen des Stars (so konnte man in *Raw* über den »Verweigerer des Thatcherismus« lesen). Pläne, die sechs Konzerte auf einem Live-Album zu dokumentieren, wurden nur deshalb ad acta gelegt, weil es schon zwei Hit-Sampler auf dem Markt gab, und gleich drei neue Alben waren selbst für den unersättlichsten Fan zuviel des Guten.

Claptons erste ausgedehnte Europa-Tournee seit 1978 fand im Winter desselben Jahres statt. Bis dahin hatte man seinen sporadischen Gastspielen auf dem Kontinent keine große Aufmerksamkeit geschenkt. Doch nun hatte er ein neues Kapitel seiner Karriere aufgeschlagen, und er sorgte dafür, daß alle Welt erfuhr, daß es ihn noch gab. Das Ereignis wurde von einer Flut von Portraits und Interviews in der Presse begleitet, die überwiegend einen positiven Ton anschlug. Das Wohlwollen der Medien war ein Indiz dafür, daß Clapton inzwischen den Rang eines *Elder statesman* innehatte, gleichzeitig zeigte es, wie sehr sich die öffentliche Wahrnehmung seit Live Aid gewandelt hatte. Als Clapton im Sommer 1984 mit Roger Waters in der Ahoy Halle von Rotterdam aufgetreten war, hatte ihn die Zeitung *Vrij Nederland* mit dem Verdikt empfangen, er sei »auch nur eine dieser abgehalfterten Figuren, die von ihrem verblaßten Ruhm zehren«. Zweieinhalb Jahre später fand eben diese Zeitung ein Konzert in derselben Halle »toll . . . phantastisch«. »Atemberaubend, mit welcher Meisterschaft er die Vergangenheit beschwört«, hieß es, und der Kritiker zählte vor, daß von den vierzehn Songs des Gigs allein sechs aus den 60er Jahren stammten.

Die Vermutung, auch Clapton habe damit endlich den Olymp erobert, den sich bereits Phil Collins, Paul McCartney und ein paar andere allseits geschätzte Musiker teilten, sollte sich schon im Februar 1987 bestätigen. Das Fernsehen übertrug einen Festakt, bei dem ihm das British Phonographic Institute eine Auszeichnung für seine Verdienste um die Musik verlieh. Die *Times* beschrieb die Veranstaltung als »eindrucksvolles, rauschendes Fest«. Der Abend war in der Tat unvergeßlich, und er demonstrierte überdeutlich die gesellschaftliche Anerkennung, die Clapton mittlerweile genoß – der Ex-Junkie und Alkoholiker winkte gutgelaunt einem Publikum aus konservativen Politikern, Kirchenmännern und betagten Schauspielern zu. Dabei ging es vor allem darum, seine Beharrlichkeit zu honorieren. Man zeichnete Clapton dafür aus, daß er »überlebt« und »durchgehalten« hatte, und »sich dem veränderten Geschmack seines Publikums angepaßt hatte«. (Als wäre ein Künstler zu Opportunismus geradezu verpflichtet!) Doch seine Anziehungskraft war nicht allein auf Nostalgie zurückzuführen. Schließlich unternahm Clapton alles nur Erdenkliche, um ein jüngeres Publikum für sich zu begeistern. Es ist leicht, sich wie einige Journalisten darüber zu mokieren, wie Clapton seine Haut zu Markte trug. Dabei ging es noch an, bei *Top Of The Pops* aufzutreten, aber in einer Fernsehsendung wie *Saturday Superstore* »Love Like A Rocket« zum besten zu geben war eine unverzeihliche Sünde. Claptons Rehabilitation als Liebling des Publikums und der Kritiker suchte ihresgleichen, und vermutlich hat ihn diese Entwicklung selbst überrascht, aber in seinem Bestreben, es allen und jedem recht zu machen, schoß er bisweilen weit übers Ziel hinaus. Eigentlich konnte es Roger Forresters Aufmerksamkeit während seiner langen Lehrjahre bei Robert Stigwood nicht entgangen sein, daß es weit mehr auf die Begeisterung des Publikums als auf die des Künstlers ankommt. Eine weitere Faustregel besagt, das erfolgreiche Promotion sich ein gewisses Maß an Bescheidenheit auferlegen muß. Doch einmal mehr in Claptons Karriere drängte sich der Verdacht auf, daß er sein schauspielerisches Talent bemühte und den Bogen überspannte – diesmal, um die Gunst sieben- oder achtjähriger Kids zu gewinnen.

Aber er schien wirklich ein anderer zu sein, als er Jack Bruce 1987 mit einem »herzlichen Hallo« begrüßte, nachdem er acht Jahre zuvor für den ehemaligen Weggefährten nur Beleidigungen übrig gehabt hatte. Als Bruce nun an seinem Album *Willpower* arbeitete, erwies sich Clapton als überraschend »hilfsbereit« und »charmant«. Auch Dick Heckstall-Smith, ein ehemaliger Kollege von Jack Bruce bei der Graham Bond Organization, der ebenfalls mit von der Partie war, meint: »Eric war völlig verändert. Er war nicht mehr der launische, introvertierte Typ, den ich kennengelernt hatte, sondern ein normaler Erwachsener, der gern lachte und stolz auf seinen Sohn war.« Im Zuge der ungewohnten Liebenswürdigkeit tauchte er sogar, obwohl sich die beiden nicht sonderlich nahestanden und bis dato lediglich zu Weihnachten Geschenkkörbe von Fortnum & Mason ausgetauscht hatten, auf der Party zu Elton Johns vierzigstem Geburtstag auf. Dabei wäre niemand erstaunt gewesen, wenn diese britischen Superstars, denen eine Art beruflicher Altweibersommer vergönnt war, die Gesellschaft des jeweils anderen gesucht hätten. (Darüber hinaus gab es weitere Parallelen: So unterlagen beide der strengen Kontrolle ihres Managers.) Doch das neue gute Verhältnis zu einem Kollegen, der eben jene Showbiz-Tradition verkörperte, die Clapton verachtete, hatte durchaus etwas Wehmütiges. Ein Augenzeuge, der ungenannt bleiben will, behauptet jedenfalls, die beiden Musiker seien auf der Party in Windsor als »dicke Kumpels« aufgetreten und hätten »geklönt und gelacht« und gemeinsam etwas geraucht, »das wie eine Zigarette aussah«.

Nach einem Wohltätigkeitskonzert im Golf Club von Cranleigh begann Clapton am 11. April 1987 seine nunmehr neunzehnte Amerika-Tournee. Das Vorprogramm bestritt Robert Cray, während Phil Collins wieder einmal am Schlagzeug saß. Es war eine weitere Konzertreise im Zeichen des Rückblicks. Claptons Ankündigung von »Crossroads« oder »Layla« reichte aus, um im Publikum Rufe nach dem »Gott« laut werden zu lassen. Am 15. April trat der »Meister« neben Phil Collins, Albert King, Paul Butterfield und Stevie Ray Vaughan bei einem Benefiz für B. B. King auf. Seine Leistungen auf dem später als Video veröffentlichten »The Thrill Is Gone« waren ein beeindruckendes Beispiel für die Vielfalt seiner musikalischen Referenzen. Als er alle Register seines Könnens zog, wurden Erinnerungen an längst vergessen geglaubte Tage wach, und B. B. King meinte, daß weder Claptons technisches Vermögen noch sein Enthusiasmus nachgelassen hätten. »Er ist keinesfalls erledigt«, äußerte der Blues-Veteran gegenüber dem *Rolling Stone*, »möglicherweise legt er jetzt erst richtig los.«

Man mußte B. B. King recht geben. Als Vorturner eher unscheinbar, lernte Clapton musikalisch auf der Bühne immer mehr dazu; er durfte daher guter Hoffnung sein, daß seine Karriere dereinst nicht nach Jahren, sondern nach Jahrzehnten gemessen würde. Er war schließlich, wie er selbst gerne betonte, »nicht Mick Jagger«. Allerdings gingen die Meinungen darüber auseinander, in welchem Maße er sich weiterhin dem Blues verpflichtet fühlte. Ein Kritiker nannte seine Auftritte während der Amerika-Tournee »beziehungslos und uneinheitlich ... wobei seine Gitarrenkünste durch das schlampige Zusammenspiel der Band ruiniert wurden«. Clapton gab Roger Gibbons gegenüber zu: »Ich orientiere mich einfach am Zeitgeist ... und versuche, mich nach dem Wind zu drehen.« Ein anderer Journalist allerdings sah in ihm einen Mann, »der verzweifelt nach etwas suchte, an das er glauben konnte«.

Weil er dachte, selbst ein tiefes Tal zu durchschreiten, hatte Eric Clapton in seiner Jugend eine Leidenschaft für den Blues entwickelt. Auch wenn diese Vorstellung weitgehend auf purer Einbildung beruht haben mag, so hat sie doch reiche musikalische Früchte getragen. Und niemand mißgönnte ihm die Zufriedenheit, die er jetzt, in der Mitte seines Lebens, gefunden hatte. Aber es hätte des hilfreichen Hinweises bedurft, daß der tiefere Sinn dieser Musik nicht einfach nur, wie er neuerdings behauptete, darin lag, »Spaß zu haben«, um ihn von seiner Richtungslosigkeit abzubringen. Clapton war dabei, seine musikalische Herkunft und damit seinen prägenden Erfahrungsschatz zu verleugnen.

Wie viele »Überzeugungstäter« hatte Clapton eine Reihe von Enttäuschungen erlebt und war darüber zu einem Virtuosen des Kompromisses geworden. Lange Zeit war er davon überzeugt gewesen, daß »die Ereignisse uns überrollen und man dem Unerwarteten nicht entrinnen kann«. So hatte er sich zum Beispiel gegenüber Dave Markee in Nassau geäußert. Jahrelang hatte er beharrlich versucht – zu beharrlich vielleicht –, sich nicht zu weit von seinen Ursprüngen zu entfernen. Als Geld und Erfolg ihn in eine andere Richtung zogen, kappte er einfach seine Wurzeln. Er verlor seinen professionellen kreativen Elan und wandte sich von einem Stil ab, den zu perfektionieren seine Bestimmung gewesen wäre. Clapton versuchte das so entstandene Vakuum wieder aufzufüllen, indem er sich einen neuen besten Freund und Partner an die Seite stellte – in diesem Fall Phil Collins. Er hat dieses Phänomen selbst beschrieben: »Ich unterwerfe mich der Macht dieser Person völlig. Wie ein Schwamm sauge ich die neuen Einflüsse auf, und allmählich verändert sich alles, meine Gedanken, meine Sprache, meine Musik . . . und dann ist diese Phase wieder vorbei, und ich sage Lebewohl.«

In den 60er und 70er Jahren hätte Clapton die Begegnung mit der königlichen Familie gescheut wie der Teufel das Weihwasser. Inzwischen aber wurde *er* als erster unter Vertrag genommen, wenn es darum ging, die alljährlichen Konzerte für den Prince's Trust auszurichten. Die beiden Veranstaltungen am 5. und 6. Juni 1987 waren schon deshalb bemerkenswert, weil neben dem unvermeidlichen Phil Collins auch George Harrison und Ringo Starr auftraten und gemeinsam mit Clapton »While My Guitar Gently Weeps« spielten. Die Aufnahme des zweiten Konzerts erschien bald darauf als Live-Album. Die Prince's-Trust-Konzerte waren ein weiterer Beweis für den Anpassungsprozeß, bei dem sich neben Clapton auch ein Großteil der britischen Rockgrößen zu honorigen Angehörigen des Establishments wandelte – ein verhängnisvoller Fehler dieses Berufsstandes, der in den 50er Jahren entstanden war, und ein alarmierendes Signal für seine Klientel, daß die einstigen Idole längst nicht mehr so »rebellisch« waren, wie man es von ihnen erwartete. Als Künstler wie Elton John buchstäblich mit dem Segen des Königshauses auftraten, vergrößerte sich die Kluft zwischen Musikern und dem gemeinen Volk noch mehr; alle Voraussetzungen, unter denen die Rockmusik einmal angetreten war, wurden jetzt offen in Frage gestellt.

Doch zunächst profitierte Clapton zumindest finanziell davon, daß er seinen Aktionsradius erweitert hatte, ununterbrochen auf Tour ging, überall Konzerte gab und zahlreiche Wiederveröffentlichungen sowie neue CDs auf den Markt warf. 1987 erwirtschaftete Marshbrook einen Gesamtumsatz von 498 649 Pfund, also fast dreißig Prozent mehr als im Jahr davor. Clapton wurde mit 231 945 Pfund entlohnt und war damit der höchstbezahlte Mitarbeiter seiner Firma. Eine ähnliche Steigerung konnte E. C. Music verzeichnen, 143 799 Pfund im Vorjahr standen nunmehr 166 429 Pfund gegenüber. (Merkwürdigerweise nahm Duck Records im selben Zeitraum nur 2000 Pfund ein, also nicht mehr als in den drei Jahren zuvor.) In der Zeit nach Live Aid wurde Clapton zu einem vermögenden Mann. Mit einer gewissen Überheblichkeit hatte er sich einen Hofstaat zugelegt, der ihn eigentlich vor der Zudringlichkeit der Medien schützen sollte, statt dessen jedoch völlig von der Öffentlichkeit isolierte. In den 70er Jahren war der Versuch, ein Interview mit Clapton zu machen, oft in eine Lektion in Surrealismus ausgeartet, packte er dabei doch regelmäßig die Gelegenheit beim Schopfe, sich über seine Lieblingsthemen – Rassismus, Religion, Fußball, Pferderennen, Angeln – zu verbreiten. Ein Jahrzehnt später, so einer, der es wissen muß, bekam man »überhaupt kein Interview mit Eric Clapton, allenfalls gewährte er eine Audienz«.

Immerhin konnte es sich Clapton selbst zuschreiben, daß er auch in Zeiten, in denen seine Berühmtheit aristokratische Dimensionen erreichte, noch immer für vorbildlich und untadelig gehalten wurde. Linda Chandler: »Allein war er unglaublich liebenswürdig. Er redete mit allen Leuten, als wäre er einer von ihnen.« Als etwa Duncan Caine, ein junger Mann aus der Nachbarschaft, eine Rockband gründete und ein »unglaublich unprofessionelles« Demoband in den Briefkasten von Hurtwood Edge steckte, überraschte ihn Clapton mit einem Anruf, gab sich »irre freundlich und hilfsbereit« und unterbreitete ihm den Vorschlag, doch einmal auf einen Sprung vorbeizukommen. (Als sich Caine eines Abends nach der Sperrstunde dieser Einladung erinnerte, wurde er jedoch mit dem Hinweis auf die vorgerückte Stunde abgewiesen.) Nicht jeder, der sich schriftlich an die Adresse Hurtwood Edge wandte, erhielt eine persönliche Antwort, aber in jedem Fall ein signiertes Album oder Foto. Der Privatmann Clapton spielte weiterhin den Gastgeber für seine mittlerweile achtzigjährige Großmutter und für Onkel Adrian sowie dessen Frau Sylvia. (Die Ex-Telefonistin entwickelte sich geradezu zu einer Expertin in der Frage, »ob die zwei oder drei Anrufer pro Woche, die behaupteten, sie seien Freunde von Eric«, glaubwürdig waren oder nicht. »Ich höre es schon an der Stimme, wenn jemand flunkert.«) Eine eher lästige Eigenheit

Claptons war sein Mangel an Objektivität, wenn es nicht um ihn selbst, sondern um die Wertvorstellungen der ländlichen Welt, in der er lebte, ging. Gleichzeitig schürte dieses Unvermögen seine Sehnsucht nach Heimat und Häuslichkeit. Er söhnte sich mit seiner Mutter aus und lebte nur wenige Kilometer von dem Ort entfernt, dessen Einwohner sie im Jahr 1945 so unnachgiebig verurteilt hatten.

Als die 80er Jahre ihrem Ende entgegengingen, hatte Clapton nichts von seiner Aura und Reputation eingebüßt, aber er trug sich nicht mehr mit der Hoffnung, in seinem Leben etwas Besonderes zu erreichen. Als Mittvierziger hatte er sich daran gewöhnt, Gastauftritte und Wohltätigkeitsveranstaltungen zu absolvieren und dazwischen lange Ferien auf Hurtwood Edge zu verbringen. Er genoß eine Art von Ruhestand in einer Gegend, die ihm von Kind an vertraut war. Seine Tourneen wurden weiterhin Monate im voraus präzise geplant und vorbereitet. Clapton verließ sich nach wie vor darauf, daß Roger Forrester die Balance zwischen seinen musikalischen Aktivitäten, seiner Medienpräsenz und »der kostbaren Freizeit« in Ewhurst herstellte und bewahrte. Im Grunde rührte Claptons Rastlosigkeit von einer tiefen Sehnsucht nach einem Zuhause und einer Familie her, wenngleich ein Teil davon bloß romantische Schwärmerei war. Matthew Wood: »In den 50er Jahren fand er die vorherrschenden Werte bei weitem nicht so in Ordnung wie heute.« Aber Clapton war von Natur aus sentimental, und er wollte als Erwachsener von den Menschen anerkannt werden, die ihn als kleinen Jungen abgelehnt hatten. Er harrte auf Hurtwood Edge aus, weil er seinen ehemaligen Feinden, der Landbevölkerung, die einst anonym die Wände seines Hauses beschmiert hatte, etwas beweisen wollte. Er fühlte sich in einer eigentümlichen Mischung aus Unsicherheit und Arroganz zu *seiner* Gemeinde hingezogen. Sicher genoß er es, ab und an einen einsamen Spaziergang zu unternehmen oder das Windmill Inn zu besuchen, doch gleichzeitig bestand er darauf, als Superstar geachtet und behandelt zu werden. Ein Dorfbewohner meint, daß Claptons sporadisches Auftauchen und seine Erkundigungen, »ob er irgendwas für uns tun könnte, ohne dem irgendwelche Taten folgen zu lassen, etwas Herablassendes anhaftete«. Laut Matthew Wood »wollte er, daß man ihn für einen leicht zugänglichen, bodenständigen Typen hielt. Aber nicht *zu* zugänglich. Immerhin fuhr er nach wie vor einen Ferrari.«

Auch seine Begeisterung für Kricket hatte sehr viel mit seiner Sehnsucht nach Bodenhaftung und Tradition zu tun. Im August 1987 nahm er an einem Wohltätigkeitsmatch in Finchley teil und gab anschließend ein zweistündiges Konzert in einem Zelt auf dem Spielgelände. Einen Monat später erschien er in der Grafschaft Worcester und bekam, so Tim Rice,

»beim Anblick der anwesenden Honoratioren leuchtende Augen«. Andy Peebles, der an diesem Tag ebenfalls anwesend war, erinnert sich: »Eric war in seinem Element, er besuchte mit Ian Botham ein Pub, wo die beiden sich königlich amüsierten.« Auch Godfrey Evans, der ehemalige britische Kricket-Champion, lernte Clapton in Worcester kennen. »Er war ganz normal . . . liebenswürdig, charmant, und er nippte an einem Drink, bei dem es sich augenscheinlich um Limonade handelte.« Die Öffentlichkeit spekulierte auch 1987 noch darüber, womit Eric Clapton seine Gläser füllte.

Im selben Monat, in dem er in Worcester Godfrey Evans kennenlernte, nahm Clapton im Power Station Studio in New York »After Midnight« auf. Zweck der Übung war einzig und allein eine Werbekampagne für Michelob-Bier – eine bemerkenswerte Entscheidung für einen ehemaligen Alkoholiker. Als der Werbespot im Dezember ausgestrahlt wurde, hielt sich Clapton zu einer neuerlichen Kur in Hazelden auf. Später erinnerte er sich der Peinlichkeit, die Reklame im Kreise seiner Mitpatienten im Fernsehen zu sehen.

Nichts läßt darauf schließen, daß es Clapton nicht wirklich ernst damit gewesen war, als er 1982 den Kampf gegen seine Sucht aufgenommen hatte. Und anscheinend lebte er danach auch ein oder zwei Jahre lang völlig trocken. Ein früherer Freund zeigte sich irritiert, daß er diesem Laster gegenüber eine »fast krankhaft selbstgerechte« Haltung einnahm, obwohl er es selbst erst teilweise überwunden hatte. Damit erweckte Clapton den Eindruck, nicht *er* habe einen Mißbrauch betrieben, sondern sei selbst mißbraucht worden und zum tragischen Opfer seiner eigenen fehlgeleiteten Begierden geworden. Doch niemand verübelte es Clapton, als er abermals in einen ähnlich umnebelten Dauerzustand zurückfiel, der sein Leben in den 70er Jahren geprägt hatte. Und vermutlich hat er die negativen Reaktionen, die er mit seinem Werbespot auslöste, nicht vorhergesehen. Keith Richards zum Beispiel hielt das Michelob-Engagement für grotesk. Der Darling seines Dorfes und König des Kricket war immer noch für eine Überraschung gut, wenn es um merkwürdige berufliche Entscheidungen ging. Dabei ist die Logik, die Clapton und Forrester dazu bewogen hat, das Angebot der Brauerei anzunehmen, durchaus nachvollziehbar. Die beiden waren den Lockungen des Showgeschäfts erlegen und glaubten daher, daß Clapton als längst überfällige Belohnung für seine jahrzehntelange Karriere endlich auch ein *wirklich großes* Publikum zustand. Immerhin sechzig Millionen Menschen sahen zu, wie er »After Midnight« spielte, während eine Stimme verkündete: »Die Nacht gehört Michelob.« Das Erfolgsteam hatte sich zumindest in der Annahme getäuscht, daß Clapton allein durch seinen Aufstieg vom Rockstar zum VIP in der Öffentlichkeit größeres Aufsehen erregen konnte. Doch dem Manager und seinem Schützling war die Fähigkeit zu logischem Denken nicht völlig abhanden gekommen. Schließlich konnten Clapton und Forrester nur deshalb mit solch großem Erfolg in zwei scheinbar so widersprüchlichen Lagern wie dem der Rockmusik und des Kommerz operieren, weil sie stets ein sicheres Gespür dafür bewiesen hatten, wie sich ihre Unternehmungen in klingende Münze verwandeln ließen. Der Umsatz, den Marshbrook im Jahr 1988 verzeichnen konnte, bewies die Effizienz ihrer Firmenpolitik. Claptons Einsatz für Michelob hatte sich ausgezahlt, vom moralischen Standpunkt aus allerdings erwies er sich als Fehlschlag. Denn obwohl es sich dabei nur um ein leichtes alkoholisches Getränk handelte, mußte er sich erneut den Vorwurf gefallen lassen, daß er seine Privilegien genoß, ohne auch nur das geringste Verantwortungsgefühl an den Tag zu legen.

Ein weiteres Beispiel für die Skrupellosigkeit, mit der Forrester seinen Klienten vermarktete, war ein Fernsehportrait, das im Dezember in der *South Bank Show* ausgestrahlt wurde. Dort erklärte Clapton Melvyn Bragg, daß die anderen Yardbirds nur auf »Spaß ausgewesen seien . . . *ich* aber war ein Fanatiker«. Gleichwohl habe er »niemals die Tatsache akzeptiert, der beste Gitarrist der Welt zu sein«. Bei Cream seien nach den anfänglichen Flitterwochen »alle in völlig verschiedene Richtungen abgedriftet«. Aus diesem Grund versuche er nun, »die Sache gelassen zu sehen und vor allem an die ökonomische Seite zu denken . . . und dafür werde ich scharf kritisiert«. Seine Begegnung mit dem Blues beschrieb er als »eine Art emotionales Trauma, etwas, das mich aus der Fassung brachte«. Nach seiner Anfälligkeit für Alkohol und Drogen gefragt, sprach er von dem Gefühl der Selbstentblößung vor seinem Publikum: »Wenn man sein Herz und seine Seele offenbart, fühlt man hinterher eine gewisse Leere . . . man muß sich verwöhnen . . . man braucht *irgend etwas*, um diesen Schmerz zu betäuben.«

Clapton erweckte den Eindruck eines klar denkenden Musikers, der die Dinge beim Namen nannte und sich nicht scheute, seine Plattenfirma zu kritisieren: »Warner Brothers war nur an einem kommerziellen Album (*August*) interessiert.« Allerdings lenkte er die Aufmerksamkeit seines Interviewpartners gleichzeitig auf das jüngste Produkt dieser Geschäftsbeziehung. (Und so durfte Melvyn Bragg rechtzeitig verkünden: »›Holy Mother‹ ist Eric Claptons Weihnachts-Single.«) Mit der geballten Tugendhaftigkeit eines Bluespuristen – selbst Rose Clapp mußte beteuern, er sei »eigentlich nie wirklich kommerziell« geworden – demonstrierte Clapton ungewöhnlich viel guten Willen, seine Fehler einzugestehen, und wies einmal mehr darauf hin, wie verwundbar und sensibel er sei. Mit ähnlicher Selbstgefälligkeit und Unsicherheit, mit der er sich zu seiner Gemeinde hingezogen fühlte, verhielt er sich seinen großen Vorbildern gegenüber. Obwohl er manche von ihnen wirklich respektierte, begegnete er ihnen im allgemeinen mit einer Mischung aus Angst, Mißtrauen, Neid und Arroganz. Das Schicksal hatte es so gewollt, daß Clapton ein Publikumsheer hinter sich wußte, von dessen Größe selbst die altehrwürdigsten und populärsten Bluesmusiker nicht zu träumen wagten. »Es war einfach lächerlich«, so Hughie Flint, »daß Leute wie Buddy Guy förmlich darum bettelten, mit Eric auftreten zu dürfen. Zu meiner Zeit war das genau umgekehrt.«

In materieller Hinsicht hatte Clapton mehr erreicht, als er sich je hatte vorstellen können. Das Landhaus, die Ferraris, die Designer-Anzüge, alles mußte als Beweis dafür herhalten, daß er in der Lage war, einem Massenpublikum erfolgreich den Blues näherzubringen. Doch handelte er sich in zunehmendem Maße harsche Kritik dafür ein, daß er seine Talente vergeudete und richtungslos vor sich hin werkelte. Unsicherheit und Befangenheit wuchsen und damit auch das Bedürfnis, sich selbst zu schützen. Claptons Verhältnis zu anderen Musikern, insbesondere den Bluesmusikern, wurde nicht besser; im Gegenteil, Spannungen und Peinlichkeiten nahmen zu. Claptons Unsicherheit beruhte vor allem darauf, daß er von seinen Kollegen anerkannt und bewundert werden wollte. Aus diesem Grund war eine Session wie jene mit Buddy Guy für ihn auch deshalb von Bedeutung, weil er dabei Eindruck schinden wollte. Claptons Sucht nach Anerkennung war zum Teil eine Folge seiner ausgeprägten Eitelkeit. Doch gab es auch einen greifbareren Hintergrund. Mit Roger Forrester teilte er die Auffassung, daß sein Status als berühmte Persönlichkeit immer wieder neu abgesichert werden mußte. Das bedeutete, daß jeder Auftritt mit einem anderen Musiker, wie hochdotiert dieser auch sein mochte, sorgfältig arrangiert und inszeniert wurde, um Clapton die größtmöglichen Vorteile zu verschaffen. Anders gesagt, er mußte in jeder Show der Star sein. Konfrontiert mit Idolen, die, nicht minder talentiert, weit weniger vergöttert wurden als er selbst, wurde Clapton wiederum von Schuldgefühlen geplagt, die er mit Aggressionen zu kompensieren versuchte. Bereits 1963 hatten die Yardbirds Clapton bei einem Auftritt mit Sonny Boy Williamson als äußerst »gereizt« erlebt. Jim McCarty vermutete damals: »Es war Eric peinlich, mit ihm auf einer Bühne zu stehen . . . Wenn er mit richtigen Bluesmusikern spielte, kam seine Paranoia zum Vorschein.«

Clapton beschloß das Jahr 1987 mit einer Australien- und Japan-Tournee und, wie bereits 1986, mit einem Benefizkonzert in der Gemeindehalle von Dunsfold. Dieses Finale war charakteristisch. Mit den lukrativen Auftritten in den Arenen konnte er seine Rechnungen begleichen und sich den Luxus leisten, für ein paar Hundert Dorfbewohner zu spielen, die vielleicht die letzten Fans waren, die sich nicht davon abbringen ließen, daß seine »Göttlichkeit« unantastbar war. Duncan Caine zufolge »wurde er mit zunehmendem Alter immer besser«. Kritischer äußerten sich die Besucher, die zu Beginn des neuen Jahres Claptons Konzerte in Birmingham miterlebten. Da er seit über einem Jahr kein neues Album veröffentlicht hatte, herrschte die Meinung vor, daß es sich bei diesen Auftritten lediglich um eine Neuauflage seiner Gigs von 1987 handelte und Inflation an die Stelle von Innovation getreten war. (»Same Old Blues« wurde dabei auf eine Länge von fünfundzwanzig Minuten gestreckt.) Adam Sweeting erhob im *Guardian* den Vorwurf, daß diese Konzerte ebenso farblos wie die in der Royal Albert Hall gewesen seien: *Ganz gleich, wie schwach Eric Claptons jüngste Platten auch waren, noch immer zieht er ein Publikum an, das lautstark Zugabe um Zugabe verlangt. Clapton mühte sich durch ein Programm, das mit Bedacht auf seinen größten Hits basierte . . . Dabei zauberte er ein paar unvermeidliche alte Schätzchen aus dem Hut, etwa das schauderhafte »Wonderful Tonight« oder das larmoyante »Holy Mother«. »Layla« klebt an ihm wie »Rosalita« an Bruce Springsteen, jeder will die Nummer hören, aber irgendwann muß Schluß damit sein.*

Da überrascht es kaum, daß sich Clapton mit Arbeiten für den Film eindeckte. Allein im ersten Halbjahr 1988 produzierte er die Soundtracks für *Buster*, *Homeboy* und *Peace In Our Time*. Seine Anziehungskraft beruhte noch immer in erster Linie auf gewissen nostalgischen Gefühlen, die er jederzeit wachzurufen verstand. *The Cream Of Eric Clapton*, veröffentlicht im September des Vorjahres, hielt sich neunundsiebzig Wochen ohne Unterbrechung in den LP-Charts. Unterdessen hatte Polydor den Sechserpack *Crossroads* herausgebracht, eine Retrospektive, die von den Yardbirds bis zum Album *August* reichte. Sieht man einmal davon ab, daß darauf auch »For Your Love« – ein Stück, das für Clapton einen seltsamen Beigeschmack hatte – sowie eine höchst zweifelhafte Neueinspielung von »After Midnight« zu hören waren, wurde die Auswahl der Songs Claptons Ruf mehr als gerecht. Man muß dem federführenden Produzenten außerdem zugute halten, daß er fünf unveröffentlichte Titel mit den Dominos aufgestöbert hatte, die einst für ein Nachfolgealbum von *Layla* vorgesehen waren. Ein Stück namens »Evil« läßt ahnen, zu was die Band fähig gewesen wäre, wenn die Mitglieder ihre Differenzen bereinigt hätten, obwohl man nicht vergessen darf, daß »Layla« *ohne* diese Differenzen wahrscheinlich nie entstanden wäre. *Crossroads* erhielt euphorische Kritiken und wurde weltweit eine Million Mal verkauft.

Inzwischen fanden in London zum drittenmal die Konzerte für den Prince's Trust statt. Bei dem ausgesprochen holprigen Finale gesellte sich Clapton zu Phil Collins, Elton John, den Bee Gees und Joe Cocker; gemeinsam intonierte man »With A Little Help From My Friends«. Als der Prince of Wales Eric Clapton als Anerkennung für sein fünfundzwanzigjähriges Berufsjubiläum das silberne Modell einer Stratocaster überreichte, wurden kritische Stimmen laut. Ein Musiker hinter der Bühne mokierte, das sei »ein bißchen dick aufgetragen . . . Charles, der vermutlich auf Drängen seiner Frau einen Penner wie Clapton auszeichnet«. (Die Prinzessin von Wales war ein ausgewiesener Clapton-Fan.) Aber alles in allem stand die Presse auf seiner Seite – selbst die Sensationsblätter hielten sich mit Kritik zurück – und kommentierte das Ereignis weitgehend enthusiastisch. Die meisten Anwesenden zeigten sich bewegt, als der ehemalige Drogenabhängige und Alkoholiker Bonmots mit dem Thronfolger austauschte. Natürlich war auch Forrester anwesend, denn diese erstaunliche Szene war der Beweis dafür, daß sich seine Ausdauer nach zehn Jahren endlich ausgezahlt hatte.

Bald darauf dokumentierte Clapton einmal mehr seine Unermüdlichkeit im Kampf für die gute Sache und trat neben den Dire Straits zu Ehren von Nelson Mandela im Wembley Stadion auf. Außerdem spendete er Geld für die Anonymen Alkoholiker und Kleider für Sharp Shop (eine Wohlfahrtseinrichtung für Alkohol- und Drogenabhängige), gab in Wintershall ein Wohltätigkeitskonzert zugunsten des King Edward VII-Hospitals und rettete die Karriere von Andy Fairweather-Low, einem Popsänger, der vermutlich dem Vergessen anheimgefallen wäre, hätte er nicht 1982 die Stelle von Claptons Adjutanten eingenommen, die nach Gary Brookers Ausstieg frei geworden war.

Künstlerische Stagnation und die ständige Wiederaufbereitung alten Materials machten diese Zeit trotz allem zu einer der dunkelsten Stationen in Claptons Karriere. Jahrelanger Alkoholmißbrauch sowie unregelmäßige und schlechte Ernährung hatten seine Gesundheit angegriffen. Der ständige Genuß von Curry, Hamburger und gebackenen Bohnen, mit Limonade oder Kaffee runtergespült, hatten Gesicht und Körper aufgeschwemmt. Unreine Haut und heftiger Raucherhusten rundeten das jammervolle Bild ab. Der wiedergewonnene Ruhm hatte sein chaotisches

Leben nicht zu ändern vermocht. Die Beziehung zu Lori Del Santo war 1988 deutlich abgekühlt. Clapton erwies sich zu einer dauerhaften Beziehung unfähig. Die einzigen wahren Gefühle, die er Frauen entgegenbrachte, waren nostalgischer Natur. Mit »Holy Mother« warb er inständig um Pattie; »Miss You« zelebrierte den Abschied von einer Verflossenen; »Old Love«, ein Song voller Wut und Selbstmitleid, 1989 komponiert, zog einen Schlußstrich unter all seine gescheiterten Verbindungen.

Clapton ließ nicht nach zu beteuern, wie sehr er die Frauen achtete und bewunderte. Trotzdem verliefen seine Beziehungen stets nach dem gleichen bedrückenden Muster: Ein Designerkleid, ein teures Essen, Sex (wobei »die Frau für die Verhütung zu sorgen hatte«, wie eine seiner Partnerinnen spitz bemerkt). Nach dem Beischlaf saß er stundenlang in seinem Polstersessel, brütete vor sich hin oder klimperte auf der Gitarre herum. »Reden war bei ihm nicht drin«, berichtet eine Frau, die ihn 1988 auf Hurtwood Edge besuchte. »Er war ein launischer, einsamer Typ, der mit Frauen nichts anzufangen wußte. Bis er dich herumgekriegt hatte, lief die Sache natürlich völlig anders ab. Ich erinnere mich noch, *was* mir Eric alles auftischte: daß die Musik seine Seele sei und seine Texte geheimste Gefühle offenbarten. Alles nur, damit du ihn endlich an die Wäsche läßt.«

Zahlreiche Fans waren fest davon überzeugt, daß Claptons demonstrativ zur Schau gestellte Wohltätigkeit nichts mit seiner Karriere als Musiker zu tun hatte. Aber herrische Charaktere zeichnen sich auffallend häufig dadurch aus, daß sie Opportunismus zu ihrer Lebensmaxime erheben. Es mag übertrieben scheinen, Claptons und Forresters Gebaren als kalkuliert zu bezeichnen. Jedenfalls ist es naiv anzunehmen, derartiges Verhalten könne unmöglich mit einer angeblich so freigeistigen Kunstform wie der Rockmusik einhergehen. Es war ein außerordentlich geschickter Schachzug, jemanden, der eine Menge Geld scheffelte, durch karitativen Einsatz so aufzuwerten, daß er nahezu unangreifbar wurde. Niemand zweifelte an der Ernsthaftigkeit seines vielfältigen Engagements (wenngleich es ihm erst ziemlich spät einfiel, sich Artists Against Apartheid anzuschließen), und es hat seiner Karriere alles andere als geschadet, sich auf diese Weise zu exponieren. Das Album *The Cream Of Eric Clapton* erreichte hohe Charts-Positionen erst *nach* dem Auftritt beim Konzert für Nelson Mandela; auch das Interesse an Claptons alten Veröffentlichungen wurde dadurch angekurbelt. 1988 zahlte Marshbrook seinem Direktor 461 740 Pfund aus, fast doppelt soviel wie im Jahr zuvor. Und zum erstenmal seit 1984 konnte auch der Musikverlag E. C. Music einen Nettogewinn verzeichnen (Duck Records, seit fünf Jahren im Geschäft, erwirtschaftete einen Umsatz von 2000 Pfund). Es gab indes nicht den geringsten Hinweis auf irgendwelche zwielichtigen Transaktionen zum Zweck der persönlichen Bereicherung. Claptons Auftritte bei Live Aid, The Prince's Trust oder in Wintershall waren das Ergebnis aufrichtigen Mitgefühls. Gleichzeitig entbehrte die Definition, mit der die kommerziellen Aktivitäten von Marshbrook beschrieben wurden – »die Verwertung der Dienstleistungen eines Künstlers in der Entertainment-Branche« – nicht einer gewissen Ironie. »Ab Mitte der 80er Jahre«, so Pete Brown, »wurde Eric Clapton nur noch mit irgendwelchen Anliegen identifiziert, für die er sich einsetzte. Möglicherweise verbarg sich dahinter auch Eigennutz, aber Clapton gab mehr, als er zurückbekam.«

Die beiden Wörtchen »immer noch«, bestens geeignet, den langsamen Niedergang einer Nation oder eines Künstlers zu verschleiern (»Großbritannien ist *immer noch* der drittgrößte Autolieferant in Europa« oder »die Rolling Stones sind *immer noch* die größte Band der Welt«), fanden regen Gebrauch bei der Promotion von Claptons Herbst-Tournee durch die Vereinigten Staaten. Am 1. September gab die Band, die aus Eric Clapton, Mark Knopfler, Steve Ferrone, Nathan East, dem Keyboarder Alan Clark, der Perkussionistin Jody Linscott und den Background-Sängerinnen Katie Kissoon und Tessa Niles bestand, im Starplex Amphitheater von Dallas ihr Eröffnungskonzert. Es hieß, Clapton sei »immer noch« göttlich und das Programm »immer noch« das »heißeste weit und breit«. Doch die beiden Wörtchen hatten einen bitteren Beigeschmack und klangen wie das berüchtigte Pfeifen im Walde. Man konnte sich des Eindrucks nicht erwehren, daß die ergebenen treuen Clapton-Fans (dazu zählten auch einige Vertreter der Medien) weit mehr Begeisterung an den Tag legten als objektivere Beobachter, die ausschließlich musikalische Maßstäbe anlegten. So wurden – neben einem enthusiastischen Vorbericht – im Anzeigenteil der Zeitung *Picayune* von New Orleans Karten für Plätze in den vorderen Reihen für das Fünffache des Eintrittspreises angeboten. Nur zwei Tage später, nach dem Konzert, zollte dasselbe Blatt Clapton nur mehr »widerwillig Respekt«. In San Francisco schrieb Joel Selvin für den *Chronicle*, die erste amerikanische Zeitung, die Clapton 1967 bejubelt hatte, eine ausführliche Besprechung: *Claptons Konzerte sind mehr und mehr zum Ritual geworden, wobei er sich ganz auf erprobte Dauerbrenner wie »After Midnight«, »Cocaine« oder »Layla« verläßt . . . Doch seine Anhänger haben ihn in den Rang eines Denkmals für den Gitarrenstil der 60er Jahre erhoben, das jeden anderen Rockgitarristen überragt. Geschmack, Bescheidenheit und Geschicklichkeit sorgen dafür, daß er sich niemals übernimmt oder sein Talent überschätzt, und damit hat Clapton einen Stil geprägt, der aus der Mitte des Mainstream kommt . . . Es ist die Aufgabe der Popmusik, romantischen Ideen Form zu geben und sie musikalisch zu konkretisieren, und Clapton ist ein wahrer Meister dieser Kunst.*

Der Höhepunkt dieser locker arrangierten Tournee fand in New York statt, wo sich Clapton und Jack Bruce im Bottom Line Club zu »Sunshine Of Your Love« und einer sechzehnminütigen Version von »Spoonful« zusammenfanden. Auch wenn sich die Anzeichen für eine Cream-Reunion mehrten, etwa die Zusammenarbeit auf *Willpower* oder der Gastauftritt von Bruce in der *South Bank Show*, standen die Chancen dafür in Wirklichkeit eher schlecht. Das Verhältnis zwischen den Musikern war nach wie vor gespannt, ungeachtet dessen, daß immer wieder einer des Ex-Trios verlauten ließ, er würde die anderen vermissen. Clapton und Ginger Baker hatten sich Ende der 70er Jahre ausgesöhnt, ein Jahrzehnt später fanden Clapton und Bruce wieder zueinander, und 1990 schließlich rauften sich auch Bruce und Baker wieder zusammen. Allerdings hatte Jack Bruce in der Zwischenzeit bereits wieder seinen alten Zickzackkurs eingeschlagen. »Wir haben seit Jahren nicht miteinander geredet«, erzählte er der Zeitschrift *You*. »Eric und ich hatten nie dieselbe Wellenlänge. Für mich war nur die Musik wichtig, doch er war ungeheuer ehrgeizig und wollte ein großer Star werden . . . Er und Robert Stigwood hatten sich zusammengetan, um Cream für diesen Zweck zu mißbrauchen.«

Weihnachten 1988 verbrachte Clapton auf Hurtwood Edge. Während dieser Tage wurde ihm bewußt, daß sich sein Status in der Öffentlichkeit verändert hatte. Er war nicht länger bloß irgendein Rockstar, sondern ein weithin berühmter Mann. Seine Reaktion darauf war ein wenig sonderbar. Während er in der Öffentlichkeit den Ruf eines höflichen und kultivierten Menschen genoß, suchte er privat die Anonymität. Dabei blieb sein Privatleben so verzwickt wie eh und je. Für kurze Zeit hatte er versucht, ein normales Familienleben mit Lori Del Santo und seinem Sohn Conor zu führen. Doch hatte er das Experiment rasch abgebrochen, eine Entscheidung, die er später folgendermaßen erklärte: »Ich bin einfach nicht in der Lage, mich häuslich niederzulassen . . . anscheinend ist es mir nicht möglich, mich auf eine Beziehung einzulassen, ohne nicht irgendwann den Wunsch zu verspüren, mich davonzumachen und auszureißen, um wieder ein kleiner Junge zu sein, der Gitarre spielt und sich schlecht benimmt. Ich habe keine Ahnung, ob ich jemals erwachsen werde.«

Clapton und Del Santo hatten sich bereits vor diesem Geständnis getrennt. Er sah Conor regelmäßig, doch die Verantwortung für die Erziehung seines Sohnes überließ er der Mutter. Die beiden wohnten abwechselnd in Mailand, in ihrem Haus in London oder in der New Yorker Eigentumswohnung, die Clapton im Galleria-Building gekauft hatte. 1990 lernte Lori Del Santo einen italienischen Industriellen namens Silvio Sardi kennen, von dem sie bald ein Kind erwartete. Doch Lori del Santo und Eric Clapton unternahmen weiterhin alles, um ihrem gemeinsamen Kind eine verläßliche familiäre Situation zu bieten. Claptons Einwilligung in die Rolle des Teilzeitvaters bewies allerdings, daß seine lebenslange Furcht vor Verpflichtungen jeder Art wieder aufgeflackert war; so versuchte er, seine alltägliche Präsenz durch ausgefallene Geschenke und besondere Vergnügungen zu ersetzen. Es gab keinerlei Anzeichen dafür, daß er auf dem Höhepunkt seines Erfolges auch seine inneren Dämonen zu kontrollieren vermochte. Noch immer wechselte er beinahe täglich die Rollen und Masken.

Bereits 1988 mußte sich Clapton den Vorwurf gefallen lassen, bei seinen Konzerten in der Albert Hall nur alte Kost aufzuwärmen. 1989 glichen seine Auftritte vollends einem Déjà vu. Am 20. Januar eröffnete er die zwölftägige Londoner Konzertreihe, auf die er sich in Sheffield, Newcastle und Edinburgh vorbereitet hatte. Das Programm war größtenteils eine Neuauflage der Titelliste von 1988, und den Veranstaltungen haftete der Ruch routinierter Langeweile an. Immerhin blieb dieses Manko auch Clapton selbst nicht verborgen: »Ich bin ein Gewohnheitstier, ich liebe nichts mehr als eine gewisse Routine, selbst wenn es dabei nur um ein Unternehmen wie die jährlichen Konzerte in der Royal Albert Hall geht. Ich wüßte wirklich nicht, warum ich damit Schluß machen sollte. In meinen Augen ist das nichts anderes, als würde ich eine neue Form von Schloßkonzerten etablieren . . . ich habe nun mal einen gewissen Hang zur Exklusivität.«

Fast war man versucht zu glauben, Clapton könnte ungeachtet seines umfassenden Wissens und seiner langjährigen Erfahrungen nur ein versierter Handwerker sein (ein *Journeyman*, wie er sein nächstes Album nannte), der sich im Schatten anderer Musikerpersönlichkeiten am wohlsten fühlte, denn die Liste der Gastmusiker, mit denen er zusammenarbeitete, wurde immer länger. 1989 trat er mit Pete Townshend, den Womacks, Carl Perkins, Tina Turner, Steve Winwood, Elton John, den Rolling Stones, George Harrison und natürlich Mark Knopfler und Phil Collins auf. Obwohl es sich hierbei meistens nur um einmalige Ereignisse handelte, die seinem Status keinen Abbruch taten, führten sie in der Summe doch dazu, daß Clapton allmählich an Format verlor. Fast dreißig Jahre lang hatte sich der Gitarrist als Einzelgänger verkauft, dessen musikalische Integrität die anderer um Längen schlug. Doch nun zeigte sich nicht nur, daß er sich mit diesem hohen Anspruch übernommen hatte, sondern auch, daß ein Clapton, der neben Mick Jagger Grimassen schnitt und auf der Bühne herumsprang, inzwischen selbst nicht mehr daran glaubte. Als die 80er Jahre aufs Ende zugingen, verschmolzen in den Augen des Publikums alle Rockstars, deren Karriere Jahrzehnte überdauert hatte, zu einer Einheit, und so konstante Größen wie Eric Clapton, Mick Jagger oder George Harrison standen nicht allein aufgrund ihrer Musik, sondern um ihrer selbst willen hoch im Kurs. Daher war es nur logisch, daß sich die Archetypen der britischen Rockmusik zusammentaten, gemeinsam auf der Bühne standen und auf den Alben ihrer Kollegen mitspielten. Doch das bedeutete auch, daß sie mit jedem Gastspiel im Studio und jedem Auftritt einen Teil ihrer Identität aufgaben. 1989 war es um Claptons kostbarstes Gut – seine Unabhängigkeit – endgültig geschehen.

Fast das ganze Frühjahr verbrachte er in New York, wo er an neuen Stücken für das Album *Journeyman* arbeitete. Dabei widmete er sich laut Greg Phillinganes »auf erstaunliche Weise seiner gegenwärtigen Aufgabe«. Ein anderer Kollege bestätigt, daß »Eric viel konzentrierter als bei seinen vorherigen Alben bei der Sache war«. Das hinderte ihn jedoch nicht daran, sich auch weiterhin auf das einträgliche Geschäft der Soundtrack-Produktionen einzulassen. Er schrieb das Thema für *Licence To Kill* (»James Bond 007 – Lizenz zum Töten«), *Lethal Weapon II* (»Brennpunkt L. A.«) und *Communion* (»Die Besucher«). Das Gefühl der Solidarität mit seinen alten Kollegen aus den 60er Jahren erhielt neuen Auftrieb, als er im Verlauf eines einzigen Monats mit Keith Richards in New York auftrat, der ihm später wiederum eine Auszeichnung überreichte, mit Elton John den »Border Song« für den Sampler *Two Rooms* einspielte, Bill Wymans Geburtstagsparty besuchte und neben Steve Winwood und Andy Fairweather-Low auf der Bühne stand. Die beiden waren auch mit von der Partie, als Clapton im Juli abermals in Wintershall spielte, um die Krebshilfe der Macmillan Nurses zu unterstützen.

Clapton verdankte es dieser außergewöhnlich aktiven Phase, daß er sich endgültig als feste Größe der britischen Rockmusik etabliert hatte; für Hunderttausende, die den *Two-Rooms*-Sampler oder den Re-Mix von »Layla« kauften, stand er unwiderruflich für nostalgische Unterhaltung – und für die Kunst des Überlebens.

Doch *wozu* überleben? Für den ehemaligen »Sklaven des Blues« hatte sich die Knechtschaft längst in barer Münze ausgezahlt. 1959, sogar noch

1969 war er von geradezu missionarischem Eifer erfüllt gewesen; 1989 jedoch blieb von all dem lediglich eine hohle Phrase, mit der sich gut verdienen ließ und die Clapton vor Langeweile schützte. Obwohl seine Songs immer einfallsloser wurden, verkauften sie sich bestens, und die Konzerte brachen Publikumsrekorde. Es genügte, mit einer Gitarre anzutreten, um seine Fans in wahre Verzückung zu versetzen. Die Kultfigur Clapton, die sich zum Star gemausert hatte und schließlich ein Allerweltspromi geworden war, befand sich nun auf dem besten Wege, eine Institution zu werden. Bereits seit etlichen Jahren war er von der drückenden finanziellen Not befreit, unter der er in den 70ern ständig gelitten hatte. So konnte er den Luxus genießen, die Musik zu machen, die er machen wollte. Roger Forrester trug dafür Sorge, seine Konzerttermine einzuschränken, damit seine Gigs begehrt blieben und rasch ausverkauft waren. Solange er keinen unverzeihlichen Fehler machte oder einen öffentlichen Skandal provozierte, konnte sich Clapton getrost in Sicherheit wiegen. Wie einfallslos seine Alben oder seine Selbstparodien auf der Bühne auch sein mochten, die Treue seiner Fans war unerschütterlich. »Zum damaligen Zeitpunkt«, so George Terry, »muß Eric geglaubt haben, endlich am Ziel zu sein. Das einzige, was fehlte, war eine echte Herausforderung.«

Sein Faible für Kricket macht deutlich, wie sehr sich Clapton in die Rolle des typischen artigen Briten hineinmanövriert hatte. Sein Interesse für diesen Sport, den er bereits als Kind kurze Zeit ausgeübt hatte, war 1984, als er eine seiner Gitarren gegen einen Kricketschläger von Ian Botham eintauschte, wieder aufgeflackert. In den beiden Jahren danach hatte er eine Reihe von Spielen besucht, die Wohlfahrtsveranstaltungen der Kricketspieler unterstützt und sogar ein eigenes Team gegründet. Außerdem hatte er einen Song mit dem Titel »Fight« aufgenommen, ein nettes, albernes Liedchen aus der Feder von Ian Botham und David English. Als das Team Eric Clapton XI. 1986 zum erstenmal das Spielfeld betrat, sah es ganz so aus, als sei Clapton nach einer langen Reihe unvergleichlich exotischerer Hobbies zu seinen Anfängen zurückgekehrt.

Die Aufgabe, sich um das Management des Teams zu kümmern, fiel ab 1989 David Rees zu. Seiner Meinung nach war Clapton »ein miserabler Kricketspieler, der weniger von seinem Talent als seiner Begeisterung getrieben wurde«. Auch die folgende Aussage von Rees wirft ein erhellendes Licht auf seinen Arbeitgeber: »Eric war ein merkwürdiger Mensch, introvertiert und auf Distanz bedacht.« Die »Kameraderie beim Kricket« war in dem Moment vorbei, wenn das zweite Spiel beendet war. Rees meint, das Ritual der Mannschaftsaufstellung hätte Clapton weit mehr bedeutet als das Spiel selbst. »Er liebte es, irgendwelche Dialekte nachzuahmen oder sich auszustaffieren – man sah es ihm förmlich an, daß er den exzentrischen Gutsherrn mimte.« Kricket zählte fortan zu den typisch englischen Gepflogenheiten, die Clapton über die Maßen schätzte: »Im Ausland stelle ich mir vor, ich bin zu Hause und gehe zu Lord's oder angle in einem Fluß; das sind die Dinge, die für mich England wirklich ausmachen. Es steht auf einem anderen Blatt, daß man wegen des schlechten Wetters selten dazu kommt.«

Ungeachtet seiner Liebe zum Kricket hat Clapton auch die organisatorische Arbeit für das Team Roger Forrester überlassen. David Rees erinnert sich noch sehr gut an eine Reihe »sehr geschäftsmäßiger« Treffen im Harley House, »bei denen Roger nachdrücklich darauf pochte, daß es ihm vor allem um das richtige Image ging«. Ein ehemaliger Spieler der Mannschaft sagt: »Eric als Kricketspieler vorzuführen war gut fürs Geschäft.« Auch wenn »eine echte Begeisterung für die Spiele nicht ausgeschlossen war«, kamen auf diese Weise vor allem Tausende von Pfund für wohltätige Zwecke zusammen. Clapton fand auf dem Spielfeld und in dessen Umgebung eine harmlose Form der Entspannung. Und schließlich bot ihm der Sport die Gelegenheit, seiner lebenslangen Vorliebe für Verstellung und Verkleidung nachzugeben.

Doch es stimmt nur zum Teil, daß Clapton seine Leidenschaft für Sex, Drogen und Rock 'n' Roll inzwischen durch die Hingabe an Sex, Alkohol und Kricket ersetzt hatte. Während der drei Jahre, in denen David Rees das Team managte, hat er »Eric nie mit einem stärkeren Getränk als einem Becher Kaffee gesehen«. Nichts weist darauf hin, daß er vor dem Debakel mit dem Michelob-Werbespot und seiner erneuten Einweisung nach Hazelden auch nur ein Glas Alkohol angerührt hat. »Keine Ahnung, womit er sich auf Touren brachte«, so Rees. »Manchmal verhielt er sich wie ein Betrunkener, obwohl er keinen Tropfen intus hatte. Eric pendelte von tiefster Verzweiflung zu überschwenglicher Heiterkeit, doch das spielte sich alles nur in seinem Kopf ab. Ich erinnere mich, wie er in Worcester auf dem Spielfeld plötzlich laut loslachte. Dabei war überhaupt nichts Komisches passiert.« Auch Andy Peebles meint, daß er »einem mit seinen Stimmungsschwankungen den letzten Nerv rauben konnte«. Beide sind davon überzeugt, daß Clapton sich durchaus ernsthaft für Kricket interessierte. Andy Peebles vergleicht ihn mit dem englischen Spieler David Gower: »Zwei rätselhafte Männer, die nach dem Takt ihrer eigenen Marschkapelle marschierten.« Nach David Rees war allerdings »schon damals klar, daß Kricket für ihn nur eine vorübergehende Beschäftigung war«. 1991 wandte er sich vom Sport ab und begann sich für Videospiele zu begeistern. Seit seiner Jugend ist Clapton über die oberflächliche

Attitüde eines Konsumenten nicht hinausgekommen, ganz gleich ob es um den Angelsport, seine Oldtimer, Kricket oder andere typische Einzelgänger-Hobbies ging.

Am 6. Juli 1989 begann eine neue Europa-Tournee. Allerdings erlag Clapton dabei nicht der Versuchung, auf die neuen Titel zu setzen, die er vor kurzem in New York eingespielt hatte. Statt dessen trug er die bewährten Stücke vor, darunter »Crossroads«, »White Room«, »Badge«, »Sunshine Of Your Love« und natürlich »Cocaine«, »Layla« und »Bell Bottom Blues«. Neu war lediglich sein Begleitgitarrist Phil Palmer, den er 1985 im Studio kennengelernt hatte und der nun in die Fußstapfen von George Terry, Albert Lee und Tim Renwick trat, um den musikalischen Teppich für Claptons Dekor auszurollen.

Claptons Reiseroute hatte sich inzwischen auffallend verändert; sie führte ihn von Europa zu einer Reihe von Konzerten nach Südafrika, die er am 30. Juli mit einem Wohltätigkeitsabend in Maputo, Mosambik, beendete. Später gestand Clapton einem Kricketspieler, daß er über die Zustände in Afrika nicht nur »betroffen«, sondern geradezu »entsetzt« gewesen sei, wobei er sich allerdings am meisten darüber beklagte, daß er sich auf dem Rückflug nach London einen Rückennerv eingeklemmt hatte.

Dieses Malheur fügte sich in eine Reihe von Wehwehchen und Beschwerden ein, von denen Clapton mit zunehmendem Alter geplagt wurde: Raucherhusten und wiederkehrende Zahnschmerzen, eine leichenblasse Gesichtsfarbe und ein ständig schwankendes Körpergewicht. Nachdem er aus Afrika zurückgekehrt war, ließ sein Sehvermögen nach, und da er sich über Jahre einem unzumutbaren Lärmpegel ausgesetzt hatte, stand es auch um sein Gehör nicht zum besten. Alles in allem verfügte er jedoch in Anbetracht seines Lebensstils über eine recht gute Kondition. Clapton reagierte auf die ernüchternden Symptome des Alterns meistens mit Gleichmut und machte sich Journalisten gegenüber darüber lustig. So verriet er zum Beispiel lachend, daß seine Finger, das Handwerkszeug seines Berufes, »eine Weile brauchen, um locker zu werden«. Dave Markee meint: »Als Gitarrist konnte er gelassen in die Zukunft blicken, da er auch noch mit fünfzig oder sechzig Jahren aktiv sein konnte . . . Trotzdem reagierte Eric bisweilen empfindlich, wenn es um sein Alter ging. Wenn er mit jüngeren Leuten spielte, fühlte er sich verunsichert.« Vielleicht lag es daran, daß er in diesem Herbst mit Pete Townshend, Elton John und den Rolling Stones auftrat, die allesamt demselben Jahrgang angehörten oder sogar noch ein wenig älter waren als er.

Als Clapton Jane Rose, die Managerin von Keith Richards, anrief und um Karten für ein Konzert der Band in New York bat, lud diese ihn ein, seine alten Kumpane auf der Bühne zu unterstützen. Das Ergebnis war eine phantastische Version von »Little Red Rooster« und eine, wie ein Zeuge berichtet, »Szene wie aus (Fellinis) *Satyricon*, als Eric und Bill Wyman hinter der Bühne herumalberten«. Acht Wochen später trat er noch einmal beim Abschlußkonzert der Rolling Stones in Atlantic City auf.

Nicht nur sein Hang, sich mit Kollegen aus den 60ern zu umgeben, war ein Indiz für Claptons »Reife«. 1989 trat er sowohl in *Wogan* als auch in Sue Lawleys *Saturday Matters* auf und demonstrierte damit einmal mehr, wie sehr ihm die Unterhaltung für die ganze Familie ans Herz gewachsen war. Am 18. November kehrte er gemeinsam mit Billy Connolly, Pamela Stephenson und Mitgliedern des Royal Ballet für ein Konzert, das von »Parents For Safe Food« gesponsort wurde, in die Albert Hall zurück.

All diese Aktivitäten fanden vor der Veröffentlichung von *Journeyman* statt, dem ersten neuen Album seit drei Jahren. Clapton hatte seiner Band zuvor vollmundig erklärt, »diese Platte wird ganz und gar *meine* Platte sein; ich werde alles selbst singen, und ihr seid nur als meine Begleitmusiker im Studio«. Daher erwartete man im Gegensatz zu dem Potpourri von *Behind The Sun* und *August* ein stilistisch geschlossenes Album. Phil Collins wurde durch den Produzenten Russ Titelman ersetzt, außerdem war Jerry Williams, den Warners bereits geholt hatte, um *Behind The Sun* zu retten, wieder mit von der Partie. An der Seite von George Harrison, Daryl Hall, Robert Cray, Chaka Khan und den Womacks sollte er dafür sorgen, daß *Journeyman* trotz der angestrebten Einheitlichkeit abwechslungsreich blieb. Schon der erste Song, »Pretending«, ließ die Absicht erkennen – ein handwerklich solides Rockstück mit tadellosem Gitarreneinsatz und exquisitem Gesang. Allerdings drängte sich zum Nachteil der Nummer der Vergleich mit Claptons Soundtracks auf. »Anything For Your Love« war das akustische Äquivalent zu seiner bevorzugten Designermode, ein Blues-Patchwork mit Bügelfalten und bar jeder Leidenschaft. Achtzehn Jahre, nachdem er zum erstenmal aufgefordert worden war, den Coup von »Layla« zu wiederholen, war er der Versuchung schließlich erlegen. Das Stück hieß »Bad Love« und begann mit einem vergleichbar hymnischen Gitarrenchorus, mit dem die erste Strophe eines Textes vorbereitet wurde, der an eine angebetete Frau gerichtet war. Auch das Hardrock-Schlagzeug, das pulsierende Piano und der rauhe Gesang klangen vertraut. Zu allem Überfluß hatte Clapton auch noch den Mittelteil von »Badge« eingebaut. Der einzige Unterschied zwischen »Bad Love« und »Layla« war der Lebenserfahrung zweier Jahrzehnte zuzuschreiben. 1971 hatte Clapton über seine Verzweiflung, sein Verlangen und die Furcht, verrückt zu werden, gesungen; 1989 zählte er sich dagegen zu den »wenigen glücklichen Menschen«. Einst hatte Claptons leichtfüßige Musik in keinem Verhältnis zu seinen gepeinigten Texten gestanden, doch bei »Bad Love« verkehrte sich dies ins Gegenteil. Das leidenschaftliche Gitarrenintro weckte Erwartungen, die von den Lyrics nicht eingelöst wurden. Es mag unfair erscheinen, einzelne Passagen herauszugreifen, aber Zeilen wie »And now I see that my life has been so blue/ With all the heartaches I had till I met you« sind nicht nur albern, sondern schlicht miserabel. Text und Musik von »Running On Faith« stammten aus der Feder desselben Mannes (Williams); Claptons Interpretation des Songs war eine wohltuende, anspruchslose Ballade, wie sie mittlerweile typisch für ihn war. Die erste Seite des Albums endete mit einer überzeugenden Version von Ray Charles' »Hard Times« und dem einfältigen Rock 'n' Roll »Hound Dog«, der mit brummigen Stimmeffekten von Roger Forrester garniert war.

Die zweite Seite begann mit »No Alibis«, einem Stück, das gut in die Poplandschaft gepaßt hätte, in der sich von Elton John bis Hüsker Dü bereits zahllose Kollegen tummelten. George Harrison war auf »Run So Far« zu hören, einem Song, den man vergessen konnte und der gnädigerweise bald in das folgende Stück, »Old Love«, mündete. Clapton haderte hier zum letztenmal mit seinen Gefühlen für Pattie Boyd. Er erweckte dabei den Eindruck, Boyds Trennung von ihm habe ihn völlig überrascht und in tiefe Verzweiflung gestürzt. Zusammen mit der düsteren Trägheit des Stücks wirkte der Text jedoch lediglich larmoyant und sentimental. Ein Kritiker nannte Clapton darauf eine »feige Memme«. Immerhin war »Old Love« auf Anhieb als ein typisches Clapton-Stück zu erkennen. Der nächste Song, »Breaking Point«, hätte dagegen ohne Abstriche auch auf ein Album von Huey Lewis gepaßt. Es folgte mit »Lead Me On« ein absurdes, fast schon absichtlich banales Liedchen, ehe Clapton mit Bo Diddleys »Before You Accuse Me« zum Schlußsprint ansetzte. Die Nummer glich einer ausgelassenen Party und führte den Meister zurück zu seinen Wurzeln.

Angesichts der Unzahl von Gastauftritten, Soundtracks, Auszeichnungen und Samplern war es dem Publikum kaum aufgefallen, daß Clapton schon seit einer kleinen Ewigkeit keinen neuen Song mehr geschrieben hatte. (Die Plattenfirma Polygram erreichte einen ungeahnten Tiefpunkt, als sie mit *Time Pieces* eine Anthologie diverser Sampler auf den Markt brachte.) Auch auf *Journeyman* zeichnete er nur für zwei von zwölf Titeln verantwortlich, für die er obendrein einen Co-Autor bemüht hatte. Doch erwies sich die Platte trotzdem als kommerziell äußerst erfolgreich – ein harmloses Vergnügen für über eine Million Fans. Am Mißlingen der Platte war Claptons Mangel an Courage schuld. Obwohl es auf der LP auch ein paar anspruchsvolle Stücke gab, hatte er weitgehend auf Schlafzimmerballaden und altmodische Rockschlager gesetzt und Höhenflüge anscheinend bewußt vermieden. Niemand mochte bezweifeln, daß er sich redlich Mühe gegeben hatte, doch war er schlecht beraten, die aufwendige Produktion ausschließlich in den Dienst naiver Pseudogefühle und eines Stils zu stellen, der bereits bessere Tage gesehen hatte. Es fehlte ihm an dem Willen, die Stücke mit Leben zu füllen, statt dessen hatte er die biederen Arrangements lediglich mit Gitarrensoli bestückt. *Journeyman* war ein Sedativ, ein zuweilen befriedigendes Medley der bewährten Spielarten Rock, Pop, Jazz und Blues, für Clapton jedoch bedeutete diese Platte eine Schande.

1989 überwies Marshbrook 629 763 Pfund an Clapton, fast vierzig Prozent mehr als im Vorjahr. E. C. Music machte einen Gesamtumsatz von 153 576 Pfund, davon gingen 95 000 Pfund wiederum an Clapton. Das Geld kam ihm gelegen, hatte er doch während seiner erfolgreichen Jahre einen recht kostspieligen Geschmack entwickelt. Er mußte nicht nur die Unterhaltskosten für Hurtwood Edge aufbringen, auch ein Ferienhaus auf Antigua und Lori Del Santos Doppelapartment in New York wollten bezahlt sein. Er sammelte noch immer schnelle Autos und teure Designerkleidung. Doch erschien er inzwischen in der Öffentlichkeit manchmal außergewöhnlich schlicht und bemerkenswert durchschnittlich gekleidet. Am 5. November 1989 besuchte Clapton eine Guy-Fawkes-Feier in Ripley Green. Noel Chelberg erinnert sich: »Er kam allein, und sein arg zerknautschter grüner Mantel ließ den gewohnten Rockstar-Schick vermissen.« Mittlerweile genoß Clapton in seiner Gemeinde den Status eines Heiligen. Den Rückgang seiner Reputation auf den internationalen Bühnen kompensierte er, indem er sich noch eifriger um die Belange seiner Kommune kümmerte. Auf diesem Gebiet war er, wie Duncan Caine feststellt, »anderen Stars haushoch überlegen«. Ohne daß er darum viel Wirbel machte, ließ er örtlichen Wohlfahrtsverbänden regelmäßig großzügige Spenden zukommen. Er war für jedermann in Ewhurst oder auf der High Street von Ripley ansprechbar und verteilte bereitwillig Autogramme und freundliche Worte. Vier Tage nachdem Clapton mit den Rolling Stones in Atlantic City aufgetreten war, betrat er für ein Weihnachtskonzert die Bühne des Ex-Serviceman's Club in Chiddingford und spielte für ein paar Hundert Dorfbewohner, denen er glücklich versicherte: »Dies ist der schönste Abend meines Lebens.«

Seit 1984 hatte sich Clapton nicht nur für Kricket, sondern auch für die attraktiven weiblichen Zuschauer dieser Sportart begeistert. Und 1989 verschrieb er sich nicht allein einer typisch englischen Lebensweise, er erregte damit unweigerlich auch das Interesse der Regenbogenpresse, einer eher unerfreulichen britischen Institution. Die Klatschkolumnisten waren erstmals während des langen Abschieds von Pattie Boyd auf den Rockstar aufmerksam geworden. »Die Zeitungen schrieben darüber... das tat wirklich weh, denn erst da wurde mir bewußt, daß mein Privatleben Gegenstand des öffentlichen Interesses war. Man sagt, was man schwarz auf weiß hat, kann man getrost nach Hause tragen, aber man glaubt allmählich auch, was man da liest.«

Als sich 1989 die Kunde von Claptons Scheidung verbreitete, durchstöberten Journalisten Stapel alter Zeitungen und Fotos, um die vergleichsweise zivilisierte Trennung auszuschmücken und aufzubauschen. Doch Clapton wurde auch öffentlicher Beistand zuteil; besonders die Boulevardblätter *Daily Mail* und *Express* gaben sich wohlwollend. Gleichwohl verachtete Clapton die meisten Reporter. Gelegentlich würdigte er den gesamten Berufsstand zu »Tieren« herab, und für *Journeyman* hatte er einen Song mit dem Titel »Murdoch's Men« aufgenommen, der jedoch nie veröffentlicht wurde. Weitgehend ungetrübt war lediglich sein Verhältnis zu den Journalisten der amerikanischen Musikpresse, die sich in der Hauptsache auf seine Arbeit konzentrierten und sich um sein Privatleben nicht kümmerten.

Die englischen Zeitungen *Sun* und *Daily Mirror* hatten weit weniger Skrupel. Am Ende des Jahrzehnts waren Neuigkeiten über Claptons Privatleben ein fester Bestandteil der Klatschspalten beider Blätter. So hielt sich hartnäckig das Gerücht einer Affäre mit Grace Jones. Doch während er mit der Sängerin lediglich gesellschaftlichen Umgang pflegte, schien die Beziehung zu dem italienischen Fotomodell Carla Bruni ernster zu sein. Clapton und Bruni, die eine gewisse Ähnlichkeit mit der ebenfalls grazilen dunkelhaarigen Lori Del Santo hatte, verbrachten in Europa, auf Hurtwood Edge und in Amerika fast den ganzen Herbst 1989 miteinander. Doch bereits Weihnachten, als Clapton ihr Mick Jagger vorstellte, schien es aus. Dankbar griff die Presse eine Bemerkung von Jerry Hall auf, der zufolge Bruni mit fliegenden Fahnen zu Jagger übergelaufen sei. Die Sache spitzte sich im Juli 1992 zu, als Klatschreporter Mick Jagger an der Seite von Carla Bruni in diversen Hotels in London, Rom, Mailand, New York, Los Angeles und, besonders exotisch, im Amanpuri in Phutek, Indien, gesichtet haben wollten. Das Thema kochte noch einmal kurz auf, denn Jerry Hall wies in einem Werbespot zweideutig darauf hin, ihr Gatte habe eine Vorliebe für »italienische Pasta«. Doch drei Monate später söhnte sich das Paar aus, und die ganze schlüpfrige Geschichte war vergessen.

Während Mick Jagger schon seit langem ein Dauergast in den Klatschkolumnen war, bedeutete für Clapton die dreiste Schnüffelei in seinen Privatangelegenheiten eine mehr oder minder neue Erfahrung. Er reagierte darauf mit einer Mischung aus Furcht, Ekel und Gleichgültigkeit. Bisweilen bemühte er sich darum, gute Miene zum bösen Spiel zu machen, lag ihm doch sein öffentliches Image sehr am Herzen. »Clapton hat sich«, so Dave Markee, »danach gesehnt, ohne die verzerrende Einflußnahme der Fleet Street mit den Leuten zu reden.« Forrester indes befürwortete Auftritte in Sendungen wie *The South Bank Show* schon deshalb, weil die Karriere seines Schützlings dadurch in schmeichelhafterem Licht erschien. Den bekanntermaßen skrupellosen Vertretern der Pressezunft begegnete das Gespann jedoch weiterhin mit Mißtrauen. Wenn sich Clapton auf die nervenaufreibende Prozedur eines Interviews rechtzeitig einstellen konnte, war er ein entspannter und gewandter Gesprächspartner, der sich nur dann zur Wehr setzte, wenn er eine Frage für zu aufdringlich oder zu persönlich erachtete. Seine erfolgreiche öffentliche Profilierung seit 1985 machte jede Anstrengung, sich der Aufmerksamkeit der Medien zu entziehen, ohnehin zu einem aussichtslosen Unterfangen.

Steve Judson, ein Fan, überliefert eine Episode, die sich im Januar 1990 im Metropole Hotel in Birmingham zugetragen hat und die Claptons Fähigkeit, »mit den Leuten direkt zu sprechen«, unterstreicht. Der Star tauchte dort am Abend des 14. Januar auf, »sehr freundlich, offen und bescheiden«. Der Unterschied zwischen dem prominenten Clapton und der Privatperson war enorm. Nachdem er sich davon überzeugt hatte, daß Steve Judson allein war, erklärte er sich bereit, »ziemlich freimütig und ausführlich« über seine Musik zu reden. Normalerweise hätte es wahrscheinlich Monate gedauert, um über sein Management einen Gesprächstermin zu vereinbaren. Judson gewann den Eindruck eines »entspannten und bescheidenen« Menschen, »der eine chronische Angst vor plumper Vertraulichkeit« hatte, lieber über »seine Qualitäten als Performer denn über private Dinge« sprach und sich bitter über die Voreingenommenheit gewisser Pressevertreter beklagte.

Claptons Konzertreihe in der Albert Hall ging bereits ins vierte Jahr. In den Medien stellte sich eine gewisse plumpe Vertraulichkeit, um nicht zu sagen Respektlosigkeit ein. Langeweile schien um sich zu greifen. Die seriösen Tageszeitungen *Times* und *Guardian* schickten zwar ihre Kritiker zu den Konzerten, doch lästerten diese nur über den »großen alten Herrn des britischen Blues« und die »Rocklegende aus den 60er Jahren, die ihrem Spitznamen ›Gott‹ eigentlich nie gerecht geworden war«. Clapton wiederum hielt mit seiner Meinung über Klatschreporter und Scheckbuchjournalisten nicht hinter dem Berg, womit er natürlich bei vielen Angehörigen dieser Spezies unweigerlich in Ungnade fiel. Im scharfen Kontrast zu seiner Selbsteinschätzung als ernsthafter Musiker war er längst zu einem Zirkuspferd geworden, das mit dem Risiko leben mußte, von der mächtigen Lobby der Showbiz-Reporter fallengelassen zu werden. Clapton provozierte mit seiner Verachtung der Branche Rachegelüste und Ignoranz auf der anderen Seite, die hartnäckig darauf bestand, er sei ein alter »Langweiler«.

Doch erwies sich dieses harsche Urteil im Fall seiner jüngsten Konzertreihe, die im Januar begann und achtzehn Konzerte umfaßte, als denkbar unpassend. Jeweils sechs Gigs bestritt Clapton mit einer vier- bzw dreizehnköpfigen Band, an drei Abenden gab es Blues, und bei den restlichen drei Auftritten begleitete ihn das National Philharmonic Orchestra (Clapton hatte sich im November des Vorjahres mit einer orchestrierten Version von *Edge Of Darkness* auf dieses Ereignis vorbereitet.) Zum erstenmal seit drei Jahren präsentierte er ein neues Repertoire; Clapton hatte auf Kosten von Songs wie »Forever Man« oder »Behind The Mask« einige der Stücke von *Journeyman* ins Programm genommen. Außerdem fiel auf, daß er sich auf der Bühne viel aggressiver gab. Mit breitem Grinsen feuerte er seine Musiker an und fand sichtlich Gefallen an dem glamourösen Image, das er seinen Fans zu verdanken hatte. Der Zeitschrift *Guitar World* verriet er: »Ich denke nicht daran abzutreten. Ich will in der ersten Reihe stehen. Vielleicht war mir das in den 60ern egal, heute jedoch nicht mehr.«

Je nach Lust und Laune fiel das musikalische Resultat solchen Begehrens ansprechend und schwungvoll oder ansprechend und ein bißchen lendenlahm aus. Die Abende mit Orchesterbegleitung markierten auf dieser Skala den Tiefpunkt. Clapton und Michael Kamen waren unüberhörbar auf eine spezielle Abart musikalischer Eitelkeit hereingefallen und bewiesen ein für alle Mal, daß die Kombination aus Rock und Klassik live einfach nicht funktioniert. Auch wer den Auftritten mit vier oder dreizehn Begleitmusikern beiwohnen durfte, erlebte Clapton in höchst unterschiedlicher Form. Wenn er bei Standards wie »Layla« in ein übertrieben manieriertes, gepreßtes Brummeln verfiel, als wollte er mit Mundwasser gurgeln, beschlich das Publikum das Gefühl, er habe endgültig das Interesse an dem Stück verloren. Sein Gitarrenspiel klang häufig ebenso uninspiriert und mechanisch. Nur an den Abenden, die dem Blues gewidmet waren, übertraf sich Clapton, begleitet von Kollegen wie Robert Cray, Buddy Guy und Jonnie Johnson, scheinbar mühelos selbst. Insbesondere Robert Cray übte einen wohltuenden Einfluß auf ihn aus und verwandelte den hochgeschätzten graubärtigen Künstler noch einmal in einen Musiker, der sich mutig dem guten alten R & B stellte. Zwar hatte ein Großteil des Materials bereits in den 60ern das Licht der Welt erblickt – die Qualität variierte folglich mit den jeweiligen Komponisten und Originalinterpreten dieser vergangenen Ära –, trotzdem verlieh Clapton den Stücken mit seinem Spiel frischen Glanz und neue Größe. Vor allem »Have You Ever Loved A Woman« und das Robert-Cray-Stück »Same Thing« verdienten Lob und Beifall.

Während die ebenso entspannten wie intensiven Bluesabende zu den Höhepunkten der Konzertreihe zählten, waren die orchestrierten Auftritte im Dinnerjacket und mit wirr toupierten Haaren ein Abstieg ohnegleichen. Zwischen den Requisiten seiner erklärten Neigung zur »Exklusivität« – Xylophone, Pikkoloflöten und Waldhörner – wirkte er verloren und schielte immer wieder verunsichert in die Richtung von Michael Kamen. Er erweckte den Eindruck, so der *Guardian*, »versehentlich auf der falschen Bühne gelandet zu sein«. Der Plan Mitschnitte dieser achtzehn Konzerte als *Four Faces Of Eric Clapton* auf den Markt zu bringen, wurde schnell verworfen. Die Fans mußten sich mit *Journeyman* und der Single »Bad Love« begnügen, die als Sammlerstück mit zwei bunten Postkarten und der Skizze eines Clapton-Stammbaums erschien.

Clapton tourte anschließend durch Skandinavien, Europa und Amerika. Das erste Konzert dort fand am 28. März im Omni von Atlanta statt. Außerdem absolvierte er einen Gastauftritt bei *Saturday Night Live*; in New York wurde er als »lebende Legende« ausgezeichnet; in Los Angeles gesellte sich George Harrison zu ihm auf die Bühne. Dies waren die Höhepunkte einer erfolgreichen Tournee. Obwohl Clapton nicht bei allen Gigs gleich gut war, langweilte er sein Publikum nicht einen Moment. Dafür sorgte schon die Band, vor allem der beeindruckende Ray Cooper. Wer es indes vorzog, sich ausschließlich auf Spiel und Gesang des Meisters selbst zu konzentrieren – dazu zählten zum Beispiel die Kritiker –, glaubt mit den Worten des *Weekly*, »schon beinah Volksfeststimmung« zu spüren, »wenn Clapton sich melodischen Spielereien hingab, die vergangene Heldentaten vermissen ließen«. Es mag kleinlich anmuten, wenn nicht nur diese Pressestimme vermerkte, daß sein Instrument »kläglich« abgemischt war. Gleichwohl gelang es dem Gitarristen auch diesmal nicht, den Eindruck zu zerstreuen, daß man bei einem Clapton-Konzert eigentlich nur einer Einmannband lauscht. Im Gegenteil, er unterstützte dieses Vorurteil sogar, wie er *Guitar World* gegenüber einräumte. Der *Rolling Stone* befand, daß es wohl keinem anderen Solomusiker gelungen sei, sich so zum Mittelpunkt der Aufmerksamkeit zu machen. Folglich lag es auf der Hand, daß der Erfolg oder Mißerfolg eines Konzertes ausschließlich daran gemessen wurde, ob Clapton versagte oder nicht. Die Leistungen von Ray Cooper und den anderen sah man lediglich als Humus, auf dem zuweilen erlesene Pflänzchen gediehen.

Zwischen dem ersten und zweiten Teil der Tournee genehmigte sich Clapton einen Monat Urlaub auf Antigua. Zumindest wurde er dort im Juni gesichtet, auch wenn Anzahl und Identität seiner Begleiterinnen den Medien diesmal verborgen blieben. Die Affäre mit Carla Bruni hatte ein Ende gefunden, und sein Verhältnis mit Michelle Pfeiffer war noch Zukunftsmusik. Ein Muskelpaket mit unter der linken Achsel verdächtig ausgebeultem Jackett hielt jedermann von weiterreichenden Ermittlungen ab. Die Öffentlichkeit erfuhr lediglich, daß »irgend jemand« mit Clapton in dessen Haus außerhalb von St. John lebte und ihn zum Hummeressen ins Strandhotel begleitete, wo er – dies sei nebenbei bemerkt – auf den landesüblichen Rum verzichtete. Clapton ließ verlauten, er habe eine »Schwäche für Frauen« und ziehe diese Männern eindeutig vor; die Spekulationen in der Presse kommentierte er mit den Worten: »Man will mich anscheinend unter die Haube bringen«.

Sicher ist nur, daß Clapton die Nähe von Frauen suchte – was nicht unbedingt, wie er Sue Lawley gegenüber sagte, im Bett enden mußte. Möglicherweise gab es für diese Einschränkung jedoch auch Gründe, über die er bisher geschwiegen hatte. Clapton war stets berüchtigt dafür, daß seine Gefühle Frauen gegenüber ambivalenter Natur waren. Wie viele seiner Freunde meint auch Pete Brown: »Eric fühlt sich vom anderen Geschlecht bedroht.« Clapton hatte nicht mal seine Adoleszenz erreicht, als Matthew Wood bereits erkannte, daß er »seine Mutter krankhaft haßte«. Philip Solly erinnert sich, daß er immer nur »über ihre Schwächen« sprach. Sehr viel später zeigte es sich, daß er sich Charlotte Martin und Alice Ormsby-Gore gegenüber äußerst altmodisch verhielt und ohne Unterlaß auf seine männliche Überlegenheit pochte. Pattie Boyd bezeichnete ihn gar als ausgemachten Chauvinisten. Man darf wohl behaupten, daß Clapton die Frauen brauchte, um einen lähmenden Mangel an Selbstvertrauen wettzumachen. Das Schicksal traf ihn hart, als seine Mutter ihn im Stich ließ; der frühe Verlust prägte die Entwicklung seiner Persönlichkeit und machte ihn zu einem viel einsameren, isolierteren und mißtrauischeren Menschen als etwa Matthew Wood oder Philip

Solly. Mütterliche Fürsorge und Liebe, für andere Kinder eine Selbstverständlichkeit, blieben ihm versagt. Clapton kompensierte dieses Manko zunächst, indem er Frauen aus dem Weg ging. Als er zum Rockstar aufgestiegen war, sammelte er sie wie Trophäen. Er sammelte sie, wie er auch andere Dinge sammelte. Obwohl er sich nur selten ohne Blondine oder ohne ein italienisches Fotomodell im Schlepptau blicken ließ, hielt er bei seinen Affären voller Überzeugung an den Sitten und Gebräuchen sowie den sprachlichen Gepflogenheiten fest, die er sich in der Kindheit angeeignet hatte. Er hatte früh ein perfektes System entwickelt, um zwischen sich und den Frauen den gebührenden Abstand zu wahren, und nur Pattie Boyd war es gelungen, ihm wirklich nahezukommen. Einen lockeren Umgang pflegte er allenfalls mit seinen Haustieren – der beste Freund seiner Kindheit war ein Hund –, wo er seinen Gefühlen freien Lauf lassen konnte.

Clapton wirkte auf viele Frauen unwiderstehlich verletzlich und verloren, und so manche sah eine persönliche Herausforderung darin, seine Reserviertheit zu durchdringen. Wenn er offensichtlich allen Grund hatte, es sich gutgehen zu lassen, stellte sich unweigerlich das Gefühl ein, auf dem absteigenden Ast zu sein – einer der sonderbarsten Widersprüche in seinem Leben. Clapton war wohlhabender denn je, er wurde bewundert und umsorgt wie nie zuvor, und trotzdem hatte er noch nie so pessimistisch in die Zukunft geblickt wie zu dieser Zeit. Obwohl er nie zuvor so viele Freiheiten genossen hatte, erweckte er den Eindruck, in der Falle zu sitzen. Selbst die grausamen Medien zollten ihm darauf bereitwillig ihr Mitgefühl. »Ich glaube, die Journalisten haben echtes Mitleid mit mir«, erklärte er dem *Rolling Stone*. An anderer Stelle sprach er von der unstillbaren Sehnsucht nach weiblicher Fürsorge und davon, daß Frauen *wenigstens* von ihm schwanger werden sollten. Eine Frau mit dem bizarren Namen Baroness Manga-Moarea Cefalu machte sich diesen Wunsch zunutze, indem sie behauptete, ein Kind von ihm zu erwarten, und einen Anwalt beauftragte, eine Vaterschaftsklage anzustrengen, während sie mit einem Kissen unterm Kleid kreuz und quer durch Europa tingelte.

Clapton kehrte gerade rechtzeitig aus Antigua zurück, um an dem wichtigsten Rockereignis des Jahres, dem Nordoff-Robbins-Wohltätigkeitskonzert in Knebsworth, teilzunehmen. Zwanzig Jahre zuvor hatte er seinen Namen mit dem »Concert For Bangladesh« zum erstenmal in den Dienst einer guten Sache gestellt, wenngleich sich sein Engagement damals in Grenzen hielt. Es mag ungerecht anmuten, die Motive eines Menschen in Frage zu stellen, der sich oft und gern von seiner großzügigen Seite zeigte, doch wie Jonathan King glaubte manch einer, einen unübersehbar melodramatischen Zug bei Claptons alljährlichen Gefühlsausbrüchen für irgendein humanitäres Anliegen auszumachen. Kritische Geister vermuteten hinter seinen ergreifenden Verlautbarungen und emotionsgeladenen Appellen die selbstgefällige Falschheit eines Schaumschlägers und Gelegenheitsschauspielers, der sich aufplusterte, indem er sich im Gefolge eines guten Zwecks billig ins öffentliche Gedächtnis rief.

Aber vielleicht lagen die Dinge ganz anders, und Clapton nahm lediglich jede Gelegenheit wahr, live aufzutreten, denn nichts bedeutete ihm soviel wie die Nähe zu seinem Publikum. Man darf nicht vergessen, daß er in einer Zeit, als andere Veteranen der 60er Jahre ihre Auftritte auf eine gelegentliche Gala oder ein von langer Hand vorbereitetes Großereignis beschränkten, allem Anschein nach noch immer denselben Gefallen an Shows und Tourneen fand wie in seiner Jugend. 1990 gab er insgesamt 112 Konzerte. Und kaum hatte er die Bühne von Knebworth verlassen, probte er auch schon für die Fortsetzung seiner Amerika-Tournee, die am 23. Juli in Miami begann.

Einen Monat später kamen der Gitarrist Stevie Ray Vaughan sowie drei Mitglieder aus Claptons Gefolge, Bobby Brooks, Nigel Browne und Colin Smythe, nach einem Auftritt in Alpine Valley bei einem Hubschrauberabsturz ums Leben. Die Medien machten viel Wind darum, daß Clapton Unglücksfälle anscheinend geradezu magisch anzog, und setzten völlig an den Haaren herbeigezogene Versionen in Umlauf, denen zufolge er angeblich wegen irgendwelcher Vorahnungen auf seinen Platz im Helikopter verzichtet hatte. Clapton schilderte James Henke den tatsächlichen Hergang der Ereignisse: »Wir hatten einen Convoy von etwa fünf Hubschraubern, und auf dem Rückweg mußten sie durch mehr als dreißig Meter dichten Nebel aufsteigen. Als wir endlich durch die Suppe durch waren, nahmen wir Kurs auf Chicago. Nach unserer Ankunft bin ich sofort ins Bett gegangen. Gegen sieben Uhr morgens hat mich mein Manager geweckt und mir gesagt, daß der Helikopter mit Stevie Ray und den anderen noch immer nicht angekommen sei. Kurze Zeit später entdeckte irgend jemand das Wrack der Maschine. Das war alles.«

Clapton und Forrester berieten sich mit dem Rest der Band, und alle kamen überein, die Tour fortzusetzen, nachdem Clapton zuvor an der Beerdigung von Nigel Browne in London teilgenommen hatte. Als der Schock über Stevie Ray Vaughans Tod allmählich nachließ, war es an den Repräsentanten der Presse, darüber zu spekulieren, warum anscheinend ausgerechnet Clapton Gewalt und Tod anzog. Jimi Hendrix und Greg Allman, Keith Relf und Carl Radle, Rick Grech und nicht zu vergessen Jim Gordon – die Todesrate in seinem Freundes- und Kollegenkreis war bemerkenswert hoch. Bobby Whitlock trifft den Nerv, wenn er davon spricht, daß »Erics Leben überschattet war . . . Es sieht ganz so aus, als wäre er zum Leiden geboren, so wie ein Vogel zum Fliegen oder ein Fisch für das Wasser.« Und George Terry gibt zu bedenken, daß der Verlust so vieler Menschen bei einem Menschen, der ohnehin zeitlebens zu Melancholie neigte, »wohl kaum zu einem ausgeglicheneren Charakter beitrug«. Niemand jedoch, nicht einmal die naivsten Anhänger Schwarzer Magie, wäre deshalb auf die Idee gekommen, daß es gefährlich sein könnte, sich in Claptons Nähe aufzuhalten (obwohl man Carl Radles Tod durchaus mit dem Lebensstil, den er sich durch den Einfluß seines Freundes angeeignet hatte, in Verbindung bringen könnte). Doch schien es sein Los zu sein, daß ihm das Schicksal immer wieder böse mitspielte. Angesichts dessen war es verständlich, daß er sich gelegentlich abkapselte und die Einsamkeit suchte.

Als ein Jahr nach Stevie Ray Vaughans Tod Claptons alter Freund Bill Graham auf dieselbe Weise ums Leben kam, schien sich das düstere Gemälde noch weiter zu verfinstern und das Verhängnis seinen unabänderlichen Lauf zu nehmen. Doch gab es auch noch andere Gründe für Claptons pessimistische Einstellung dem Leben gegenüber. »Jeden Tag geht mir irgend etwas schwer an die Nieren«, erzählte er einer Zeitschrift. Manchmal jedoch drohte seine Melancholie in Selbstmitleid umzuschlagen. Dennoch hatte der einst ebenso geltungssüchtige wie willensschwache Charakter eine Reihe erfreulicher und positiver Fortschritte gemacht. So erkannte er: »Ich habe überlebt, und deshalb trage ich eine gewisse Verantwortung.« Als Jimi Hendrix 1970 starb, hatte er sich dem Gefühl hingegeben, »schrecklich allein zu sein«; sein Rückzug aus dem Geschäft sowie ein rasanter Abstieg mit fast tödlichem Ausgang waren die Folge gewesen. Zwanzig Jahre später kommentierte er den Tod eines Menschen, mit dem er noch kurz zuvor auf der Bühne gestanden hatte, mit den kargen Worten: »Keiner weiß, wie lange er leben wird . . . und es ist eine Gnade, wenn man weitere vierundzwanzig Stunden geschenkt bekommt.« Ein Journalist, der ihn in *beiden* Lebensphasen sehr gut kannte, sagt: »Eric ist im Alter von vierzig Jahren erwachsen geworden, inzwischen kann er Leid akzeptieren, ohne gleich durchzudrehen. Er hat zwar länger als andere dafür gebraucht, aber er hat es geschafft.«

Von den Staaten aus führte die Tournee weiter nach Südamerika, Australien, den Fernen Osten und Japan. Ein schwindelerregender Erfolg am 13. Dezember in Yokohama krönte die ausgedehnte Konzertreise. Außerdem warb er mit einer Neuaufnahme von »Bad Love« für die Automarke Honda. (Später wurden auch »Layla« und »I Feel Free« durch Werbung »geadelt«, und noch heute ist Pete Brown wegen des Mißbrauchs von »I Feel Free« außer sich vor Wut.) Der Ertrag aus den Tourneen, Soundtracks, Werbespots und den Tantiemen von *Journeyman* war gewaltig. Mißt man seinen Marktwert am Umsatz seiner Firma, so hat Clapton von seinem Direktorenposten bei Marshbrook immens profitiert. Im Jahr 1990 verdiente er insgesamt 5 097 553 Pfund, fast zehnmal mehr als 1989. Er wurde damit zu einem der höchstbezahlten Angestellten Großbritanniens. Das Unternehmen Marshbrook, in dem die Tochterfirma E. C. Music unterdessen aufgegangen war, machte einen Umsatz von 11 253 343 Pfund, wobei allein acht Millionen aus den Vereinigen Staaten kamen. Der Reingewinn betrug damit insgesamt 6 459 133 Pfund. Clapton fand sich endlich auf dem Gipfel, den vor ihm nur die Stones und die Ex-Beatles erklommen hatten.

Noch immer war Claptons Leben anfällig für sonderbare Zufälle und Widersprüche, und deren bemerkenswertester offenbarte sich just in dem Augenblick, als er den Status des Multimillionärs erreicht hatte. Derselbe Mann, der jahrelang eine Vorliebe für ausgefallene Kleidung gehabt hatte, erklärte plötzlich, daß »seine Leidenschaft für Mode nachgelassen habe«, und betonte seine Zugehörigkeit zur Arbeiterklasse. In mancherlei Hinsicht ungewöhnlich bescheiden und äußerst großzügig in seiner Unterstützung der einfachen Leute, erwies er sich als ein Virtuose der Verstellung. Ein befreundeter Musiker, der Clapton Weihnachten 1990 in London traf, erzählt: »Eric behauptete, pleite zu sein, und sprach mit einem aufgesetzten Gorblimey-Akzent.« Und David Rees weiß zu berichten, daß auch die Rolle des »soliden Handwerkers« zu Claptons Repertoire gehörte. Bobby Whitlock schließlich bestätigt, daß er schon in den Tagen von Derek And The Dominos einen verdrehten Snobismus an den Tag gelegt hat.

Ende des Jahres weilte Clapton wieder auf Hurtwood Edge, bezauberte die Dorfbewohner und herzte Babies wie ein Politiker im Wahlkampf. Hartnäckig bestritt er, wohlhabend zu sein, wenngleich er ein florierendes Unternehmen sein eigen nannte. Journalisten waren nach einem Interview aufrichtig angetan von seiner Bescheidenheit, und alle Portraits betonten seine angenehme und zurückhaltende Art. Eine Frau, die in der Newark Lane in Ripley lebte, zeigte sich allerdings weniger beeindruckt. Ihrer Meinung nach verfolgte Clapton nur ein einziges Ziel, wenn er sich mit den Leuten unterhielt: »Er wollte in ihren Augen glänzen«, weil er damit seine Unsicherheit kompensierte. Der Mann, den alle Welt am Ziel seiner Wünsche wähnte, sah sich selbst immer noch als Opfer eines folgenschweren Schocks, den er als Kind erlitten hatte.

10

Die Legende

In den 50er Jahren machten Bill Haley und die anderen Rock 'n' Roller, deren rebellische Haltung mehr versprach, als sie hielt, die Popmusik zu einer Domäne der Teenager. Es war einfach unvorstellbar, daß jemand über Zwanzig, von Dreißig ganz zu schweigen, Popmusik hörte. Das Musikgeschäft lebte von der Improvisation, die späteren Marketing- und PR-Techniken waren noch unbekannt. Vierzig Jahre danach waren die Geschäftsmethoden nicht nur ausgereifter, sondern auch subtiler, war das Musikbusineß eher bestimmt von marktwirtschaftlichem Kommerzdenken, als daß es eine Form von Opposition darstellte. Das Klima war günstig für »Oldies«, Mainstream-Rocker und New-Age-Apostel, deren Produkte wieder und wieder auf den Markt geworfen wurden, auf Kosten frustrierter neuer Talente. Eine Industrie, die lange Zeit auf die rebellische Jugend gesetzt hatte, gab sich plötzlich seriös und entdeckte die »Erwachsenen« als Zielgruppe. Dazu paßten, wie Adam Sweeting meint, »die zahlreichen Wiederveröffentlichungen alter Titel, edel aufgemachte Monatsmagazine, die sich ausgiebig der Rockgeschichte widmeten und Anzeigen für Autos und Stereoanlagen brachten, sowie die einschläfernde ›Unplugged‹-Konzertreihe, mit der die ursprüngliche Kraft der Rockmusik systematisch verwässert wurde.«

Clapton und sein Management hatten diese Entwicklung begriffen und nutzten sie auf brillante Weise aus. Irgendwann nach dem Live-Aid-Konzert muß es Roger Forrester gedämmert haben, daß sich auch mit einem regelmäßigen Ausstoß von Wiederveröffentlichungen, Anthologien, Best-of- und Live-LPs Geld verdienen ließ, anstatt sich dem Zwang auszusetzen, ständig neues Material herauszubringen. Zwischen 1966 und 1976 hatte Clapton – größtenteils im Studio – elf Alben produziert, im darauffolgenden Jahrzehnt sechs. Seit 1986 nun mußte sich das Publikum mit den knapp vier-

Ruth Kelly (geboren am 11. Januar 1985) mit ihren Eltern (*Rex*)

Clapton, Conor und Lori del Santo (*Rex*)

Clapton zusammen mit Mick Jagger. Das Angebot, bei den Stones einzusteigen, hat Clapton immer wieder abgelehnt. (*Syndication International*)

»Ich habe nun mal eine Schwäche für schöne Frauen.«
(von links oben nach rechts unten)
Clapton mit Marie Helvin (*Rex*), Jilly Johnson (*Syndication International*), Yelitza Negrete (*Rex*) und Susannah Constantine (*Rex*)

(oben)
28. März 1991 (*Rex*)

Bei seinem ersten Auftritt in der Öffentlichkeit nach Conors Tod zeigte sich Clapton mit Tatum O'Neal. (*Rex*)

Gemeinsam mit Phil Collins, der für zwei erfolgreiche, wenn auch untypische Alben Claptons verantwortlich zeichnet (*Rex*)

Orchester-Abende (*Rex*)

Mit Ian Botham tauschte Eric Clapton symbolisch eine Gitarre gegen einen Kricketschläger. (*Rex*)

Clapton mit Lady Di bei der Premiere von *Rush* (*Press Association*)

Ein ganz normaler Engländer mit seiner Gitarre (*Rex*)

(die folgende Seite): Die Herzogin von York und Clapton – dessen Verkleidung als »Invisible Man« einige als unfreiwillige Komik empfanden – warten auf den Start der London-Monte Carlo-Rally. (*Press Association*)

Clapton gemeinsam mit Bob Dylan im Madison Square Garden. Laut Pete Brown gab es nur zwei adäquate Worte für diesen Auftritt: »intelligent« und »würdevoll«. (*Rex*)

zig Minuten Musik von *Journeyman* begnügen. Und obwohl Clapton weiterhin durch seine Live-Auftritte bestach, konnte man sich des Eindrucks nicht erwehren, daß ihm nicht mehr viel Neues einfiel. Seine Karriere beruhte auf einer Neuaufbereitung altbekannter Rezepte. Er war tatsächlich »der große alte Mann« geworden, wie ihn *The Times* zum Auftakt seiner Konzertreihe in der Royal Albert Hall genannt hatte. Ein allseits geschätzter, älterer Profi, der mit jedem Jahr besser in die viktorianische Konzerthalle zu passen schien, die er fast zu seinem zweiten Zuhause machte.

Am 5. Februar 1991 eröffnete Clapton in diesem Haus eine Reihe von vierundzwanzig aufeinanderfolgenden Konzertabenden. Er hatte die Programmstruktur des vorigen Jahres beibehalten. Die dreizehnköpfige Band war um vier Musiker reduziert und die Orchesterabende auf sechs verdoppelt worden. Wenn er mit seiner Begleitband, die aus Nathan East, Steve Ferrone, Greg Phillinganes, Phil Palmer, Ray Cooper und dem Pianisten Chuck Leavell bestand, in Hochform spielte, dann setzte Clapton bei seinen Soli zu wahren musikalischen Höhenflügen an. Die Abende mit Orchester enttäuschten jedoch, sein Spiel wirkte müde und lustlos. Auf seine Stimme konnte er sich jedoch stets verlassen. Sie hatte sich im Laufe der Jahre zu einem vollen, kräftigen Organ entwickelt und nichts mehr mit dem Genäsel seiner Jugend gemein.

Das unvermeidliche Live-Album, *24 Nights*, kam im Herbst heraus. Obwohl die angebliche Spontaneität der Aufnahmen betont wurde (»Dies ist eine Live-Aufnahme«, hieß es auf dem Cover, »kein Overdubbing, keine Kosmetik«), hatte man *24 Nights* aus den Konzerten zusammengestellt, die Clapton 1990 und 1991 gegeben hatte. So kam es, daß die Aufnahmen von »Badge« und dem auf dem Album folgenden »Running On Faith« dreizehn Monate auseinanderlagen. Zwischen den beiden Stücken begrüßt Clapton das Publikum. Die Zuhörer, die nach einem Song rufen, sind nicht unbedingt dieselben, die am Ende applaudieren. Dennoch gab es auch zufriedenstellende, ja geradezu mitreißende Momente auf *24 Nights*, wie etwa das Solo auf »White Room« oder Claptons Gesang auf »Bell Bottom Blues«. Das Album enthielt auch eine aufs Wesentliche reduzierte und bewegende Version von »Wonderful Tonight«. Allzu selten jedoch ließ sich jenes Gespür für Rockmusik erahnen, mit dem Clapton seine ersten Chart-Erfolge erzielt hatte. Die durchgehend gedämpfte, ja gemächliche Stimmung dürfte all diejenigen irritiert haben, die auf die für Cream so typischen kraftvollen Akkorde gehofft hatten. Statt etwas zu wagen, unterhielt Clapton aus irgendeinem Grund sein treues Publikum in der Royal Albert Hall lieber mit geschmackvoll arrangierten, aber faden Versionen seiner Klassiker und bombastischen Orchesterabenden.

In einer der Kritiken zu *24 Nights*, die im *Musician* erschien, hieß es, das Album sei »schlecht konzipiert und schwerfällig gespielt . . . das Produkt einer gelangweilten und müden Band, das dank einiger Momente gerettet wird, in denen man einen Hauch von Inspiration spürt«. Dem *Guardian* erschien die LP »wunderlich und gekünstelt«. Clapton schloß sich diesen Meinungen überraschenderweise an. »Heute ist mir klar, wie erschöpft ich damals gewesen bin«, erzählte er James Henke. »Ich war ein ganzes Jahr auf Tournee gewesen, und mir wurde einfach alles ein bißchen zuviel . . . Wir mußten unser Niveau teilweise ziemlich runterschrauben, um für *24 Nights* eine halbwegs gute Auswahl an Songs zusammenzubekommen.« Wenn man bedenkt, daß es sich um Claptons erstes Album seit zwei Jahren und das erste Live-Album seit zehn Jahren handelte, bot es eine recht fragwürdige Mischung. Allein fünf Songs stammten aus dem Album *Journeyman*, zwei weitere hatte man schon auf Claptons letztem Konzertmitschnitt *Just One Night* hören können, und erstaunlicherweise fehlte »Layla« auch dieses Mal. Der Verdacht, daß *24 Nights* nichts anderes als ein schamloser Versuch war, aus der bedingungslosen Loyalität alter Clapton-Fans und deren Finanzkraft Kapital zu schlagen, wurde durch die Veröffentlichung einer »Limited Edition« nur noch verstärkt. Diese Edition bestand aus zwei CDs, einem Skizzenbuch mit Zeichnungen und »weiteren Memorabilien, per Hand eingeklebten Fotos«, einem Essay von Derek Taylor, diversen Badges, Backstage-Pässen und Plektrums. Das Ganze kam, von Clapton signiert, für 225 Pfund in den Handel. Die Einnahmen aus diesem Projekt, zu dem auch ein Video produziert wurde, sowie aus Claptons Back-Katalog beliefen sich auf eine Summe von 3 867 124 Pfund, die Marshbrook an Clapton zahlte. Dazu kamen 115 971 Pfund von E. C. Music, also insgesamt wesentlich geringere Gewinne als im Jahr 1990, aber immer noch genug, um Clapton abermals einen Platz auf der Liste der bestbezahlten Firmenchefs in England zu sichern.

Danach revanchierte sich Clapton bei Buddy Guy und Johnnie Johnson, die mit ihm in der Albert Hall gespielt hatten, indem er bei ihren Alben als Gast mitwirkte. Mitte Mai schloß er sich den beiden an, um auf Richie Samboras LP *Stranger In This Town* zu spielen. Dem *Rolling Stone* verriet Clapton, daß solche Rollen nicht immer ganz einfach sind: »Sambora hat mich wirklich in Verlegenheit gebracht. Es war ein Alptraum. Ich hatte einen wirklich reizenden, enthusiastischen Brief von ihm bekommen und war echt gerührt, er hat mein Ego aufgebaut . . . Ich kam also ins Studio, und er überreichte mir ein Geschenk, eine massive, zwölfsaitige Taylor-Gitarre mit meinem Namen versehen . . . und dann ließ er das Band laufen, und ich habe sofort gemerkt, daß ich mit dieser Sache total überfordert war. Der Song war völlig anders, als ich erwartet hatte, und ich mußte mich erst einmal setzen und dann das Letzte aus mir herausholen, um die Sache irgendwie hinzukriegen ... so kann man seinen Ruf natürlich bestens ruinieren.«

Für den Rest des Jahres wollte Clapton eigentlich Ferien machen. Seit Juni 1989 war er unablässig auf Tour gewesen, durch Amerika, Europa, Skandinavien, den Mittleren Osten, Japan und Afrika. Er war mit Elton John und den Rolling Stones aufgetreten, hatte bei Wohltätigkeitskonzerten gespielt und zwei Konzertreihen in der Albert Hall absolviert, mit denen er alle Rekorde brach. Immer öfter wurde die Meinung laut, daß Clapton sich zuviel zumutete und Roger Forrester ständig bedrängte, ihm noch mehr Arbeit zu verschaffen, obwohl selbst der Manager nichts dagegen gehabt hätte, sich eine Zeitlang zurückzulehnen und die Tantiemen zu zählen. Forrester hatte stets darauf geachtet, daß Clapton nicht zu oft in denselben Hallen und Stadien spielte (die Albert Hall blieb die Ausnahme), so daß die Fans nicht den Eindruck bekamen, ihn zu häufig zu sehen. Als Clapton schließlich beschloß, sich für eine Weile zurückzuziehen, war er ein geschätzter, von allen verehrter Künstler, dem niemand es verübelte, daß er eine Pause einlegen wollte.

Doch diese Pläne wurden am 20. März 1991 auf tragische Weise durchkreuzt, als Claptons Sohn Conor bei einem Sturz aus dem dreiundfünfzigsten Stockwerk des Galleria-Building in New York ums Leben kam. Am Tag zuvor hatte Clapton mit seinem Sohn den Ringling Brothers-Zirkus besucht. Ein Freund der Familie, Ed White, sagt, daß »Eric ein Jahr lang nicht arbeiten wollte, um diese Zeit mit seinem zu Sohn verbringen.« Ein Nachbar aus Ewhurst meint: »Er hatte ständig Gewissensbisse, weil er meinte, er würde sich nicht genug um den Jungen kümmern.« Es war eine schreckliche Ironie des Schicksals, daß Conor sterben mußte, gerade als sein Vater, nach viereinhalb Jahren der Vernachlässigung, den Entschluß gefaßt hatte, viel mehr Zeit als bisher mit ihm zu verbringen und ihm näherzukommen.

Seit Beginn des Jahres war Claptons Interesse an seinem Sohn gewachsen. Er begann sich in Gesprächen und Briefen immer häufiger über ihn zu äußern. Auch seine Beziehung zu Lori Del Santo, die weiterhin das Sorgerecht für das Kind hatte, verbesserte sich. Sie hatte sich mit Conor und dem italienischen Tycoon Silvio Sardi in dem Doppelapartment in der East 57th Street, das Clapton für drei Millionen Dollar erworben hatte, häuslich eingerichtet, behielt aber weiterhin ihre Häuser in Mailand und London. Clapton flog Mitte März nach New York, um Lori Del Santo und seinen kleinen Sohn zu besuchen. Die Nachbarn sahen Conor des öfteren in einem Armani-Sweatshirt in der chrom- und marmorverzierten Empfangshalle des Galleria-Building herumtollen. Evelyn de Maria, die ebenfalls im Gebäudekomplex wohnte, sagte: »Er war eines dieser Kinder, die man sofort ins Herz schließen muß.«

Die Sensationspresse berichtete geradezu atemlos über den Unfall, dessen Ursache in einer verhängnisvollen Kombination von Fahrlässigkeit und kindlicher Neugier lag. Der New Yorker Polizei zufolge hatte eine Haushälterin beim Putzen der Wohnung eines der Panoramafester geöffnet, um das Schlafzimmer zu lüften. Das Kind lief im Schlafanzug in das Zimmer, kletterte auf den Fenstersims (es wurde darüber spekuliert, ob er dabei die Trapezkünstler, die er tags zuvor im Zirkus gesehen hatte, nachahmen wollte), verlor das Gleichgewicht und stürzte fast 230 Meter tief auf das Dach eines angrenzenden Gebäudes.

Wie sich herausstellte, gab es in der Wohnung keine Schutzgitter an den Fenstern, obwohl solche Gitter im Staat New York in allen Haushalten, in denen Kinder unter zwölf Jahren leben, Vorschrift sind. In der *Sun* erschien ein Aufmacher mit der Behauptung: »Dem völlig fassungslosen Rockstar Eric Clapton droht nach dem Todessturz seines Sohnes das Gefängnis . . . Eric Clapton muß mit einer einjährigen Gefängnisstrafe, einer Geldstrafe oder beidem rechnen . . . doch ein Angestellter der Stadtverwaltung meinte: ›Es ist ziemlich unwahrscheinlich, daß wir aus einer solchen Tragödie auch noch Kapital schlagen.‹« Es wurden auch niemals rechtliche Schritte gegen Clapton eingeleitet. Allerdings wirkte er einige Wochen später in einem Film zum Thema öffentliche Sicherheit mit, in dem er an die Verantwortung der Eltern appellierte und mit bewegenden Worten über den Verlust seines Sohnes sprach.

Clapton traf wenige Minuten, nachdem Lori Del Santo ihn über den Tod von Conor informiert hatte, am Unfallort ein. Seine persönliche Beschreibung der Ereignisse, die er sechs Monate später James Henke gab, ist ergreifend und ehrlich zugleich.

»Ich konnte es einfach nicht glauben . . . ich hielt mich in einem Hotel auf, als es passierte, in derselben Straße, nur zehn Wohnblocks entfernt. Das Telefon klingelte, und als ich abnahm, war Lori am Apparat. Sie war völlig hysterisch und sagte, Conor sei tot. Ich dachte nur, das ist doch unmöglich. Das ist doch absurd. Und ich sagte: ›Ist das wahr?‹ . . . Und dann war es, als würde man mir den Boden unter den Füßen wegziehen. Ich rannte die Straße runter zum Haus, und überall sah ich die Ausrüstung der Sanitäter, den Notarztwagen und die Polizeiwagen . . . irgendwie hat mich das verändert. Ich übernahm Verantwortung. Kurz darauf begann ich, Treffen der Anonymen Alkoholiker zu besuchen, und sprach offen darüber.«

Conor Clapton wurde am 28. März auf dem Friedhof von St. Mary Magdalen in Ripley begraben. Zu der Trauergemeinde gehörten Clapton, in dunklem Anzug und mit Sonnenbrille, Pattie Boyd, George Harrison und Phil Collins. Die Abordnungen der Presse waren auch ohne Einladung gekommen und lieferten sich hinter den Absperrungen, die direkt neben dem Grab errichtet worden waren, ein lautstarkes Gerangel. Reverend Christopher Elson las aus dem Markus-Evangelium 10, 13–16. Anschließend nahm er sich den Fotografen der *Sun* und einen Reporter von *Hello!* vor und wies sie mit aller Entschiedenheit in ihre Schranken. »Viele Leute waren über den Mangel an Respekt bestürzt und fühlten sich beleidigt«, sagte Clapton. »Aber das hat mich in meiner Trauer nicht im geringsten berührt.« Als sich die Trauerprozession auf den Weg nach Hurtwood Edge begab, nahm sich Clapton die Zeit, einer Frau aus der Nachbarschaft für ihre Beileidsbekundung seinen Dank auszusprechen. Sie hatte nach dieser Begegnung den Eindruck, daß »Eric auf keinen Fall zeigen wollte, wie sehr er Conor vermißte. Alles ging seinen gewohnten Gang. Doch wir im Dorf wurden das Gefühl nicht los, daß er den Menschen verloren hatte, der sein Leben am meisten geprägt hatte.«

Unter denen, die ihr Beileid aussprachen, waren auch Keith Richards, John Mayall, Jack Bruce und Ginger Baker, ebenso Prinz Charles und Mitglieder der Kennedy-Familie. Doch es trafen auch anonyme Briefe ein, in denen Clapton vorgeworfen wurde, er trage die Schuld am Tod seines Sohnes. Darüber hinaus erhielt er viele teilnahmsvolle Briefe von Frauen, die jedoch zum Teil auch eindeutige Angebote enthielten. Clapton meinte dazu: »Ein bestimmter Frauentyp sah es wohl als Möglichkeit an, mit mir in Kontakt zu kommen, vielleicht wollten sie mir aber auch wirklich etwas Gutes tun. Ich bekam Briefe, in denen es hieß: ›Ich habe eine vierjährige Tochter. Wir würden gerne bei dir einziehen, um dir zu helfen, ein neues Leben zu beginnen.‹«

Fast alle, die Clapton Briefe schrieben, waren sich allerdings in dem Punkt einig, daß es »das Schicksal besonders auf Eric abgesehen hat«, wie es Linda Chandler formulierte. In der Tat hatte er schon oft mit dem Verlust ihm nahestehender Menschen fertig werden müssen. Allein im Jahr zuvor waren Rick Grech, Stevie Ray Vaughan, Bobby Brooks, Nigel Browne und Colin Smythe unerwartet gestorben. Am 21. März, also einen

Tag nach Conors Unfall, starb auch Leo Fender, der Instrumentenbauer, dessen Gitarre er berühmt gemacht hatte. Es sprach für Claptons neugewonnene Reife, daß er trotz dieser schweren Schicksalsschläge in den folgenden Monaten weder zum Alkohol noch zu Drogen griff. Einer Frau, die ihn in Hurtwood Edge besuchte, erschien »Eric sehr ruhig und zurückhaltend. Es war einfach seine Art, damit umzugehen.« Clapton selbst sprach später davon, daß »es mir angst machte, weil ich nicht genug zu leiden schien. Ich begab mich schließlich in therapeutische Behandlung, um dieses Problem besser zu verstehen.«

Mitte des Sommers wagte sich Clapton wieder in die Öffentlichkeit. Er wurde in Wimbledon mit Tatum O'Neal fotografiert (was Gerüchte über eine Affäre schürte) und mit Cher bei einem Abendessen (dito). Im September, sechs Monate nach Conors Tod, kehrte Clapton nach New York zurück. Er hatte einen Makler mit dem Verkauf von Hurtwood Edge beauftragt, das seit zweiundzwanzig Jahren sein Zuhause gewesen war. Doch aufgrund des Verkaufspreises von zwei Millionen Pfund (das Fünfzigfache dessen, was Clapton 1969 bezahlt hatte) blieb das Interesse gering. Nach neun Monaten wurde die Immobilie wieder vom Markt genommen. Danach beschloß Clapton, sein Besitztum komplett zu renovieren und neu zu möblieren. In der Zwischenzeit erwarb er ein Sechs-Zimmer-Haus in der Old Church Street in Chelsea. Tim Rice meinte nach einer Besichtigung: »Geschmackvoll, aber mit 1,5 Millionen Pfund doch ziemlich überteuert.« In New York wohnte Clapton bei Freunden, in Hotels oder im Galleria-Building, wo zu seinen Nachbarn Placido Domingo, Luciano Pavarotti, Frank Sinatra, Billy Joel und Bob Dylan zählten.

Sofort nach Conors Tod hatte Clapton wieder angefangen, Songs zu schreiben, auch als eine Art von Therapie. Daneben nahm er den Auftrag an, Songs für den Film *Rush* zu schreiben, nach einem Roman von Kim Wozencraft, der von einem Rauschgiftfahnder handelt, der selbst drogenabhängig wird. (»Ich hatte den Film gesehen und war von dem zurückhaltenden, dokumentarischen Stil beeindruckt«, so Clapton.) In Los Angeles nahm er insgesamt fünfzehn Stücke auf, darunter im September einen Song, der für Claptons späteres Werk ähnlich bedeutsam werden sollte, wie es »Crossroads« oder »Layla« für die frühere Phase gewesen sind. »Tears In Heaven«, das zuerst auf dem Soundtrack zu *Rush* erschien, war der endgültige Beweis dafür, daß Claptons Stimme und sein Talent für eingängige Melodien ebenso zu seiner Popularität beitrugen wie sein Gitarrenspiel.

Als *24 Nights* im Oktober erschien, fielen die Besprechungen gemischt aus. Wie schon auf den LPs *Rainbow Concert* und *E. C. Was Here*, über die man bestenfalls sagen konnte, daß Clapton sich redlich bemüht hatte, klang auch hier alles durchweg routiniert und noch dazu allzu vertraut. Noch im selben Monat gab Clapton bekannt, daß er eine Japan-Tournee mit George Harrison plane, was sicher einer der Gründe war, weshalb er auf dem Cover des *Rolling Stone* erschien. Clapton wirkte »gesund und entspannt«, »rauchte ununterbrochen und trank Kaffee«, beantwortete »ohne zu zögern jede Frage«. Er sprach vor allem über die Gegenwart, weniger über seine teilweise turbulente Vergangenheit. Über seine Freundschaft mit George Harrison sagte er: »Wir haben immer miteinander geredet. Mitunter waren diese Gespräche ziemlich LSD-geprägt und sehr abgehoben, so eine Art von kosmischem Gerede, vor allem von George. Als ich mit Pattie zusammenlebte, tauchte er von Zeit zu Zeit auf. Einmal kam er vorbei, und wir waren alle ziemlich high. Irgendwann wurde die Stimmung dann feindselig . . .« »Sie werden also auf der Tournee auch ›Layla‹ spielen?« »Ja (lacht). Das war immer ein Stein des Anstoßes.«

Möglicherweise sagte Clapton nicht ganz die Wahrheit, als er behauptete, daß er die Japan-Tournee »bestimmt nicht aus finanziellen Gründen« mache. Die fünf Konzerte in Osaka und Tokio waren nämlich äußerst einträglich. Und die Auftritte waren keinesfalls so improvisiert, wie er im *Rolling Stone* angekündigt hatte. Im November fand sich Clapton zusammen mit George Harrison und einer größeren Gruppe von Musikern und Background-Sängerinnen für die Proben in den Bray Studios ein. Laut Steve Judson herrschte dort eine »freundliche, aber überaus professionelle Atmosphäre«, in der Clapton George Harrison dominierte, der »immer kleiner wurde«. Wie bereits 1990 machte Steve Judson auch jetzt wieder die Entdeckung, »wie nett und natürlich« Clapton war, wenn er sich entspannen konnte. Obwohl um ihn herum während der Proben manchmal das Chaos herrschte, blieb Clapton ruhig und hilfsbereit. Judson wurde versprochen, daß er in Japan »Access to all Areas« erhalten würde, und so fand er sich später mit Clapton beim Frühstück wieder, wo er mit ihm über den Auftritt am Abend zuvor plauderte und über die seltsame Neigung des japanischen Publikums, Rockkonzerte wie einen Gottesdienst zu zelebrieren.

In Japan brachte man Musikern wie Clapton und Harrison Bewunderung und Respekt entgegen, etwas, das Harrison bei seiner letzten Amerika-Tournee 1974 sicherlich schmerzlich vermißt hatte. Mehr als zehn Jahre lang hatte Roger Forrester die alljährliche Winter-Tournee durch

Asien minuziös organisiert. Für zwei alte Helden wie Eric Clapton und George Harrison war es also der ideale Ort, um sich den Fans zu zeigen (schon am Flughafen wurden sie – wie einst die Beatles – von Menschenmassen verfolgt), wo sie auf angenehme Weise von ihrem alten Glanz profitieren konnten und einen Set mit vielen der alten Lieblingsstücke spielten. (Trotz Claptons Ankündigung war »Layla« allerdings nicht vertreten, wohl aber »Something«, »Wonderful Tonight« und »Old Love«.) Das Publikum reagierte euphorisch, die Presse zeigte sich zumindest beeindruckt. Selbst ein Kritiker wie Ben Elliott, der Claptons letzte Veröffentlichungen ausgesprochen ungnädig beurteilt hatte, mußte zugeben, daß die Konzerte »ganz schön mitreißend« waren und »handwerklich besten Pop« boten. 1979 hatte Clapton in Tokio die Live-LP *Just One Night* aufgenommen und damit einen Karriereschub ausgelöst. Zwölf Jahre später gelang George Harrison mit der LP *Live In Japan* das gleiche Kunststück. Wie bei Claptons Album handelte es sich um eine kreative Mogelpackung, die aus Note für Note reproduzierten Klassikern bestand. Aber man spürte auch hier, wie sehr der Künstler sein Publikum im Griff hatte.

Zu Claptons Projekten und Ideen gehörten anscheinend auch eine unendliche Anzahl von neu abgemischten Alben und Live-LPs, darunter die angedrohten Nachfolger zu den *Rainbow*- und *E. C.-Was-Here*-Alben. Mit diesen beiden Alben, aber auch mit *24 Nights* und den Live-Versionen von »Wonderful Tonight« und »Edge Of Darkness« war Clapton so präsent wie eh und je, obgleich man hätte einwenden können, daß doch längst wieder einmal Zeit war für ein Album mit neuen Studioaufnahmen.

Doch das wahre Talent von Eric Clapton und seinem Manager bestand gerade darin, altes Material auf einzigartige Weise neu aufzupolieren. Niemand konnte eine ähnliche Palette von Gastauftritten, Aufnahmen mit anderen Musikern, Überarbeitungen alter Hits und spontanen Projekten vorweisen wie Clapton. Es war absehbar, daß er über kurz oder lang zwangsläufig auch die Konzertreihe *Unplugged* ins Visier nehmen würde.

Am 16. Januar 1992 traf Clapton mit seiner Band in den Bray Studios ein (für das Publikum hatte Johnnie Walker von Radio 1 gesorgt) und spielte einige Songs von *Journeyman*, aus dem Repertoire der Dominos (»Layla« und »Nobody Knows You«), aber auch Altbewährtes wie den »San Francisco Bay Blues«, den er bereits vor dreißig Jahren im Richmond Green Park gespielt hatte. »Tears In Heaven« war ebenfalls dabei. Nachdem Sue Lawleys den Song noch im selben Monat in ihrem Radioprogramm vorgestellt hatte, wurde er als Single veröffentlicht (auf der B-Seite gab es eine Live-Version von »White Room«) und kletterte schließlich auf Platz 2 der Hitparade.

»Tears In Heaven« erschien parallel dazu auf *Rush*. Das Lied war Eric Claptons Requiem für seinen Sohn. Die Wirkung des Songs hatte zumindest teilweise sentimentale und nicht musikalische Gründe. Sämtliche Zutaten von »Tears in Heaven« – der Text, die zurückhaltende Melodie – verwiesen auf Claptons Talent, Songs zu schreiben, die im Gedächtnis haften blieben. Das Stück, zugleich Klagelied und der Versuch, mit der eigenen Schuld fertig zu werden, wurde als musikalisches Meisterwerk gefeiert. Die Zeitungen druckten überschwengliche Leserbriefe, Rabbiner und Pfarrer bezogen sich in ihren Predigten auf den Text. Clapton erhielt Hunderte von Briefen, in denen ihm gratuliert wurde. Die Plattenverkaufszahlen und Kritiken waren schon beeindruckend genug, aber noch mehr überraschte es Clapton, welche Wirkung der Song auf die Hörer ausübte. Viele der Briefe, die in Hurtwood Edge und im Harley House eintrafen, kamen von Eltern. Eine Frau schrieb an *The Times*, daß »Tears In Heaven« ihr dabei geholfen hätte, über den Verlust ihres Sohnes hinwegzukommen. Richard Putt, Chef eines Bestattungsunternehmens, berichtete, daß »Tears In Heaven« häufig bei Beerdigungen gespielt wurde.

Doch es gab auch anderslautende Meinungen. Trotz des ernsten Themas und ungeachtet der Tatsache, daß Clapton es offensichtlich ernst meinte, wurde »Tears In Heaven« von manchen Kritikern mit Skepsis, ja Abscheu aufgenommen. Ex-Kollegen von Clapton nannten »Tears In Heaven« peinlich, quälend, geschmacklos, scheußlich und zynisch. Ein ehemaliger Musiker der Yardbirds sagte: »Daß er den Song geschrieben hat, ist verständlich. Daß er ihn aufgenommen hat, logisch. Aber daß er ihn als Single veröffentlicht hat, ist einfach nur unglaublich peinlich.« Einige zogen Parallelen zu »Layla« – ein früheres Beispiel dafür, daß Clapton eine überaus persönliche Erfahrung öffentlich gemacht hatte – und äußerten die Vermutung, daß er in beiden Fällen manipuliert worden sei. »Irgend jemand muß die Entscheidung für die Veröffentlichung getroffen haben, als Eric noch völlig verstört war«, meint Chris Dreja. »Meiner Meinung nach hätte das auf keinen Fall passieren dürfen.«

Das *Unplugged*-Album wurde gleich nach seinem Erscheinen bei Publikum und Kritik ein enormer Erfolg. Innerhalb eines Jahres wurden sechs Millionen Exemplare verkauft. *Unplugged* war die Krönung von Claptons Karriere. Angefangen von dem mitreißenden Zusammenspiel auf »Rollin' And Tumblin'« über den Gesang auf »Running On Faith« bis zu dem schlichten, aber unvergeßlichen Refrain von »Lonely Stranger« hatte Clapton für diesen Live-Mitschnitt seine besten Songs aus dem Archiv geholt. Es gab auch eine Version von »Nobody Knows You«, die sich anhörte wie aus dem Jahr 1961. Die Arrangements der Stücke erinnerten an die besten Zeiten der frühen Rockmusik, ohne jedoch altmodisch zu wirken. Die Band zeigte sich spielfreudig und verzichtete auf überflüssige Schnörkel. Ein Kritiker wies allerdings zu Recht darauf hin, daß Clapton, im Gegensatz etwa zu Stephen Stills oder Richard Thompson, ein Gitarrist war, dessen wahres Können sich erst bei dem elektrischen Angriff auf die Sinne entfaltete, den es auf *Unplugged* eben zu vermeiden galt. Sein bescheidenes Spiel auf der akustischen Gitarre war nur ein Abklatsch seiner elektrisch verstärkten Virtuosität. Aber was seine Hingabe und sein Songmaterial betraf, gab es nur wenige Konzerte, die mehr Intensität besaßen. Bemerkenswert war Claptons schlichte Erscheinung. Er trug einen dunklen Anzug und – zum erstenmal vor einem Publikum – eine Brille.

Bleibt die Frage, warum sich Clapton dazu entschloß, *Unplugged* als Platte zu veröffentlichen. Der Diskjockey Johnnie Walker berichtet, daß Roger Forrester lediglich davon sprach, »darüber nachzudenken«, ob man die Sessions nach der eigentlichen MTV-Ausstrahlung veröffentlichen sollte. Und da sieben Monate vergingen, bis *Unplugged* in die Läden kam, kann man davon ausgehen, daß Roger Forrester sich mit der Sache eingehend beschäftigt hat (zufälligerweise erschien das Album gerade noch rechtzeitig, um in die Nominierungsliste für die Grammies des Jahres 1993 aufgenommen zu werden). Eric Clapton selbst meinte zu *Unplugged* und »Tears in Heaven«: »Mein Publikum wäre überrascht gewesen, wenn ich nicht in irgendeiner Weise auf Conors Tod reagiert hätte . . . Ich wollte es nicht vor den Kopf stoßen und es von meinem Kummer ausschließen. Durch *Rush* bot sich mir diese einmalige Gelegenheit. Ich konnte Songs schreiben, die meine Gefühle ausdrückten, und sicher sein, daß sie schon bald darauf veröffentlicht und somit auch vernommen würden.« Der dritte im Bunde, Warner Brothers Records, mußte natürlich nicht erst lange überredet werden; der Werbeaufwand für *Unplugged* war enorm. Die Glaubwürdigkeit und Direktheit, mit der die Abgründe im Leben eines Menschen beschrieben wurden, und die Art, wie Clapton diese Ängste aufzeigte, bedeuteten eine Rückkehr zu seinen frühen Themen. Und doch: daß mit der Verwirrung und der Verletzlichkeit Claptons ein Geschäft gemacht wurde, läßt den Verdacht aufkommen, daß einige der für die Veröffentlichung von *Unplugged* verantwortlichen Herren Claptons Trauer nur ausnutzten.

Es folgte eine ausverkaufte Tournee durch Großbritannien, deren Höhepunkt Eric Claptons sechstägige Konzertreihe in der Royal Albert Hall bildete. Er führte das *Unplugged*-Format weiter und nahm fünf akustische Nummern in sein Programm auf. Daß Clapton seinem Publikum so überraschend schlicht und ehrlich gegenübertrat, bedeutete jedoch nicht, daß er die kommerziellen Aspekte aus den Augen verlor. Im März 1992 nahm er mit Elton John »Runaway Train« auf, im April mit Sting »It's Probably Me« sowie weiteres Material für *Lethal Weapon III* (»Brennpunkt L. A. – Die Profis sind zurück«). Außerdem absolvierte er fünf Live-Konzerte mit Elton John in London und in den USA.

Sein wichtigstes Projekt in diesem Jahr war allerdings eine Amerika-Tournee. Schon bald wurde deutlich, daß zu seinem hohen Ansehen nun auch ein Sympathiebonus hinzukam. Selbst die Kritiker, die ihn bislang ignoriert oder abgelehnt hatten, schrieben überwiegend positiv und stets voller Respekt. Die Öffentlichkeit sah in Clapton eine einsame, tragische Gestalt, was jedoch nur zu einem Teil der Wahrheit entsprach. Die Tournee begann am 25. April in Dallas und zeigte, worin seine Anziehungskraft wirklich lag. In den zweistündigen Auftritten bewies er sein feines Gespür für gute Melodien, bot eine Kombination aus erstklassigem Rock, Bluesstandards und maßgeschneidertem Pop und verlieh seinem Repertoire jene Tiefe, die er in seiner Teenagerzeit von den alten Meistern des Blues gelernt hatte. Als er in Miami den ersten Teil seiner Tournee beendete, hatte er über eine Viertelmillion Fans mit seinen Konzerten begeistert.

Nach Auftritten in Europa, unter anderem beim Montreux Jazz Festival, kehrte Clapton im August für den zweiten Teil seiner Tournee in die Staaten zurück. Manche fühlten sich an die Bluesbreakers erinnert, als Clapton mit kurzgeschorenem Haar, ernstem Gesicht und einem gewissen Abstand zu seiner Band auftrat. Anderen fiel auf, daß er sich diesseits und jenseits des Atlantik jeweils anders präsentierte. In Pittsburgh oder Chicago gab er sich von der Kleidung und Sprache her wie ein Amerikaner, in Birmingham und London durch und durch englisch. In der Albert Hall schienen seine Witze spontan, während seine Scherze am 6. September im Tacoma Dome klangen, als würde er sie von einem Teleprompter ablesen. Der Schwerpunkt des Programms lag auf konservativem Pop-Rock, professionell gespielt, wenn auch manchmal selbstgefällig, aber oft inspiriert und immer spannend. Clapton absolvierte seinen Auftritt in Tacoma mit einer derart stoischen Miene, daß man den Eindruck gewann, er wäre überall lieber als auf dieser Bühne. Das Konzert bot jedoch neben einer kompetenten und zufriedenstellenden Greatest-Hits-Collection auch noch neues Material.

Drei Tage später nahm Eric Clapton in Los Angeles den MTV-Preis für das »Beste Video« für »Tears In Heaven« entgegen. Er spielte den Song auch live. Besucher, die sich im Pauley Pavillon hinter der Bühne aufhielten, waren von seinem Anblick erstaunt, ja sogar schockiert. Clapton kam in einem elektrischen Golf-Cart in die Halle, trug eine Brille und ein Tweed-Jackett. Auf Alan Wineberg, einen der Bühnenarbeiter, wirkte er, als wäre er »in einem Jahr um zehn Jahre gealtert«. Natürlich war Clapton mit seinen fast achtundvierzig Jahren kein junger Mann mehr. Sein Haarschnitt, die Brille und das Lehrerjackett paßten nicht schlecht zu einem Mann, der, was das Rockgeschäft betraf, nun schon fast zu den Senioren zählte. Seine Fans, die mit ihm älter geworden waren, bildeten eine besondere Zielgruppe. Sie waren etabliert, verdienten gut und schätzten eine aufwendige CD-Box nicht nur wegen des musikalischen Inhalts, sondern auch wegen der Aufmachung. Daß Clapton mit seinem Publikum zusammen älter geworden war, kam seiner Musik sogar eher zugute, war er doch durch die Kompositionen von sechzig- oder siebzigjährigen Bluesmusikern inspiriert worden. Und vielleicht hatte Clapton auch erst jetzt die nötige Reife, um mit seinen Vorbildern mithalten zu können.

Mit der MTV-Feier begann ein Prozeß, der Clapton zu einer Legende machte. Sein Ruhm war ungebrochen. Die Trophäen und Preise flogen ihm nur so zu. Darüber hinaus besaß Clapton ein ungewöhnlich ergebenes und treues Publikum. Er wurde – vielleicht nicht ganz zu Recht – mit anderen großen tragischen Künstlerfiguren wie Robert Johnson verglichen, auch wenn man nicht vergaß, darauf hinzuweisen, daß seine Kompositionen im Gegensatz zu denen Johnsons zeigten, daß Tragisches durchaus mit einer gewissen Oberflächlichkeit einhergehen kann. Die Art und Weise, wie Eric Clapton strahlend und winkend im Pauley Pavillon stand, ließ vermuten, daß er seinen Kummer nun mit einem gewissen Gleichmut hinnahm und daß er ein bewunderndes Publikum hinter sich wußte. Die Neuveröffentlichung von »Layla«, die im Oktober des Jahres erschien, landete dennoch lediglich auf Platz 45 der Charts.

Im Herbst besuchte Clapton eine Party anläßlich des fünfundzwanzigjährigen Jubiläums des *Rolling Stone*, wo er sich sehr lang – manche fanden übermäßig lang – mit Yoko Ono zurückzog. Große Beachtung fand sein Auftritt bei der Gala, die zu Ehren Bob Dylans im Madison Square Garden stattfand. Seine Versionen von »Don't Think Twice« und »Love Minus Zero« ließen etwas von Claptons universeller Anziehungskraft spüren. Nach Pete Browns Urteil, der die Live-Übertragung in London sah, »reichte keiner der anderen Musiker, nicht einmal Dylan, an ihn heran. Es war unglaublich . . . Kaum hatte man sich damit abgefunden, daß Erics Musik nichtssagend und glatt geworden war, spielte er plötzlich wie Freddie King. Es gibt nur zwei Worte, mit denen man das richtig beschreiben kann: intelligent und würdevoll. Die Wirkung war erstaunlich, weil keiner damit gerechnet hatte.« Dick Heckstall-Smith, der sich das Ereignis ebenfalls im Fernsehen angesehen hatte, meinte: »Man fragt sich nur, warum er dieses Niveau nicht durchweg halten konnte. Das ist das Rätselhafte an Clapton.«

Noch in derselben Woche, in der Eric Clapton das Publikum in New York begeistert hatte, besuchte er den Ball des Chelsea Arts Club in der Albert Hall, wo er wie abwesend durch die Gegend lief. Einer der Gäste, Terry Gill, hatte den Eindruck, als »sei er völlig weggetreten«. Diese beiden Eindrücke bringen kurz und knapp die Widersprüche in Eric Claptons Leben zum Ausdruck. Hier der asketische Künstler, dort der berühmte, wenn auch schwierige Star, der sich gerne auf Parties und in der Gegenwart schöner Frauen sehen läßt. Die Gäste des Chelsea Arts Club gewöhnten sich an den Anblick von Eric Clapton und seiner neuesten Flamme – niemals zweimal hintereinander dieselbe –, wenn sie aus der Old Church Street rüberkamen und auf die Bar zusteuerten, wo sie laut Terry Gill »ausschließlich Mineralwasser und Zigaretten konsumierten«. Eric Clapton konnte sich darauf verlassen, daß in diesem Club seine Privatsphäre einigermaßen gewahrt blieb, und wurde dort fast zu einer nächtlichen Institution. Zur Presse sickerte es nur sporadisch durch, wenn er sich dort aufhielt. Doch im großen und ganzen liefen seine Besuche im Chelsea unauffällig ab.

Ende des Jahres wurde Eric Clapton mit der Herzogin von York bei der Eröffnung eines Rehabilitationszentrums für Drogenabhängige gesichtet. Üblicherweise tauchen nach solchen Treffen die gängigen Spekulationen aus dem Umfeld der könglichen Familie auf, doch dieses Mal gab es nicht einmal Andeutungen. Allerdings verkehrte er auf bemerkenswert freundschaftliche Weise mit Diana, der Prinzessin von Wales, die seit seinem Auftritt beim Prince's Trust 1986 ein Fan Claptons war und ebenfalls zu den Stammgästen von Claptons Lieblingslokal, dem San Lorenzo, zählte. Vielleicht war es die Art und Weise, wie die Prinzessin mit Clapton umging, die einige Gäste des Lorenzo an mehr als bloße Freundschaft denken ließen. Es schien, als habe eine Art von Rollentausch zwischen dem Rockstar und der Adligen stattgefunden. »Sie tadelte ihn gerne, während Eric wie ein Schuljunge errötete«, berichtet eine Zeugin eines dieser Treffen. »Deshalb war der Gedanke nicht abwegig, daß sie vielleicht eine intimere Freundschaft pflegten.«

Ein Grund, weshalb Clapton sich immer mehr zur königlichen Familie hingezogen fühlte, waren die nostalgischen Gefühle, die er für das England seiner Jugendzeit hegte und die seiner Sehnsucht nach Traditionen und Wurzeln entsprangen. Daher gefiel es ihm natürlich, sich mit einer Frau wie der Prinzessin von Wales zu treffen. Die Prinzessin wiederum mag die Aufmerksamkeit eines Mannes genossen haben, den sie amüsant fand und der ihr schmeichelte. Ein Armeeoffizier, der beide kennt, bleibt dabei, daß »es sich um eine enge Freundschaft handelt, die der Presse völlig entgangen ist. Zwischen den beiden hat sich sicherlich etwas abgespielt, und das Lorenzo war ihr Treffpunkt. Man hat es ihnen einfach angesehen, es stand ihnen ins Gesicht geschrieben.«

Auf der langen Liste von Schauspielerinnen, Fotomodellen und anderen Frauen, mit denen Clapton wesentlich offener verkehrte, standen unter anderem Patsy Kensit, Annie Mayhew, Stephanie Beacham, Valerie Golino, Kathie Lloyd, Julia Smith, Marie Helvin, Davina McCall und Susannah Doyle. Es erschienen Fotos von ihm, so zum Beispiel beim Abendessen mit Lori Del Santo und beim Bummel durch Chelsea mit einer Frau namens Francesca Amfitheatrof. Auch zwei Jahre vor seinem fünfzigsten Geburtstag schien Clapton weiterhin das Leben auskosten zu wollen. Dazu paßte es, daß eine so exzentrische Erscheinung wie die Baroness Cefalu sich immer noch bitterlich darüber beklagte, daß Eric Clapton sie 1987 entjungfert habe. Und während sich auch nach wie vor Gerüchte hielten, Eric Clapton sei zumindest in seiner Jugendzeit gewissen Experimenten nicht abgeneigt gewesen (da war sowohl John Dunbar, der behauptete, daß er Clapton mit Mick Jagger im Bett erwischt habe, als auch Chrissie Shrimpton, Jaggers ehemalige Freundin, die Clapton als »bewußt schwul« bezeichnete, »der erste Mann, der seine Fingernägel lackierte und sich die Haare toupierte«), überwog doch die Meinung, daß er ein äußerst aktiver Heterosexueller war. Eric Clapton wahrte gegenüber den Frauen im Arts Club laut Terry Gill »eine altmodischen Haltung«. Die Schauspielerin Diana Rigg zeigte sich überrascht, mit welcher »Wärme« Clapton sie begrüßte, als sie sich bei einem Transatlantikflug kennenlernten. Chrissie Shrimptons Schwester Jean meinte, er würde auf das weibliche Geschlecht »äußerst attraktiv« wirken. Eine Frau, deren Job es in den 60er Jahren war, die Bedürfnisse der Rockstars zu befriedigen, meint, daß Clapton »ein hervorragender Liebhaber, aber kein Macho« gewesen sei, »eine ungewöhnliche Kombination für die damalige Zeit«. Und eine aktuellere Begleiterin beschreibt ihn als einen »Romantiker, der auf Kerzen und Musik« steht und »Frauen in schwarzer Spitzenunterwäsche liebt«, eine Behauptung, die durch die »astronomische« Rechnung für Unterwäsche in Janet Regers Laden bestätigt wird.

Sex war eine Sache. Wenn es jedoch um eine gefühlsmäßig erfüllte

Beziehung ging, machte Eric Clapton weiterhin nur unglückliche Erfahrungen. Etliche Monate lang sah man ihn als Begleiter der Schauspielerin Michelle Pfeiffer, und nicht nur ein Beobachter hielt die Sache für »vielversprechend«. Durch Michelle Pfeiffers aktuelle Rolle als Catwoman in *Batman Returns* (»Batmans Rückkehr«) war die Presse natürlich besonders neugierig. Seit Eric Claptons Scheidung hatten die Klatschkolumnisten alle seine Frauenbeziehungen mit Spannung verfolgt. Und so lag auf der Straße vor Claptons Haus ständig irgendein Fotograf auf der Lauer. Das Interesse ließ erst nach, als Michelle Pfeiffer mit der Begründung, sie wolle, »ohne bei einem Mann Zuflucht nehmen zu müssen, der mich wahnsinnig macht«, Mutter werden, ein Baby adoptierte und den Fernsehproduzenten David Kelley heiratete.

Die Affäre mit Michelle Pfeiffer war ungewöhnlich diskret verlaufen. Wesentlich öffentlicher geriet die Romanze mit Naomi Campbell. Am 11. Oktober 1992 berichtete die Zeitschrift *People* unter der Überschrift »Red Hot Eric's Playing It Cool«, das Paar habe vor, »das Rampenlicht künftig zu meiden, um sich besser kennenzulernen«, eine Entwicklung, die sich der allgemeinen Meinung nach sehr schnell vollzog. Zu dem Zeitpunkt, als Cream im Januar in die Rock And Roll Hall Of Fame aufgenommen wurden, dinierten Eric Clapton und Naomi Campbell zusammen im Bill Bouquet's, einem Restaurant, das in einem Hollywood-Führer – im Widerspruch zu ihrer Ankündigung – als »ein Ort zum Sehen und Gesehen werden« beschrieben wird. Am darauffolgenden Morgen gab die *Tribute* die Liaison zwischen dem »König des Rock« und der »Königin des Laufstegs« bekannt. Niemand ist sich ganz sicher, wann genau in diesem Frühjahr ihre Beziehung in die Brüche ging. In den darauffolgenden Monaten dementierten beide Parteien wiederholt eine angebliche Affäre. Im Mai berichteten die Medien bereits wieder über eine neue mysteriöse Schönheit, die mit Eric Clapton zusammen die Treppen zum San Lorenzo erklomm, während Naomi Campbell ihre Verlobung mit U2-Bassist Adam Clayton bekanntgab.

Bei allem Verständnis drängte sich doch langsam der Verdacht auf, daß Eric Clapton trotz seiner unglaublichen »Attraktivität« und »Wärme« einen unglückseligen Hang zu Fehlgriffen hatte, wenn es um die Wahl seiner Frauen ging. Der Mann, der von sich selbst behauptet hatte, er habe »über tausend Groupies flachgelegt«, näherte sich seinem fünfzigsten Geburtstag ohne feste Partnerin. Eric Clapton hat immer wieder behauptet, daß er sich in der Gesellschaft von Frauen wohler als in der von Männern fühlen würde. Aber das war nur die halbe Wahrheit. Denn eigentlich meinte Eric Clapton damit nur, daß er Frauen bevorzugte, die ihre traditionelle Rolle spielten und sich glücklich damit abfanden, die zweite Geige neben dem unbesiegbaren Rivalen, der Musik, zu spielen. Es traf wohl auch zu, daß Clapton von seinen Frauen und Geliebten eine Hingabe erwartete, zu der er selbst aufgrund seines eher kühlen Temperaments gar nicht fähig war. Clapton baute seine emotionalen Barrieren nur widerwillig ab. Wenn er behauptete, daß er sich ständig in Beziehungen wiederfände, »wo ich davonlaufen will«, dann zeigte das deutlich, daß all seine Affären von vornherein mit einer gewissen Distanz abliefen. Er glaubte daran, daß jede Beziehung seine Einsamkeit und Selbstzweifel nur noch verstärken würde. Es scheint eine plausible Erklärung seiner Schwierigkeiten zu sein, daß er sich nie mehr einer Frau wirklich hingeben wollte, weil die erste Frau in seinem Leben ihn enttäuscht hatte.

1993 mimte Eric Clapton den Frontmann einer improvisierten Band, die sich die Character Defects nannte und mit ihrem Auftritt die Anonymen Alkoholiker unterstützte. Unter den eintausend geladenen Gästen befanden sich auch Größen wie Anthony Hopkins. Clapton eröffnete das Konzert mit seinem altbewährten, aber immer noch verblüffenden »Hallo, ich bin Eric, und ich bin Alkoholiker«, und legte danach einen Auftritt hin, der das Publikum regelrecht mitriß. Ein Freund, der ungenannt bleiben möchte, meinte in der *Daily Mail*: »Eric weiß, daß er ohne AA heute möglicherweise nicht mehr leben würde. Und dafür möchte er sich irgendwie revanchieren.« Andere Beobachter waren wiederum der Meinung, daß Clapton, der ehrlich und offen seine Sucht eingestand, sein Engagement für die Drogenbekämpfung übertrieb. Für ihn war es zu einer zeitraubenden Leidenschaft geworden, zugunsten von Wohlfahrtsveranstaltungen aufzutreten, die mit Drogen- oder Alkoholproblemen zu tun hatten. So war es nicht verwunderlich, daß Clapton auch die Sparmaßnahmen der Regierung dafür verantwortlich machte, daß Organisationen wie das »Chemical Dependency Centre« bedroht waren. Ein gewisser Prozentsatz der älteren Clapton-Fans reagierte allerdings auf seine regelmäßigen Ausbrüche ungehalten, wenn es um Anliegen ging, mit denen sie sich nicht in dem Maße wie er selbst identifizieren konnten.

Zu den denkwürdigsten Episoden dieses für Clapton ohnehin sehr ereignisreichen Jahres zählte die vorübergehende Wiedervereinigung von Cream. Das Ereignis wurde von Roger Forrester erst achtundvierzig Stunden zuvor bekanntgegeben, obwohl er es über Monate von langer Hand geplant hatte, und fand in der Rock And Roll Hall Of Fame in Los Angeles statt. Das sorgfältig ausgewählte Publikum stand vor dem Crown Plaza Hotel im Regen Schlange, um Eric Clapton, Jack Bruce und Ginger

Baker zum erstenmal seit 1968 gemeinsam auf einer Bühne zu sehen. Die Kritiken zu ihrem Auftritt, bei dem sie »Sunshine Of Your Love«, »Politician« und »Born Under A Bad Sign« spielten, fielen enthusiastisch aus. Jack Bruce bezeichnet den Abend als »großartig – genauso gut wie unsere ersten Proben in Gingers Haus«. Natürlich blieben Spekulationen nicht aus, daß es sich hier um mehr als nur ein einmaliges Wiedertreffen der Band handeln würde. Doch Bruces Reaktion (»Da kann man sich auf gar nichts verlassen. Aber man kann auch nichts ausschließen.«) dürfte bezeichnend sein. Noch 1990 durfte man den Namen Cream in seiner Anwesenheit nicht einmal erwähnen. Auch wenn weiterhin Zweifel über die tatsächlichen Absichten der Band bestanden, spürte man bei dem Konzert, daß die Anziehungskraft von Cream nicht ausschließlich daher rührte, daß die Musiker die Vergangenheit wieder aufleben ließen, sondern daß es ihre Songs und ihr Sound waren. Während Claptons Gitarre über den gigantischen Beat hinwegfegte, fiel einem plötzlich wieder ein, was die Band ursprünglich verkörpert hatte – eine dicht geschlossene Fusion aus Blues und Rock, mit der sie einen originären Sound der 60er Jahre geschaffen hatten, bevor sie sich später in endlosen Improvisationen verzettelten.

Doch die Fans in Amerika waren schon damit zufrieden, daß sie Cream wieder einmal live auf der Bühne erleben durften. In England wurde das Konzert wesentlich kritischer aufgenommen. So bezeichnete die *Sun* die Band als »alte Säcke«, und *The Times* fragte besorgt: »Sind sie tatsächlich noch in der Lage, ›Sunshine Of Your Love‹ mit dem nötigen Elan zu spielen? Und wieviel Geld sind die Leute eigentlich gewillt hinzulegen, um mitzuerleben, wie der betagte Ginger Baker zusehends verfällt, während er mit steifen Gelenken sein vierzigminütiges Schlagzeugsolo auf ›Toad‹ auf eineinhalb Stunden ausweitet?« (Die Antwort darauf: In Los Angeles blätterte man für eine Eintrittskarte zwischen 700 und 1500 Dollar hin.)

Daß Cream in die Hall Of Fame aufgenommen wurden, gab Aufschluß über den herrschenden Zeitgeist. Als die Musikindustrie darüber abzustimmen hatte, wen sie nun zu ihrem Lieblingssohn für das Jahr 1992 auserwählen sollte, gab es nur wenige Nominierungen, und folglich fiel die Entscheidung ziemlich schnell. Schließlich hatte ja Eric Clapton bereits eine MTV-Auszeichnung für »Tears In Heaven« erhalten. Im Februar wurde er vom Royal Variety Club als »außergewöhnlicher Plattenkünstler« ausgezeichnet. Und schließlich wurde Clapton, kaum daß die letzten Akkorde von »Born Under A Bad Sign« verklungen waren, für nicht weniger als insgesamt neun Grammies nominiert, angefangen vom »Besten Album des Jahres« (*Unplugged*) über den »Besten Rocksong«

(»Layla«) bis hin zu dem »Besten Song für einen Film« (*Rush*). Clapton hatte seinen letzten Grammy vor zwanzig Jahren für das *Concert for Bangladesh* entgegengenommen. Auch wenn bei der Entscheidung, wie Johnnie Walker meint, »zweifellos ein gewisser Sympathiebonus eine Rolle gespielt hatte«, war die überwiegende Mehrzahl von Claptons Freunden der Ansicht, die Auszeichnungen seien längst überfällig gewesen und er hätte sie ebenso verdient wie ein gereifter und allseits respektierter Schauspieler, der für sein Lebenswerk ausgezeichnet wird. »Ich war wirklich stolz auf ihn«, meint Jack Bruce im nachhinein.

Eric Clapton schaffte es bis zu einem gewissen Grad, das ansprechende und schlichte Konzept von *Unplugged* auf seine 1993 stattfindenden Abende in der Albert Hall zu übertragen. Die Konzertreihe begann am 20. Februar und entpuppte sich als eine Art Hauptseminar in Sachen Blues. Niemand sprach Clapton das Recht ab, eine Musik zu spielen, »die mir in meinem Leben soviel Ideen und Freude gegeben hat«, wie er im Programmheft schrieb. Einwände kamen lediglich von seinen Kollegen aus dem Profilager, wie etwas Paul Jones, der meinte: »Eric dachte vielleicht, er könne den Blues populär machen, wenn er ihn in einem respektablen und ehrwürdigen Konzertsaal spielen würde. Aber diese Musik ist alles andere als respektabel, sie ist gefährlich. Das paßte einfach nicht zusammen.« Und auch manche Konzertbesucher beschwerten sich, weil sie trotz aller Vorwarnungen, das dieses Mal alles ganz anders sein würde, davon ausgingen, Eric Clapton würde sein übliches Repertoire aus Rock-Standards und Balladen spielen. So gesehen mußte es eine Enttäuschung für sie sein, daß er seinen Vorbildern aus Chicago und dem Mississippi Delta seine Referenz erwies und populäre Songs wie »Layla« oder »Wonderful Tonight« unterschlug. Nur Eric – so hörte man es oft im Foyer – konnte es sich erlauben, zwölf komplette Konzerte dieser Art zu geben, mit denen er die Erwartungen des Publikums ignorierte und die vom kommerziellen Standpunkt her eigentlich unverantwortlich waren.

Auch wenn nur ein Teil des Materials, das Clapton ausgewählt hatte, in die Albert Hall paßte – Songs über widerspenstige Frauen und Güterzüge wirkten irgendwie fehl am Platze –, bewies der größte Teil des Publikums seine fast sprichwörtliche Treue. Kaum daß er sich auf seinem Stuhl niedergelassen hatte und zur Gitarre griff, brauste auch schon der Applaus auf. Clapton begann mit Leroy Carrs rauhem und direktem »How Long Blues« und spielte danach ein halbes Dutzend Songs, bei denen er nur von Chris Stainton begleitet wurde. Allmählich stellten sich immer mehr Musiker auf der Bühne ein, und auch das Tempo zog allmählich an. Bei Robert Johnsons »Walking Blues« griff Clapton schließlich zur elektrischen Gitarre. Nachdem das Publikum über eine Stunde lang große Geduld an den Tag gelegt hatte, wurde es mit einigen dramatischen Soli entschädigt, besonders bei Freddie Kings »Love Her With A Feeling«. Selbst für die Presse war diese Musik über jede Kritik erhaben. *The Times* bezeichnete Clapton als »entspannt und doch voller Leidenschaft«. Der *Express* war der Meinung, »daß man sich diesem Auftritt voller Gefühlskraft nicht entziehen konnte«, während für den *Telegraph* »der Blues bei Clapton in guten Händen« war. Der einzige Einwand galt Eric Claptons Stimme, die als »zuwenig rauh« und »weder melancholisch noch leidvoll genug« beschrieben wurde, um das ursprüngliche Bluesgefühl zu vermitteln.

Daß Eric Clapton beschlossen hatte, zwölf Konzerte dem Blues zu widmen, war eine ebenso mutige wie weltfremde Entscheidung. Einem Laien mußte das Repertoire zum Großteil fremd erscheinen. In Claptons Begleitgruppe spielten, mit Ausnahme von Chris Stainton und Donald Dunn, nur unbekannte Musiker, und wie immer mangelte es Clapton an einer überzeugenden Bühnenpräsenz. Trotzdem muß man es ihm zugute halten, daß er das Publikum bei der Stange halten und schließlich für sich einnehmen konnte. Der absolute Höhepunkt aller Konzerte war ein Song, der die Zuhörer völlig begeisterte und die Presse ernsthaft beeindruckte und den Clapton immer wieder als sein Lieblingslied bezeichnet hatte: »Nobody Knows You (When You're Down And Out)«, in der Tat ein Song von kompromißloser Härte. Wenn Clapton über Schmerz, Verlust, Verlassenwerden und Verzweiflung sang, spürte man, wieviel Gefühl er hineinlegte. Als die Saallichter angingen, konnten selbst die skeptischsten Blues-Experten nicht umhin, sich dem allgemeinen Applaus anzuschließen. Clapton selbst sah verwundert drein, hob einen Arm, nickte in die Richtung von Naomi Campbell und Yvonne Kelly, die an mehreren Abenden hintereinander ebenfalls im Publikum saßen – und verließ die Bühne.

Das Ironische daran war nur, daß für Clapton eigentlich das genaue Gegenteil des Songtitels zutraf. »Nobody Knows You (When You're Down And Out)« klang eindrucksvoll, hatte jedoch auch etwas Affektiertes, und gerade die Identifikation mit den Lyrics hinterließ einen faden Beigeschmack. Als Eric Clapton für *Unplugged* mit Auszeichnungen und Anerkennung überschüttet wurde, dürfte vielleicht sogar er selbst über diesen Widerspruch erstaunt gewesen sein. Er selbst sprach weiterhin von seiner Richtungslosigkeit, daß er sich immer außerhalb des musikalischen Mainstream bewegt habe und daß er sich »niemals in einer länger andauernden Phase befunden« hätte. Doch wenn man bedenkt, welche besondere Aufmerksamkeit er und Roger Forrester *Unplugged* gewidmet hatten, dann muß es ihnen sehr wohl bewußt gewesen sein, daß dieses Album in kommerzieller Hinsicht einer der größten Triumphe für Eric Clapton werden könnte.

Am 24. Februar, also zwischen dem vierten und fünften Abend in der Royal Albert Hall, trafen Eric Clapton und Roger Forrester in Amerika ein. Mal abgesehen davon, daß Eric Claptons Tourmanager Peter Jackson wegen der logistischen Probleme herumnörgelte, die sich aus der Tatsache ergaben, daß der Gitarrist ein laufendes Engagement in London unterbrechen mußte, um Preise in Kalifornien entgegenzunehmen, traf die Reisegesellschaft pünktlich im Shrine Auditorium ein. Als Eric Clapton seinen ersten Grammy für »Tears In Heaven« entgegennahm, meinte er zum Publikum: »Ich glaube nicht, daß ich den hier wirklich verdiene. Es gab bessere Songs.« Außerdem spielte er während der Show auch live, und als er dann, von stehenden Ovationen des Publikums begleitet, seine sechste und letzte Trophäe entgegennahm, gab er zu: »Ich fühle mich entsetzlich schuldig. Ich weiß nicht, warum ich mich schuldig fühle, daß ich so viele von den Dingern hier einkassiert habe. Ich weiß nicht, was ich sagen soll. Ich bin sehr bewegt, zittere wie Espenlaub und bin einfach überwältigt . . . Ich möchte einer Menge Leute danken, aber einem Menschen muß ich besonders danken, meinem Sohn, für seine Liebe, die er mir geschenkt hat, und den Song, den er mir geschenkt hat.« Seine letzten Worte vor den 15 000 Besuchern waren: »Ich habe große Ehren empfangen, aber ich habe das einzige, was ich wirklich geliebt habe, verloren.«

Clapton bekam seine Grammies für die Platte des Jahres, das Album des Jahres, den Song des Jahres, die besten Popvocals, die besten Rockvocals und den besten Rocksong (»Layla«). Damit fehlte ihm eigentlich nur noch der Grammy für seine Film- und Fernsehmusiken. Anfangs war Eric Clapton nervös, weil er nicht wußte, wie man ihn in Los Angeles empfangen würde, denn in den vergangenen dreißig Jahren hatte er lediglich zwei Grammies erhalten, aber sein erster Gang zum Podium ließ seine Ängste schwinden. Schon kurz nach Beginn des Abends wurde klar, daß es sich um eine dieser Veranstaltungen handelte, bei denen ein anerkannter Künstler besonders geehrt werden sollte. (»Wenn jetzt irgend jemand etwas dagegen einzuwenden hat, daß Eric Clapton in einer weiteren Kategorie auftaucht«, meinte Garry Shandling, der Moderator des Abends, »dann gehe ich sofort nach Hause. ») Als Clapton bei seinem Schlußauftritt alle sechs Grammies umklammerte, brachen wahre Stürme der Begeisterung los. Die Presse überschlug sich mit Lob. *Variety* brachte es mit einem Satz kurz und knapp auf den Punkt: »Selten hat es einen naheliegenderen Gewinner gegeben.« Und während die *Tribune* meinte: »Alles, was wir heute Abend erlebt haben, war einzigartig«, hieß es in *Billboard* kurz und knapp: »Einfach himmlisch.«

Noch Anfang dieser Woche hatte Eric Clapton über das Kind gesprochen, das, wie er es ausdrückte, »über Nacht berühmt wurde . . . Ich kann es eigentlich immer noch nicht wirklich glauben, daß Conor tot ist«, sagte er in den CBS-Nachrichten. »Ich glaube immer noch, daß ich ihn in ein paar Wochen wiedersehen werde. Sein Verlust ist für mich unglaublich niederschmetternd . . . aber als ein ehemaliger Alkoholiker weiß ich, daß es ein Glück für mich war, ihn überhaupt zu haben, denn durch ihn bin ich trocken geworden.« Auch Lori Del Santo wurde zitiert. Bizarrerweise hörte sie »Tears In Heaven« zum erstenmal in einem Shopping-Center. »Der Klang von Erics Stimme, die Musik – ich mußte einfach weinen«, sagte sie. »Ich weiß, daß er diese Worte in ›Tears in Heaven‹ sagt, weil er glaubt, er hätte nicht genug Zeit mit ihm verbracht . . . Eric hat Angst davor, daß Conor ihn nicht wiedererkennt, wenn er ihm einst im Himmel begegnet.« Bevor Clapton nach London und damit auch in die Albert Hall zurückkehrte, sagte er abschließend noch etwas zu der Veröffentlichung von *Unplugged:* »Ich wollte wirklich nicht, daß man ein Album veröffentlicht, und habe schließlich einer limitierten Auflage zugestimmt . . . und dann verkaufte es sich recht gut, und dann noch besser, und ich dachte, na ja, wir könnten es ja mal versuchen« – eine Entwicklung, die Roger Foresters Rolle als Manager ziemlich gut illustriert.

Der Hinweis, daß bei seinen Auszeichnungen ein gewisser Sympathiefaktor mit im Spiel war, ist nicht abwertend gemeint, da die Gründe für die Sympathie der Verlust seines Sohnes und die relativ indifferente Haltung der Academy in der Vergangenheit waren. Daß ein Song wie »Layla«, der vor über zwanzig Jahren veröffentlicht wurde, einen Preis zugesprochen bekam, kann nur als Wiedergutmachung verstanden werden. Und obwohl nicht er, sondern Little Richard den »Lifetime Achievement Award« gewann, meinte zumindest einer der anwesenden Musiker, das Ganze »sei ein offensichtlicher Versuch, Eric in den Rang anderer anerkannter Künstler wie etwa Elton John oder Tina Turner zu erheben«.

Die Kritiker machten sich nun eiligst daran, Eric Clapton mit Lob zu überhäufen. Den Worten von Philip Norman nach war Clapton, »der absolut ungewöhnlichste Überlebende der Rockmusik, ein 48jähriger, der all seine Abhängigkeiten nur deshalb überlebt hatte, weil seine Konstitution der von Churchill in nichts nachsteht«, ein Mann, »der nun endlich den Himmel berühren durfte, nachdem er sein Herz so weit geöffnet hat«.

Auch Melvyn Bragg bezog sich wie Philip Norman auf Eric Claptons Vergangenheit und sein wildes Liebesleben (»gegen seine verwickelten Frauengeschichten wirkt *Dallas* wie *Playschool*«), entdeckte in ihm jedoch auch einen »Mann unserer Zeit, einen Überlebenskünstler, der den Mut besitzt, einfach aus dem Bauch heraus Musik zu machen, die unsere Gefühle anspricht, egal, wo wir sie hören«. Für Phil Collins gehörte Clapton »nicht zu den Kerlen, die um Aufmerksamkeit heischen . . . er ist ein stiller Typ, der einfach nur leben und arbeiten möchte. Aber ich weiß, daß diese Auszeichnungen ihm sehr viel bedeuten.« Clapton vermittelte den Eindruck des scheuen, zurückhaltenden Künstlers, sensibel und intelligent, selbst die höchsten Ehrungen nur widerstrebend akzeptierend. Für diese Nervenprobe wurde er allerdings schon sieben Tage nach der Grammy-Verleihung dadurch belohnt, daß sich sein wöchentlicher Tonträgerumsatz verdreifachte.

Weltweit wetteiferte man nun darum, ihn mit Ehrungen zu überschütten. Am 29. April zierte Clapton abermals das Titelblatt des *Rolling Stone*. Im Juni erhielt er den Nordoff-Robbins Music Therapy-Award (und lächelte während Pete Townshends Rede und seiner Behauptung »Eric verführt gerne junge, leicht zu beeindruckende Italienerinnen«). Es regnete Gold- und Platin für *Unplugged*. Wie sehr Claptons Ansehen und seine gesellschaftliche Anerkennung gewachsen waren, zeigte die Episode, als die berühmte Fotografin Annie Leibovitz im Weißen Haus eintraf, um Portraitaufnahmen von Bill Clinton zu machen. Als sie einen Kassettenrecorder einschaltete, bekam sie von einem Angestellten zu hören, »hier im Oval Office wurde noch nie Musik gespielt«. »Kein Problem«, warf der neue Präsident ein und posierte fröhlich zum Klang von »Layla«.

Eric Claptons Anziehungskraft auf Frauen nahm mit seinem steigenden Ansehen noch zu. Da er zugegeben hatte, in keiner festen Beziehung zu leben, herrschte unter Schauspielerinnen und Models ein lebhafter Konkurrenzkampf, um einen der heißbegehrten Tischplätze an seiner Seite zu ergattern. Am 4. Juli besuchte er eine Party zu Ehren von Molly Parkin, Claptons Mäzenin im Chelsea Arts Club, mit der er sich offensichtlich ausgesprochen gut verstand. Vierzehn Tage später erschien Eric Clapton in Begleitung der Herzogin von York als »der Unsichtbare Mann« verkleidet (manche hielten das für eine ebenso passende wie unbewußte Metapher für sein Leben). Ein Kricketspieler jedoch, der ihn in diesem Sommer traf und erwartete, »Eric wie üblich von Schönheiten umringt« anzutreffen, mußte erstaunt feststellen, daß er »ziemlich angeknackst wirkte, allein und unglücklich war« und zugab, daß er »wieder einmal Streit« mit einer Frau gehabt habe. Tatsache war, daß Eric Clapton fast den ganzen Tag mit der Prinzessin von Wales telefoniert hatte.

Zu den Freundinnen, die fast wöchentlich an Claptons Seite in den Boulevardzeitungen oder *Hello!* auftauchten, gehörten Charlotte Weston, Yelitza Negrete, Susannah Constantine, aber auch Carla Bruni, die Wiederauflage einer Freundschaft, die 1989 in die Brüche gegangen war. Doch das alles waren nur flüchtige Affären. Etwas ernsterer Natur waren seine Liaisons mit Paula Hamilton, die wieder ihre Modelkarriere aufnahm, nachdem sie selbst jahrelang gegen die Alkoholsucht gekämpft hatte, und Gae Exton, der Ex-Frau von Christopher Reeve, die der Presse verriet: »Wenn der richtige Mann auftaucht und die Umstände stimmen, dann würde ich gerne heiraten und wieder Kinder haben.« Doch trotz der Aufforderung im *Daily Mail,* »Eric, jetzt bist du am Zug«, landete auch Gae Exton auf der Liste seiner Verflossenen.

Clapton war sehr empfänglich für weibliche Gesellschaft, aber er war auch Realist. »Ich war mit vielen vom Typ her ganz unterschiedlichen Partnerinnen zusammen, aber das Hauptproblem dabei war eigentlich immer, daß ich von ihnen Antworten erwartet habe, die ich mir nur selbst geben kann«, erzählte er *Q*. Daß er vor Verantwortung zurückschreckte und sich folglich lieber auf kurze, wenn auch intensive Beziehungen einließ, steht ebenfalls fest. Allerdings ist das eine Schwäche, die man nicht nur von Rockstars kennt. Es stimmt auch, daß er sich Frauen gegenüber autoritär verhielt. Zugleich zeigte er jedoch immer wieder romantische Neigungen. Man muß kein Psychologe sein, um zu erkennen, daß Clapton Freundinnen und Geliebte sammelte, um sein angeknackstes Selbstbewußtsein aufzubauen. Er war nun einmal eine suchtgefährdete Persönlichkeit. Clapton bot eine seltsame Mischung aus Egozentrik und Unsicherheit, und aus diesem Grunde konsumierte er seine Liebschaften auf dieselbe Weise, wie er in rauhen Menge Anzüge kaufte oder von starken Schmerzmitteln abhängig wurde. Selbst wenn es stimmen sollte, daß er, wie er selbst meint, »einfach schöne Dinge liebt, ob nun Kleidung, Schmuck, Autos, Gemälde oder Frauen«, glaubte Clapton nicht nur an Qualität, sondern auch an Quantität. Was bleibt, ist der Eindruck, daß es sich hier um einen Menschen handelt, dem die Orientierung fehlt und der deshalb sein Ziel nicht erreicht. Sein ganzes Leben lang plagte ihn ein Gefühl der Melancholie, und deshalb kam es einem schon fast pathologischen Bedürfnis gleich, zahllose Affären in die Brüche gehen zu lassen, sozusagen als Bestätigung seiner Vorurteile gegenüber Frauen. Trotzdem sprach und schrieb er weiterhin voller Ergriffenheit über die Liebe, obwohl er sich für jemanden hielt, der, wie er David Rees anvertraute,

»seine einzige Chance verpaßt hatte«. Womit man zu dem Schluß kommen könnte, daß Clapton Pattie Boyd im Laufe der Jahre immer mehr zu schätzen begann. Selbst 1993 widmete er seiner Ex-Frau auf der Bühne immer noch Songs.

Im Oktober dieses Jahres gab Eric Clapton in Birmingham und Sheffield drei Konzerte, um Geld für das Chemical Dependency Centre zu sammeln. Die Veranstaltungen selbst waren alles andere als sensationell. Ein Kritiker schrieb sogar: »Der Tod wird mir leichter fallen, wenn ich weiß, daß ich mir dann nie mehr ›Wonderful Tonight‹ anhören muß.« In Birmingham war auch Steve Judson dabei. »Die Sicherheitsbestimmungen waren beängstigend«, meint er. »Die Verantwortlichen (für das Centre) mußten geradezu darum betteln, mit Clapton fotografiert zu werden. Peter (Jackson) und Alphi (O'Leary) verhinderten das.« Normalerweise trat Clapton für Rockmusik-Verhältnisse eher bescheiden auf. Doch jeder, der sich bei einem Clapton-Konzert hinter der Bühne bewegte, mußte damit rechnen, daß ihm nicht nur Peter Jackson und Alphi O'Leary, sondern eine ganze Phalanx von Assistenten und Bodyguards den Weg versperrte. Sicherlich sah jeder ein, daß Clapton ein Recht darauf hatte, »vor und nach einem Auftritt nicht belästigt zu werden«, wie Steve Judson es formuliert. Aber der Hofstaat, mit dem sich Clapton umgab, war nicht nur zu seinem Schutz da. Es war schon zu Beschwerden über anmaßendes und einschüchterndes Verhalten gekommen. Doch Eric Clapton schätzte die Loyalität seiner Mitarbeiter. Zum innersten Kern gehörten Roger Forrester, Peter Jackson und Alphi O'Leary, zum weiteren Anhang die Helfer und offiziellen »Sicherheitsberater«, die sich in Birmingham so aufdringlich verhalten hatten. Auf Tournee genoß Clapton schon fast den Status eines Staatsmannes. Aus diesem Grund wandten sich gewisse »Freunde von Eric« von ihrem Idol ab und sprachen nur noch über den Unterschied zwischen dem Privatmann und der öffentlichen Figur. So blieb die Erkenntnis, daß die Konzerte von Clapton auch nicht anders als die anderer Rockstars abliefen.

Das Jahr 1992 endete für Clapton mit zwei weiteren Ehrungen. Im Dezember trat er in *Curves, Contours And Body Horns* auf, einem Special über Leo Fender. Ihm selbst galt ein Feature in *Billboard* anläßlich seines dreißigjährigen Berufsjubiläums. Das Interview von Timothy White war erstaunlich frei von musikalischen Spitzfindigkeiten und zeichnete anstelle des altbekannten Bildes eines revanchistischen, fußballbegeisterten Rowdies das einer durchaus kultivierten Persönlichkeit. Clapton präsentierte sich als entspannter Renaissance-Mensch mittleren Alters, zitierte Steinbeck und Hemingway und sprach über sich selbst mit ironischer Distanz. Unter anderem meinte er: »Wir müssen bedenken, daß ich nüchtern bin, wenn wir eine gemeinsame Gesprächsbasis finden wollen.« Kollegen und Geschäftspartner Erics konnten als Teil des Features Platz für Anzeigen nutzen. Unter anderem taten dies Reprise, Virgin, Polydor, Warner Brothers, Creative Artists, Eric Claptons Buchhalter und Anwälte sowie zwei Hotels, auch wenn zumindest bei einem Zweifel angebracht waren, ob man dort in der Vergangenheit immer glücklich über seinen Aufenthalt gewesen war. Zu jenen, die das Angebot nicht wahrnahmen, gehörten mit Ausnahme von Jack Bruce (der indirekt auf ihren LSD-Konsum während der Zeit von *Disraeli Gears* anspielte) alle ehemaligen Mitglieder seiner Bands.

Und damit endete nach einer kurzen Japan-Tournee für Clapton ein *annus mirabilis*.

Am 20. Februar 1994 kehrte er wieder auf die Bühne zurück, um zum achtenmal in Folge seine Konzertreihe in der Albert Hall zu eröffnen. Als Clapton zwei Jahre zuvor zu seiner Martin-Akustikgitarre gegriffen hatte, um *Unplugged* einzuspielen, dürfte wahrscheinlich nicht einmal er selbst gewußt haben, daß dies den Beginn einer neuen Phase in seiner sich endlos im Kreis bewegenden Karriere markieren sollte. Dieses Mal löste Clapton das Versprechen ein, seine Musik direkter und rauher zu präsentieren. Und so betrat er die Bühne der Albert Hall in geflickten Jeans und zum erstenmal ohne die obligatorische Zigarette, um seine Jugendphantasien auszuleben, indem er sechzig Minuten lang Blues-Standards spielte. Jetzt, wo er von der ermüdenden Aufgabe befreit war, durch die Welt zu touren, erfolgreiche Rockalben veröffentlichte und weltweit zum Superstar geworden war, gab sich Eric Clapton damit zufrieden, mit seiner Gitarre dazusitzen und mit alten Freunden wie Chris Stainton im Duett zu spielen. 1993 hatte das Publikum ein leichtes Unbehagen verspürt, als sein Idol eine Akustiknummer nach der anderen darbot, und dann regelrecht aufgeatmet, als Lee Dickson ihm seine signierte Stratocaster reichte. Und auch 1994 konnte man dieselben Reaktionen beobachten, als Clapton eine volle Stunde mit Coverversionen von Muddy Waters und Freddie King füllte und erst danach »White Room« ankündigte. In der zweiten Hälfte der Konzerte hielt er sich eng an das Songbuch von Cream und Derek And The Dominos und spielte eine wilde Version von Jimi Hendrix' »Stone Free«. Als einzige Enttäuschung des Abends stellte sich »Crossroads« heraus, das er seines Originalbeats beraubt und zu einem richtungslosen Shuffle umgemodelt hatte.

Auch wenn man ihm abermals den Vorwurf machen konnte, das ausgewählte Repertoire sei zu eintönig, darf man nicht vergessen, daß Claptons Publikum nicht nur kam, um seine Musik zu hören, sondern vor allem, um ihn selbst zu feiern. Die Veranstaltung am 28. Februar war ein typisches Beispiel dafür. Der einhundertste Auftritt von Eric Clapton in der Albert Hall war ein Wohltätigkeitskonzert, das auch die Herzogin von York besuchte. Niemand verübelte es ihm, daß er auf der Bühne eine Rede hielt und den Erlös der Abendeinnahmen »Children In Crisis« stiftete. Aber es wurde immer deutlicher, daß Claptons Konzertreihe in der Albert Hall, was »Pomp and Circumstance« betraf, dic charaktcristischcn Merkmale jener rituell ablaufenden Konzerte annahm, die er selbst so gern als Beispiel zitierte. »So sehr es sein Verdienst ist, ein solch behagliches Wohlgefühl herzustellen, bestand doch die Befürchtung, daß es kein Abend werden würde, an dem sich neue Horizonte auftun«, schrieb Paul Sexton. »Es war schön, Clapton während seines alljährlichen Urlaubs einen Besuch abzustatten, aber langsam hat man den Eindruck, es wäre besser, wenn er seinen Urlaub nächstes Jahr woanders verbringt.«

Paul Sextons Kommentar war typisch für die zwar respektvolle, aber doch reservierte Haltung Clapton gegenüber. Das war nicht immer so gewesen. In den 60er Jahren hatte Eric Clapton in der Öffentlichkeit das Image gehabt, unstet und sprunghaft zu sein. Da er von Natur aus kein begnadeter Gesprächspartner war, hatte er die Kontakte zur Presse im allgemeinen Robert Stigwood überlassen oder seine Musik für sich selbst sprechen lassen. Nie hatte sich ein wirklich klares Bild von ihm herauskristallisiert. Kaum daß man ihn als Puristen eingeordnet hatte, spielte er plötzlich Mainstream-Rock und trat bei *Top Of The Pops* mit einem Playback auf. Als man ihn als Solisten hochjubelte, zog er sich in die Anonymität einer Band zurück, um sich dann schließlich vollends zur Ruhe zu setzen. Daß sich die Dinge jedoch dann ganz anders entwickelten, war ausschließlich darauf zurückzuführen, daß Eric Clapton ein klares, intuitives Gespür für sein Publikum besaß, das sich live wesentlich besser vermittelte als auf Platte. Außerdem hatte er Roger Forrester.

Forrester war ein Manager, der keine Fehler machte. Er war ein logisch denkender, auf kühle Weise effizient arbeitender Mann, gegen den andere Manager geradezu faul und schwerfällig wirkten. Zu Forresters Verdiensten gehört auch, daß er die Rolle des Impresarios völlig veränderte, indem er ihn zu einer seriösen, respektablen Persönlichkeit machte, die sich nicht in den Vordergrund drängt. Während andere Manager vor ihm schon fast genauso zum Rockmythos gehörten wie die Musiker selbst und Leute wie Colonel Parker, Larry Parnes, Brian Epstein, Andrew Oldham und Allen Klein ebenso den Zeitgeist verkörperten wie ihre Schützlinge, gab sich Roger Forrester damit zufrieden, im Hintergrund zu bleiben. Er wurde selten zitiert und gab keine Interviews, er war ein Meister der Organisation und Logistik und der ruhende Pol während Claptons gesamter Karriere.

Das einzige, was man ihm vorwerfen konnte, war, daß er zu sehr dominierte. Er kontrollierte Claptons wenige Gespräche mit der Presse, gewährte einigen den Zugang, während er andere abblitzen ließ und ging auf manchmal recht anmaßende Weise mit Claptons Ex-Kollegen um. Vor allem aber übernahm er praktisch die Verantwortung für das Leben seines Klienten. Damit schuf er eine Beziehung, in der, so Jack Bruce, »Eric nicht mal nieste, ohne Roger vorher gefragt zu haben«.

Andererseits war es beeindruckend, daß Forrester nie die Nerven verlor und in einer Zeit zu Eric Clapton hielt, als dieser, wie er später selbst zugab, »ein lallendes Wrack war. Ich hatte nicht eine gute Eigenschaft mehr vorzuweisen. Es gab nichts Positives an mir.« Das war die Zeit, zu der sich Clapton aufgrund seiner Drogensucht auf dem absoluten Tiefpunkt befand. Es bedurfte enormer Willenskraft, um die Karriere eines Musikers wie Eric Clapton, der scheinbar gewillt war, sich selbst zu zerstören, nicht nur zu retten, sondern auch neu zu beleben. Aus diesem Grund ist es wahrscheinlich nicht überraschend, daß Forrester einen harten Managementstil in diesem Fall für angemessen hielt. Das Ergebnis ist bekannt. 1973 mußte Clapton seine Gitarren verpfänden und stand kurz davor, seine Autos zu verkaufen. 1993 war er dreißig Millionen Pfund schwer. Trotz dieser für ihn so positiven Entwicklung zeigten sich einige seiner Kollegen besorgt, weil sein Manager ihn so rigoros abschottete und weil offensichtlich ein Rollentausch zwischen den beiden stattgefunden hatte. Es war Clapton, der die Zustimmung seines Beraters brauchte, und nicht umgekehrt. Er schien sich Forrester völlig auszuliefern und riskierte damit, manche seiner treuesten Fans vor den Kopf zu stoßen. Außerdem wurde Forrester dafür kritisiert, daß er Claptons Namen sehr »eigenwillig« vermarktete. Manche Sponsoren erhielten eine Absage, während andere, was nicht weniger willkürlich erschien, eine Zusage bekamen. (Eric Clapton selbst war niemals der Unschuldsengel, für den viele ihn hielten, wenn es darum ging, sich zu verkaufen. Bereits im Jahr 1967 hatten sich Cream voller Begeisterung, wenn auch ziemlich erfolglos, darauf eingelassen, für die Marke Falstaff Bier zu werben.) Im Laufe der Jahre entwickelte sich Roger Forrester zu einer überaus umstrittenen, aber auch faszinierenden Gestalt für Claptons Beobachter, von denen ihn ebenso viele fürchteten wie achteten. Einige seiner Eigenschaften, die den normalen Fan irritierten, wurden in der Musikbranche als seine Vorzüge geschätzt: in erster Linie Intelligenz und Gelassenheit in Zeiten der Krise, Qualitäten, die im Umgang mit Eric Clapton überaus wichtig waren. »Roger war kein Mann, der in Panik geriet«, so George Terry. »Was immer man von ihm halten mag, er hat es geschafft, daß Eric wieder auf Tournee ging. Das wäre keinem anderen gelungen.«

Damit gab es in der Rockbranche ein neues Phänomen: einen Mann, der in den Sitzungsräumen und Fluren der Macht zu Hause war und sich gleichzeitig so sehr um das Leben seines Klienten kümmerte, daß er sogar dessen Heirat arrangierte. Nur ganz selten in der Geschichte solcher Beziehungen haben sich zwei Männer so komplett miteinander identifiziert. Brian Epstein, Andrew Oldham und Allen Klein hielten sich einige Jahre, doch Roger Forrester hat Jahrzehnte überlebt. Zum Teil liegt es an seiner Intelligenz und der Ruhe, die er auch dann bewahrt, wenn er unter Beschuß gerät. Aber Forresters wirkliche Stärke besteht darin, sich uneingeschränkt um die Interessen seines Klienten zu kümmern und für alles, was Clapton betrifft, die Verantwortung zu übernehmen. Natürlich wurde Forrester dafür recht eindrucksvoll mit einer eleganten Büroflucht, einem Haus auf dem Lande und einem Bentley entschädigt, aber nicht weniger beeindruckend waren seine Hartnäckigkeit, seine Loyalität und vor allem seine Bereitschaft, wie Dave Markee meint, »für Eric durchs Feuer zu gehen«. Als kleiner Junge hatte sich Clapton nach Aufmerksamkeit gesehnt, als erwachsener Mann wollte er bedingungslosen Halt. Und den bekam er von Roger Forrester. Wenn man Claptons Leben betrachtet, dann kann man durchaus eine Art von Unreife erkennen und verstehen, warum er eine dominante Vaterfigur brauchte. Man muß Forrester zugute halten, daß er sich mit dieser Rolle durchaus identifizierte und an ihr auch in Zeiten festhielt, in denen andere Eltern vielleicht daran gedacht hätten, ihren Sohn zu verstoßen.

Man könnte Claptons Entwicklung vom unehelichen, krankhaft schüchternen Kind zum Familienentertainer und Liebling der königlichen Familie als die des Außenseiters sehen, der es zu Ruhm und Anerkennung gebracht hat. Eine seiner Stärken (oder Schwächen) liegt darin, einen der subversivsten Musikstile überhaupt, den Blues, auf eine völlig unbedrohliche Weise zu präsentieren. Pete Brown formuliert es so: »Mit einem Bein steht er im Blues-Delta, mit dem anderen auf dem festen Boden der Guildford High Street.« Wahrscheinlich gibt es nur wenige Fans, die ihm über dreißig Jahre lang die Treue gehalten haben, denn Clapton hat es immer wieder geschafft, seine Anhänger zu verärgern. Aber den ewig treuen und Millionen neuen Fans, die er erst später für sich gewann, war er ein eindrucksvoller und manchmal auch inspirierender Lehrer in Sachen Blues, der niemals verlangte, daß sich die Zuhörer mit der Botschaft der Songs identifizieren. Doch die Clapton-Fans berufen sich weniger auf die missionarische Arbeit seiner Jugendjahre, sondern vielmehr auf das handwerkliche Können eines Meisters der Popmusik. Solange er sein Publikum in dieser Hinsicht zufriedenstellte, nahm es seine breitgefächerten musikalischen Ausflüge geduldig hin. Clapton pflegte zu seinem Publikum ein ähnlich symbiotisches Verhältnis wie zu Roger Forrester. Er versprach ihm alles, solange es nur zuhörte.

Wenn andere Musiker über die selbstenthüllende Natur von Live-Auftritten sprachen, erklärte Clapton stets, das Publikum »soll einfach Spaß haben«. Doch je älter er wurde, desto ernster wurden seine Ansichten. 1990 erzählte er *Q*: »Einer der Gründe, warum ich die Albert Hall an so vielen Abenden hintereinander füllen kann, liegt darin, daß die Leute nie wissen, welche Richtung der Abend nehmen wird.« Das klingt so, als sei Clapton mit Ende Vierzig ein Mann, der nicht stehengeblieben war und der gefährlich lebte, weil er sich nicht damit zufriedengab, sich selbst zu wiederholen. Wenn er etwa betont, »jedesmal, wenn ich eine Gitarre in die Hand nehme und zu spielen anfange, ist es so, als sei es meine letzte Chance«, dann freut das den Fan, der glaubt, einen heimlichen Einblick in das Innerste dieses Mannes erhaschen zu können.

Viel wahrscheinlicher erscheint es allerdings, daß Eric Clapton sich zu einem gereiften und vor allem unendlich geschliffenen Musiker entwikkelt hat, dessen künstlerische Visionen sich erschöpft haben und dessen Musik und einprägsame Stimme zu einem angenehmen und bisweilen auch schon langweiligen Popsound verkommen sind. Das scheint seine Fans jedoch kaum zu beunruhigen. Sie sind gar nicht sonderlich gespannt darauf, in welche Richtung Claptons Musik gehen könnte, sondern bewundern ihn genau aus dem gegenteiligen Grund – nämlich wegen seiner Verläßlichkeit. Die Chance, daß er sich auf seiner Gitarre über den Punkt hinausentwickeln wird, den er bereits vor fünfundzwanzig Jahren erreicht hat, wird immer geringer. Wahrscheinlich wird er weiterhin Jahr für Jahr auftreten und dabei nur noch ein Surrogat seiner eigenen Einflüsse abliefern. Bleibt die Frage, warum er Live-Auftritte so sehr liebt.

Das Gefühl, eine Mission zu haben und für die Bühne geboren zu sein, hat Clapton schon sehr früh empfunden, damals, als er zu den Platten von Gene Vincent mit seiner Plastikgitarre den Musiker mimte oder hinter den Vorhängen im Flur seiner Großeltern stand und »I Belong To Glasgow« sang. Das künstlerische Talent hat Clapton wahrscheinlich von seinem Vater geerbt. Allerdings neigte er in seiner Jugend dazu, sich zurückzuziehen, überempfindlich und griesgrämig zu reagieren. Und diese Eigenschaften hat er niemals verloren. Wenn er in den ersten Jahren seines Lebens überhaupt etwas gelernt hat, dann lediglich, Frauen zutiefst und nachhaltig zu mißtrauen. Claptons unablässige Beteuerungen, wie sehr er das andere Geschlecht respektieren würde, klangen schon etwas merkwürdig. Doch die zahlreichen Liebschaften dürften seinem Platz in der Geschichte keinen Abbruch tun, im Gegenteil, wahrscheinlich werten sie seinen Status in den Augen mancher sogar noch auf. Trotzdem bleibt es eine Tatsache, daß seine Beziehungen bis vor kurzem meist am Drogen- und Alkoholmißbrauch zerbrachen und fast ausschließlich nach seinen Vorstellungen abliefen.

Über Claptons selbstquälerische Persönlichkeit kursieren unterschiedliche Meinungen und Deutungen. Er selbst scheint dieses Thema in Form verschiedener Analysen, Therapien und persönlicher Aussagen der Presse gegenüber verarbeiten zu wollen. Denkbar wäre es jedenfalls, daß Claptons Tragik darin besteht, daß er intelligent genug ist, seinen Zustand selbst zu diagnostizieren, aber nicht intelligent genug, um sich selbst zu helfen. Manche Menschen bauen sich aus ihrem Selbstekel eine Art persönliches Gefängnis, in dem sie Ablehnung und Mißtrauen stets voraussetzen. Dabei fällt einem wieder die Bemerkung seines Lehrers in Hollyfield ein, der meinte, Eric Clapton habe »ständig leicht verdrossen dreingeschaut, so als wollte er einen davor warnen, ihn zu reizen«. Das war 1958. Fast drei Jahrzehnte später, 1987, schien Clapton diese Ansicht Lügen zu strafen, obwohl vieles darauf hinwies, daß er nach wie vor ein verbitterter, manchmal auch streitsüchtiger Mensch war, ein im wesentlichen schwacher Charakter, der dazu neigte, dies mit Aggressionsausbrüchen zu kompensieren. Oder, wie Clapton es selbst beschreibt: »Ich bin sehr gut darin, immer anderen die Schuld zu geben.«

Die Wahrheit ist, daß Eric Clapton fast während seiner ganzen Jugend und den frühen Erwachsenenjahren eigentlich keine wirklich ausgeprägte eigenständige Persönlichkeit besaß. Ohne seine Gitarre konnte er im Grunde gar nicht leben. Pattie Boyd erzählte Ray Coleman: »Bei Auseinandersetzungen kann oder will er sich oftmals überhaupt nicht äußern. Das kann er auf der Gitarre besser.« Für Clapton wurden seine Gitarren zu Liebesobjekten, und man kann ohne jede Übertreibung sagen, daß er zu ihnen eine schon fast erotische Beziehung hatte. Alle seine Instrumente besaßen Spitznamen. Während der Aufnahmen zu *Behind The Sun* brüllte Clapton los, nur weil sich Stephen Bishop in einer müßigen

Minute die Stratocaster seines Freundes gegriffen hatte. Clapton selbst wiederum weigerte sich, Muddy Waters' Gitarre zu berühren mit der Begründung, daß »sie eine Aura hat und ganz besonders behandelt werden muß«. Andere Musiker sahen sich eher als Kunsthandwerker, die auf einem Stück Holz mit Saiten herumexperimentierten. Und Pete Townshends Bühnenakt bestand sogar darin, das eigene Arbeitsinstrument zu zerstören. Im Vergleich zu ihnen hatte Eric Clapton zu seiner Gitarre eine Beziehung, die an manchen Abenden durch die Anwesenheit des Publikums fast zu einer Art *ménage à trois* geriet.

Wer war nun Eric Clapton – zumindest bis 1987 – wirklich? Sicher erklärt manches, daß er in vieler Hinsicht ein Tory, ein Erzkonservativer, ja schon fast ein Anhänger des Thatcherismus war. In Clapton vereinten sich ausgeprägte Züge eines Libertin mit einer allgemein konservativen Lebensanschauung. Daß er ständig seine Herkunft betonte und eine Vorliebe für typisch englische Hobbies und Sitten hegte, das alles, zusammen mit einer ambivalenten Haltung gegenüber Ausländern, beweist, daß Eric Clapton auf ungewöhnlich starke Weise von Traditionen bestimmt wurde. Die Tatsache, daß er von einem festgelegten wöchentlichen Gehalt lebte, und seine Vorstellungen von Hierarchie (»Ich bekomme zwanzig Pfund mehr als du«, sagte er einmal zu Alphi O'Leary, »denn ich bin der Gitarrist«), lassen interessante Schlüsse über sein Verhältnis zu Geld zu. Obwohl er selbst überaus kapriziös sein konnte, stellte er an andere hohe Erwartungen. (Clapton »toleriert keine Mittelmäßigkeit«, bemerkte einmal Roger Forrester.) Er übernahm die alten Werte der Arbeiterklasse, machte sich jedoch auch deren Grobheit und Intoleranz zu eigen. Obwohl er immer wieder hervorhob, sich mit den Schwarzen zu identifizieren, war er zweifellos weit davon entfernt.

Die meisten haben es Clapton zugute gehalten, daß er es auch in der Öffentlichkeit wagte, seine eher verletzlichen Seiten zu zeigen. »Als ich meinen Sohn verlor«, meinte er zu Adrian Deevoy, »bin ich nicht weggelaufen und habe mich nicht versteckt . . . Ich habe einen Song geschrieben und ihn der Welt geschenkt, weil ich es mit allen teilen wollte, und ich glaube, daß die Leute das respektiert haben.« Weniger offen ist Eric Clapton, wenn man auf seine Wutausbrüche zu sprechen kommt. So spielt er zum Beispiel nach wie vor die Probleme bei Derek And The Dominos herunter. Bobby Whitlock sagt, Claptons erste Wahl, was den Schlagzeuger betraf, sei nicht Jim Gordon, sondern Jim Keltner gewesen. Und er erinnert sich, daß es »deswegen zu einer schrecklichen Auseinandersetzung kam«. Über Claptons Reaktion bei der Auflösung der Band gibt es unterschiedliche Angaben. Er selbst sagte, er habe einfach seine Gitarre hingestellt und sei gegangen. Bobby Whitlock hingegen glaubt sich zu erinnern, daß Clapton geschrien hat: »Ich krieg dich, du verdammter Bastard!« Whitlock, der Eric Clapton nach wie vor wohlgesinnt ist, beschreibt ihn als einen »im Grunde freundlichen, wenn auch manchmal überempfindlichen Kerl«, der überaus stark zu Melancholie und Wehmut neige. Als die Dominos 1970 auf Hurtwood Edge wohnten, stellte Whitlock fasziniert fest, daß »Eric alles aufhob, ich meine wirklich alles, was er jemals besessen hat. Er hatte noch seine Kinderkleider, alte T-Shirts und Kappen, Schulzeugnisse und Zeichnungen, darunter eine aus dem Jahr 1958 mit der Unterschrift ›Eric Clapton, König der Gitarre‹.« Richard Drew, der etwa zur selben Zeit das Haus besuchte, bestätigt ebenfalls, daß »Eric sehr an seinen Besitztümern hing, und je älter und ramponierter, desto besser. Er ist einfach ein Sammler.«

Bisher neigten die Clapton-Biographen dazu, Heiligengeschichten über ihn zu verbreiten und sein künstlerisches Temperament als eine Art Entschuldigung für sein manchmal außergewöhnlich ungehobeltes Benehmen anzuführen. Vergißt man diese Schutzbehauptungen, dann hält vieles von dem, was er sagte, nicht einmal der oberflächlichsten Prüfung stand. Manche seiner persönlichen Ansichten waren dubios, doch sie wurden noch viel dubioser, weil er sie einem Publikum, das ihn verehrte, aufzwang. So gesehen hat Clapton mit der Beeinflußbarkeit seiner Fans gespielt und aus ihren Modetorheiten Kapital geschlagen. Dabei täuschte er die Öffentlichkeit mit einem Image, das im krassen Widerspruch zu seiner introvertierten Persönlichkeit stand. »Er war einfach ziemlich unangenehm, als ich ihn kannte«, so Chris Dreja. »Es gab sicher gewisse mildernde Umstände, aber ich habe ihn als einen nervösen, verklemmten Kerl, der mit der Welt auf Kriegsfuß stand, in Erinnerung.« Später hatte Clapton das Gefühl, als würden ihn Ruhm und Reichtum nur noch unglücklicher machen. Und das ist eigentlich das größte Rätsel von allen in seinem Leben: Wie konnte ein Mann mit einer Persönlichkeit, die ein anderer Musiker als »vielfach gespalten« beschrieb, eine Rock-Legende werden?

Bis zu seinem vierzigsten Lebensjahr war Eric Clapton schwach und ungeformt. Obwohl er bei Kleinigkeiten unglaublich stur sein konnte, ließ er sich sehr leicht beeinflussen. Sowohl im Leben als auch in seiner Karriere war Clapton von einer Modetorheit und Schwärmerei in die nächste getaumelt, eine jugendliche und auch infantile Haltung, an der er bis weit in die Dreißiger festhielt. Was nichts anderes bedeutet, als daß seine Stärken und seine Schwächen grundsätzlich gesehen ein und dasselbe sind. Im Grunde seines Herzens ist Clapton jung geblieben. Wenn er jemanden lobte, dann tat er das mit uneingeschränkter Begeisterung. Doch wenn Clapton Kritik übte, dann erschien er in seiner Wut fast kindisch.

Er selbst hielt sich für einen Einzelgänger und Außenseiter, ein Mann und seine Gitarre gegen den Rest der Welt. In dieser Hinsicht waren Claptons Ansichten eine sich selbst erfüllende Prophezeiung – schließlich war es seine Gewohnheit, Freunde vor den Kopf zu stoßen –, und mit der Zeit qualifizierte er sich damit bestens, den Blues zu spielen. Claptons Persönlichkeit und seine Musik bilden weit über das übliche Maß hinaus eine Einheit. Er schien hinzunehmen, daß Widerstand und Unglück seinen Sinn für die Musik schärften, und bestätigte das in einem Gespräch mit einem Journalisten: »In ›Friedenszeiten‹ besitze ich keine nennenswerten Stärken. Ich habe als Mensch nicht die Kraft, in einer friedlichen Situation ein glückliches Leben zu führen. Ich bin nur dann stark, wenn ich in Schwierigkeiten stecke.« Erst 1991, als er von einer wirklich großen Tragödie getroffen wurde, war Eric Clapton in der Lage, seine hoffnungslose, fatalistische Lebensanschauung zu revidieren. So erzählte er einer Zeitschrift: »Ich versuche inzwischen jeden Tag als ein Geschenk zu betrachten.«

Bobby Whitlock ist der Meinung, daß »Eric ein nachdenklicher Mensch war«. Trotzdem fehlte ihm so etwas wie ein intellektueller Plan, nach dem er sein Leben hätte ausrichten können. Denken wir zum Beispiel an die Bemerkung »dem Unerwarteten kann man nicht entrinnen«, die er Dave Markee gegenüber gemacht hat. Clapton hat in seiner dreißigjährigen Musikerkarriere in einer Rhythm'n'Blues-Band gespielt, dem Blues-Purismus und dem Carnaby-Street-Swinging-London-Pop angehangen, zurückhaltenden Gospel und Soul gespielt, sich alkoholisierter Cockney-Nostalgie hingegeben, verhaltenen Country, Reggae und hymnischen Rock präsentiert und sich seit kurzem wieder einem Blues-Revival verschrieben. Zwischen seinen Verwandlungen hatte er für Fernsehen und Film komponiert, mit jedermann von den Beatles bis Ian Botham Platten gemacht, die Karriere von Gary Brooker und Andy Fairweather-Low gerettet, Wohltätigkeitsorganisationen unterstützt und miterleben müssen, wie eine Anklage gegen ihn erhoben wurde. Beständigkeit war seine Sache nicht. Eitelkeit und ein Hang zur Schauspielerei sind ein berufsbedingtes Risiko für alle Bühnenkünstler. Man kann Clapton durchaus mit anderen großen Verwandlungskünstlern wie David Bowie und Bob Dylan vergleichen. Dabei sind drei charakteristische Phasen erkennbar, jeweils getrennt durch eine Krise.

In der ersten, von 1963 bis 1971, tauchte Eric Clapton auf der Bildfläche auf, fand seinen eigenen, unverwechselbaren Gitarrenstil und wurde zum Star hochgejubelt. Pete Browns Kommentar zu dieser Zeit spricht Bände: »Er hatte eine Scheißangst davor, berühmt zu sein ... Auf der anderen Seite genoß er natürlich die Annehmlichkeiten, die Cream mit sich brachten. Er brauchte den Erfolg und verachtete die, die ihm dazu verhalfen.« Und obwohl seine Karriere sich bestens entwickelte, war Clapton alles andere als glücklich. (»Angst und Einsamkeit« gab er später als Gründe für seine Drogensucht an.) Daß er sich auf dem absoluten Höhepunkt seines Ruhmes zu Hause herumquälte, erforderte schon ein hohes Maß an selbstzerstörerischem Talent. Claptons Ruhm profitierte während seiner freiwilligen Isolation von der Theorie, daß er unter dem Druck seines heldenhaften und »gottähnlichen« Status zusammengebrochen sei. Das Interesse konzentrierte sich auf Claptons Tendenz, immer dann eine Band aufzulösen oder sie zu verlassen, wenn sie ihre größten Triumphe feierte. Daraus schloß man auf eine heroische und entsagende Persönlichkeit, und Clapton stieg in den Rang eines modernen Heiligen der Rockgeschichte auf. In den 70er Jahren setzte jedoch eine Entwicklung ein, in deren Folge Clapton als eine Art Randfigur der Szene abgehandelt wurde, als Musikwissenschaftler und nicht so sehr als Musiker, bar jeglicher Originalität. Aber natürlich wurde auch das dem Mann nicht gerecht.

Allerdings gab es in der Tat in Claptons Dreißigern etliche bemerkenswerte Tiefpunkte, eine Zeit, die er seinen eigenen Worten nach »gehaßt« hat. Eric Claptons Flirt mit ihm fremden Musikstilen stellte sich als unproduktiv heraus, seine eigenen Songs waren zusammengeschustert, nicht überzeugend und besaßen weder den bitteren Humor eines John Lennon noch das freudige Chaos eines Bob Dylan. Mitte der 70er Jahre beschränkte sich Eric Clapton darauf, seine Imitatoren zu imitieren und seinen Ruhm zu verteidigen, indem er Kritiker bierselig heruntermachte, eine Art King-Lear-Figur, die auf ihr Königreich verzichtet hatte, aber immer noch den König spielen wollte. In den Augen seiner schärfsten Widersacher stellte er einfach gar nichts mehr dar. Angefangen damit, daß er in Buffalo im Alkoholrausch auf der Bühne lag, über seinen rassistischen Gefühlsausbruch in Birmingham bis hin zu seinem »langweiligen, nichtssagenden« Auftritt in Blackbushe war Claptons Karriere nur mehr ein besserer Witz (die Verkaufszahlen von Marshbrook waren es ebenfalls). Diese Krise, die zwischen 1981 und 1982 ihren Höhepunkt erreichte, war eigentlich erst 1987 wirklich überwunden, als Eric Clapton den Schwur leistete, nicht mehr zu trinken.

Der allseits beliebte Familienentertainer ist also eine relativ neue

Erscheinung. Bis zu seinem vierzigsten Lebensjahr setzte Clapton mit seinen musikalischen Irrwegen und seiner schwierigen Persönlichkeit einen neuen Standard, wenn es darum ging, das Chaos zu beschwören und darin zu versinken. Erst mit der Veröffentlichung von *August* und der Tatsache, daß er Vater wurde, der Konzertreihe in der Albert Hall und seiner Alkoholabstinenz hat Clapton offenbar seine inneren Dämonen in den Griff bekommen, wenn nicht gar bezwungen. Kricket ersetzte die Drogen, die Musik wurde formelhafter. Nach wie vor ist Eric Clapton immer noch für eine Überraschung gut, und musikalisch verblüfft er in manchen Augenblicken weiterhin. Im Sommer 1994 nahm er eine Platte auf, die als »fast reines Bluesalbum« beschrieben wurde. Vielleicht ist ja genau diese Fähigkeit, sich selbst und seine Musik immer wieder zu recyceln, Claptons wirklich große Kunst. Es gibt nur wenige Musiker, die Zeiten und Stimmungen so heraufbeschwören können wie Clapton. Mit den Worten Pete Browns: »Man sollte nie vergessen, welche Veränderungen Eric miterlebt hat. Welche Enttäuschungen und Verluste. Man sollte nicht vergessen, was er erreicht hat. Und dann ist da noch die Verzweiflung. Und die Magie. Und der Wahnsinn.«

Epilog

Auf *Unplugged* hatte Clapton versucht, mit dem Tod seines Sohnes fertig zu werden. *From The Cradle*, die reine Blues-Platte, die er seit Jahren versprochen hatte, war Teil seines Heilungsprozesses. Sie erschien im September 1994 und erreichte Platz 1 der *Billboard*-Charts. Die Kritiken waren hervorragend. *From The Cradle* zeigte, warum Clapton Musik machte; spiritueller, fundamentaler Blues, fast live aufgenommen, mit wenigen stilistischen Abweichungen. Doch Stücke wie »Five Long Years« und »I'm Tore Down« enthüllten auch eine tiefgreifende Wahrheit: Clapton gelang es weniger, sich originell auszudrücken, er bestach durch clevere Imitation. Die Kritik im *Rolling Stone* brachte es auf den Punkt, indem sie von den »Blaupausen« sprach, die Clapton von den Originalen eines Elmore James oder Willie Dixon anfertigte. Für *Weekly* hatte es den Anschein, als benutzte Clapton den Blues »als Kulisse und nicht als Sprungbrett«. Aber diese Stimmen gingen im allgemeinen Jubel fast unter. *From The Cradle* wurde in einer Woche 400 000 Mal verkauft. In Fernsehen und Radio wurde ausgiebig dafür geworben. Im März 1995 gewann Clapton einen Grammy in der Kategorie »Best Traditional Blues Album«, außerdem wurde er in der Kategorie »Bester männlicher Solokünstler« für einen Brit Award nominiert.

Kurz darauf trat er beim Beginn einer neuen Staffel von *Saturday Night Live* auf und begann seine erste umfassende Amerika-Tournee seit 1991. Einen Monat lang spielte er in den großen Stadien, bevor er in einigen Städten Clubkonzerte gab, so in New York und Los Angeles. Stets handelte es sich um reine Bluesabende, egal, wie oft die Zuhörer nach Hits wie »Layla« oder »Cocaine« riefen. Als Clapton am 19. Februar seine alljährliche Konzertreihe in der Royal Albert Hall begann, reagierte das Publikum mit unüberhörbarem Gemurre. David Cheal meinte, daß »dies eine Show war, die den Erwartungen nicht gerecht werden konnte ... Es schien, als würden sich Clapton und seine Band allzu lange mit leichtgewichtigem Geschrammel auf akustischen Gitarren aufhalten. Als er sich endlich seine weiße Stratocaster umhängte und mit einer grandiosen Fassung von ›Have You Ever Loved A Woman‹ zur Sache kam, war der Abend schon fast vorbei.« Die *Daily Mail* schrieb: »Man bewunderte seine technischen Fähigkeiten, seinen Ernst und seine Hingabe. Gleichzeitig fragte man sich, warum er sein eigenes Repertoire ignorierte.« Clapton wurde älter, er verließ sich weniger auf Inspiration denn auf Gewohnheit, und mit jedem Jahr wurde er mehr und mehr zu einer Institution.

Am 1. Januar 1995 erhielt Clapton, wie von den Medien vorausgesagt, den Order of the British Empire für seine Verdienste um die Musik. Sein Gehalt für die vorangegangenen zwölf Monate betrug 13,4 Millionen Pfund, womit er auch diesmal hoch oben in der Liste der bestbezahlten Firmenchefs Englands rangierte.

In den 70er und 80er Jahren hatte der Brandy das Kokain als Claptons Droge abgelöst. Mitte der 90er hatte er einen besseren Weg gefunden, um mit seinen Problemen fertig zu werden: Er teilte sie mit anderen. Von seinen wöchentlichen Sitzungen bei einem Familientherapeuten berichtete Clapton der *New York Times*: »Ich habe eine solch seltsame, trügerische Vorstellung von dem, wie die Welt beschaffen ist, daß ich wahnsinnig werden würde, wenn ich mir selbst damit überlassen bliebe.« Aber trotz seiner reiferen, lebensbejahenden Einstellung machte er nicht den Eindruck, als wolle er endlich auch eine feste Partnerschaft eingehen. Im April 1995 begann er eine Beziehung zu der Schauspielerin Susannah Doyle, die er als »die faszinierendste Frau, die ich je getroffen habe«, beschrieb. Kurz darauf verließ er sie wegen Francesca Amfitheatrof, um wiederum kurz darauf von Uma Thurman in New York besucht zu werden. Im Sommer 1995 sah man ihn wieder mit ständig wechselnden Starlets und Models die Stufen zum San Lorenzo hinaufgehen, während er sich im privaten Kreis über seine »ständigen Streitereien« mit Frauen beklagte.

Außer der Gitarre und dem Blues hat Clapton nichts so beständig begleitet wie private Tragödien. Im Dezember 1994 verstarb seine Großmutter, Rose Clapp, und wurde auf dem Friedhof von St. Mary Magdalen in Ripley beerdigt. Am 8. April 1995 wurde Alice Ormsby-Gore, die Frau, die mit Clapton eine Phase der Heroinsucht durchgemacht hatte, tot in ihrer Wohnung in Bournemouth gefunden. Clapton reagierte so, wie er es immer getan hatte. Er stürzte sich in die Arbeit. Den Abenden in der

Albert Hall folgten Konzerte in Birmingham und Glasgow, eine Europa-Tournee, Gastauftritte und ein Fernsehspecial zum Gedenken an Stevie Ray Vaughan. Pattie Boyd sagt, die letzten dreißig Jahre seien »wie ein Blitz« vergangen. Für ihren Ex-Ehemann mögen sie eher wie ein Sturm vorübergebraust sein, in dessen Zentrum Clapton sich nur auf das Bild stützen konnte, das er von sich selbst geschaffen hatte und das heute noch genauso gilt wie in den 60er Jahren: »Ein Mann und seine Gitarre gegen den Rest der Welt.«

Danksagung

Mein größter Dank gilt natürlich Eric Clapton. Was immer man über ihn denken mag – und in diesem Buch weiche ich vielleicht von gängigen Meinungen ab –, seine Musik berührt, weckt starke und oft überwältigende Gefühle. Während der Arbeit an diesem Buch habe ich eine tiefe und aufrichtige Sympathie für diesen Musiker entwickelt.

Viele haben mich an ihren Erinnerungen teilhaben lassen, mir einen tiefen Einblick in ihre Gedanken und Ansichten gewährt. Ihnen allen gebührt mein Dank. Eine besonders ergiebige Informationsquelle waren natürlich jene, die mit Eric Clapton zusammengespielt haben oder auf andere Weise beruflich mit ihm zu tun hatten: Chuck Berry, Pete Brown, Chris Dreja, Georgie Fame, Chris Farlowe, Hughie Flint, Dick Heckstall-Smith, Paul Jones, der verstorbene Alexis Korner, Tom McGuinness, Dave Markee, Jim McCarty, Ben Palmer, Greg Phillinganes, Chris Rea, George Terry, Bobby Whitlock und – nicht zu vergessen – Jack Bruce und John Mayall, die, obwohl ich kein persönliches Interview mit ihnen geführt habe, mir einige wichtige Hinweise über Eric Clapton zukommen ließen, nachdem sie erfahren hatten, daß ich eine Biographie über ihn schreibe. Auch ihre Äußerungen sind in den Text eingeflossen.

Weiterhin möchte ich danken: Elaine Akalovsky, Pattie Boyd, Geoff Bradford, Duncan Caine, Linda Chandler, Sylvia Clapton, Peter Cockwill, Ray Connolly, Jenny Dolan, Richard Drew, Christopher Elson, Godfrey Evans, Martin Forbes, Goronwy Gealy, Bob Geldof, Jeff Griffin, Anthony Haden-Guest, Pete Hogman, Neal Hunter, David Jacobs, Kenny Jones, Steve Judson, Tom Keylock, Graham Lancaster, Gary Lawson, Cecilia Lewis, Colin Longmore, Anne McDowell, Pamela Wynn Mayall, Kay Munday, John Murray, Nick Parkinson, Gary Patterson (stellvertretend für Robert Stigwood), Andy Peebles, Anthony Phillips, John Platt, Jenny

Pocock, Sally Prescott, Dave Rees, Tim Rice, Cliff Richard, Harry Shapiro, Don Short, Philip Solly, Peter Strachan, dem verstorbenen Ian Stewart, Dick Taylor, Chris Thacker, Rob Townsend, David Whitlock, Tom Wolfe und Matthew Wood.

Auch von offizieller Seite wurde mir Unterstützung zuteil. Für ihr freundliches Entgegenkommen möchte ich folgenden Einrichtungen danken: der Canadian High Commission And National Archives, dem Companies House, dem US Department Of Justice (Informationsabteilung), dem General Register Office, der Hollyfield School, der Performing Rights Society, den städtischen Bibliotheken von New York und Seattle sowie der Britischen Nationalbibliothek. Besonders danken möchte ich Cynthia Facha vom California Department Of Corrections, die mir bei meinen Recherchen eine unschätzbare Hilfe war.

Einige meiner Interview-Partner baten mich darum, nicht namentlich genannt zu werden. Diesem Wunsch habe ich natürlich entsprochen und ihre Anonymität durch Bezeichnungen wie »ein Zeuge« oder »ein Musiker« gewahrt. Dies ändert jedoch nichts an der Tatsache, daß ich auch ihnen zu großem Dank verpflichtet bin.

Mein ganz persönlicher Dank schließlich gilt Peter Barnes, Tony Brown, Noel Chelberg, Monty Dennison, Jackie Francis, Focus Fine Arts, Malcolm Galfe, Jo Jacobius, Johnny Johnson, Terry Lambert, Amina McKay, Jim Meyersahm, Elise Moore-Searson, John Prins IV, Nancy Roller, meinem Vater Sefton Sandford, Sue Sims-Hilditch, Hilary Stevens, Katrina Whone und Richard Wigmore.

Geschrieben habe ich dieses Buch in Unterkünften, die mein Freund Peter Scaramanga in einem wahren Eiltempo für mich organisiert hat. Auch ihm und seiner Familie gebührt mein aufrichtiger Dank.

C. S.
1994

Appendix

Chronologie

30. März 1945	Eric Patrick Clapton wird in Ripley, Surrey, geboren.
1950–56	Clapton besucht die Ripley Church Of England First School.
1956–58	St. Bede's School
1958–61	Hollyfield School
1958	Clapton bekommt seine erste Gitarre geschenkt, eine spanische Akustikgitarre für 14 Pfund.
1961	Clapton geht auf das Kingston Art College.
1962	Clapton wird von Kingston verwiesen. Er bekommt seine erste elektrische Gitarre, eine Kay »Red Devil«.
Februar – August 1963	Clapton schließt sich gemeinsam mit Tom McGuinness den Roosters an.
Herbst 1963	Clapton spielt zusammen mit Brian Casser (Casey Jones), dessen Konzerte aus einer bizarren Mischung aus Pop, Folk-Rock und Varieté bestehen.
November 1963 – März 1965	The Yardbirds
April 1965 – Juni 1966	John Mayall's Bluesbreakers
Herbst 1965	Clapton verschwindet mit The Glands nach Griechenland.
April 1966	Clapton lernt bei einer Studiosession Jack Bruce kennen. Erste gemeinsame Proben mit Jack Bruce und Ginger Baker finden statt.
11. Juni 1966	Im *Melody Maker* erscheint die Schlag-

	zeile: »ERIC, JACK UND GINGER TUN SICH ZUSAMMEN«.
Juli 1966	*Blues Breakers With Eric Clapton* wird veröffentlicht.
29. Juli 1966	Cream absolvieren ihren ersten öffentlichen Auftritt im Twisted Wheel in Manchester.
22. März 1967	Cream treffen in New York ein.
29. Oktober 1967	Clapton lernt im Saville Theatre in London Pattie Boyd kennen.
November 1967	*Disraeli Gears* wird veröffentlicht.
11. Mai 1968	Der *Rolling Stone* bezeichnet Clapton als den »besten Bluesgitarristen der Nachkriegszeit« und als »Virtuosen im Umsetzen der Ideen anderer«.
Mai 1968	Clapton beschließt, Cream zu verlassen.
August 1968	*Wheels Of Fire* wird veröffentlicht.
26. November 1968	Cream geben Abschiedskonzerte in der Royal Albert Hall.
Frühjahr 1969	Clapton erwirbt das Anwesen Hurtwood Edge in Ewhurst.
April 1969	Im *Melody Maker* wird die »Eric Clapton-Stevie Winwood-Ginger Baker-Band« angekündigt.
7. Juni 1969	Blind Faith geben im Londoner Hyde Park ihr Debutkonzert.
November 1969	Clapton beginnt mit den Aufnahmen zu seiner ersten Solo-LP, zusammen mit Delaney und Bonnie Bramlett & Band.
Frühjahr 1970	Blind Faith lösen sich auf. Derek And The Dominos geben ihr Debutkonzert.
August 1970	Claptons erste Solo-LP, *Eric Clapton,* wird veröffentlicht.
9. September 1970	In den Criteria Studios in Miami wird »Layla« aufgenommen.
Dezember 1970	Die LP *Layla* wird veröffentlicht, entwikkelt sich jedoch zu einem Flop.
Mai 1971	The Dominos lösen sich auf.
1. August 1971	Clapton gibt seine Zurückgezogenheit vorübergehend auf und spielt beim Concert For Bangladesh in New York.

13. Januar 1973	Er gibt zwei Comeback-Konzerte im Rainbow Theatre in London.
10. April 1974	Nach einem erfolgreichen Heroinentzug wird Claptons Comeback offiziell bekanntgegeben.
Juli – August 1974	Clapton absolviert eine zweimonatige Amerika-Tournee; er gibt sich ausgesprochen optimistisch.
August 1974	*461 Ocean Boulevard* erscheint.
10. September 1974	Clapton wird Geschäftsführer der Marshbrook Limited.
5. Dezember 1974	Clapton tritt im Hammersmith Odeon auf; abermals lehnt er das Angebot der Rolling Stones ab, bei ihnen einzusteigen.
Juni – August 1975	Amerika-Tournee
Februar – April 1976	Clapton macht Plattenaufnahmen in den Shangri-La Studios in Malibu, er spielt zusammen mit Bob Dylan, Robbie Robertson, Van Morrison, Pete Townshend, Ronnie Wood und Billy Preston.
5. August 1976	Clapton fordert das Publikum in Birmingham auf, Enoch Powell zu wählen, um zu verhindern, daß »England zur Kolonie« werde.
September 1976	Aus Protest gegen Eric Claptons Äußerungen wird »Rock Against Racism« ins Leben gerufen.
7. September 1976	Clapton schreibt für Pattie Boyd den Song »Wonderful Tonight«.
26. November 1976	Clapton tritt beim Abschiedskonzert von The Band auf, das später als *The Last Waltz* veröffentlicht wird.
November 1977	*Slowhand* erscheint.
15. Juli 1978	Clapton spielt im Vorprogramm von Bob Dylan vor 250 000 Besuchern in Blackbushe. Ray Coleman bezeichnet den Auftritt als »langweilig und bescheiden«.
20. Februar 1979	Clapton beschreibt sich selbst als »sehr nervösen und verbitterten Menschen«.
27. März 1979	Clapton heiratet Pattie Boyd.

August 1979	Clapton wirft Carl Radle, Dick Sims und Jamie Oldaker aus seiner Band. Radle stirbt 1980.
17. Oktober 1979	Bei Claptons Konzert in Kattowitz, Polen, kommt es zu einem Aufruhr, der in einem Polizeieinsatz gipfelt. Völlig aufgelöst flieht Clapton über die Grenze, während die Regierung des Landes seinem Manager mit Gefängnis droht und die Konzerteinnahmen beschlagnahmt.
Mai 1980	England-Tournee
14. März 1981	Clapton wird mit Magengeschwüren in das Krankenhaus von St. Paul eingeliefert. Die restlichen Termine der Amerika-Tournee werden abgesagt.
9.–13. September 1981	Clapton nimmt an einem Wohltätigkeitskonzert für Amnesty International teil.
7. Januar 1982	Clapton beginnt einen Alkoholentzug in der Hazelden Foundation.
September 1982	Clapton entläßt Dave Markee, Gary Brooker, Henry Spinetti und Chris Stainton (der später wieder angeheuert wird) aus seiner Band.
Februar 1983	*Money And Cigarettes* wird veröffentlicht, Claptons erstes Album, das beim eigenen Label erscheint.
September – Dezember 1983	Clapton gibt in England und Amerika elf Konzerte, um ARMS (Action Research Into Multiple Sclerosis) zu unterstützen.
Januar 1984	Clapton produziert die Musik zu dem Film *The Hit*, gleichzeitig der Beginn seiner erfolgreichen Karriere als Komponist von Filmmusik.
Juni – Juli 1984	Clapton geht mit Roger Waters Revue *Pros And Cons Of Hitch-Hiking* auf Tournee.
11. Januar 1985	Ruth Kelly, Claptons erstes Kind, wird im Doncaster Maternity Hospital geboren.
März 1985	*Behind The Sun* wird veröffentlicht.
15. Mai 1985	Claptons Vater Edward Fryer stirbt.

13. Juli 1985	Clapton tritt bei Live Aid in Philadelphia auf.
November 1985	*Edge Of Darkness* wird im Fernsehen ausgestrahlt.
20. Juni 1986	Clapton spielt auf der Party zum 10jährigen Jubiläum des Prince's Trust.
21. August 1986	Conor Loren Clapton wird im St. Mary's Hospital in Paddington geboren.
November 1986	*August* wird veröffentlicht.
6. Januar 1987	Clapton eröffnet zum erstenmal seine Konzertreihe in der Royal Albert Hall.
November 1987	Clapton kehrt nach Hazelden zurück; zur gleichen Zeit wird in Amerika sein Werbespot für Michelob Bier ausgestrahlt.
April 1988	*Crossroads* wird veröffentlicht.
12. Mai 1988	Clapton und Pattie Boyd lassen sich scheiden.
30. Juli 1989	Clapton spielt in Maputo, Mozambique, vor 102 000 Besuchern.
November 1989	*Journeyman* wird veröffentlicht.
30. Juni 1990	Clapton tritt beim Benefizkonzert für die Nordoff-Robbins-Stiftung in Knebworth auf.
26. August 1990	Stevie Ray Vaughan und drei Mitglieder aus Claptons Crew – Bobby Brooks, Nigel Browne und Colin Smythe – kommen bei einem Hubschrauberabsturz ums Leben.
20. März 1991	Conor Clapton stirbt in New York.
September 1991	Clapton produziert in Los Angeles den Soundtrack zu dem Film *Rush*; unter anderem entsteht bei dieser Gelegenheit der Song »Tears In Heaven«.
Dezember 1991	Clapton geht mit George Harrison auf Japan-Tournee.
16. Januar 1992	MTV zeichnet Claptons »Tears In Heaven« als »Bestes Video« aus.
16. Oktober 1992	Clapton tritt in New York beim Tribute-Konzert auf, das anläßlich Bob Dylans dreißigsten Bühnenjubiläums veranstaltet wird. Pete Brown bezeichnet Claptons Auftritt als »intelligent« und »würdevoll«.

12. Januar 1993	Cream finden sich anläßlich des alljährlichen ›Rock And Roll Hall Of Fame‹-Konzerts nach 25 Jahren noch einmal für drei Songs zusammen.
24. Februar 1993	Clapton nimmt in Los Angeles sechs Grammies entgegen.
7. Februar 1994	Clapton gewinnt den American Music Award in der Kategorie »Bester männlicher Musiker«.
20. Februar 1994	Clapton eröffnet zum achten Mal seine jährliche Konzertreihe in der Royal Albert Hall.
16. Juni 1994	Clapton gesteht David Frost: »Ich versuche immer noch meine Kindheit aufzuarbeiten ... Ich habe nach wie vor keine Ahnung, wo ich eigentlich hingehöre.«
Juli – August 1994	Clapton produziert eine LP, die er als »annähernd authentisches Bluesalbum« ankündigt.
12. September 1994	*From The Cradle* wird veröffentlicht. In nur einer Woche werden 400 000 Exemplare des Albums verkauft.
Oktober – November 1994	Clapton gibt mit einem Auftritt in der *Saturday Night Live*-Show den Startschuß zu seiner ersten Amerika-Tournee seit 1992.
20. Dezember 1994	Clapton nimmt in Ripley an der Beerdigung seiner Großmutter Rose Clapp teil. Es ist 36 Jahre her, daß sie ihm seine erste Gitarre kaufte und damit den Grundstein zu einer Weltkarriere legte.
1. Januar 1995	Clapton erhält den OBE (Order of the British Empire).
19 Februar 1995	Clapton eröffnet die neunte Saison seiner Konzertreihe in der Royal Albert Hall. Es folgen einige Konzerte in England und auf dem Kontinent.
1. März 1995	Clapton erhält für *From The Cradle* den Grammy in der Kategorie »Bestes Blues-Album«.

10. – 11. Mai 1995	Clapton tritt zusammen mit Buddy Guy, B.B. King und Robert Cray in einem TV-Special zum Andenken an den verstorbenen Stevie Ray Vaughan auf.
Sommer 1995	Clapton begibt sich erneut ins Studio, um an seinem nächsten Album zu arbeiten.

Eric Claptons Bands 1963–95

THE ROOSTERS (1963)
Clapton, Tom McGuinness (Gitarre, Bass), Ben Palmer (Klavier), Terry Brennan (Gesang), Robin Mason (Schlagzeug)

CASEY JONES AND THE ENGINEERS (1963)
Clapton, Tom McGuinness (Bass), Brian Casser (Gesang), Dave McCumisky (Gitarre), Ray Stock (Schlagzeug)

THE YARDBIRDS (1963–65)
Clapton, Keith Relf (Gesang), Chris Dreja (Gitarre), Jim McCarty (Schlagzeug), Paul Samwell-Smith (Bass)

JOHN MAYALL'S BLUESBREAKERS (1965–66)
Clapton, John Mayall (Gesang, Keyboards), Hughie Flint (Schlagzeug), John McVie (Bass)

THE GLANDS (1965)
Clapton, Ben Palmer (Klavier), Jake Milton (Schlagzeug), Bernie Greenwood (Saxophon), John Baily (Gesang), Bob Ray (Bass)

CREAM (1966–68)
Clapton, Jack Bruce (Bass, Gesang), Ginger Baker (Schlagzeug)

BLIND FAITH (1969–70)
Clapton, Steve Winwood (Keyboards, Gesang), Rick Grech (Bass), Ginger Baker (Schlagzeug)

DELANEY AND BONNIE AND FRIENDS (1969–70)
Clapton, Delaney Bramlett (Gesang), Bonnie Bramlett (Gesang), Rita Coolidge (Gesang), George Harrison (Gitarre), Carl Radle (Bass), Bobby Whitlock (Keyboards), Jim Gordon (Schlagzeug) und andere

DEREK AND THE DOMINOS (1970–71)
Clapton, Carl Radle (Bass), Bobby Whitlock (Keyboards), Jim Gordon (Schlagzeug), mit Unterstützung von Duane Allman und Dave Mason (beide Gitarre)

THE PALPITATIONS – ERIC CLAPTONS'S RAINBOW KONZERT (1973)
Clapton, Steve Winwood (Keyboards, Gesang), Pete Townshend, Ronnie Wood (beide Gitarre), Rick Grech (Bass), Jim Capaldi, Jimmy Karstein, Reebop (alle Schlagzeug und Percussion)

ERIC CLAPTON AND HIS BAND (1974–78)
Clapton, George Terry (Gitarre), Carl Radle (Bass), Dick Sims (Keyboards), Jamie Oldaker (Schlagzeug), Yvonne Elliman und Marcy Levy (beide Gesang), Sergio Pastora (Percussion)

ERIC CLAPTON AND HIS BAND (1978–79)
Clapton, Carl Radle (Bass), Dick Sims (Keyboards), Jamie Oldaker (Schlagzeug)

ERIC CLAPTON AND HIS BAND (1979)
Clapton, Albert Lee (Gitarre), Carl Radle (Bass), Dick Sims (Keyboards), Jamie Oldaker (Schlagzeug)

ERIC CLAPTON AND HIS BAND (1979–82)
Clapton, Albert Lee (Gitarre, Gesang), Gary Brooker (Klavier, Gesang), Dave Markee (Bass), Chris Stainton (Keyboards), Henry Spinetti (Schlagzeug)

ERIC CLAPTON AND HIS BAND (1982–1984)
Clapton, Albert Lee (Gitarre), Chris Stainton (Keyboards), Donald »Duck« Dunn (Bass), Roger Hawkins, später ersetzt durch Jamie Oldaker (Schlagzeug)

ERIC CLAPTON AND HIS BAND (1984)
Clapton, Chris Stainton (Keyboards), Jamie Oldaker (Schlagzeug), Donald »Duck« Dunn (Bass), Peter Robinson (Synthesizer), Marcy Levy und Shaun Murphy (beide Gesang)

ERIC CLAPTON AND HIS BAND (1985)
Clapton, Tim Renwick (Gitarre), Chris Stainton (Keyboards), Jamie Oldaker (Schlagzeug), Donald »Duck« Dunn (Bass), Marcy Levy und Shaun Murphy (beide Gesang)

ERIC CLAPTON AND HIS BAND (1986)
Clapton, Greg Phillinganes (Keyboards, Gesang), Nathan East (Bass), Phil Collins (Schlagzeug, Gesang)

ERIC CLAPTON IN THE ALBERT HALL (1987)
Clapton, Greg Phillinganes (Keyboards, Gesang), Nathan East (Bass), Steve Ferrone (Schlagzeug), mit Unterstützung von Mark Knopfler (Gitarre) und Phil Collins (Schlagzeug)

ERIC CLAPTON IN THE ALBERT HALL (1988)
Clapton, Greg Phillinganes (Keyboards, Gesang), Nathan East (Bass), Steve Ferrone (Schlagzeug), mit Unterstützung von Mark Knopfler (Gitarre), Tessa Niles und Katie Kissoon (beide Gesang)

ERIC CLAPTON IN THE ALBERT HALL (1989)
Clapton, Greg Phillinganes (Keyboards, Gesang), Nathan East (Bass), Phil Collins (Schlagzeug), mit Unterstützung von Steve Ferrone (Schlagzeug), Alan Clark (Keyboards), Ray Cooper (Perkussions), Tessa Niles und Katie Kissoon (beide Gesang)

ERIC CLAPTON IN THE ALBERT HALL (1990)
Clapton mit verschiedenen Besetzungen, wobei die Hauptband aus Greg Phillinganes (Keyboards, Gesang), Nathan East (Bass), Steve Ferrone (Schlagzeug) bestand

ERIC CLAPTON IN THE ALBERT HALL (1991)
Clapton mit einer Reihe von Bluesmusikern, Kollegen und klassischen Musikern, wobei die Hauptband abermals aus Greg Phillinganes (Keyboards, Gesang), Nathan East (Bass), Steve Ferrone (Schlagzeug) bestand. Zusätzlich zu dieser Besetzung spielten unter anderem Phil Palmer,

Jimmy Vaughan, Albert Collins, Robert Cray, Buddy Guy (alle Gitarre), Johnnie Johnson, Chuck Leavell (beide Keyboards), Jamie Oldaker (Schlagzeug), Ray Cooper (Percussion), Joey Spampinato (Bass), Jerry Portnoy (Mundharmonika)

ERIC CLAPTON MIT GEORGE HARRISON (1991)
Clapton, Harrison, Andy Fairweather-Low (alle Gitarre), Greg Phillinganes (Keyboards, Gesang), Chuck Leavell (Keyboards), Nathan East (Bass), Steve Ferrone (Schlagzeug), Ray Cooper (Percussion), Tessa Niles und Katie Kissoon (beide Gesang)

ERIC CLAPTON IN THE ALBERT HALL (1993)
Clapton, Andy Fairweather-Low (Gitarre), Chris Stainton (Keyboards), Donald »Duck« Dunn (Bass), Richie Hayward (Schlagzeug), Jerry Portnoy (Mundharmonika), Tim Sanders, Simon Clarke (beide Saxophon), Roddy Lorimer (Trompete)

ERIC CLAPTON IN THE ALBERT HALL (1994)
Clapton, Andy Fairweather-Low (Gitarre), Dave Bronze (Bass), Chris Stainton (Keyboards), Richie Hayward (Schlagzeug), Jerry Portnoy (Mundharmonika)

ERIC CLAPTON AND HIS BAND (1994–95)
Clapton, Andy Fairweather-Low (Gitarre), Dave Bronze (Bass), Chris Stainton (Keyboards), Jim Keltner, Richie Hayward (beide Schlagzeug), Jerry Portnoy (Mundharmonika), Tim Sanders, Simon Clarke (beide Saxophon), Roddy Lorimer (Trompete)

Quellenangaben und Kapitelanmerkungen

In den folgenden Zeilen werden die wichtigsten Quellen für den Inhalt der jeweiligen Kapitel genannt. Bei offiziell geführten Interviews und Gesprächen nenne ich die Namen derer, denen ich zu Dank verpflichtet bin. Allen, die mich darum baten, nicht namentlich genannt zu werden, sei an dieser Stelle nochmals mein Dank für ihre enorme Hilfe, Unterstützung und Freundlichkeit ausgesprochen. Die Zitate von Eric Clapton selbst sind veröffentlichten Interviews entnommen oder stützen sich auf die Erinnerungen von Menschen, die mit ihm gesprochen haben.

1. Kapitel

Ein vollständiger Bericht über die Abschiedskonzerte von Cream ist in Büchern und Zeitschriften nachzulesen und auch als Film erhältlich. Die persönlichen Aussagen stammen von Pete Brown, Dick Heckstall-Smith und Jack Bruce, die alle während der Konzerte anwesend waren oder – wie in Bruces Fall – selbst mitgespielt haben. Bei der Schilderung von Claptons Auftritt im Jahr 1993 habe ich mich ausschließlich auf die Berichte in der Tagespresse und auf mein eigenes Gedächtnis verlassen.

2. Kapitel

Die Schilderung von Eric Claptons Kindheit stützt sich auf diverse bereits publizierte Darstellungen, insbesondere auf Ray Colemans Buch *Survivor*

(Sidgwick & Jackson, 1985). Doch wird in ihnen nicht die ganze Geschichte erzählt. Zusätzliche Aussagen und Meinungen über Clapton zu den Jahren 1945–63 stammen von Mary Wild, der Schulleiterin der Ripley Church Of England First School, Jan Jameson, dem Schulleiter der St. Bede's Church Of England Middle School, der Lehrerschaft der Hollyfield School und von Robert Simonson vom Surrey Record Office. Weiterhin habe ich Interviews mit Matthew Wood und Anne McDowell, mit Claptons Mitschülern Jenny Dolan, Chris Dreja und Philip Solly sowie mit seinen ehemaligen Lehrern Goronwy Gealy und Peter Strachan geführt. Das Gedicht von Eric Clapton hat Richard Drew beigesteuert.

Dank der Hilfe von Dick Heckstall-Smith, Ben Palmer, Tom McGuinness und des mittlerweile leider verstorbenen Alexis Korner war es möglich, die ersten Jahre von Claptons Karriere anschaulich darzustellen.

Öffentliche Aufzeichnungen und Dokumente wurden mir von den National Archives of Canada, dem General Register Office, der Britischen Nationalbibliothek und von der British Newspaper Library in Colindale zur Verfügung gestellt.

3. Kapitel

Meine Hauptquellen für die Jahre 1963–66 waren Chris Dreja und Jim McCarty von den Yardbirds sowie Hughie Flint von John Mayall's Bluesbreakers. Mit John Mayall habe ich am Telefon gesprochen. Zahlreiche, zum Teil bisher unveröffentlichte Fakten über die Anfänge von Eric Claptons Karriere wurden mir von Geoff Bradford, Georgie Fame, Chris Farlowe, Dick Heckstall-Smith, Pete Hogman, Paul Jones, Alexis Korner, Tom McGuinness, Ben Palmer, John Platt und Dick Taylor mitgeteilt. Zusätzliches Material bekam ich von Pete Brown, Tom Keylock, Gary Lawson, Kay Munday, Sally Prescott, Chris Rea und Pamela Wynn (ehemals Mayall). Zudem habe ich in den Pubs The Ship und Half Moon in Ripley und in dem inzwischen leider geschlossenen Dobell's Music Shop Recherchen angestellt.

Als zusätzliche Quellen dienten mir folgende Publikationen: *Slowhand* von Harry Shapiro, neu veröffentlicht unter dem Titel *Lost In The Blues* (Guinness, 1992); *Clapton: The Complete Chronicles* (Pyramid, 1991) und *The New Visual Documentary* (Omnibus, 1990), beide von Marc Roberty, sowie *Conversations With Eric Clapton* (Abacus, 1976) von Steve Turner und, einmal mehr, *Survivor* von Ray Coleman.

4. Kapitel

Dieses Kapitel stützt sich über weite Strecken auf die Aussagen von Pete Brown, der die Texte für einige unvergeßliche Cream-Songs geschrieben hat. Jack Bruce, der zwar zu keinem offiziellen Interview bereit war, ließ mir jedoch einige wichtige Informationen zukommen, ähnlich Robert Stigwood, der von seinem Assistenten Gary Patterson vertreten wurde. Ben Palmer, der die wenig beneidenswerte Aufgabe hatte, Cream und ihr Equipment zu transportieren, war ebenfalls eine unschätzbare Hilfe.

Zu den herangezogenen Quellen zählen außerdem Elaine Akalovsky, Martin Forbes, Anthony Haden-Guest, Dick Heckstall-Smith, der mittlerweile verstorbene C. L. R. James, Tom Keylock, Nick Parkinson und John Platt. Die Jahresberichte von Marshbrook Limited und anderer Firmen, an denen Clapton geschäftlich beteiligt ist, können im Companies House eingesehen werden. Zusätzlich zu den bereits erwähnten Veröffentlichungen habe ich in diesem Kapitel *Eric Clapton: The Complete Recording Sessions 1963–1992* (Blandford, 1993) von Marc Roberty zu Rate gezogen. Mit Pattie Boyd führte ich ein Telefongespräch.

5. Kapitel

Pete Brown, Ray Connolly, Richard Drew, Dick Heckstall-Smith, Tom Keylock, Ben Palmer, Don Short, der mittlerweile verstorbene Ian Stewart, Rob Townsend und Bobby Whitlock zählen zu den Hauptquellen dieses Kapitels. Von unschätzbarem Wert waren für mich die Aussagen von Dave Markee und Scott Ross, die es mir ermöglichten, Claptons wechselhaftes Verhältnis zur Religion chronologisch darzustellen. Ergänzend habe ich auf ein bereits 1977 mit Keith Richards geführtes Gespräch zurückgegriffen.

Danken möchte ich einmal mehr Ray Coleman, der Meg und George Patterson interviewte, Harry Shapiro sowie Marc Roberty, dessen jüngste Publikation, *Eric Clapton In His Own Words* (Omnibus 1993), mir eine große Hilfe war.

»Presence Of The Lord« (Clapton) © 1969, Throat Music Limited.

»Layla« (Clapton, Gordon), © 1970, Throat Music Limited.

6. Kapitel

Die Schilderungen zu Claptons Amerika-Tournee stützen sich in der Hauptsache auf die Erinnerungen von Tim Rice und George Terry, auf Steve Turners Publikation *Conversations With Eric Clapton* (Abacus 1976) sowie auf meine eigenen Recherchen im Warwick Hotel in New York. In diesem Zusammenhang möchte ich auch dem Egyptian Theatre, dem Moore Theatre, beide in Seattle, sowie dem *Rolling Stone* danken.

Hinsichtlich Claptons Aktivitäten in seiner Gemeinde waren mir vor allem Duncan Caine, Linda Chandler und Christopher Elson sehr hilfreich. Über Eric Claptons Anwesenheit bei der Feier zu Alexis Korners fünfzigstem Geburtstag berichteten mir Chris Farlowe, Dick Heckstall-Smith und Paul Jones. John Evans, Sekretär des West Bromwich Albion F. C., steuerte einige interessante Informationen über den Fußballfan Eric Clapton bei.

Einen Kommentar zu Claptons Rede in Birmingham im August 1976 lieferte der mittlerweile verstorbene C. L. R. James. Eric Claptons Brief zu diesem Thema wurde seinerzeit in der *Sounds* veröffentlicht.

»Wonderful Tonight« (Clapton), © 1977, Throat Music Limited.

7. Kapitel

Unschätzbare Hilfe leistete Chris Thacker, der mich mit Dave Markee bekanntmachte und mir gegenüber die Äußerungen von Henry Spinetti wiedergab.

Weitere wichtige Informationen erhielt ich von Pete Brown, Jack Bruce, Peter Cockwill, Chris Dreja, Gary Glitter, Jim McCarty, Tom McGuinness und Cliff Richard. Die Recherchen über Claptons Unternehmungen in Seattle haben Jim Meyersahm und John Prins IV durchgeführt. Noel Chelberg lieferte die Details über Claptons Aufenthalt in der Hazelden Foundation.

Dokumentarisches Material wurde mir vom Companies House und dem General Register Office zur Verfügung gestellt.

»Hold Me Lord« (Clapton), © 1981, Throat Music Limited.

8. Kapitel

Die wichtigsten Gesprächspartner für dieses Kapitel waren die Musiker Chris Dreja, Jim McCarty und Dave Markee. Weitere Auskünfte erhielt ich von Pete Brown, Linda Chandler, David Evans, Jeff Griffin, Anthony Haden-Guest, dem verstorbenen Sir Leonard Hutton, Andy Peebles und Pamela Wynn.

Die Informationen über Edward Fryer bekam ich von den National Archives Of Canada; das Companies House gewährte mir Einblick in Claptons Firmenbilanzen.

»The Shape You ’re In« (Clapton), © 1983, EC Music Limited.

9. Kapitel

Die Aussagen über Eric Claptons Leben in Surrey stammen von Duncan Caine, Linda Chandler, Sylvia Clapton und Matthew Wood. Mein Dank gilt außerdem Christopher Elson sowie dem Personal und den Gästen des Windmill Inn in Ewhurst.

Einen Eindruck von Eric Clapton, dem Kricket-Fan, lieferten mir die Schilderungen von Godfrey Evans, Andy Peebles, Tim Rice und David Rees, dem ehemaligen Manager des Eric Clapton XI-Teams. Weitere Interviews habe ich mit Pete Brown, Noel Chelberg, Steve Judson, Colin Longmore (der über Claptons Leben auf Antigua berichtete), Dave Markee und Anthony Phillips geführt. Zudem habe ich abermals das Companies House konsultiert.

Ein nützliches, doch keineswegs umfassendes Portrait Claptons von 1987 findet sich auf dem LWT-Video *The Man And His Music*.

»Old Love« (Clapton, Cray), © 1989, EC Music Limited/Chappell Music Limited.

»Bad Love« (Clapton, Jones), © 1989, EC Music Limited/Chappell Music Limited/ Warner Chappell Music Limited.

10. Kapitel

Zu Dank verpflichtet für ihre Unterstützung bei diesem Kapitel bin ich unter anderem Steve Judson und in Amerika Evelyn de Maria und Jim Meyersahm. Eine Reihe von Zitaten sind Aufzeichnungen entnommen, die mir *CBS News* freundlicherweise zur Verfügung stellte.

Einen Eindruck von Eric Claptons gesellschaftlichem Leben in den 90er Jahren vermittelten die Aussagen von Terry Gill und anderen Gästen des Chelsea Arts Club. Eine unschätzbare Hilfe war mir Dick Heckstall-Smith mit seinem aufschlußreichen Bericht über Claptons Auftritt bei der Gala zu Ehren Bob Dylans. Das Angebot für die »Limited Edition« von *24 Nights* ist im Programm zu Eric Claptons Konzertreihe in der Albert Hall (1993) nachzulesen. Für diesen Hinweis bin ich Elise Moore-Searson überaus dankbar.

Rückblickende Zusammenfassungen von Eric Claptons Karriere steuerten Pete Brown und Tim Rice sowie Claptons ehemalige Kollegen Chris Dreja, Hughie Flint, Jim McCarty, Dave Markee, George Terry und Bobby Whitlock bei.

Diskographie

Im Hinblick auf die Vielzahl der Veröffentlichungen Eric Claptons und die im Rahmen diverser Rock-Lexika bereits vorliegenden kompletten Diskographien sind in der folgenden Auswahl-Diskographie - in chronologischer Reihenfolge - nur die wichtigsten auf CD erschienenen Alben aufgeführt. Das dem jeweiligen Albumtitel in Klammer nachgestellte Datum bezieht sich auf das Jahr der Erstveröffentlichung auf LP und/oder CD, die Bestellnummer auf die bei Redaktionsschluß (September 1996) erhältliche, bzw., wenn es sich um einen vergriffenen Titel handelt, auf die Bestellnummer der zuletzt greifbaren CD.

E. C. mit The Yardbirds

Five Live Yardbirds (1964)
Charly CHAR-182
Too Much Monkey Business; Got Love If You Want It; Smokestack Lightning; Good Morning Little Schoolgirl; Respectable; Five Long Years; Pretty Girl; Louise; I'm A Man; Here 'Tis

E. C. mit John Mayall

John Mayall's Bluesbreakers Featuring Eric Clapton (1966)
Decca/London 800 086-2
All Your Love; Hideaway; Little Girl; Another Man; Double Crossing Time; What'd I Say, Key To Love; Parchman Farm; Have You Heard; Ramblin' On My Mind; Steppin' Out; It Ain't Right

E. C. mit Cream

Fresh Cream (1967)
Polydor 827 576-2
I Feel Free; N.S.U.; Sleepy Time Time; Dreaming; Sweet Wine; Spoonful; Cat's Squirrel; Four Until Late; Rollin' And Tumblin'; I'm So Glad; Toad; The Coffee Song*; Wrapping Paper**
[Anm.: Bei den mit * bezeichneten Titeln handelt es sich um auf dem Originalalbum nicht enthaltene CD-Bonus-Tracks.]

Disraeli Gears (1967)
Polydor 823 636-2
Strange Brew; Sunshine Of Your Love; World Of Pain; Dance The Night Away; Blue Condition; Take It Back; Tales Of Brave Ulysses; SWLABR; We're Going Wrong; Outside Woman Blues; Mother's Lament

Wheels Of Fire (1968)
Doppel-CD: Polydor 827 578-2
[Studio-CD:] *Wheels Of Fire; Sitting On Top Of The World; Those Were The Days; Passing The Time; As You Said; Born Under A Bad Sign; Pressed Rat And Warthog; Deserted Cities Of The Heart; Politician*
[Live-CD:] *Crossroads; Spoonful; Traintime; Toad*

Goodbye (1969)
Polydor 823 660-2
*I'm So Glad; Politician; Sitting On Top Of The World; Badge; Doing That Scrapyard Thing; What A Bringdown; Anyone For Tennis**
[Anm.: Bei dem mit * bezeichneten Titel handelt es sich um einen auf dem Originalalbum nicht enthaltenen CD-Bonus-Track.]

Live Cream (1970)
Polydor 827 577-2
N.S.U.; Sleepy Time Time; Sweet Wine; Rollin' And Tumblin'; Lawdy Mama (Studio)

Live Cream, Vol. 2 (1972)
Polydor 823 661-2
Deserted Cities Of The Heart; White Room; Politician; Tales Of Brave Ulysses; Sunshine Of Your Love; Steppin' Out

E. C. mit Blind Faith

Blind Faith (1969)
Polydor 825 094-2
Well Alright; Had To Cry Today; Can't Find My Way Home; Presence Of The Lord; Sea Of Joy; Do What You Like; Exchange And Mart; Spending All My Days**
[Anm.: Bei den mit * bezeichneten Titeln handelt es sich um auf dem Originalalbum nicht enthaltene CD-Bonus-Tracks.]

E. C. mit Delaney & Bonnie and Friends

On Tour With Eric Clapton (1970)
Eastwest/Atlantic 7567-90397-2
Things Get Better; Poor Elijah; Only You Know And I Know; I Don't Want To Discuss It; That's What My Man Is For; Where There's A Will There's A Way; Comin' Home; Little Richard Medley: Long Tall Sally/Jenny Jenny/ The Girl Can't Help It/Tutti Frutti

Derek and The Dominos

Layla And Other Assorted Love Songs (1970)
Doppel-CD: Polydor 823 277-2
I Looked Away; Bell Bottom Blues; Keep On Growing; Nobody Knows You When You're Down And Out; I Am Yours; Anyday; Key To The Highway; Tell The Truth; Why Does Love Got To Be So Sad; Have You Ever Loved A Woman; Little Wing; It's Too Late; Layla; Thorn Tree In The Garden

In Concert (1973)
Doppel-CD: Polydor 831 416-2
Why Does Love Got To Be So Sad; Got To Get Better In A Little While; Let It Rain; Presence Of The Lord; Tell The Truth; Bottle Of Red Wine; Roll It Over; Blues Power; Have You Ever Loved A Woman

The Layla Sessions - 20th Anniversary Edition (1990)
3-CD-Box: Polydor 847 083-2
CD 1: *I Looked Away; Bell Bottom Blues; Keep On Growing; Nobody Knows You When You're Down And Out; I Am Yours; Anyday; Key To The Highway; Tell The Truth; Why Does Love Got To Be So Sad; Have You Ever Loved A Woman; Little Wing; It's Too Late; Layla; Thorn Tree In The Garden*
CD 2: *Jam I; Jam II; Jam III; Jam IV; Jam V*
CD 3: *Have You Ever Loved A Woman (Alternate Master #1); Have You Ever Loved A Woman (Alternate Master #2); Tell The Truth (Jam #1); Tell The Truth (Jam #2); Mean Old World (Rehearsal); Mean Old World (Band Version, Master Take); Mean Old World (Duet Version, Master Take); (When Things Go Wrong) It Hurts Me Too (Jam); Tender Love (Incomplete Master); It's Too Late (Alternate Master)*

Live At The Fillmore (1994)
Doppel-CD: Polydor 521 682-2
Got To Get Better In A Little While; Why Does Love Got To Be So Sad; Key To The Highway; Blues Power; Have You Ever Loved A Woman; Bottle Of Red Wine; Tell The Truth; Nobody Knows You When You're Down And Out; Roll It Over; Presence Of The Lord; Little Wing; Let It Rain; Crossroads
[Anm.: Live-Aufnahme von 1970.]

E. C. solo/unter eigenem Namen

Eric Clapton (1970)
Polydor 531 819-2
Bad Boy; Lonesome And A Long Way From Home; Slunky; After Midnight; Easy Now; Blues Power; Let It Rain; Bottle Of Red Wine; Lovin' You Lovin' Me; I've Told You For The Last Time; Don't Know Why

Eric Clapton's Rainbow Concert (1973)
Polydor 527 472-2
Layla; Badge; Blues Power*; Roll It Over; Little Wing; Bottle Of Red Wine*; After Midnight; Bell Bottom Blues*; Presence Of The Lord; Tell The Truth*; Pearly Queen; Key To The Highway*; Let It Rain*; Crossroads**
[Anm.: Bei den mit * bezeichneten Titeln handelt es sich um auf dem Originalalbum nicht enthaltene CD-Bonus-Tracks.]

461 Ocean Boulevard (1974)
Polydor 531 821-2
Motherless Children; Better Make It Through Today; Willie And The Hand Jive; Get Ready; I Shot The Sheriff; I Can't Hold Out; Please Be With Me; Let It Grow; Steady Rollin' Man; Mainline Florida; Give Me Strength

There's One In Every Crowd (1975)
Polydor 531 822-2
We've Been Told (Jesus Coming Soon); Swing Low Sweet Chariot; Little Rachel; Don't Blame; The Sky Is Crying; Singin' The Blues; Better Make It Through Today; Pretty Blue Eyes; High/Opposites

E. C. Was Here (1975)
Polydor 531 823-2
Have You Ever Loved A Woman; Presence Of The Lord; Drifting Blues; Can't Find My Way Home; Rambling On My Mind; Further On Up The Road

No Reason To Cry (1976)
Polydor 531 824-2
Beautiful Thing; Carnival; Sign Language; Hello Old Friend; County Jail Blues; All Our Past Times; Black Summer Rain; Double Trouble; Innocent Times; Last Night; Hungry

Slowhand (1977)
Polydor 531 825-2
Cocaine; Wonderful Tonight; Lay Down Sally; The Core; Next Time You See Her; May You Never; We're All The Way; Mean Old Frisco; Peaches And Diesel

Backless (1978)
Polydor 531 826-2
Walk Out In The Rain; Watch Out For Lucy; I'll Make Love To You Anytime; Roll It; Tell Me That You Love Me; If I Don't Be There By Morning; Early In The Morning; Promises; Golden Ring; Tulsa Time

Just One Night (1980)
Doppel-CD: Polydor 800093-2
Tulsa Time; Early In The Morning; Lay Down Sally; Wonderful Tonight; If I Don't Be There By Morning; Worried Life Blues; All Our Past Times; After Midnight; Double Trouble; Setting Me Up; Blues Power; Rambling On My Mind; Cocaine; Further On Up The Road

Another Ticket (1981)
Polydor 531 830-2
Something Special; Black Rose; Blow Wind Blow; Another Ticket; I Can't Stand It; Hold Me Lord; Floating Bridge; Catch Me If You Can; Rita Mae

Money And Cigarettes (1983)
WEA/Warner 7599-23773-2
Everybody Oughta Make A Change; The Shape You're In; Ain't Going Down; I've Got A Rock'n'Roll Heart; Man Overboard; Pretty Girl; Man In Love; Crosscut Saw; Slow Down Linda; Crazy Country Hop

Behind The Sun (1985)
WEA/Warner 7599-25166-2
She's Waiting; See What Love Can Do; Same Old Blues; Knock On Wood; Something's Happening; Forever Man; It All Depends; Tangled In Love; Never Make You Cry; Just Like A Prisoner; Behind The Sun

August (1986)
WEA/Warner 7599-25476-2
*It's In The Way That You Use It; Run; Tearing Us Apart; Bad Influence; Walk Away; Hung Up On Your Love; Take A Chance; Hold On; Miss You; Holy Mother; Behind The Mask; Grand Illusion**
[Anm.: Bei dem mit * bezeichneten Titel handelt es sich um einen nur auf der CD enthaltenen Bonus-Track.]

Crossroads (1988)
4-CD-Box: Polydor 835 261-2
CD 1: [mit The Yardbirds:] *Boom Boom; Honey In Your Hips; Baby What's Wrong; I Wish You Would; A Certain Girl; Good Morning Little Schoolgirl; I Ain't Got You; For Your Love; Got To Hurry;* [mit John Mayall:] *Lonely Years; Bernard Jenkins;* [mit John Mayall's Bluesbreakers:] *Hideaway; All Your Love; Ramblin' On My Mind; Have You Ever Loved A Woman;* [mit Cream:] *Wrapping Paper; I Feel Free; Spoonful;*

Lawdy Mama; Strange Brew; Sunshine Of Your Love; Tales Of Brave Ulysses; Steppin' Out
CD 2: [mit Cream:] *Anyone For Tennis; White Room; Crossroads; Badge;* [mit Blind Faith:] *Presence Of The Lord; Can't Find My Way Home; Sleeping In The Ground;* [mit Delaney & Bonnie:] *Comin' Home;* [solo:] *Blues Power; After Midnight; Let It Rain;*[mit Derek And The Dominos:] *Tell The Truth; Roll It Over; Layla; Mean Old World; Key To The Highway; Crossroads*
CD 3: [mit Derek And The Dominos:] *Got To Get Better In A Little While; Evil; One More Chance; Mean Old Frisco; Snake Lake Blues;* [solo:] *Let It Grow; Ain't That Lovin' You; Motherless Children; I Shot The Sheriff; Better Make It Through Today; The Sky Is Crying; I Found A Love; (When Things Go Wrong) It Hurts Me Too; Whatcha Gonna Do; Knockin' On Heaven's Door; Someone Like You*
CD 4:[solo:] *Hello Old Friend; Sign Language; Further On Up The Road; Lay Down Sally; Wonderful Tonight; Cocaine; Promises; If I Don't Be There By Morning; Double Trouble; I Can't Stand It; The Shape You're In; Heaven Is One Step Away; She's Waiting; Too Bad; Miss You; Wanna Make Love To You; After Midnight*

Journeyman (1989)
WEA/Warner 7599-26074-2
Pretending; Anything For Your Love; Bad Love; Running On Faith; Hard Times; Hound Dog; No Alibis; Run So Far; Old Love; Breaking Point; Lead On Me; Before You Accuse Me

24 Nights (1991)
Doppel-CD: WEA/Reprise 7599-26420-2
Badge; Running On Faith; White Room; Sunshine Of Your Love; Watch Yourself; Have You Ever Loved A Woman; Worried Life Blues; Hoodoo Man; Pretending; Bad Love; Old Love; Wonderful Tonight; Bell Bottom Blues; Hard Times; Edge Of Darkness

Rush (Soundtrack) (1992)
WEA/Reprise 7599-26794-2
New Recruit; Tracks And Lines; Realization; Kristen And Jim; Preludin Fugue; Cold Turkey; Will Gaines; Help Me Up; Don't Know Which Way To Go; Tears In Heaven

Unplugged (1992)
WEA/Reprise 9362-45024-2
Signe; Before You Accuse Me; Hey Hey; Tears In Heaven; Lonely Stranger; Nobody Knows You When You're Down & Out; Layla; Running On Faith; Walkin' Blues; Alberta; San Francisco Bay Blues; Malted Milk; Old Love; Rollin' & Tumblin'

From The Cradle (1994)
WEA/Reprise 9362-45735-2
Blues Before Sunrise; Third Degree; Reconsider Baby; Hoochie Coochie Man; Five Long Years; I'm Tore Down; How Long Blues; Goin' Away Baby; Blues Leave Me Alone; Sinner's Prayer; Motherless Child; It Hurts Me Too; Someday After A While; Standin' Round Crying; Driftin'; Groaning The Blues

Crossroads 2 (live in the seventies) (1996)
4-CD-Box: Polydor 529 305-2
CD 1: *Walkin' Down The Road*; Have You Ever Loved A Woman; Willie And The Hand Jive/Get Ready; Can't Find My Way Home; Driftin' Blues/ Rambling On My Mind; Presence Of The Lord; Rambling On My Mind/ Have You Ever Loved A Woman; Little Wing; The Sky Is Crying/Have You Ever Loved A Woman/Rambling On My Mind*
CD 2: *Layla; Further On Up The Road; I Shot The Sheriff; Badge; Driftin' Blues; Eyesight To The Blind/Why Does Love Got To Be So Sad?*
CD 3: *Tell The Truth; Knockin' On Heaven's Door; Stormy Monday; Lay Down Sally; The Core; We're All The Way; Cocaine; Goin' Down Slow/ Rambling On My Mind; Mean Old Frisco*
CD 4: *Loving You Is Sweeter Than Ever; Worried Life Blues; Tulsa Time; Early In The Morning; Wonderful Tonight; Kind Hearted Woman; Double Trouble; Crossroads; To Make Somebody Happy*; Cryin'*; Water On The Ground**
[Anm.: Bei den mit * bezeichneten Titeln handelt es sich um Studioaufnahmen.]

Register